Le milieu des mondes

Une histoire laïque du Moyen-Orient de 395 à nos jours

中東 世界の中心の歴史

395年から現代まで

ジャンピエール・フィリュ Jean-Pierre Filiu 鶴原徹也=訳

中央公論新社

勝利したが、政治的には一回を除いて敗北した。その一回とは一九八七〜一九九三年の最初のインティファーダ［訳注＝「蜂起」を意味するアラビア語だが、今日ではイスラエル占領地でのパレスチナ住民の蜂起を指す世界共通語になっている］で、イツハク・ラビン首相はパレスチナ解放機構（ＰＬＯ）の首領ヤセル・アラファトと歴史的な和平合意に調印することで決着をつけた。実際、「二国家解決」を基礎とする政治解決だけがイスラエルの安全と繁栄を保障できる。反対に、パレスチナ人の権利を否定することは「終わりなき戦争」という悪循環に陥るしかなくなる。二〇〇一年以来、「テロに対する戦い」がまずアフガニスタンで、次にイラクで、更には二〇二一年夏のカブールからの敗走に至るまで、米国にどれほどの犠牲を強いたのか、誰の目にも明らかだ。そしてイスラエルはその主要同盟相手で庇護者である米国の莫大な資源を何ら意のままにできない。米国がこのユダヤ国家の真の友邦であるなら、イスラエルに対し民主主義・非武装のパレスチナ国家との平和共存構想を可及的速やかに受け入れるよう働きかけるべきだ。それこそがイスラエルの国益に合致する。このあまりにも長きにわたる紛争の勝利は、詰まるところ戦場ではなく交渉のテーブルでこそ確立される。

　残念なことにベンヤミン・ネタニヤフ首相はこの五か月以上、全く別の道に固執してきた。それは紛争を際限なく続けることが政府首班にとどまる最良の手段であると彼が考えるからだ。彼は首班を三回（一九九六〜一九九九年、二〇〇九〜二〇二一年、二〇二二〜）、計一六年以上務めてきた。その結果、詐欺・収賄・背任罪という三つの刑事訴訟で、不訴追特権を享受してきた。ネタニヤフは巧妙かつ日和見的に連立政権を運営してきた。連立の鍵を握るのは人種差別主義・併合主義を露《あら》わにする極右のユダヤ至上主義者らだ。彼らはガザ地区のパレスチナ住民を排除したうえでの再占領・再植民地化を唱える。首相はこうした呼びかけに公には回答を与えないまま、頑丈な地下シェルターに潜伏するハマスを破壊するのではなく、人間集団の暮らす空間としてのガザ地区を事実上破壊する作戦を主導している。イスラエル軍のガザ攻撃から一か月のうちに、二〇二三年十月二十七日以降の地上部隊のガザ地区展開作戦を含めて、イスラエルによる爆撃の破壊の累積は既に、一九四五年の広島原爆のそれを上回った。[†1] この文章をしたためている今、五か月半に及ぶ攻撃によって、人口二百三十万人と推計される[†2]ガザの死者は三万二千人を超えている。そのうち子供が少なくとも一万三千人含まれている。日本の人口規模に当てはめると、死者は百七十万人（うち子供七十万人）という尋常でない数値になる。最も脆弱《ぜいじゃく》な子供を真っ先に襲う、飢餓の深刻化と疫病の蔓延《まんえん》という死を招く複合的要因により、ガザの犠牲者数は二倍、否、三倍に拡大する恐れがある。

こうした人道的破局は、その責任の全てが人間にあり、世界の良心的な人々にとって言語道断な醜聞だ。しかも、このことで米国の従来の支配的地位が脅かされている。グローバルサウス（新興・途上国）はこぞって米国のイスラエルに対する一辺倒の支持に異議を唱えている。加えて、欧州連合（ＥＵ）の立場を弱くした。欧州はロシアのウクライナ侵略を糾弾したが、その姿勢はイスラエルによるガザでの日常的で大規模な人権侵害に対しては明確ではなく、「二重基準」と批判されている。とりわけ破局は、本書の主題でもあるが、中東がまさに「三つの世界の交わる中心」に

†1　ミドルイーストモニター、「人権団体、イスラエルのガザ爆撃は原爆二発分に匹敵すると報告」二〇二三年十一月三日。

†2　国連人道問題調整事務所、「ガザ地区の戦争とイスラエル、一七三日目の影響報告」二〇二四年三月二十七日。

位置すること、どの大国もその名にふさわしい中東政策を持たない限り、国際舞台で影響力を及ぼすことができないことを想起させた。つまりアルフレッド・マハンが一九〇二年に提示した戦略的直観である。マハンは中東が国際関係をめぐる力の中心・支配力の鉱床であるとする概念を考案した。この中東の中心性が理論化されたのは、イスラエルが建国される半世紀前、世界経済にとって中東の石油の重要度が認知される半世紀前だったことを忘れてはならない。ところが中東の方程式の解はイスラエルと石油という二つに限られるとあまりにも多く誤認されてきた。

日本はかつて中東という舞台で全く地味に動いていたが、イスラエル－アラブ戦争が石油市場に未曽有の緊張を引き起こした一九七三年の「オイルショック」を機に中東に力を注ぎ始めた。従って日本列島からの中東観がイスラエルと石油の複雑な弁証法に影響されたことは当然であり、理解できる。しかし本書の目的は中東が二十世紀に至るまでの千五百年の長きにわたり国際関係を作り上げてきたことを証明することにある。そしてトルコ、ペルシア、アラビア半島を出自とする大国が中東を多少とも持続的に再編するまでは、エジプト、シリア、イラクの勢力関係が長らく根本的に重要だったことを証明することにある。中東を長期的視座で俯瞰する時、日本語への翻訳者として鶴原徹也氏以上の適任者を見いだすことはできない。私がこの経験を積んだ読売新聞記者とパリで会談するようになってもう何年にもなる。私は彼の的確な質問とその厳しい職業意識を評価してきた。彼なら「三つの世界の交わる中心」として中東を捉えた本書の機微と複雑さを日本語で表現できるはずだ。この中心の運命は、私たちが意識するか否かにかかわらず、私たち全てに影響する。

二〇二四年三月二十八日、パリで

目次

中東　世界の中心の歴史

——395年から現代まで

本書を同僚で同胞のファリバ・アデルカ[*]に捧げる。二〇一九年六月から二〇二〇年十月までエヴィーン刑務所[**]に収監され、獄中から「研究者を救え。研究を救い、歴史を救え」という悲痛な訴えをした。今は電子腕輪を装着され、テヘランの自宅で軟禁されている。「国家の安全に対する侵害」と「反体制宣伝罪」という濡れ衣で下された禁錮五年の刑は続いている。

＊　フランスとイランの二重国籍を持つ人類学者。パリ政治学院研究員。原著出版後の二〇二三年二月に軟禁を解かれ、同年十月にフランスに帰還している。

＊＊　イランの首都テヘランにある政治犯が多く収容される刑務所。

ディエゴ・フィリュにはその注意深い読解と鋭い見方に感謝する。

圧政は忘却の地。全てが幽閉されている。
だから圧政に反抗する。
匿名を脱し、記憶を紡ぐ社会づくりの可能性を探る。獄を出る。追放から帰還する。

ヤシン・アルハジ・サレ[*]「シリア、忘却の地」。地下の手記、
二〇一三年一月、ダマスカスで

＊シリアの反体制作家

世俗主義の政治に組み込まれなければ
少数派は今後、誰も守られなくなる。
宗教の帰属と権力の行使を
分け離さないことは、災いであり、
市民概念、社会の団結、差異の共存、
国家構築を危うくする。

ドミニク・エデ*
『ルモンド』紙、二〇二一年四月二日付

＊レバノンの作家

序章　世俗的歴史

　歴史考察がその流儀を世俗的であると自ら標榜することはない。ただ中東史の分野は、排除の観点でも和解の観点でも、いわゆる神学論争によって地雷があまりにも多く仕掛けられているため、世俗主義がすぐれて実用的な羅針盤になることはなかった。中東を三つの一神教の発祥の地としてだけ捉えていては、その歴史的遺産の大部分を見失ってしまう。しかも「聖なる歴史」は（これは英語なら慎ましくナラティブと表現する。つまり「重要な物語」の意だが）、中東では必ずしも宗教的ではない。否、正反対だ。実際、植民地主義の「聖なる歴史」があり、永遠のペルシアの「聖なる歴史」があり、アラブ民族主義の「聖なる歴史」があり、シオニズムの「聖なる歴史」がある。中東という空間はこうした象徴に満ち満ちているため、神聖化に陥らないように警戒することが他の地域以上に肝要だ。加えて、善意の話者による神聖化であっても、絶対化された物語に依拠すると、中東の紛争の仮借のなさや、モザイク模様の宗教分布の判じがたい異質性について、概して白けた考察にたどり着くものだ。まるでこの地域と民衆が戦争と不条理を免れない運命にあるかのように――。

　こうした知的怠慢を拒むことが本書の構想と筆致を育んだ。興味と興奮を駆り立てる一方で動揺と苦悩を引き起こす中東の出来事を長期的視野に置いて理解したいという強い要望がある。真実を追求するには、歴史学で言えば、特定の時期の専門家らを隔てる年代の垣根を跳び越える必要がある。私の専門は現代史だが、学生の研究を指導する中で着想を得て書いた『イスラムにおける黙示録』（二〇〇八年）以来、『ガザの歴史』（二〇一二年）や『ダマスカスの鏡』（二〇一七年）に至るまで、時代の枠を越えた研究に努めてきた。私は二〇一七年から二〇二〇年までパリ政治学院の修士課程で「三九五年以降の中東史」を講義した。講義内容は毎年、学生の要望や疑問を踏まえて構成した。本書は一〇章で構成されるが、学習者への配慮から各章の終わりに簡略な年表を付してある。人名索引・地名索引に加え、二〇枚の地図を綴じてある。地図は章ごとに二枚あり、一枚は取り扱う時代の初めの中東の全体図、もう一枚はその時代の中東の特徴を示す地図になっている。

本書は中東史の始まりを三九五年の東ローマ帝国成立とした。この時、外部の支配を脱した、特有の存在として中東が現れた。ローマではなくビザンティウムに向き合う東ローマのキリスト教世界が立ち現れた。三九五年という選択は中東本来の活力に目配りし、域外強国の対立を反映させるだけの地域という単純な見方を排するためだ。無論、域外強国は特に現代史で相応の影響力を発揮することにはなるが。また三九五年を指標とすることで、蛮族の侵攻に遭い、度重なるローマ略奪を経験した「西洋」に対し、中東が国家として安定し、制度も備えた地域だったことが明示できる。こうした今日とは逆転した見取り図を強調することは意味がある。キリスト教は東ローマ帝国で、聖職位階制の枠外で、時に位階制に反して、聖人崇拝と修道生活を発見した（この二つが「西方教会」を作り上げることになるのだが）。加えて、一つの政治統一体が創設された三九五年は、（キリスト教の）「零年」と（イスラム教の）「六二二年」という一神教の紀元に由来する重みから解放されている。従ってササン朝ペルシアの国教ゾロアスター教という今では廃れた一神教の重要性を受けとめつつ、この二つの紀元の持つ象徴的影響力からは確実に自由になれる。

本書の一〇章の時代区分は原則として直観を旨としないように努めた。第一章は三九五年から最初のイスラム王朝が成立する六六一年までを扱う。コーランの教えの迅速な伝播《でんぱ》に加えて、同様に意味深い、一つの問いを投げかけた。なぜ東ローマ帝国は、アナトリア半島に追いやられながらも、ジハード（聖戦）の襲来に抵抗できたのか（七世紀初めに至る所で攻勢に出ていたササン朝ペルシアは数十年後には圧倒されてしまうのに）？　年代選択の別の例は、十字軍が展開する二世紀間を一つの持続した展開として扱うのではなく、異なる二つの章で扱ったことだ。バグダッドとカイロの二つのカリフ制［訳註＝カリフは預言者ムハンマド没後のイスラム社会の最高指導者］の対立を主題とする章、そしてトルコ・モンゴル族の侵略を主題とする章である。年代選択の最後の例は、しばしば時代の転換点として選ばれる、オスマン軍がコンスタンティノープルを攻略した一四五三年ではなく、一五〇一年を前面に押し出したことだ。サファビー朝ペルシア成立のこの年に一連の動きが始まった。オスマン帝国はサファビー朝の挑戦を受けた結果、中東最大の領土奪取に乗り出すことになる。

黒海とカフカス山脈の支脈とカスピ海が中東地域の北端になる。南側はアラビア半島を含み、上《かみ》エジプトまで延びる。対アフリカ境界は曖昧ながらもサハラ砂漠とその一部のリビア砂漠。東端はペルシア東方のホラサーンだ。東方境界は時にアフガニスタンの一部とトルキスタンの一部を加えるなど数世紀にわたり変動した。このような地理上の変化があるため、必要に応じて中東の西と東の辺境に言及することになる（ただ辺境が歴史考察の核心となることはない）。中東はアジアとアフリカにまたがる、そしてアジアと欧州にまたがる重要な十字路だ。時代を画す二つの陸路、中央アジアを経て中国に至る「シルクロード」と「インドの道」[†1]が交わる要衝である。中東の面積は七百万平方キロメートルを超え、そのうちアラビア半島とエジプトの砂漠は約五％を占める。

　三九五年の中東は人口約四千万人で、世界人口の二〇～二五％。当時の欧州は約一七％だった。中東の人口は圧倒的に農村に集中していた。コンスタンティノープルとクテシフォンという二大都市はどちらも数十万人規模で、二大帝国の首都だった。六世紀半ばのペストの流行とビザンツ‐ペルシア間の戦争の災禍で中東の人口は減少し、七世紀初頭には三千万人規模に。その後の六百年間はその規模で安定していたが、十三世紀半ばに二千万人規模に落ち込む。以後、モンゴルの侵攻とペストの大流行もあり、人口はこの規模にとどまった。十六世紀初め、オスマン帝国とサファビー朝ペルシアが中東を二分した頃、中東人口は三千万人規模に回復し、十九世紀半ばまで維持された。当時の世界人口の三％でしかなく、欧州人口の六分の一だった。二十世紀に人口爆発が起き、中東は人口の遅れを若干取り戻した。今日の中東人口は四億人超。世界人口の五・五％で欧州連合（EU）の域内人口をやや下回る。一千万人超の巨大都市はカイロとイスタンブールの二つ、五百万人超の都市圏はテヘラン、アレクサンドリア、バグダッド、リヤド、アンカラの五つある。

　中東は歴史的にエジプト、シリア、イラクという三極を中心として形成されてきた。紀元前三〇〇〇年以降、独裁体制が最重要資源である水を西方はナイル峡谷で、東方はメソポタミア地方のチグリス川、ユーフラテス川で管理してきた。この二つの流域で中央集権化した権力は灌漑《かんがい》した地帯の人的・経済的資源を頼りとして、広大な砂漠に由来する脅威に対抗した。その一方で、中東の中央に位置するシリアは地理的に複雑で多様な自然環境を持ち（沿岸部に平原と切り立つ山脈、内陸部に渓谷があり、その中間に高原が広がり、オアシス都市が点在する）、極めて多様な住民・組織を養ってきた。シリアという空間は長らく、ファラオの時代からパルティア王国（紀元前二四七〜二二六年）に至るまで、今日のエジプトとイラクの領域に出現した国家間の係争地だった。東ローマ帝国はコンスタンティノープルを拠点にシリアとエジプトを支配した。イラクはササン朝ペルシアに従属し、ササン朝はイラクのクテシフォンを首都とした。この勢力均衡はササン朝の重みが増したことで破れ、ササン朝は七世紀初めにシリアとエジプトを制圧した。均衡は東ローマ帝国によって一時的に回復されるが、その後、未曽有の侵略で均衡は失われる。侵略の震源は中東の地政学的抗争の埒外《らちがい》であり続けたアラビア半島中央部だった。

中東がアラビア半島を起点にして根底から再編されるのはこの時だけだ。[†2] このイスラム政権は間もなく、正統カリフ時代の内乱で荒廃したアラビア半島を離れる。ウマイヤ家はダマスカスで王朝を興し、ビザンツ帝国（東ローマ帝国）の流儀を模倣することで、発展前夜のイラクとエジプトを要領よく服従させた。イスラム政権は六六一年から一五一六年まで千年近くこの三極に立脚して組織された。ウマイヤ朝シリアは七五〇年にアッバース朝イラクに取って代わられ、アッバース朝カ

†1　中東は中世の末、モンゴルの二度の侵攻（最初は対アフリカ、次は対欧）を防いだ。一方、「モンゴルの平和」は十四世紀半ばのペストの流行を助長し、ペストは中東で猛威を振るった後、欧州とアフリカに広がった。

†2　一九一六年のヒジャーズ発の「アラブ反乱」はダマスカスに「アラブ王国」を樹立したが、王国は安定しなかった。一方、サウジアラビアは並外れた富を持ちながら、中東で支配的な役割を担う能力がないことを今日に至るまで証明してきている。

リフは、（チュニジアに出現しエジプトを征服し地歩を占める）競争相手のファーティマ朝カリフの挑戦を受けることになる。ダマスカスがアレッポ同様に人類最古の都市の一つであるのに対し、バグダッドとカイロはともに争いに勝利した王家が樹立した国家の首都で、前者はアッバース朝が七六二年に、後者はファーティマ朝が九六九年に建設した。この二つのカリフ制が競い合ったことで、シリアに対するビザンツ軍の侵入、次に十字軍の侵攻がそれぞれ容易になった。十字軍に対抗するために極めて困難な動員を続けたことがファーティマ朝の命取りになり、一一七一年にエジプトとシリアを治めるスルタン「訳註＝主にスンニ派イスラム王朝の君主の称号の一つ。アラビア語で「権威」の意。この称号はカリフから与えられる形式を踏んだ」が登場する。

この領域を統《す》べるスルタンは、アイユーブ朝の時代は（カリフの君臨する）アッバース朝イラクに形式的に従属したが、この領域にマムルーク朝が興り、一二五八年にバグダッドがモンゴル軍に破壊された後は、従属を脱した。そして二世紀半にわたるエジプトの覇権時代が到来する。それに終止符を打つのが、長らくアジアではなく欧州に向き合ってきたオスマン帝国だ。中東は東ローマ帝国時代の体制、つまりコンスタンティノープルを拠点とする統治体制が再開される。ただオスマン帝国はペルシアに対し、ビザンツ帝国よりもはるかに優勢だった。一六三九年に画定された国境はオスマン帝国領にイラクを含めている。[†3] オスマン帝国時代、欧州の大国間の競合は「レバントの梯子《はしご》」（地中海東部諸港）での領事館開設を含む「カピチュレーション」と呼ばれる外国人特権をめぐる争いの形をとった。地中海沿岸で活発だったイタリアの諸都市とペルシア湾岸に進出したポルトガルは、次第にフランスと英国の背後に隠れるようになる。十九世紀の「大国協調」時代の欧州「訳註＝ウィーン体制のこと」はナポレオン戦争を経て欧州の運命を決したと確信し、「東方問題」を外交の一大案件とした。

英国はコンスタンティノープルを、フランスはカイロを足場とした。その後、英国は一八八二年、フランスを追いやり、エジプトを軍事占領した。英仏両国はオスマン帝国後の中東分割で一致する（一九一六年の「サイクス＝ピコ」合意は実行されず、一九二〇年のサンレモ国際会議が中東における英仏の「委任統治」を定めた）。英仏共謀は中東の力学の一環だ。両国は中東固有の問題を超えて、中東の場で世界的使命を構想した。その反対に、英仏は一九五六年のスエズ戦争に軍事的に勝利したが政治的に敗北し、帝国の地位から退いた。この中東の国際性は米国とソビエト連邦の「冷戦」を受けて新たな意味を持つことになった。イスラエル建国の父たちは米ソ両国からユダヤ国家建設への支持を取りつけた後、一九六七年になると米国陣営に全面的に参画した。一方でアラブ指導者らはソ連の支持を得ながらも敗北を重ねた。当時ソ連は同盟諸国間の対立になす術《すべ》を知らなかった。中東に均衡をもたらしたエジプト、シリア、イラクの三極体制は未解決の「パレスチナ問題」を背景として緩慢な解体過程をたどる。米国は一九九一年、クウェートからイラクを駆逐する多国籍軍にシリアとエジプトを参加させた後、ソ連後をにらんだ「新世界秩序」の礎《いしずえ》を中東で築いた。

しかし中東現代史のうちに、様々な域外勢力が直接あるいは代理で争う紛争の結果だけを見るのは間違いだ。イスラエルの歴代政権とシリアのアサド政権は自分たちに味方する大国を「顧客」として思い通りに操る能力を証明した。一九七九年にテヘランで勝利したイスラム革命は米国とソ連の間の「第三の道」をめざしたが、ひと世代を経てササン朝ペルシアの拡張主義的傾向へと回帰し

†3　この国境は今日もイラク－イラン国境にほぼ一致している。一九八〇～一九八八年のおぞましい戦争も国境を変えることはなかった。

た。特に民衆は意思決定から除外されれば蜂起することを証明した。ヨルダン川西岸地区とガザ地区で一九八七年と二〇〇〇年に、イラクで一九九一年と二〇〇四年に、エジプト、シリア、イエメンで二〇一一年に起きた反乱はいずれも弾圧されたが、「問題」をそのまま残した。パレスチナ問題、「イラク問題」に還元できないクルド問題、近年の長期化必至のシリア問題――。これらは悲劇的なことに、外部から「管理できる」中東という神話が通用する限り、解決の見込みはない（この「外部」は域外の強国、あるいは社会から遊離し命運の尽きた政権を指す）。英仏の中東分割から一世紀が過ぎ、米国支配の三十年間は、私たちの見守るなか、中東からの撤退で終わった。撤退は混乱のおかげで屈辱を免れた。域外国が覇権を握る時代は確実に終わった。遠方の庇護者に全て依存し、自国民の希求を否定してきた中東の独裁者らは不満だろうが――。

宗教分野を含めて政治史は権力の形成過程や支配領域に一義的に着目する。そのため国境と戦争は常に言及される。軍事展開に魅了されるからではなく、中東で戦争が今日に至るまで頻発しているからだ。繰り返される戦争で少なくとも四度、中東は恐るべき「血塗られた大地」と化した。一二五六～一二六一年と一三九三～一四〇四年の二波に及んだモンゴル来襲、第一次世界大戦、二〇一一年以降のアラブの春に対する反革命、二〇〇三年以来の対イラク侵略――。ただ分野を特定することは対象とする社会をめぐる考察の深化には結びつかない。実際、政治の主役は男性で、通常女性は配偶者として言及されるだけだ。例外は神秘主義者のラービア・アダウィーヤ、スルタンのシャジャル・アッドゥッル、ナフダ（アラブ・ルネサンス）時代のフェミニストらだ。社会あるいはジェンダーの観点からの歴史考察は確かに興味深かろう。ただそれは本書の目的ではない。

中東はアジア、アフリカ、欧州大陸の交わる中心に位置する。三つの世界の中心地は多くの点で文明発祥の地であり、戦時平時を問わず交流交易の中心地である。この地理的中心性が政治的中心性を培った（三九五年当時最強だった二つの帝国を中心に政治的中心性が形成された）。七、八世紀のイスラムの拡張が成し遂げたように、力は中東を起点に伝播し、隣接する空間に影響力を広げていった。ビザンツ帝国はアナトリア半島で獲得した資源を使って、バルカン半島を十一世紀まで支配した。この傾向は十字軍遠征時代の二世紀間、レバント地方沿岸部に限って一部逆転した。その一方で、コンスタンティノープルは一二六一年、ビザンティウムの名に復帰した。「ラテン帝国」「訳註＝十字軍の築いた王国」による征服の半世紀後のことだ。一二五六～一二六一年と一三九三～一四〇四年の二度にわたるモンゴル来襲は中東を破壊的侵略の恐怖に突き落としたが、エジプトは免れた。加えて侵略者が立ち去るとすぐに、最初はオスマン帝国が、次にサファビー朝ペルシアが伸長し、中東は概して自らの主人であり得た。[†4] イスラム化したコンスタンティノープルはアジアではなく欧州に長らく向き合ってきた大国の首都である。アジアではペルシアの野心を阻む牙城《がじょう》だった。

　一七九八年のフランスのエジプト遠征は自らが主人であり得た中東を植民地主義が浸食する時代の幕開けだった。ただ米国の提督アルフレッド・マハンが中東を世界覇権の試金石として概念化するのは二十世紀初頭を待たなければならない。三つの世界の交わる中心は実際、オスマン帝国の消滅に伴い、競合するフランスと英国の野心にさらされた。仏英は以後一世紀にわたり中東の民衆の希求を蔑《ないがし》ろにして中東を山分けする。その百年、人為的国境の押しつけ以上に自決権を頑《かたく》なに拒

---

†4　一二六〇年から一三五三年までイランとイラクを支配したモンゴル帝国は中東への同化の証として一二九五年にイスラムに改宗した。

否したことで、帝国主義勢力は中東の運命を左右した。自決権はかつては宗主国に、今日は冷酷な独裁者に否認されている。中東の独裁政権は域外大国の直接・間接の支援を受けて初めて自国民に対し、秘密裡に、あるいは公然と戦争に取り組める。従って中東の危機の国際化はおおむね、罠に捕らえられた数百万人の市民にとっては悪夢と化すことになる。目下進行している米国支配の崩壊は、新たな介入を一層助長することになるだろう。その結果、紛争は拡大し、至る所で民衆が最大の犠牲者になる。

本書の指針は「文明の衝突」という幻ではない。中東で戦争は頻発し、暴力的で往々にして悲惨だが、宗派・民族の違いで敵味方に分かれて対決することは極めてまれだった。イスラム世界にあってスンニ派とシーア派の二極分化は数多《あまた》の世代を通じて形成され、今日的事態に至るのはようやくオスマン帝国とサファビー朝ペルシアの対立の時だった。とはいえ融和と寛容が中東の規範だったわけでは決してない。中東の数多の矛盾は極めて複雑な様相を呈している。本書はこうした矛盾の生成・進展を検討するが、年代学的野心に基づき、取り扱う史実・場面を厳選した。中東で女性と男性が共に自らの歴史を物語ることを通じ、自ら運命を定める権利を取り戻すために戦い続ける間は、この世俗的歴史が完結することはない。

第一章　ビザンツ帝国、ササン朝ペルシア、アラブ
（三九五〜六六一年）

コンスタンティノープルを首都とするビザンツ（東ローマ）帝国とクテシフォンを首都とするササン朝ペルシアが中東を二分した三九五年から六〇二年までの二世紀はあまりにも軽視されてきた。この二世紀は平和（最初は実質的平和、次に相対的平和）が長く続いた時代で、中東全域が最大の繁栄を享受した。ビザンツ帝国がロンバルディア人、東ゴート族、アバール族ら「バルバロイ」〔訳註＝異民族・野蛮人〕と戦ったのは欧州であり、アジアではなかった。中東は一方にキリスト教、他方にマズダ教／ゾロアスター教を信奉する二つの帝国的神権政体の共存を柱に形づくられていた。中東の文明の発展は同時代の西洋の「野蛮」と際立った違いを見せていた。二つの神権政体はどちらも帝国内の反逆に対する弾圧に専念するために世界制覇の野心を抑制した。この古代末期、エジプトもシリアもメソポタミアも独立した存在ではなかった。前二者はビザンツ領に、後者はペルシア領に組み込まれていた。この二つの支配的帝国の周縁にあり、直接支配の及ばない空間にあるアラビア半島に七世紀初め、中東全域を再編することになる新たな権力が出現する。

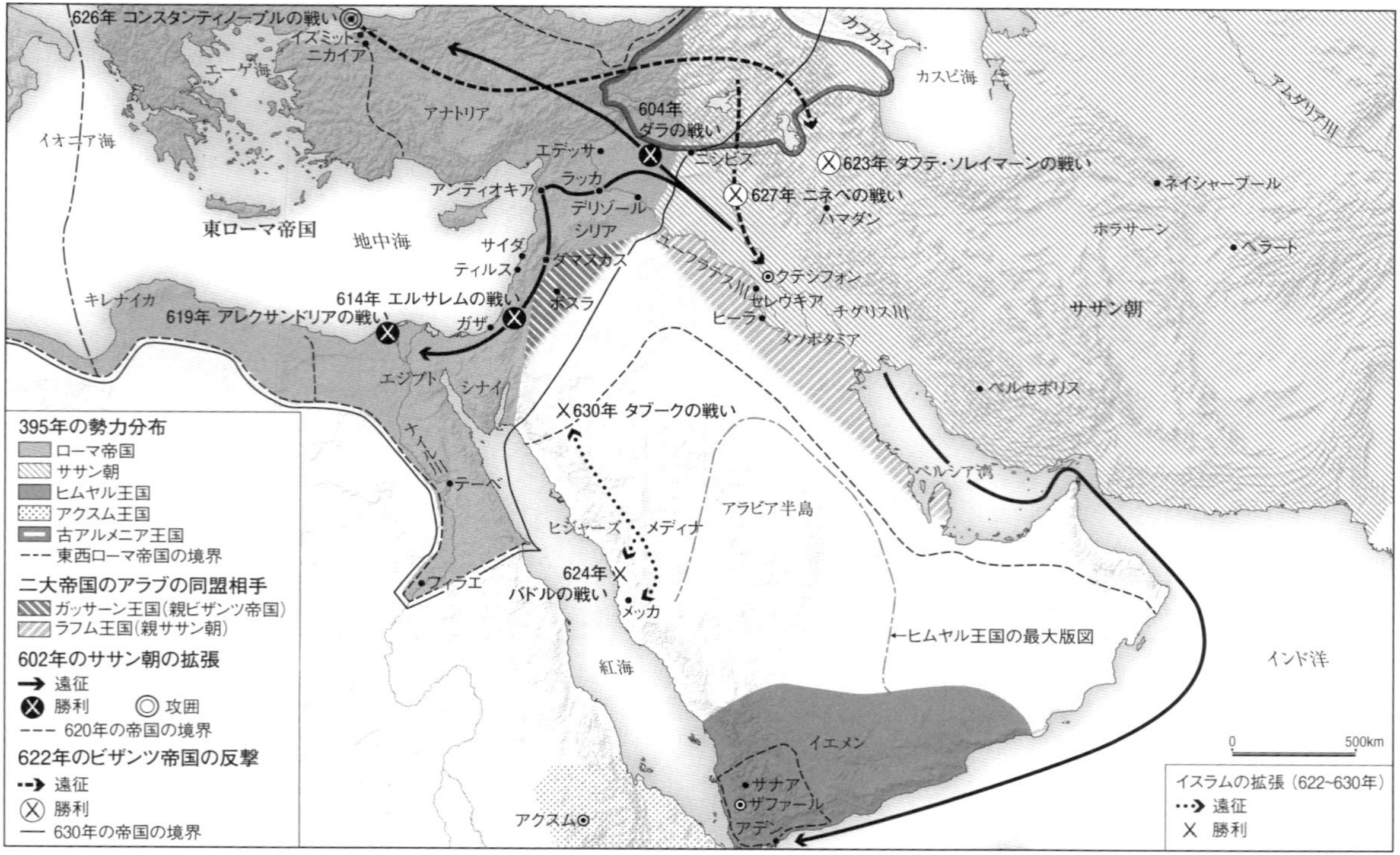
626年 コンスタンティノープルの戦い
イズミット
ニカイア
エーゲ海
イオニア海
アナトリア
604年
ダラの戦い
エデッサ
ニシビス
カフカス
カスピ海
アムダリア川
623年 タフテ・ソレイマーンの戦い
627年 ニネベの戦い
ハマダン
ネイシャーブール
ホラサーン
ヘラート
アンティオキア
ラッカ
デリゾール
シリア
東ローマ帝国
地中海
サイダ
ティルス
ダマスカス
ユーフラテス川
クテシフォン
セレウキア
チグリス川
ヒーラ
メソポタミア
ササン朝
キレナイカ
614年 エルサレムの戦い
619年 アレクサンドリアの戦い
ガザ
ボスラ
エジプト
シナイ
ペルセポリス
630年 タブークの戦い
ナイル川
テーベ
ペルシア湾
アラビア半島
ヒジャーズ
メディナ
624年
バドルの戦い
メッカ
フィラエ
←ヒムヤル王国の最大版図
インド洋
紅海
イエメン
サナア
ザファール
アデン
アクスム
0 500km
395年の勢力分布
ローマ帝国
ササン朝
ヒムヤル王国
アクスム王国
古アルメニア王国
東西ローマ帝国の境界
二大帝国のアラブの同盟相手
ガッサーン王国(親ビザンツ帝国)
ラフム王国(親ササン朝)
602年のササン朝の拡張
遠征
勝利
攻囲
620年の帝国の境界
622年のビザンツ帝国の反撃
遠征
勝利
630年の帝国の境界
イスラムの拡張（622~630年）
遠征
勝利

図1-1　ビザンツ帝国とササン朝の間の中東（395-630年）▶
図1-2　アラビア半島でのイスラムの伝播（612-632年）▼

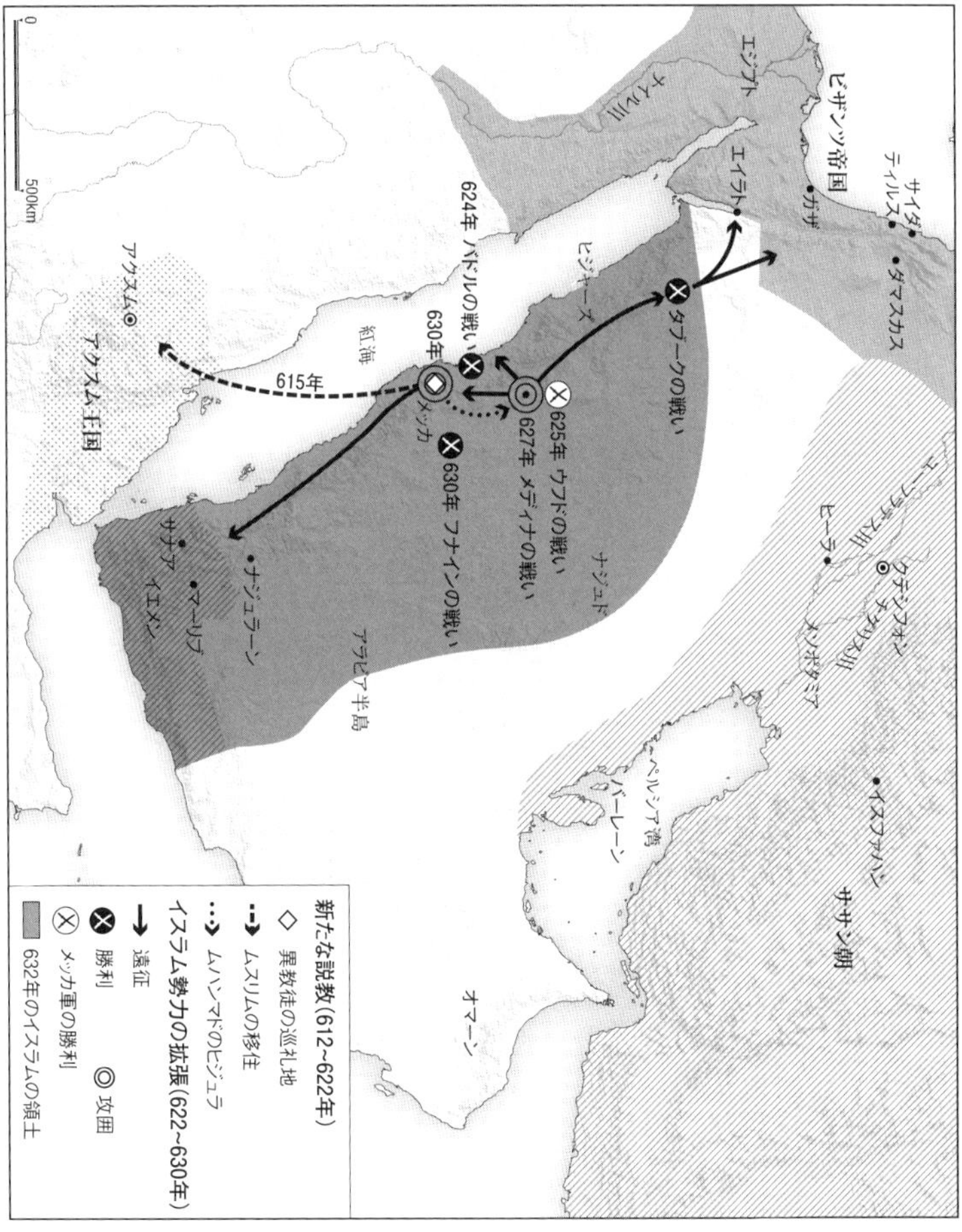

政治建設

ローマ皇帝で初めてキリスト教を信仰したコンスタンティヌスは三二五年、世界的な公会議を召集・主催した。この公会議はその野心にふさわしく「オイクーメネー」[†1]と命名された。公会議はニカイア（現トルコのイズニク）で開かれ、イエスについて「まことの神よりのまことの神、造られることなく生まれ、父と一体」［訳注＝カトリック中央協議会の口語訳］という信条を採択した。翌年、コンスタンティヌスの母、ヘレナがエルサレムで折よく聖十字架を含む聖遺物を発見する。三三〇年、皇帝は首都を古代ビザンティオンの地に置いた。「コンスタンティヌスの都」を意味するコンスタンティノープルの名が広まることになるが、彼自身は首都を「新ローマ」と命名した。この遷都によって帝国の中心をシリアとエジプトという最も繁栄していた二つの属領に近づけた。コンスタンティヌスは首都建設により、ドナウ川沿いの「バルバロイの侵略」、そしてユーフラテス川沿いのササン朝ペルシアという二重の脅威に対し、自らの権威を確立した。このキリスト教国の初代君主は欧州とアジアにまたがる地に、西洋よりも東洋に、自らの権力の座を設けたのだが、「キリスト教の西洋」という後世イメージのためにこのことは一般的に忘れられている。

キリスト教が帝国の正統信仰になるのは三八〇年、テオドシウス一世の治世を待つ必要があった。その時の課題は、異教との戦いに加え、三位一体の教理に異議を唱える異端派にニカイア信条を受け入れさせることだった。「アリウス派」と呼ばれる、この最初の異端派はゴート族とバンダル族の間に広く浸透していた。テオドシウス一世は生前、息子二人、アルカディウスとホノリウスによる帝国の共同管理を準備していた。しかし三九五年の一世の死に際し、この机上の権力共有は間もなく実質的な帝国の東西分割に行きつき、西はラベンナ、東はコンスタンティノープルが首都になる。二つの体制を隔てる境界線は、地中海の北方は今日のボスニアとセルビアの国境線に重なる。南方は今日のリビアをシルト湾から西にトリポリタニア地方、東にキレナイカ地方を隔てる線に重なる。東西二つの帝国の境界は当初から決して「自然」ではなく、裁定によってローマ帝国の版図のうちアジア領だけでなく欧州領とアフリカ領の一部を東ローマ帝国に割譲した。ただ三九五年は地中海の東方にまさしく自律的な政権が登場したことにより、起点であることに変わりはない。この政権はその後、イタリア半島の退廃とは対照的に繁栄することになる。

東ローマ帝国は宗教的というよりも政治的に構築された。国教のキリスト教は双子の兄弟である西ローマ帝国と共有した。東ローマ帝国はコンスタンティノープルの古称にちなみビザンツ帝国とも呼ばれるが、自らは「ローマ帝国」の呼称を望み、世界的野心は「カトリック」[†2]の使命により勢いを得た。公用語はラテン語だったが、最もよく使用されたのはギリシア語だった。その一方で、シリアではシリア／アラム語が、エジプトではコプト語が広く普及し、どちらも典礼言語になった。アンティオキアとアレクサンドリアは歴史的二大都市で、それぞれ約二十万の人口を有した。それをコンスタンティノープルが四一三年に城壁を広げ、上回ることになる。東ローマ帝国は安定の拠点だった。対照的にローマは四一〇年に西ゴート族、四五五年にバンダル族に破壊され、四七二年の内乱の際には攻囲・略奪された。皇帝の徽章《きしょう》が四七六年、唯一無二のローマ帝国の玉座になったコンスタンティノープルへローマから返送された。帝国の正統性は西ローマ帝国から東ローマ帝

†1　「人の住む地」「世界」を意味するギリシア語。
†2　カトリックはギリシア語で「普遍」を意味する。

国に継承された。このことを想起することは、西側の人々が中東の対処不能の危機が自分たちの重荷になっていると嘆く今日、無意味ではなかろう。

コンスタンティノープルを首都とする帝国の版図は、西方は裁定で画定されたが、東方はペルシアとの持続的勢力均衡を旨として画定された。ペルシアを二二四年から支配するササン朝は首都をチグリス川沿いのクテシフォンに置いた。今日のバグダッドの南方三十数キロの場所だ。ユーフラテス川がササン朝の実効支配の及ぶ西端だった。そこから砂漠の中間地帯を隔てた場所にローマ帝国の最初の駐屯地があった。中間地帯をアラブの首長らが巡回し、取引の上で最大の報酬を支払う相手のために働き、略奪規模に応じた戦闘規模を維持した。北方に位置するアルメニア王国は四世紀初めにキリスト教に改宗した。王国は三八七年頃、二つに分割された。一方は「小アルメニア」(王国領土の五分の一)でローマ帝国に併合され、他方はササン朝ペルシア帝国の諸侯に属州として管理され、四二八年にペルシアに併合された。ローマ帝国が西ローマ帝国と東ローマ帝国に政治的に分割されたように、ビザンツとペルシア両帝国の国境も政治的に画定した。この二つの帝国はそれぞれの国教を誇った。ササン朝ペルシア帝国の神権政治の管轄権については後段で言及する。

現時点では次のことを強調する。東ローマ帝国の要路はコンスタンティノープルとアンティオキアを結ぶ道で、ベロエア／アレッポを経てパルミア、あるいはダマスカスに至る。レバントとエジプトは、より容易な海路で帝国首都と交易した。その一方で、ガザはアラビア半島を出発した隊商が通行する複数の陸路の集結する港だった。行政管理は「オリエンス道長官」に権限が集中していた。コンスタンティノープルに所在し、官吏は一千人規模だった。道長官はアンティオキア(東ローマ帝国)、アレクサンドリア(エジプト)、エフェソス(小アジア)、イズミット(ポントス)という中東の属州に対する管轄権を有していた。[†3] 封地の形成を避けるために、属州の様々な職務代表らを地方総督ではなく、首都の職務上位者の指示に従わせた。通貨の安定が交易の発展をもたらし、通貨の安定は両替商の同業集団が保証した。ソリドゥス金貨（純度の高い金四・五一グラムで造幣）[†4] は六百年間、価値と重量を維持した。テーベ［訳註＝ナイル川中流にある古代エジプトの首都］と紅海の中間にあるエジプト中央部で重要な金鉱が開発された。ヌビアとバルカン半島にも金鉱はあった。

皇帝と教会

ビザンツ帝国の皇帝はローマ帝国から即位の典礼を継承した。軍隊が宣言し、民衆が喝采し、元老院が承認する――。皇帝はこれら全てを代表し、加えて現世での神の代理人でもあった。独裁の正統性は「パントクラトール（万物の支配者）[†5]」キリストに直接由来する。帝位継承は最も円滑な場合でも、長い時間をかけた上で、厳格な規則を課した。皇帝は儀式で神に選ばれし者専用の緋紫の装束を着用する。主教団は皇帝に服従せざるを得なかった。公会議を召集・主催するのは皇帝だった。三二五年のニカイア公会議はローマ、アンティオキア、アレクサンドリアの三つの総主教座を

†3　他に三つの属州があった。トラキア、ダキア、マケドニアで、それぞれコンスタンティノープル、ソフィア、サロニカが管理していた。
†4　七二ソリドゥスが「リベラ金貨」にあたる。
†5　パントクラトールはギリシア語で「全能の主」。その語源は、競争相手も上位者もいないという意味のアウトクラトールと同じ。

認めた。四五一年のカルケドン公会議はコンスタンティノープルとエルサレムを総主教座に格上げした。コンスタンティノープルの総主教は、主教会議の作る候補者名簿の中からではあるが、皇帝が任命した。レオ一世は四五七年の戴冠の後、コンスタンティノープル総主教の祝福を受けた最初の皇帝だった。

帝国の首都の総主教は全キリスト教会を従える野心を次第に公然と育んでいった。ローマから普遍的教導権を行使する教皇に反抗する野心だった。ビザンツ帝国から見れば、この「ローマ総主教」とされる人物の優位性はせいぜい象徴的なものでしかなかった。その一方で、アンティオキアとアレクサンドリアはエルサレム以上に、コンスタンティノープルの台頭に異議を唱えた。「協約」と呼ばれる原則によれば、聖職上の位階は行政上の序列をなぞる。帝国の行政機構の基本単位である都市が主教座になり、この領土区分を管轄する。主教は属州首府の主教の選出に参加することから「属主教」と呼ばれ、首府の主教は「府主教」と呼ばれた。皇帝は主教座の管轄区域を思いのままに書き換えることができた。とはいえ教会は帝国で皇帝に次ぐ第二の不動産所有者であり、その財産の非譲渡性は守られた。

キリスト教は都市の支配層の支持を得ていた。支配層は異民族の脅威に対し、キリスト教がギリシア・ローマ文明を守る唯一の城壁であると見なしていた。テオドシウス二世は四一五年、軍隊と行政から異教徒を追放し、二〇年後には異教の礼拝所の破壊を命じることになる。こうした命令が全て一様に従われることはなかったが、ビザンツ帝国で臣民のキリスト教化は深く進み、露わだった。布教は都市では多少とも近場の教会網を中心に展開した。主教座に縛られていたわけではなかった。日曜ミサや聖人の祭日の感謝の典礼は、時に礼拝行進を伴う夜通しの祈りの後に続いた。一方、田舎は主教団が徐々にではあるが、布教の責任を負うようになった。聖職者不足は一般信者らが補った。基礎程度でも素養のある信者がいれば毎週の典礼は可能だった。一般信者らはまた、俗世間と関係を断ち、独り、あるいは共同で暮らす「修道者」に関心を抱いた。「修道者」の隠棲の地周辺で巡礼が盛んになった。修道者の死後はその墓地が巡礼地になった。教会は崇拝された「修道者」を認めることを選んだ。彼らのカリスマを自らのものにするためだった。

「修道制」［訳註＝フランス語は monachisme］、すなわちキリストと一体[†6]となろうとする意志は、四世紀のエジプトに現れた。創始者は後に聖大アントニオスと呼ばれることになる。彼は砂漠で苦行に専念するために所有地と財産を人々に分け与えた。この敬神を示す振る舞いは熱狂を引き起こしたため、アントニオスは注目を避けるためとはいえ、自身に更に厳しい試練と孤独を課すことになる。彼は三五六年、テーベ近郊で死亡した。百歳を超えていたという。ほどなくアレクサンドリア総主教がその聖人伝をギリシア語で発表した。評判を呼び、ラテン語・シリア語・コプト語の翻訳が出て、隠者[†7]の生き方が流行した。アントニオスがキリストにならい、砂漠で抗《あらが》ったはずの数々の誘惑は数世紀の間、キリスト教美術に霊感を与え続けた。彼のエジプトの弟子の一人パコミウスは、師ほどは厳格でなく、「共住み」隠棲を組織することを好んだ。「共住修道士」の語源だ。人里離れた隠棲と共住修道院が（おおむね男性が対象で、時に女性も対象としたが）修道の場を構成してゆく。こうした形のキリスト教の信仰生活は大いに伝播することになるのだが、その試練の場が見いだされたのは東ロー

†6　ギリシア語は monos。

†7　隠者のフランス語 ermite は砂漠を意味するギリシア語 eremos から派生した。

マ帝国だったのだ。

教父の一人ヒエロニムスは三八六年、ベツレヘムに男女を対象とした修道院を設置した。女性部門はローマ貴族出身の寡婦パウラが運営した。その地でヒエロニムスは四〇五年、ヘブライ語の聖書をラテン語に翻訳し終えた。『ウルガタ聖書』の名で以後千年にわたって底本となり、一四五五年には活版印刷の書籍第一号になった。ヒエロニムスはまた、出身地ガザの近くに修道者共同体を創設したヒラリオン（二九一～三七一年）の聖人伝を著して人気を博した。聖人ヒエロニムスの墓周辺に建てられた施設は次第に多くの聖職者・巡礼者を招き寄せるようになった。その後、シメオンが四五九年まで高い柱の上で生きたアンティオキアの北西の地に同様の施設が建てられた。この「修道者」の遺骸はまずアンティオキア、次にコンスタンティノープルに移されたが、「聖シメオン」と名付けられた難行苦行の遺跡への巡礼人気が損なわれることはなかった。六世紀初め、ユダヤ砂漠の共同体が隠修者と共住修道者の統合を図った。ラウラ［訳註＝散居修道院］である。週日は隠棲し、土曜は食事を分かち合い、日曜は集団で聖祭に臨む。こうした様々な苦行者は東ローマ帝国にとどまらず、全キリスト教世界の基準・規範となった。彼らの威信は、彼らが保った俗世界との距離、宮廷・政争との距離に応じて、変化した。

キリスト論争

東ローマ帝国の教会はその多様な活力のために抑えがたい争いを数多く経験してきた。国家機構がローマ帝国のものを踏襲していることは争いを助長するだけだった。皇帝テオドシウス二世により四二八年にコンスタンティノープル総主教に任命されたネストリウスは、皇帝の厚遇を得たので、手ごわいアレクサンドリア総主教キュリロスに挑戦することができると信じた。そのためネストリウスは、マリアはキリストの母であり「神の母」であるとの説を受け入れることを拒んだ。ネストリウスは宮廷の政争に我を忘れ、目覚ましい流行を見せていたマリア信仰の重みを理解していなかった。四三一年のエフェソス公会議で自説に固執した結果、地位を失い、主張は無効とされた。ネストリウスは上エジプトのオアシスに追放されて生涯を終えた。東ローマ帝国で異端の「ネストリウス派」はほとんど封じ込まれたが、ササン朝ペルシアでは隆盛を遂げ、遠方の中国への布教を奨励されさえした。キリスト教徒の君主によってキリスト教国を追われたキリスト教徒が、キリスト教徒ではない君主の治める中東の地に安全地帯を見いだしたのは、史上初めてだった。これが先例となり同様の事例が続くことになる。

キリストの位格をめぐる論争は実のところ、エフェソス公会議で決着したわけでは全くなかった。アレクサンドリアのキュリロスとその一派は自分たちの教義上の優位性を最大限高めようとした。四五〇年に即位した皇帝マルキアヌスは翌年、カルケドン公会議を召集し[†8]、論争の鎮静化を図った。そこで提案され、ローマ教皇に承認された妥協の信条は、イエスは神であり人であり「一人格、神人二性」である――とするものだった。ただ皇帝はローマ教皇の力を奪い、蹴落とすという思惑にとらわれ、主教らの感受性の激しさを過小に評価してしまった。新しい信条とそれを押しつけようとする皇帝に対し、「本性は一つ」と説く「単性論者[†9]」が反逆した。エルサレムの修道者・信者ら

†8　公会議に参加した三四三人は二人のローマ教皇特使と二人の「アフリカ」の主教以外は全て東ローマ帝国の主教だった。

はカルケドン信条をこぞって拒否し、反逆派の主教らを指名して聖地を二〇か月支配させた。反逆は帝国軍が介入するまで続いた。更にキリスト論争はコプト人とシリア人については、原初的民族主義を帯びた言語アイデンティティーの肯定として定着することになる。

コプト語はエジプトと同一視され、コプトという名詞はエジプトに由来する。[†10] 典礼言語であることがアレクサンドリア総主教座の独自性を際立たせた。この総主教座はキュリロスの後継者ディオスコロスの時代に反旗を翻す。ディオスコロスはカルケドン公会議で解任されるが、すぐにコプト教徒らによって（一世紀にアレクサンドリアに滞在した福音記者の名にちなんだ名称の）「聖マルコの座」、つまりアレクサンドリア総主教の地位を保証される。皇帝に服従する聖職者がエジプトで祭式を執り行うためには民衆暴動を過酷に弾圧する必要があった。ただこのような聖職者はコプト教会に何ら影響を与えなかった。コプト教会は自主独立性を持ち、自らの権威によってのみ運営された。コプト教の大主教は「教皇」という古めかしい尊称を復活させた。東西ローマ帝国の二つの首都に対抗する公然とした挑発だった。これと類似の展開から五〇六年、アルメニア教会が創設された。アルメニア教会も自主独立性を有し、カルケドン公会議の信条拒否がその土台だった。東ローマのキリスト教会が帝国と一体化して百年後、三つの教会、つまりネストリウス派教会、コプト教会、アルメニア教会がコンスタンティノープルに敵対する構図になっていた。

レバント地方では典礼言語のシリア語が地方の特に平野部で広く普及し、公式教義をめぐる漠《ばく》とした反感を育んではいたが、決裂はそれほど激しくなかった。自らを合性論者と公言するセウェロスは五一二年にアンティオキア総主教に昇り詰めたが、六年後キリスト教異端派に対する東ローマ帝国の弾圧の波にさらされ、放逐された。ただ皇帝は対ペルシア国境を防衛するアラブ部族には配慮する必要があった。合性論に感化されたアラブ部族最強の首長の仲介で五四二年、合性論を信じる二人のうち一人はダマスカス南東にあるボスラ主教に、もう一人はエデッサ（今日のトルコのウルファ／シャンルウルファ）の主教に任命された。エデッサ主教ヤコブ・バラダイオスはその地で三十年にわたり合性論に立脚して、シリア式典礼の教会を率いた。「シリア正教会」はそれを記念して「ヤコブ派」と呼ばれることもある。シリア正教会は最初の三つの異端派教会と同様に自主独立だったが、今日はシリアを本拠とする「アンティオキア・全東方総主教」に管理されている。ただこの名称については、他のキリスト教四派が使用をめぐって争っている。

こうした東方教会の出現はさておき、本題からそれないように、正しく評価されていない史実を強調したい。どのような教会でも、圧倒的多数の信者は教会の信条・特徴の根拠となる神学論争の中身・詳細を知らない。地域的連帯・近親関係が特に地方では宗教上の帰属を決定し、世代を越えて集団から集団に伝えられる。当然それぞれが自派教義の正統性を主張して我が身を飾り、反対者や同宗者を異端の闇へと投げ捨てた。大衆は幾度も狂信的説教師に焚きつけられ、我を忘れて論争に加わって事態を悪化させ、論敵を少なくとも象徴的には抹殺する意志さえ抱くようになった。総主教・主教らは教義上の妥協をさぐるという本来の権限を使うことなく、自身の保身に走った。こうしたキリスト教の再編の流れのなかで、エジプト、シリア、メソポタミアはそれぞれ異なる経緯をたどった。エジプトはコプト教会が地位を固めた。シリアは弾圧を受ける教会と布教に熱を入れ

---

†9　今日、専門家らは「単性論」という言葉は単純に過ぎるとして排し、「合性論」を使用している。

†10　エジプトのギリシア語 aiguptios に由来。

る教会に割れた。メソポタミアはネストリウス派「ペルシア教会」、別称「東方教会」がササン朝の庇護を追い風とした。それでは中東を舞台としたペルシアの動きを見てゆこう。

メソポタミアのペルシア人

ササン朝は二二四年、ペルシアでパルティア帝国を滅ぼし、クテシフォンに首都を定めた。この都市はチグリス川左岸に位置し、ユーフラテス川に運河で結ばれ、セレウキア（セレウコス朝の王が君臨した首都。首都はその後、アンティオキアに遷った）と向かい合っていた。ササン朝のシャプール二世の三〇九年から三七九年まで異例に長く続いた治世の特徴は強力な中央集権化だった。君主は「諸王の王」という称号を持った。そのため君主は特に国境地域の封臣に対し、ほとんど実質のない「王」の称号を惜しみなく与えることができた。帝国領の大部分は属州で構成され、属州は高位貴族から選ばれる総督が管理した。国庫の財源は、肥沃度に応じた地租・人頭税（軍人・聖職者・官吏は免除）、直轄領からの収入・関税だった。この「エーラーンシャフル」、つまりアーリア人（イラン人）の国土は行政・伝達の言語をパフラヴィー語、別称「中期ペルシア語」とした。

「知恵の神」アフラ・マズダ信仰が次第に国教の地位を占めるようになった。マズダ教は、紀元前の一千年紀にゾロアスター／ツァラトゥストラが古代ペルシアに与えた教えを復活させたため、ゾロアスター教とも呼ばれる。聖典アベスタは二つの典礼体系で構成されている。一つは厳粛な犠牲を、もう一つは幾つかの祭礼をめぐる体系である。聖職者が奥義伝授を世襲し、アベスタが一部しか残っていないことから、この高度に儀式化された宗教は限定的にしか理解できない。注解者らはアフラ・マズダ／オフルマズドだけを崇拝する一神教的な側面、そして善と悪を宇宙の発生原理とする二項対立の側面という二つを天秤《てんびん》にかけて考察する。世界はマズダの神聖な光によって創造されたという説は（マズダの全知を意味するものだが）マズダをあがめる聖堂内部に聖なる火を維持することに行き着く。火の維持を務めとする聖職者はペルシア語で「マギ」、あるいは「火の祭司」と呼ばれた。高位聖職者は「モウベド」と呼ばれ、「モウベドの中のモウベド」、つまり「大祭司の中の大祭司」が率いた。「諸王の王†11」をまねた称号である。

ペルシアとローマの間で繰り返された戦争は三八七年、ササン朝に非常に有利な内容のアルメニア分割でほぼ収束した。東ローマ帝国初代皇帝アルカディウスと、ペルシア王に三九九年に即位したヤズデゲルドの間で正式に結ばれた和平は持続し、揺るぎなかった。和平により、ヤズデゲルドはアルカディウスの息子（将来の皇帝テオドシウス二世）の象徴的な後見人になり、そのもとに側近の一人を顧問として派遣した。二つの帝国の間の交易はメソポタミア北部を中継地として著しく発展していく。東ローマ帝国のダラと、隣接するササン朝ペルシアのニシビス／ヌサイビン周辺ではシリア語が話されていた。ペルシアでキリスト教徒は東ローマ帝国の第五列［訳註＝内通者］と見なされて冷遇されてきたので、両帝国の和平から恩恵を得た。「諸王の王」の形式的管轄のもと、教会会議が四一〇年にクテシフォンで開かれた。四三一年に異端と断罪されたネストリウス派は、東ローマ帝国の総主教らの激怒から遠く離れたササン朝の地に逃げ場を見いだした。エデッサのキリスト教の一派がこれに続く。四八九年、コンスタンティノープル総主教による断罪を逃れ、ニシビスに

†11　聖職者の位階が真に国教の中で形式化されるのは五世紀、アベスタ経典がササン朝の庇護を受けて正本として文書で記録されるのは六世紀のこと。

たどり着いた。ペルシア教会は自主独立路線で運営されていた。頂点に立つのは「カトリコス」、つまり普遍的使命を持つ総主教だった。ササン朝はネストリウス派の忠誠に対し、中央アジアへの布教の道を許可することで報いた。

クテシフォンは当時、最も人口の密集した首都の一つだった。人口はコンスタンティノープル同様に数十万人規模だった。チグリス川の両岸に広がり、周辺のメソポタミアの収穫物と隊商の運んできた商品が物々交換される商業地区があった。運河と堤防はチグリス川の氾濫《はんらん》を回避するために入念に保全された。このササン朝の首都は非常に多様だった。最も使用された言語はシリア語だった。アフラ・アズダを信仰するエリート層による支配は揺るぎなかったが、その数はキリスト教・ユダヤ教の有力者よりも少なかった。王宮は大理石と化粧漆喰で贅沢に装飾され、鮮やかな色彩の塗装が施され、私室・信仰施設・巨大な謁見の間[†12]を備えていた。ササン朝君主は、冬はクテシフォンで暮らし、夏は北東五百キロ先のハマダンで過ごした。メソポタミアの酷暑を避け、同時にペルシアの拠点に身を置くためだった。「諸王の王」の季節の移動に同行するのは側近中の側近だけだった。官吏は首都にとどまり統治を続けた。

東ローマ帝国とササン朝ペルシアの平和は四二一～四二二年の一時的交戦を除き、五世紀を通じて守られた。入念に作成された外交儀典が二つの宮廷間の関係を定め、それぞれに相手の言語文化を専門とする部局が設置された。二つの帝国は、双方の国教が両立しないことを認めつつ、世界（あるいは両帝国が世界と認めているもの）の分割で暗黙裡に合意した。ササン朝ペルシアは西端の国境を確かなものにしたうえで、ペルシア湾を起点にインド洋まで海洋支配を拡大した。ササン朝のドラクマ銀貨[†13]はコンスタンティノープルで鋳造されたスー金貨とともに流通し、表面は「諸王の王」の肖像、裏面は聖火の灯るマズダ教の祭壇図を刻んだ。東ローマ帝国はササン朝によるカフカス山脈での要塞建設に時として力を貸した。両帝国がともに脅威とする異民族の侵入を阻むためだった。東ローマ帝国がこうした貢献を拒否したために五〇二年、ペルシアが開戦した。戦争は五〇六年、向こう一五年は戦前の状態に回帰することで終了した。

ユスティニアヌスとホスロー

二つの帝国の運命は五二七年、ユスティニアヌスが東ローマ帝国皇帝に、その四年後にホスロー一世がササン朝ペルシア王に即位したことで急転する。二人がともに数十年にわたり長期権力を握ったことで中東は深く変容した。ユスティニアヌスは先帝時代に始まったササン朝との戦争を継承した。五三〇年のダラの戦いに勝利したが、翌年のカリニコス（今日のラッカ）の戦いには敗北した。ペルシアが戦況の優位を追求しなかったことで、戦争はおおむね鎮静化の傾向を帯びた。ユスティニアヌスはホスロー一世の即位を受けて、五三二年に「恒久和平」の契りを結んだ。カフカス山脈でのペルシアの防衛費を東ローマ帝国が負担するのが条件だった。この和平は民衆暴動が東ローマ帝国を揺るがしていた時に結ばれた。その後、東ローマは大殺戮によって暴動を粉砕した。ユスティニアヌスは首都の秩序が回復するや否や、西方に向けて、自身の権威だけを頼りにローマ・キリスト教世界の統一性の回復を掲げ、途方もない軍事行動に取りかかる。「ビザンツ」という表

†12 Taq Kasra と呼ばれる謁見の間の円天井の高さは三七メートル。今日も保存されている。
†13 ドラクマ銀貨の重さは三・六五〜三・九四グラムだった。

記は、千年後の歴史家が東ローマ帝国を表すために使い始めた。公用語としてギリシア語が徐々にラテン語に取って代わったことからも適切な表記だろう。

ユスティニアヌスは五三三年から五五四年の二十余年の間で「アフリカ」(今日のチュニジアとアルジェリア)、イリュリア、イタリア、スペイン南部の征服に成功した。ビザンツ帝国は西地中海周辺一帯の三分の二を支配した。ただ版図拡大はイタリアの破壊という犠牲と帝国財政の法外な出費のうえで実現した。逆にホスロー一世は西側の隣国との「恒久和平」を利用して税務制度と軍事組織を再編した。財産を失った貴族がいれば騎兵隊に入隊させ、騎兵隊を職業軍人の集団に作りかえていった。国境周辺の領土は国境防衛の動員に応じた代償として分け与えた。帝国を四つの軍管区に分け、自身が務める最高司令官に直属する将軍(スパーフベド)四人にそれぞれ管轄させた。ササン朝の宮殿で最上位のクテシフォン宮殿は、ペルシアの最も栄えた地方である下メソポタミアにあった。

ホスロー一世は五四〇年、地中海政策に手一杯のユスティニアヌスがササン朝によるアンティオキア侵攻に反対することはあるまい——と判断した。この「神の都」(ビザンツ流に言えばテオポリス)は城壁が地震で脆弱になっており、ペルシア軍の攻城兵器を用いた包囲攻撃に対し数日間しか抵抗できなかった。アンティオキアは略奪され、焦土と化しただけでなく、数千人の職人はクテシフォンに移送された。職人らはそこで新都の造営に投入された。新都は征服者をたたえて「ホスローによる、アンティオキアより素晴らしい都」と呼ばれ、破壊されたアンティオキアを模倣して建築された。この「諸王の王」は五四四年のエデッサ攻略には失敗した。戦闘は停戦、あるいは朝貢による中断もあったが長期化し、今日のジョージアの領土にまで及んだ。ササン朝のキリスト教徒はこの執拗《しつよう》で時に激しい戦争の日常的な犠牲者だった。和平はようやく五六一年、五〇年間という建前上の期限を設けて結ばれた。

ユスティニアヌスは西方遠征と並行して、法律・建築の重大事業を主導していた。その名を冠する法典・学説集は東ローマ帝国の行政・司法・商業を根本から再編した。ユスティニアヌスは五三七年、コンスタンティノープルでハギア・ソフィア大聖堂[†14]の豪奢《ごうしゃ》な落成式を執り行った。コンスタンティヌス時代の建造物が暴動の火で破壊されてから五年後のことだ。皇帝は、既にその功績は未曽有の数の記念碑と自身の肖像を図柄とした輝く金貨によって顕彰されていたが、ソロモンを「超えた」と式典で宣言した。その法典はユダヤ教徒に対する差別を体系化し、特にシナゴーグの新築を禁止した。ユスティニアヌスはエルサレムに八つの修道院の建設を命じた。そのうち二つはササン朝との交戦の地となった南カフカスの巡礼者らを対象とした。皇帝はペルシアと結んだ条約に教会信仰の自由を保障する条項を盛り込んだ。シナイ山の麓の「燃え尽きることのない柴」(神の使いがモーセに伝えた言葉)ゆかりの場所に堅固な修道院[†15]を建設させた。ただエジプトで最も重要だった異教のフィラエ神殿を破壊したことは、コプト教会の支持を回復するには十分ではなかった。シリア正教会に対しては教義の面で飴と鞭を使い分けたが、恭順させることはできなかった。

ユスティニアヌスの名は、五四一年から五四四年まで中東で猛威を振るったペストに結びついて

†14　ハギア・ソフィアの名称は聖者名ではなく、「神聖なる叡智」に由来する(181頁参照)。イスラム化に伴ってもアヤソフィア名(トルコ語)が維持された。

†15　この修道院は九世紀、聖カタリナ修道院と呼ばれることになる。

いる。この大流行した感染症はエジプトで発生した。当時の文献はエチオピア人世帯を発生源としたが、今日でも定説はない。確かなことは、「ユスティニアヌスのペスト」はペルシアで確認される以前に東ローマ帝国で大流行していたことだ。ササン朝軍はアンティオキアで戦いに勝ったが、感染を免れるためにビザンツ領からの撤退を急いだ。おそらくコンスタンティノープルは人口の半数を失った。首都のあちこちの共同墓穴に恐るべき速さで遺体が積み重ねられた。ユスティニアヌスもペストを免れなかったが、生き延びた。今日私たちはアヤソフィアの絢爛《けんらん》を首都の壮麗さに結びつけるが、当時の人々にとって首都は数年前の血塗られた暴動と数年後の感染症によるおびただしい死で、輝きを失っていた。加えてペストは災禍の荒廃とアンティオキアの破壊を重ね合わせ、黙示録的雰囲気を濃厚にした。ユスティニアヌスのペストの波は以後二世紀にわたり、十年あるいは二十年ごとに立ち現れ、大流行をきたした。[†16]

ユスティニアヌスが五六五年に死亡すると、ホスロー一世は紅海とインド洋の交わる戦略的海域で自在に振る舞うようになった。イエメンは五三五年頃、エチオピアの封臣だった野心的なアブラハ将軍がサナアで権力を掌握して以来、ビザンツ帝国の勢力圏に入っていた。アブラハは三十年の治世の間、ユスティニアヌスを忠実に支持し、サナアにキリスト教徒の巡礼を迎え入れ、アラビア半島で遠征を繰り返した。アブラハの息子の継承をめぐって五七〇年頃に政争が起き、ササン朝の介入を許すことになる。王位継承を狙うアラブ人が救援を要請したためで、ササン朝の艦隊は今日のアデン港に程近い地に派遣部隊を上陸させた。サナアに初めてペルシアに従属する政権が樹立された。イエメンの漠然とした独立の意志は六世紀末、ササン朝がアラビア半島南部を属州に編入したことで、霧消した。この中東周縁の地を舞台に中東の新勢力図が描かれることになる。

ペルシアの盛衰

ユスティニアヌスの壮大な業績は死後間もなく、特にイタリアがランゴバルド人に征服されたことで廃れた。ビザンツ帝国は五七二年、アルメニア情勢の混乱をめぐり、対ペルシア戦争を再開するが、ササン朝によるダラ要塞の制圧を例外として、双方とも優勢を維持することはなかった。ホスロー一世は五七九年に平和を再構築することなく死亡し、戦争は国境周辺住民に最悪の厄難を与えつつ長期化した。ペルシア軍に対峙したビザンツ軍を指揮したマウリキウス将軍は五八二年、皇帝に即位した。軍事の行き詰まりがササン朝の政治に次第に重くのしかかるようになる一方で、将軍らは権力を増大させた。アルメニア戦線の指揮官が反乱を起こし、それが五九〇年のクテシフォンの宮廷クーデターに結びつく。ホスロー一世の後継者は暗殺され、その息子、つまりホスロー一世の孫がホスロー二世を名乗り、「諸王の王」の座に就いた。

ササン朝のこの若い王は間もなく首都が反乱軍に占拠されたため、脱出を余儀なくされた。彼はユーフラテス川の中流域にある、今日のデリゾールに近い、シルセシウムのビザンツ帝国の要塞に逃げ込んだ。ホスロー二世はビザンツ帝国皇帝マウリキウスに、反乱軍鎮圧で手を貸してくれれば、ダラを返還し、あらゆる貢ぎ物を免除すると申し出た。しかしペルシア反乱軍の首領はそれよりも

†16 中東は六二七年にクテシフォンが大量死を経験し、「イムワスのペスト」の年として知られる六二九年にはシリアを征服したムスリム軍が殲滅状態に陥った。一連の波の最後は七四〇〜七五〇年で、やはり甚大な被害を及ぼした。

魅力のある提案をしていた。ビザンツ帝国皇帝は五九一年、何か月もかけた長考の末、ササン朝の玉座をめぐる正統性に配慮した決断をした。そしてビザンツ軍の一部とアルメニアの手駒をホスロー二世に差し出した。ホスロー二世はやがてクテシフォンの玉座に復位した。その権威はペルシア領全域に対しては徐々にしか回復しなかった。両帝国は華々しく平和を祝ったが、ホスロー二世は、亡命中にマウリキウスに負った借りを忘れることはできないと考えた。「諸王の王」はキリスト教徒の臣下らを丁重に遇し、ギリシアの思想家や芸術家を宮廷に迎えた。しかしペルシアとビザンツの親密な関係は、コンスタンティノープルで政争が起きたために、数年しか続かなかった。

バルカン軍司令官のフォカス将軍が六〇二年、マウリキウスに対し反乱を起こし、自ら皇帝を宣言したのだった。マウリキウスは五人の息子たちとともに殺害された。ホスロー二世は恩人が殺されたことに衝撃を受け、このクーデターを糾弾し、フォカスが寄越した使者を投獄した。六〇四年に改めて戦火を交え、ペルシアがエデッサやダラなど一連の戦闘に勝利した。ササン朝による度重なる強襲はビザンツ軍の司令部に混乱の種をまいた。六〇九年、カルタゴ発の反乱がエジプトに波及して間もなく、フォカスは追い落とされ、裁判抜きで処刑された。後釜に座ったのはヘラクレイオス[†17]だった。この新皇帝は和平を提案したが、対ビザンツ侵攻を順調に進めていたホスロー二世は拒否した。ホスロー二世は六一一年にアンティオキア、六一三年にダマスカス、その翌年にはエルサレムを次々と攻略した。コンスタンティヌスの母、聖ヘレナが三二六年に発掘した聖十字架を含む聖遺物[†18]は聖地エルサレムからクテシフォンに鳴り物入りで移送された。ホスロー二世は獲得したこれらの領土を数年かけて併合した後、軍事遠征を再開した。ガザを六一八年に攻略し、ビザンツ帝国の穀倉であるエジプトへの道を開いた。ササン朝は六一九年、アレクサンドリアを陥落させたことで、その一千年前に遠くアフリカまで拡張した唯一のペルシア王国である征服王朝、アケメネス朝の後継を自任できた。

ただホスロー二世の絶頂期は古代の先王たちに比べ、はるかに短かった。ヘラクレイオスはビザンツ軍の首領としてアルメニアとアナトリアで驚くべき戦闘能力を発揮した。六二三年にはアゼルバイジャンでペルシア軍の防御を砕き、タフテ・ソレイマーン[†19]にあるマズダ教で最も崇拝されている聖堂を破壊した。聖なる火を冒瀆《ぼうとく》することは、エルサレムの聖十字架をササン朝が略奪したことに対する報復の意味があった。ホスロー二世は不敬に対し、ビザンツ帝国の心臓部である首都をたたくことを決めた。しかしササン朝による六二六年夏のコンスタンティノープル攻囲は、欧州から出発したアバール人の先遣隊との連携を全く欠いた。ビザンツ海軍は攻囲軍を押し返し、重大な損害を与えた。そこでヘラクレイオスはペルシア－アバール同盟よりはるかに強力で敵を背面から攻撃する同盟を自ら結んだ。六二七年、カフカス山脈の北に野営した西突厥軍団がササン朝の要塞を打ち砕き、ジョージアでビザンツ帝国軍と合流した。ヘラクレイオスはニネベ（現モスル）の戦いでペルシア軍に圧勝した。そしてクテシフォンに進軍すると、ホスロー二世が自身の父と同様に軍

---

†17　ヘラクレイオスはローマ皇帝の称号の一つ「アウグストゥス」ではなく、古代ギリシア王を意味する「バシレウス」の称号を得た。

†18　18頁参照。

†19　聖火はアードゥル・グシュナスプ「基準の火」と呼ばれ、マズダ教の戦士階級、つまりその最高の代表者「諸王の王」に結びついていた。

部の陰謀によって暗殺された。軍部はホスロー二世の息子を玉座に据えた。

六二八年に結ばれた和平は、ササン朝がビザンツ帝国に対し、奪った領土を全て返還し、貢ぎ物を納めると規定した。ペルシアが派閥抗争と内戦に陥るなか、聖十字架が六二九年にコンスタンティノープルのアヤソフィア大聖堂で荘重に崇敬され、翌年エルサレムに厳かに返還された。この象徴的復活に伴い、ビザンツ帝国「正教会」の名のもとでエジプトのコプト教徒、レバントの合性論信者に対する迫害が再燃した。加えて帝国のユダヤ教徒に洗礼を強要する決定がなされた。それによってヘラクレイオスは自らの勝利の揺るぎなさを信じることができた。ホスロー二世がその一〇年前、ペルシア軍の対エジプト占領に際して揺るぎのない勝利を確信したのと同様だった。ただ現実は、三九五年から中東を二分してきた二つの帝国は四半世紀に及ぶ破壊的戦争で疲弊していた。ビザンツ帝国とササン朝の抗争は優劣が入れ替わった揚げ句、抗争以前の現状復帰という迷妄に行き着いた。二つの帝国機構は力が尽きかけ、アラビア半島の中央に出現した根本的に新奇な政権の台頭を阻むことはできなかった。この新政権は中東全域に重きをなすことになる。

イスラム以前のアラブ王国

地理学者プトレマイオスが二世紀に作成した地図は、三つの「アラブ」空間を峻別《しゅんべつ》していた。北から南の順に言及すると、まず「岩地のアラビア」。これは一〇六年に現シリア南部ボスラを州都として設置されたローマ帝国の属州に相当する（「岩地の」という形容詞ペトレアは、ナバテア王国の古都でローマ帝国に編入されたペトラに由来する）。次に「荒地のアラビア」。広大な土地で、ほぼ無人。ヒトコブラクダを飼い慣らして隊商の交易を可能にした反面、遊牧部族による襲撃を招いた

（紅海沿岸ヒジャーズ地方の二大都市はヤスリブ／メディナとメッカだ）。最後に「幸福のアラビア」。古代イエメンの神話上の王国と同一視され、三世紀末ヒムヤル王国に統一された地域だ。同王国はその一世紀後にユダヤ教に改宗した（イエメン産香辛料と他の希少産品はヒジャーズ－ガザ間のラクダ道、または紅海沿岸の諸港を経て地中海へと到達した）。

岩地、荒地、幸福というアラビアの三つの古典的描写は、ササン朝に隷属するアラブの王国が徐々に台頭するのに応じて肉付けされることになる。王国の首都はユーフラテス川右岸ヒーラに置かれた。クテシフォンの南方二〇〇キロ弱の地だ。アラブのラフム族[20]が世襲で王位を継承していた。三三二年に長期治世の末に死亡したイムル・ル・カイスの墓碑銘は古風なアラビア語で「全アラブ人の王」と刻まれていた。この主張は無論、ペルシアに隷属していた「全アラブ人」にしか関わってこない。とはいえ墓碑銘はラフム族が四二〇年、ササン朝の権力闘争に際し、一族の意中の人物を玉座に据えるために行使した、実質的権限を持っていたことを明示している。ラフム王国は最盛期にはペルシア湾南側沿岸のかなりの部分に領土を広げた。繁栄の首都ヒーラはペルシア教会に属するネストリウス派のキリスト教徒を多く受け入れた。ただラフム朝の王がキリスト教を支持するのはかなり後、五八〇年のことだった。

東ローマ帝国は当初、シリア砂漠の辺境地帯に、ペルシアにとってラフム王国が果たしたような、確固たる中継地を持たなかった。コンスタンティノープルとアラブの有力部族ガッサーン族[21]の間で

†20　ナスル族とも呼ばれる。

盟約が結ばれたのはようやく六世紀初めのことだった。ガッサーン族はキリスト教徒だが、異端の合性論を信仰していた。ユスティニアヌスは地中海で版図を拡大するという自身の計画を推進するために、帝国の東部国境地帯の安定が保証されることを何としても必要とした。そのため五二九年、ガッサーン族の族長ハーリス／アレサスを部族長、あるいは「部族指揮官」という地位に抜擢《ばってき》することを決めた。コンスタンティノープルに従うガッサーン族の支配者は以後、ササン朝を後ろ盾とするラフム王に対抗できるようになる。ハーリスは五四一年、ペルシア領に荒々しく侵攻した。ビザンツ帝国がアンティオキアで被った屈辱に対する報復だった。ハーリスはコンスタンティノープルで合性論の大義を見事に弁じ、二人の異端の主教[†22]の叙任を認めさせた。ハーリスは五六三年、自身の後継問題を取り仕切る特権さえもユスティニアヌスから与えられた。それは五六九年のハーリスの死に際し、息子ムンディルが跡目を継ぐ形で実現した。

　しかしムンディルとユスティヌス二世（ビザンツ帝国皇帝、在位五六五～五七八年）の関係は、背信の非難とキリスト論争を背景に、たちまち悪化した。ガッサーン族は五七二年、ビザンツ帝国との盟約から身を引いた。その結果、ササン朝とラフム王国は戦略的地帯で抵抗を受けずに行動することができた。三年後、ビザンツ帝国とガッサーン族はユーフラテス川中流域のルサファにある聖セルギウスの墓にかけて誓いを交わし、関係を修復した。ムンディルは忠誠の証としてラフム王国の首都ヒーラを攻略するため出陣し、教会を除いて、その富を略奪した。ムンディルはこの武勲によりビザンツ帝国に一層重視されるようになり、五八二年、皇帝ティベリウスの手ずから帝国の冠を授けられた。この厚遇は短期に終わった。ティベリウスが五八二年に死去するとビザンツ正教会とアラブ合性論信者の対立が再燃したからだ。ムンディルはシチリアに追放された。その息子は父の解放を企ててアラブ諸部族に蜂起を働きかけて失敗し、間もなく追放先で父に合流する。ラフム王国が三世紀にわたりササン朝政権の堅固な支柱だったのとは裏腹に、ガッサーン王国はビザンツ帝国に対して同様の役目を数十年しか果たせなかったといえる。

ガッサーン王国のゴラン高原の麓の王宮は、ヒーラの王宮の豪華絢爛とは全く無縁だったが、この二つのアラブ王国はともに芸術を称賛した。こうした恵まれた環境で文学が開花し、隊商の交易網を通じてヒジャーズ地方に浸透した。この地方の遊牧民らは文学作品の朗読勝負に心酔し、好敵手の対決は時として武器を手にした決闘に取って代わった。アラブ詩人は英雄の武勲と恋愛を歌い上げ、英雄と一体化するほどに尊敬を集めた。詩作は口伝えで広まり、豊かさを増していったが、あまねく知られるようになるのは様々な選集が公表される十三世紀のことだ。その豊富さは大半が口承の文芸の洗練を物語っている。数世紀を通じて彫琢《ちょうたく》されたアラビア語詩という洗練された現実は、コーランの啓示を備えて生まれた言語という神話と対比をなしている。同様にイスラム初期の叙事詩的事件によって、二つのアラブ王国の遺産は過度に闇に葬られている。二つの王国は同時代の二大帝国の単なる補充部隊ではなく、シリアとイラクの境界地帯をかくも長く支配したのだが。

†21　ジャフナ族とも呼ばれる。
†22　27頁参照。

異教のメッカ

強権と結びついたメソポタミア、イエメン、シリアそれぞれの首都の豪奢から遠く離れたヒジャーズ地方の隊商都市は通常、自警体制を整えたうえで、相対的な繁栄しか経験したことがない。複数の隊商都市は海洋のように広大なアラビア砂漠の文字通り小島を成していた。砂漠の過酷な環境は絶えず生存を脅かされている住民に掟を課した。集団が個人のあり方を定め、保護し、個人は集団の外では存在できない。家族はそれぞれ一族に連なり、複数の一族が連合して部族を作る。部族はその名の起源となった先祖を後ろ盾とする。尊敬を込めて「シャイフ」[†23]と呼ばれる族長は大抵の場合、集団の選挙で任命される。集団は族長が皆の利益に奉仕するという使命に背いた場合、族長を交代させることができる。人の命は大変貴重であり、一族は構成員の死傷に備えて血の代価を徴収する義務を負った。こうした仇討ちの脅しは抑止力となり、国家を持たない社会で暴力を制御する効果を上げた。遊牧民が農民から略奪しようとする誘惑は、ベドウィンと定住民の間で結ばれた「友愛」合意（実質的な保護合意）によって抑えられた。誓約は最高の価値を持ち、名誉は美徳の中で最も称賛された。

イエメンでキリスト教はナジュラーンを拠点として深く根付いていたが、ペルシア教会に忠実なネストリウス派と、エチオピア王国と信仰を共有する合性論派に分裂していた。ユダヤ教もイエメンで存在感を示していたが、アラビア半島中央、特にメディナでキリスト教以上に信者を増やしていた。ユダヤ教徒の共同体がメディナで農業の主役だった。マズダ教はササン朝の思いに反して、ペルシア湾南岸に限定された宗教にとどまった。アラビア砂漠の住民の大半は宗教のことをほとんど気にかけず、とりわけ超自然的な「主人」か「女主人」[†24]の厚遇を得ようと異常なほど熱心だった。

三様の「女主人」（「アッラート＝女神」「ウッザ＝力」「マナート＝運命」）がヒジャーズ地方で人気の崇拝対象だった。アラビア語で神を意味する「アッラー」は異教の多神の中の一つの神であると同時に、キリスト教の唯一神である。霊とジン（鬼神）を信じることは、邪視を払うために様々な護符を身につけるといった頑迷な迷信も育んだ。矢の向き、鳥の飛翔、ヒトコブラクダの歩みを解釈して占いがなされた。

メッカはアラビア半島で最重要の巡礼地だ。カーバ神殿の字義は「立体」だが、その東の隅に数多の伝説を提供してきた玄武岩の岩「黒石」がはまっているとされる。神殿の南の隅にはイエメンの方角を指す「吉石」が置かれている。異教の部族はそれぞれの聖石を遊牧の時も必要に応じて持ち運んで崇拝する。メッカは常に巡礼者の信心に応じた聖石を積み重ねてきた。カーバ神殿はザムザムの泉に近く、泉は太古の祭式に結びついている。神殿は世紀を追うごとに何度も復元され、占い師が取り次ぎを求める、マナート女神やフバル神を含む神々の偶像も安置してきたのだろう。信者はカーバ神殿のまわりを聖石に触れながら何周か巡る。その後、隣接するマルワの丘に登り、動物を生け贄《いにえ》として捧げる。この典型的なメッカ巡礼には近辺での秋の雨乞いの集いも加わる。宗教暦は毎年、祝宴・供儀・祝祭を背景に重要な定期市の開催日と重なる。今日のイスラム活動家は、こうした異教の栄華の痕跡を、考古学的保存ではなく極端な場合は破壊も辞さずに、全て消し去ろ

†23　シャイフの原義は「年老いた」あるいは「老人」。それが「賢者」、更には「師」の意に。サイイド、「殿」という尊称は大仰だ。

†24　主人は rabb、その女主人は rabba。

うと努めている。

クライシュ族は五世紀末頃、族長クサイイの発案でメッカの支配権を握った。クサイイは巡礼に同行する腹心の者たちに徴税・典礼計画・食糧調達という任務を割り当てた。聖域の不可侵性「ハラム」[†25]を理由にクライシュ族がアラブ諸部族の仲介役として振る舞うことになったが、メッカ巡礼の魅力は更に増した。メッカは「幸福のアラビア」とその地中海側の出口であるガザの間に位置し、隊商路でメソポタミアの港ヒーラとペルシア湾に結びついていた。ビザンツ帝国とササン朝の標的になることはなかった。五七〇年頃のメッカに対するイエメンの遠征は束の間に終わった。メッカの繁栄の果実はクライシュ族の間で平等に分配されたわけではなかった。クサイイの孫の一人ハーシムは自身の甥ウマイヤに屈服した。ウマイヤは巡礼で最も威信と実利のある役職を「ウマイヤ家」で独占した。その一方でハーシムとその息子アブデュル・ムッタリブを含む家系「ハーシム家」は巡礼者に対する水の供給というささやかな利権で我慢しなければならなかった。ここで強調するが、こうした話は後世に編纂された伝承に基づいている。伝承は伝承として無効とすればよいというわけではなかろう。ムハンマドの伝記[†26]のように護教のための再構成であると警戒する必要はあるまい。

預言者ムハンマド

ムハンマドは五七〇年頃、アブドゥッラーの子、アブデュル・ムッタリブの孫[†27]としてメッカのハーシム家に生まれた。幼くして父、その後に母を失ったため、父方の叔父アブー・ターリブに養育された。叔父は熱心な異教徒で、マナーフ女神[†28]を献身的に崇拝した。ムハンマドは青年期に差しかかった頃、叔父が編成した隊商に加わり、ユダヤ教徒やキリスト教徒が鮮やかな口調で伝える様々な伝説や預言を吸収したとされる。隊商の誰もが以下の罰を疑わなかった。ローマ帝国のローマはエルサレムのユダヤ教神殿を破壊して罰せられ、ビザンツ帝国のコンスタンティノープルはネストリウス派と合性論信者を迫害したことで罰せられた――。より明白なことは、ムハンマドは大人になると自ら隊商を率い、メッカの富裕な寡婦と結婚したことだ。ペルシアとビザンツの間の戦争の再開は、両帝国それぞれのアラブの支柱が倒壊しただけに、黙示録的妄言を助長した。つまり、ガッサーン族が分裂したことに続き、ラフム朝君主が六〇二年に処刑されたことだ。処刑は領土拡張の野望で分別を失ったホスロー二世が命じた。この混乱と破壊の時代にアラビア半島中央部で複数の説教師が一神教の優越性を説いた。その一人は「哀れみ深い人」の名において酒類と豚肉の摂取

---

†25 ハラムはアラビア語で禁止の概念、従って「聖なるもの」を示す。

†26 ムハンマドの最初の伝記はその死の一世紀余り後にイブン・イスハークによって書かれた。イエスの生涯をめぐり、福音書の間の不一致の調整を目指した最初の対観表が編纂されたのは西暦一七〇年のことだ。

†27 アラビア語ではムハンマド・イブン・アブドゥッラー・イブン・アブデュル・ムッタリブ。イブンは「～の息子」の意。一般的に父系先祖による呼び名は十九～二十世紀に「近代的」家の名字が使われるようになるまで続いた。

†28 イスラム文献は預言者の叔父について「マナーフの崇拝者」を意味するその名アブド・マナーフではなく、近親呼称「クンヤ」を好んで使う。つまりアブー（～の父）の後に長男の名を続けて、アブー・ターリブ（タリブの父）とする。

を禁じたムサイリマだ。
ムハンマドは四十代になってメッカで厳格な一神教を説き始めた。その主張は「アッラーのほかに神はなし」。これは祈りの言葉で、至上神の思し召しに従うことの大切さを訴えた。服従は「イスラム」の字義だ。この全能の神はムハンマドの口を通じて自らを表現する。天啓は朗唱（クルアーン／コーラン）の形式をとる。ウマイヤ家が率いるメッカの特権階級は、この破壊的託宣は巡礼で潤う経済を脅かすと案じた。彼らは初期の改宗者を激しく攻撃し、その中の小集団をエチオピアに追放した。ムハンマドはクライシュ族の重きをなす一家に所属しているために長らく守られてきた。彼の叔父は依然として信念を持った異教徒だったが、ムハンマドを全ハーシム家の庇護下に置いた。しかしアブー・ターリブの六一九年の死によりムハンマドは孤立し、一家ではなく仲間の施しに頼らざるを得なくなった。状況は次第に立ち行かなくなり、ムハンマドは四百キロ北方にあるメディナのオアシスに定住している、自身の信奉者の小集団に合流する決断をした。

このヒジュラ（移住）は六二二年のことで、イスラム暦（ヒジュラ暦）の紀元となった。ムハンマドは部族的連帯を断ち、信徒共同体「ウンマ」（字義は「母国」）を選んだ。メディナで得た啓示を記したコーランの章「スーラ」は、メッカの人々はカーバ神殿の一神教の本質を歪曲《わいきょく》した、と糾弾している。黒石を手に入れたのはアダム、黒石をメッカに据えたのはアラブ人の始祖アブラハム――と。三体の女主人、アッラートとウッザとマナートの崇拝は以後、「アッラーの娘たち」[†29]を冒瀆的にあがめていると風刺された。イエスについては、奇跡的処女マリア／マルヤムが産んだのかもしれないが、「神の子」ではあり得ず、彼と瓜二つの人が彼に代わって磔刑《たっけい》に処せられたに違いない――。ムハンマドがユダヤ教・キリスト教の預言を我が物とする主張は、メディナに住むユダヤ教徒にとっては反逆だった。ヒジュラはモーセの出エジプトのムスリム版として美化された。ムハンマドが自分は「神の使徒」であり「預言者の封印」[†30]であると明言すると、争いは深刻になった。六二四年、ユダヤ教徒の氏族を追放し、イスラムの礼拝「キブラ」の方角を従来のエルサレムからメッカに変更したことで危機が勃発する。

同じ六二四年、ムスリム軍はバドルでウマイヤ家の頭目アブー・スフヤーンの率いるメッカ軍に初めて勝利を収めた。ウマイヤ家はすぐ翌年、ウフドで報復した。六二七年、メディナ周辺に集結した異教徒連合軍は騎兵隊の突進を都市防衛の塹壕《ざんごう》で阻まれ、占領に失敗した。この塹壕を発案したのは、マズダ教の祭司を父に持ち、メディナでイスラム教に改宗した「ペルシア人サルマーン」[†31]とされている。ムハンマドはメッカ軍が撤退するや否や、メディナのユダヤ部族の最下位部族を敵視し、その男たちの虐殺を命じた。ムハンマドはメディナの万人の認める支配者としてアブー・スフヤーンとの交渉に着手することを決めた。いとこで、婿[†32]で、お気に入りの書記でもある熱血漢アリーの異議は一蹴した。ムハンマドは、当初からのイスラム教徒で、やがて義理の父[†33]となるアブ

†29 唯一神に偶像を結びつけることはコーランで罰せられる最悪の罪の一つ。
†30 イエス、アラビア語でイーサーは、アダムが開きムハンマドが閉じた周期の最後から二番目の預言者。
†31 アラビア語でサルマーン・アル・ファールシー、ペルシア語でサルマーン・パク。パクは「純粋」の意。彼の墓はササン朝の首都クテシフォンにある。
†32 アリーはアブー・ターリブの息子で、ムハンマドの娘ファーティマの夫。ファーティマを唯一の妻とした。
†33 ムハンマドの妻アイシャの父がアブー・バクル、妻ハフサの父がウマル。

ー・バクルとウマルの完全な支持を当てにできると確信していた。六二八年の休戦合意によってムハンマドは、自身の剣は鞘に収め、同行の数百の信者は武装を解く条件で、メッカ巡礼の許可を得た。

メディナのムスリム支配者の戦術は成功で飾られた。一時的とはいえ生まれ故郷への帰還は衝撃を与え、クライシュ族陣営内の離反を加速した。ムハンマドは六三〇年、自らは休戦を破棄できるほど力を蓄えたと実感し、メッカ攻囲に出た。アブー・スフヤーンはあり得べき敗北を免れるため、ウマイヤ家のイスラム教への改宗とメッカの門戸開放を決断した。ムハンマドは自軍の先頭に立ち、勝利者・平定者として聖地に入城した。唯一アッラーが崇拝対象であるようにカーバ神殿の偶像は打ち壊した。これはアラビア語では「開放」と呼ばれたが、実際は勝利、否、征服だった。メッカが加わり陣営が拡大したムスリムはほどなくフナインで、クライシュ族に伝統的に敵対してきた部族を打ち負かした。ムハンマドの一連の成功は、ビザンツ帝国皇帝ヘラクレイオスがエルサレムで執行した聖十字架の厳かな帰還と同時進行していた。その一方で、打ちひしがれたペルシアは内戦の深みにはまっていた。神の使徒はメディナに戻ると、ナジュラーンからのキリスト教徒の使節を応接し、貢ぎ物と引き換えに庇護を与えた。

ムハンマドは過去最大規模の部隊を率いてメディナ北方六〇〇キロのタブークに向かった。最後の遠征だった。力を誇示するだけで、現イスラエルのエイラト港の地の小国の王を含む、ビザンツ帝国辺境に暮らすアラブ首長らは戦うことなくイスラム教に改宗した。ムハンマドは遠征から帰り、「小さなジハードは終えた。いよいよ大きなジハードだ」と宣言したとされる。この引用は今日まで、軍事目的の「小さなジハード」と精神性にかかわる「大きなジハード」を区別し、後者が前者に勝るとする説の根拠になってきた。いずれにせよジハードはイスラム教の五柱に入っていない。五柱とは信仰告白・礼拝・喜捨・ラマダン月[†34]の断食・メッカ巡礼である。ムハンマドは政治・宗教・軍事指導者だが、時間の支配者も自任した。太陰暦を太陽暦に合わせるための閏月を廃止し、ヒジュラを紀元とする太陰暦だけを用いるよう強要した。メッカと周辺への巡礼は季節周期[†35]を解き、六三二年にムハンマドが実施した。彼は信者の群れに付き従われながら、数日間にわたる典礼の流れを定めた。今日、毎年数百万のムスリムがメッカに集まり、「別離の巡礼」と呼ばれる掟の尊重に努めている。イスラム教の預言者はこの巡礼を終えてすぐメディナに戻り、病に倒れて亡くなり、埋葬された。

最初の二人のカリフ

ムハンマドは政治的遺書も、男子の跡継ぎも[†36]残さなかったため、ムスリム指導者らは部族が名士の中で最良の名士に忠誠を誓う伝統に倣って「カリフ」（字義は「継承者」）を指名した。一時本命

---

†34　ラマダンはイスラム暦第九月の名称で、コーランの啓示がくだったことと結びついている。「断食の終わり祭り」で終了する。

†35　巡礼月はイスラム暦最終月の第十二月に当たる。同月十日は「犠牲祭」で「大祭」ともいい、アブラハムの行為を記念する羊の供儀が特徴。この聖なる期間を外したメッカ巡礼はハッジではなくウムラと呼ばれる。

†36　ムハンマドの息子たちはみな幼くして死んだ。

視されたウマルはアブー・バクルの指名を支持し、上首尾に終わった。預言者の婿・いとこのアリーは自身に正統性があると主張し、アブー・バクルを拒んだ。ただ彼の聞く耳を持たない反対は間もなく、黎明期《れいめいき》のイスラムに対して立ち現れた死活的脅威にのみ込まれてゆく。ムサイリマが改めて自分に預言者の権威が備わっていると主張し始めたこともあり、イスラム教に新たに改宗したアラブ部族の多くが、ムハンマドの死で盟約は反故《ほご》になったと考えたのだ。アブー・バクルは、元メッカ軍騎兵隊長ハーリド・イブン・ワーリドにこの「背教戦争」（リッダ戦争）でムスリムによる再征服の指揮を託した。反乱は血塗られた虐殺で制圧された。ムハンマドがメッカ、メディナ以外では容認した異教徒の存在は、全イスラム圏で粉砕された。イスラム教が預言者の死の直後に立ち向かった、この巨大な危難はその後の背教の絶対的禁止に深く影響した。禁止は今日も効力があり、自らの信仰を否認するムスリムは死の罰を受ける。信教の自由に無理解だった時代の遺産が、信教の自由を基本的人権として正当に認める私たちの時代に至るまで不幸をもたらしている。

　アラビア半島の平定、イスラム化を終えた段階で、イスラムの名のもとに諸部族の暴力を結集する最も確実な方法は、武装ジハードによる勢力拡張であることが分かった。ハーリド・イブン・ワーリドはメソポタミア攻略に投入された後、シリア遠征を率いるアブー・スフヤーンの二人の息子、ヤジードとムアーウィヤの支援に駆けつけた。アブー・バクルは二年の支配の後に死亡し、ウマルが後を継いだ。「信者の長」と称した最初のカリフである。その指揮のもとで六三六年から六三八年にかけてムスリムは連戦連勝を遂げる。ヤルムーク川でビザンツ軍をたたき、ユーフラテス川左岸のカーディシーヤでペルシア軍を打ち負かした。ササン朝の王は、ムスリム軍が略奪[†37]を始める前に、首都クテシフォンを脱出した。ムスリム軍はメソポタミアを占領する。ニハーヴァンドの戦いは六四二年頃に始まり、征服者はイラン高原を抑えた。ササン朝はイスファハンでも敗北を喫し、ムスリム軍の優勢は一方的になった。ビザンツ軍はホムスに対する束の間の反攻の末、シリアを捨ててトロス山脈の支脈に撤退することを選んだ。エジプトは六四〇年から六四二年の間にムスリムの軍門に降った。ムスリムはエジプトでナイル川右岸のフスタートに首都を置いた。新都の様々な区画は征服に参加したアラブ諸部族間で分配された。都市を駐屯地とする軍営都市がメソポタミアで適用され、ユーフラテスの河岸にクーファが、二大河の共通流域にバスラが建設された。

ペルシアとビザンツがともに戦争で荒廃し、加えて両帝国にとって長らく防波堤だったアラブ地域が崩壊したことが、ムスリムの迅速な進軍の背景にある。征服者は「啓典の民」、つまりキリスト教徒・ユダヤ教徒には、人頭税[†38]（ジズヤ）を納める見返りに保護を与えるなど比較的寛容だったため、賛同が得られなくても妥協は容易だった。ペルシア教会のネストリウス派、そしてエジプトとシリアの合性論派は、ビザンツ帝国が中東の北西に押し返されたことを悔やむことなく傍観した。両派は帝国の命令で没収された自分たちの教会を取り戻すことさえあった。ムスリム指導者らはマズダ教徒には「啓典の民」の地位を簡単には与えなかった。その聖典「アベスタ」はイスラムが担ぎ出すユダヤ教・キリスト教の遺産に属していないからだ。ムスリムはゾロアスターの信奉者らを偶像崇拝の「マギ[†39]」と断じた。ムスリムにとってはペルシアの魔術師と同義だった。マズダ教礼拝

†37　クテシフォンの王宮で最も美しい装飾品「ホスローの庭」と呼ばれた二七平方メートルの壮麗なカーペットは戦勝者らの間で切り分けられた。
†38　ジズヤは『コーラン』第九章に言及がある。

所は多くの場合、破壊され、あるいはモスクに改められ、マズダ教徒[40]は大概、改宗を強制された。タフテ・ソレイマーンにある拝火神殿は六二三年、ビザンツ軍に破壊され、その後ササン朝に再建され、イスラム暦三世紀までは存続することになる。ただシリアとの対比は顕著だ。シリアについて考古学者は「見えざる征服」を語る。体系的破壊の痕跡がないからだ。ダマスカスはやがてイスラムを旗印に掲げて燦然《さんぜん》と輝くことになるが、クテシフォンは六三七年の侵略者による略奪から決して立ち直ることはできなかった。

大内乱

ウマルが六四四年、執念深い奴隷に殺害されると、ウスマーン[41]がカリフを継いだ。アブー・スフヤーンのいとこの息子で、極めて初期にイスラムに改宗した稀なウマイヤ家の人間だった。ムハンマドをあれほど激しく攻撃した一家が、これほど早く権力の最高位に就くのを見るのは残酷な不条理だ。ウスマーンは征服した広大な領土を安定・完成させた。六四九年にキプロス遠征に着手し、税の支払いを強要した。アゼルバイジャンとカフカス山脈の支脈も制圧した。ササン朝最後の王を追い回し、六五一年にメルブ（現トルクメニスタン）で殺害した。カリフは六五三年、コーランの正典化に取り組んだ。[42]預言的啓示の様々な筆写の間に矛盾があり、そもそも筆写は厄介な口承に基づいているため、既に悶着《もんちゃく》が起きていた。エジプトとメソポタミアの軍営都市で騒動の原因となったのはメディナの宮廷人の驕《おご》り高ぶる虚栄、そしてウマイヤ家の厚顔無恥な身内贔屓《びいき》だった。アブー・スフヤーンの息子でシリアを統治していたムアーウィヤは、フスタート、クーファ及びバスラの反乱からウスマーンを守ることができなかった。反徒が東西から集結し、六五六年にメディナを攻囲した。反徒は復讐の怒りに駆られてカリフを殺し、亡骸《なきがら》を汚した。この冒瀆は今日のイスラムの多様な内部対立に影を落としている。内部対立がイスラム固有の形で表れるのには長い時間を要するのではあるが。

ムハンマドの継承者と長らく見られてきたアリーがようやくカリフに即位したのは大混乱のさなかだった。アリーは万人に認められる「信者の長」ではなく、いきなりウマイヤ家による不名誉な誹謗《ひぼう》にさらされた。ウスマーンの遺族はムアーウィヤを中心に結束し、殺害者の処罰、「アリー共犯説」を一掃できるほどの厳罰を強く求めた。新カリフは言い逃れ、ためらい、新たな謀反《むほん》が起きるのを目の当たりにした。首謀者はムハンマドの最愛の妻アイシャだった。アリーはイラクではアイシャ派の反逆を抑圧したが、ムスリムの間で大いに恐れられてきた「内乱」(フィトナ)、つまり内戦という厄難を阻止できないことが次第に明らかになった。アリーの五年間のカリフ時代は実際、「大内乱」時代と呼ばれ、アリー派イラクとウマイヤ派シリアの間の溝が深まり、互いに独自のイ

---

†39　29頁参照。

†40　マズダ教徒は祭司と共に七世紀以降、迫害を逃れてグジャラートに移住した。これが現代インドのパールシー共同体を生むことになる。マズダ教は今日、イランで公式に認められ、その代表者が議会議員になっている。

†41　ウスマーンはムハンマドの二人の娘の夫。一人目はルカイヤでムハンマド存命中に、二人目はウンム・クルスームでムハンマド没後に結婚した。

†42　コーランの計一一四の章の章立ては、二〇年にわたる啓示の順番ではなく、おおむね長さの順になっている。第九六章が最初の啓示と見られている。

スラム観とその体現者の名を掲げて軍を動員した。

六五七年、シリアとイラクの境界周辺、ユーフラテス川右岸の今日のラッカに程近いシッフィーンで衝突が起きた。数週間の交戦の後、ムアーウィヤは両陣営の消耗を見てとり、アリーを説得して調停を受け入れさせた。カリフは自身の権威が疑問視されていることを認めた。このことが調停それ自体に反対するハワーリジュ派（「離反者」の意）の反乱を引き起こした。ムアーウィヤは敵陣を分断したことに満足し、果てのない議論で調停を一年以上引き延ばした。アリーは交渉を通じて信望を失い、「信者の長」としてではなく、分派あるいは党派（シーア）の首領として見られるようになった。以後、親アリー派には「シーア派」という呼称が用いられるようになる。カリフはハワーリジュ派の反乱を大量殺戮で鎮圧せざるを得なかった。ハワーリジュ派は六六一年、クーファでアリーその人を暗殺することで復讐を果たした。ムハンマドの血縁がウマイヤ家の野心の障害となってきたが、アリーの死で障害は取り除かれた。ムアーウィヤは自らカリフを宣言し、世襲制を創設し、陰謀と復讐の渦巻くメディナから遠く離れたダマスカスに遷都した。

暗い「黄金時代」

本章が扱った三九五年以降の期間、中東は二世紀以上、コンスタンティノープルとクテシフォンを首都とする二つの帝国で二分された。ビザンツ帝国はシリアとエジプトを支配し、ササン朝の首都を擁するメソポタミアは今日のイランより先、北はカフカス山脈、東は中央アジアに支配を広げた。二分された中東は比較的安定していた。時折アルメニアと上メソポタミアで紛争が勃発したが、衝突は通常は境界地帯に限定された。ペルシアは当初からアラブの同盟相手ラフム朝との連帯を大いに重視した。互いの首都の近さがその理由だったに違いない。反対にビザンツ帝国がガッサーン王国の政権を強化するのは六世紀になってからだ。東方のキリスト教世界を割った分裂は中東の地理空間と一致する。このことは示唆に富む。ペルシア教会はネストリウス派に感化され、ササン朝のメソポタミアを支配した。その一方で、ビザンツ帝国の教義をめぐる合性論派の異議申し立ての結果、エジプトのコプト教会は原初的・民族的教会であることができ、シリア教会はレバントで発展することができた。

ササン朝は六〇二年に攻勢に出て、ビザンツ帝国の深奥まで侵入した。シリアに続いてエジプトを占領し、コンスタンティノープルさえも攻囲した。ビザンツ帝国は六三〇年頃に東方国境防衛を立て直した。その当時ムハンマドはヒジャーズ地方で部族の内部抗争を克服し、普遍性を帯びた使命の担い手の政権を確立した。イスラム圏は電撃的に拡大し、間もなく今日のトルコ領の大部分を除く中東全域を覆い尽くした。しかしこの新生帝国の首都メディナは六五六年、内乱に揺れる。内戦は五年後、政権をダマスカスに移して終わる。アラブ人預言者が自らの新教をアラビア語でアラブ人に説いてから、ひと世代後の「出アラビア」は驚くべき早さである。アラビア半島発の政権が中東再編を果たすのは実際、これが最初で最後だ。ウマイヤ家の勝利は、アラブのカリフがシリア、イラク、エジプトのいずれかを拠点として中東を支配する六世紀に及ぶ時代の始まりだった。

キリスト教帝国、あるいはイスラム黎明期を懐かしむ人々は、自分たちの幻想を歴史的現実で肉付けすることに苦労している。理想化された「黄金時代」は存在せず、現実は衝突と断絶の反復であり、キリスト教徒によるキリスト教徒の迫害とムスリムによるムスリムの略奪の反復なのだ。コンスタンティノープルが「カトリック」であると同時に「正統」である一つの教義を強制した結果、ネストリウス派はササン朝の懐の中に逃げ込み、合性論派は帝国内で抵抗に立ち上がった。自主独立教会の原則自体、総主教座を中心とする信者の一体性を犠牲にした固有性・独自性に存するものだ。初期四人のカリフについて、イスラムの伝統は四人を「正しく導いた」と一括りにするが、三人は暴力による死を遂げ、うち二人はムスリムの暗殺者の一撃に屈した。アラブの征服者たちはヒジャーズ地方から一歩外に出ると、シリア、あるいはイラクと一体化して、いがみ合った。こうした矛盾は異常でも副次的でもない。矛盾はキリスト教でもイスラム教でも草創期の出来事の骨組みを構成している。中東はこうした矛盾に満ちている。それを宗教的に正当化しようとしても根底にある政治の力学を隠蔽《いんぺい》することはできない。

第一章　年表

395　アルカディウスが東ローマ帝国初代皇帝に（～408）
399　東ローマ帝国とササン朝ペルシアの和平
405　ベツレヘムのヒエロニムスがウルガタ訳聖書を完成
410　西ゴート族がローマを略奪
431　エフェソス公会議がネストリウス派を異端に
451　カルケドン公会議の信条に合性論派が異議を唱える
457　東ローマ帝国皇帝レオ一世の戴冠をコンスタンティノープル総主教が祝福
459　「登塔者」聖シメオンの死
476　西ローマ帝国の終焉
502　東ローマ帝国とササン朝が開戦（～506）
506　アルメニア教会がコンスタンティノープル総主教に対して独立
525　エチオピアがイエメンに侵攻
527　ユスティニアヌス一世が東ローマ帝国皇帝に（～565）
531　ササン朝「諸王の王」ホスロー一世が治世を開始（～579）
535　アビシニア人アブラハがイエメンを支配（～565）
537　コンスタンティノープルのハギア・ソフィア大聖堂の献堂式
542　コンスタンティノープルでペストが流行
573　ササン朝が東ローマ帝国ダラを占領（～591）
575頃　ササン朝のイエメン侵略

591　東ローマ帝国とササン朝が和平を結ぶ（～602）
591　ササン朝「諸王の王」ホスロー二世の統治（～628）
610　ヘラクレイオスが東ローマ帝国皇帝に（～641）
612頃　ムハンマドがメッカで説教を始める
614　ササン朝がエルサレムを征服
622　ムハンマドがメッカを逃れてメディナへ移住（ヒジュラ）
624　イスラムがバドルの戦いでメッカ軍に初めて勝つ
625　イスラムがウフドの戦いでメッカ軍に敗れる
627　イスラムが「ハンダク（塹壕）の戦い」でメディナを防衛
628　ビザンツ帝国とササン朝が和平条約を結ぶ
630　ムハンマドがメッカを征服（ファトフ）
632　ムハンマドの死、アブー・バクルが初代正統カリフに
634　「ジハードのカリフ」ウマルが第二代正統カリフに（～644）
636　イスラムがヤルムークの戦いでビザンツ帝国軍に勝利
637　イスラムがカーディシーヤの戦いでササン朝軍に勝利
640　イスラムがエジプトを征服（～642）
644　ウスマーンが第三代正統カリフに（～656）
651　ササン朝最後の王がメルブで死去
656　第三代正統カリフのウスマーンがメディナで暗殺される
656　アリーが第四代正統カリフに（～661）、「正しく導かれた」最後のカリフ

第二章　ウマイヤ朝からアッバース朝へ

（六六一〜九四五年）

ウマイヤ朝は自らの権威のもとに、そして五年の内乱の末に和解したイスラム共同体（ウンマ）の名のもとに中東を統一した。メッカで最も頑なに異教を信じた一家が頂点に昇り詰め、預言者遺族の主張を退けた。ムハンマドの子孫は特権を剝奪された。それは権力の座をメディナからダマスカスに遷したことで容易になった。アラビア半島の政治的優位が遷都によって取り除かれたためだ。ウマイヤ朝を創建したムアーウィヤは六六一年、自身がカリフに即位することにアリーの長男ハサンとその支持者ら「シーア派」が賛同することを条件にして大赦を与えた。ウマイヤ朝の中心はビザンツ貴族が見捨てたシリアだった。新しいムスリム指導者たちは王朝の典礼と宮殿に投資した。モスク／聖堂建設と金曜礼拝の説教（フトバ）はビザンツ帝国の荘厳さをイスラム流に脚色した。説教は高壇（ミンバル）からカリフ名で発せられた。ビザンツ皇帝が地上における「神の代理人」として認められたのに対し、「信者の長」は自身の正統性を現世に繋ぎとめようと気を配った。ムアーウィヤは存命中の六七八年にイスラム指導者たちが自分の息子ヤズィードに忠誠を誓う儀式を執り行った。ムアーウィヤはその二年後に亡くなり、ヤズィードはカリフ位を継いだ。

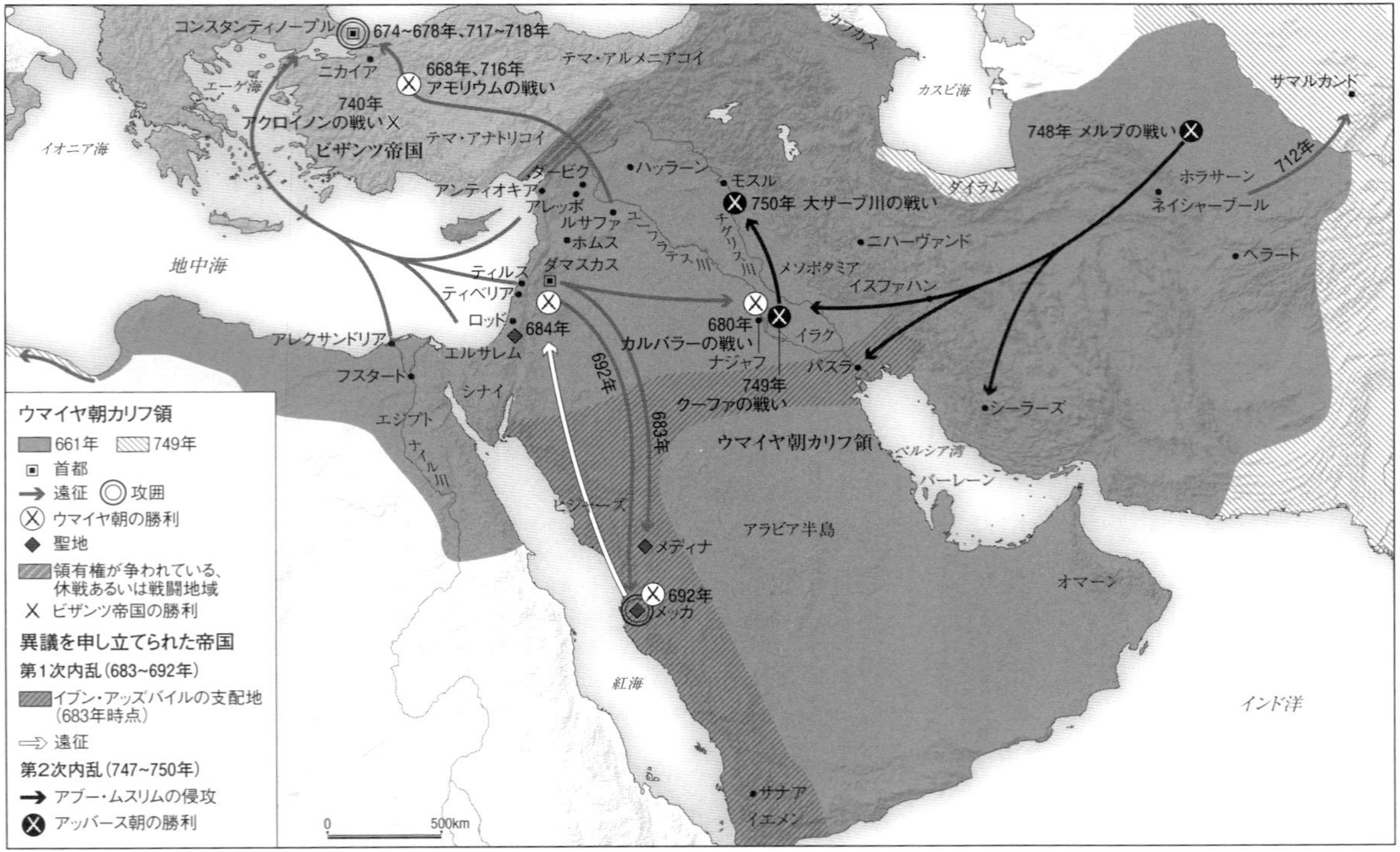

コンスタンティノープル
674~678年、717~718年
ニカイア
668年、716年
アモリウムの戦い
740年
アクロイノンの戦い
ビザンツ帝国
テマ・アルメニアコイ
テマ・アナトリコイ
エーゲ海
イオニア海
地中海
カフカス
カスピ海
サマルカンド
748年 メルブの戦い
712年
ホラサーン
ネイシャーブール
ヘラート
ダイラム
タービク
アンティオキア
アレッポ
ルサファ
ハッラーン
モスル
750年 大ザーブ川の戦い
ホムス
ユーフラテス川
チグリス川
ニハーヴァンド
メソポタミア
イスファハン
ダマスカス
ティルス
ティベリア
ロッド
684年
エルサレム
アレクサンドリア
フスタート
シナイ
エジプト
ナイル川
680年
カルバラーの戦い
ナジャフ
イラク
バスラ
749年
クーファの戦い
692年
683年
シーラーズ
ウマイヤ朝カリフ領
ペルシア湾
バーレーン
ヒジャーズ
アラビア半島
メディナ
692年
メッカ
オマーン
紅海
インド洋
サナア
イエメン
0
500km
ウマイヤ朝カリフ領
661年
749年
首都
遠征
攻囲
ウマイヤ朝の勝利
聖地
領有権が争われている、休戦あるいは戦闘地域
ビザンツ帝国の勝利
異議を申し立てられた帝国
第1次内乱（683~692年）
イブン・アッズバイルの支配地（683年時点）
遠征
第2次内乱（747~750年）
アブー・ムスリムの侵攻
アッバース朝の勝利

図2-1　ウマイヤ朝時代の中東（661-750年）▶
図2-2　アッバース朝イラク（749-945年）▼

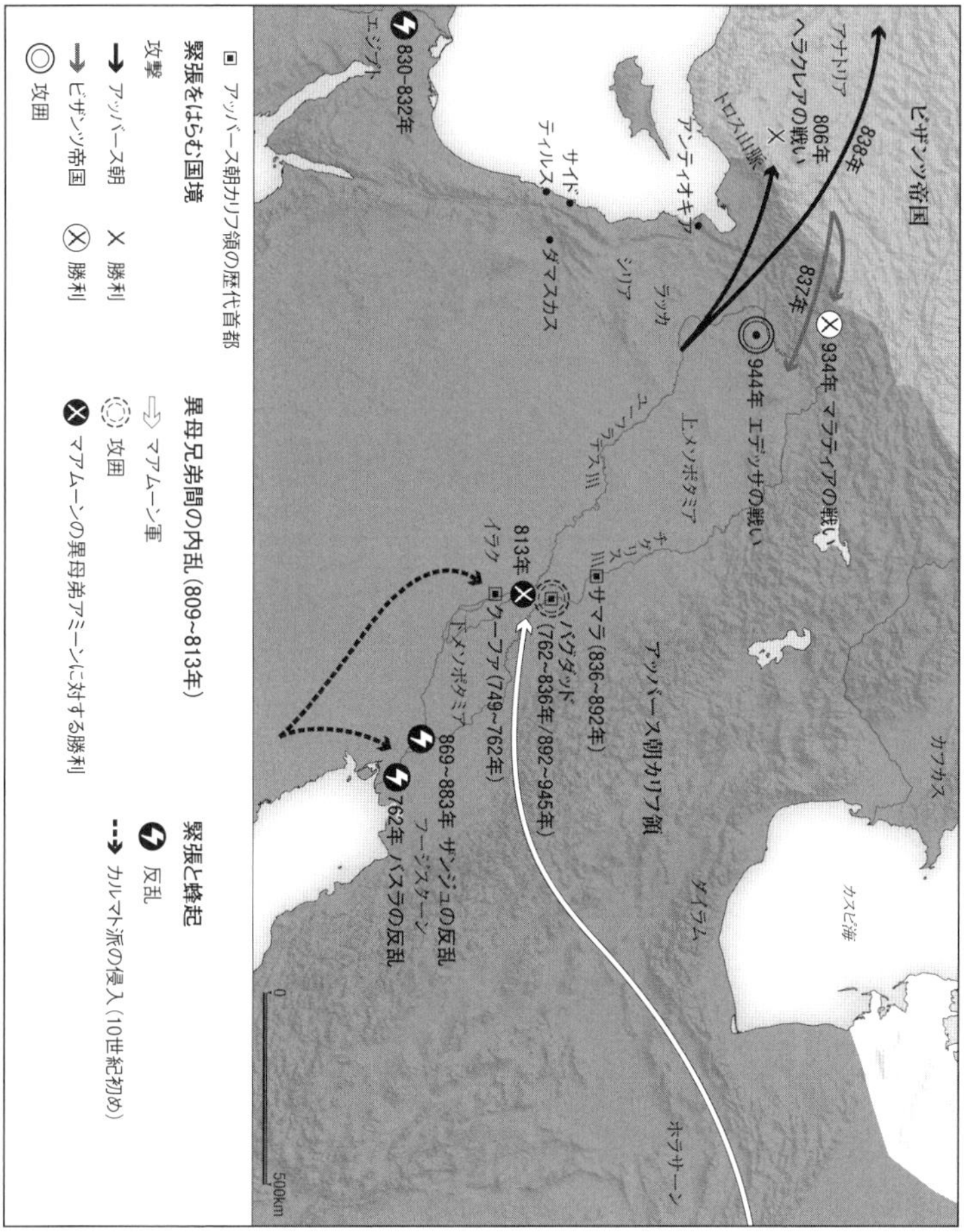

多様で異論を呼ぶ帝国

ウマイヤ朝の出現で中東はムスリム政権のもとに結集したとはいえ、イスラム化していたのは一部だった。「啓典の民」に対する差別的税制は長期的には改宗への強力な動機づけになったが、人口の大多数、特にシリア人口はキリスト教徒のままだった。洗礼者ヨハネはイスラムでは預言者ヤフヤーだが、その聖遺物がダマスカスの聖堂に長らく安置されており、ムスリムとキリスト教徒をともに引き寄せた。ムアーウィヤは特にキリスト教徒の高級官吏に支えられて帝国を統治した。帝国運営は形式的にはイスラム式だが、実践的にはビザンツ式を踏襲したことで、支配層と民衆の間で重きをなすキリスト教徒を力づけた。体系的イスラム化が取り組まれたのはアラビア半島だけで、ムハンマドがイエメンのキリスト教徒に与えた庇護の約束は取り消された。イスラム化はウマイヤ朝以前、背教戦争[†1]の報復の力学で培われていた。預言者の厳命にもかかわらず、概して改宗するだけでは、十全な平等は保証されなかった。新改宗者はアラブの氏族に帰属しなければならなかった。そして新改宗者の地位の低さは「被護民」、あるいは「下僕」を意味する呼称「マワーリー」に表れている。今日でも時折流行する紋切型に反して、中東が七世紀に力ずくでアラブ化・イスラム化したとする説は間違っている。中東人口はキリスト教徒の割合が非常に大きく、アラブの征服者たちは少数派でしかなかった。しかも特に都市ではアラブ化はイスラム化を意味しなかった。

アラブの支配のあり方はシリア、エジプト、イラクで異なっていた。「シャーム地方」(シャームはダマスカス、広義にはシリアを指す［訳註＝このシリアは歴史的呼称で、現在のシリア・レバノン・イスラエル・ヨルダン・トルコ南東部に広がる］)は四つの軍管区に分かれていた。拠点は順にダマスカス、ホムス、ロッド(「パレスチナ」軍管区、アラビア砂漠とシナイ砂漠まで広がる)、ティベリア(「ヨルダン」軍管区、ガリラヤとティルス沿岸)である。ムスリムの侵略者らは多くの場合、ビザンツの大土地所有者に取って代わり、土地が利用されている場合は地租を徴収した。エジプトの場合、今日のオールド・カイロにあった軍営都市フスタートにアラビア半島とナイル渓谷から大量の移民が流入した。こうした混交状況は、ビザンツ帝国の遺制と新体制の刷新が同居する税制にも表れていた。イラクの場合、クーファ、バスラ両都市に入植したアラブ戦士らは周辺の地方の税徴収を請け負って生活した。社会階層は入植の波の新旧に応じて、新参者ほど貴族の下位に編入された。イラン遠征・行軍は長きにわたりササン朝時代からの地方総督が仕切った。彼らは租税の支払いと引き換えに地位を維持した。ウマイヤ朝はここでも、今日の一部の紋切型の見方に反して、イデオロギー的というよりも経験主義的に体制を築き、経験主義が安定を保証した。ただ帝国内に蔓延する矛盾が、かつてメディナのカリフ領がそうだったように、イスラム各派を根本から対立させた。

ヤズィードは六八〇年にカリフに即位するとすぐ（即位はムアーウィヤが久しく以前に準備していたが）、アリーの息子で一〇年前に死んだハサンの弟フサインの挑戦を受ける。フサインは、ウマイヤ家ではなくシーア派のカリフを樹立しようとしたアリーの野心を引き継いだ。彼は父を手本にしてクーファに、より広くはイラクに革命運動の拠点を見つけたと信じた。しかしクーファの北、カルバラーとされる地でウマイヤ朝軍に攻囲された時、絶対的信奉者から成る護衛しか同行していなかった。フサインとその身内は惨殺された。アリーの子の首は戦利品としてダマスカスに運ばれ

†1　50頁参照。ウマイヤ朝はイエメンを重視せず、それがユダヤ共同体の存続を利した。

た。首はシーア派に最大の屈辱を与えるために大モスクでさらされた。逆にその大モスクで洗礼者ヨハネ／預言者ヤフヤーの聖遺物の首は、信者らの更なる崇敬を促すために人目から隠された。シーア派の信仰心がこの冒瀆の衝撃を克服するのには数世紀を要した。アリーとフサインはそれぞれイラクの殉教・霊廟の地、つまり前者はナジャフ、後者はカルバラーで崇敬される。皆に見捨てられ、加虐者と対峙するフサインの像は痛苦主義者に熱烈に称揚されることになる。敗北したシーア派は当時、人知を超えた正義の士マフディー（「導かれた者」）がいずれウマイヤ家に与えるはずの神の復讐に身を委ねた。

　この創設期の罪はその後のイスラムの展開に大きな影響を及ぼすが、当時の人々の目にはフサインの反乱は限定的・副次的に見えていた。それ以上に重大だったのは六八〇年に起きたヤズィードに対するもう一つの反逆で、初代カリフのアブー・バクルの孫イブン・アッズバイルがアラビア半島で起こした。反徒らはウマイヤ家が権力を世襲することの正当性に異議を唱えた。彼らにとって権力はムハンマドの教友の子孫の中の最良の人物に帰属しなければならなかった。ダマスカスから急派された部隊はメディナで反乱を鎮圧したが、メッカは制圧できなかった。イブン・アッズバイルは六八三年にカリフ即位を宣言し、十年近く在位した。この反逆はウマイヤ家の世襲の不確実性によって勢いを得る。ムアーウィヤ二世は六八三年、父ヤズィードの死を受けてカリフに即位したが数か月後に死亡したため、遠い親類のマルワーン一世[†2]が継承することになった。対立する二人のカリフの軍は六八四年、ダマスカス近郊で衝突した。交戦は数では劣るウマイヤ朝軍が優勢に進めた。この戦いは氏族構造の根本的再編に結びついた。どの氏族も実際の家系とはかかわりなく、ウマイヤ家支持派は「イエメン族」／カルブ族と、イブン・アッズバイル派は「北アラブ族」／カイス族と一体化した。六九二年のウマイヤ朝軍のメッカ攻囲は投石機の攻撃を被ったカーバ神殿を含めて甚大な破壊をもたらした。紛争はイブン・アッズバイルの処刑と反徒の弾圧で終わった。弾圧の結果、アラビア半島はダマスカス政権に帰順した。勝者も敗者もメッカの中枢まで及んだ自分たちの衝突の冒瀆性を自覚し、記憶にとどめようとはしなかった。

アブド・アルマリクと後継者たち

マルワーン一世の息子アブド・アルマリク[†3]は六八五年から七〇五年までカリフ位にあった。多くの点から見てウマイヤ朝の最も重要な君主だ。ようやくメッカを奪還する直前、エルサレムに荘厳な「岩のドーム」を建立した（パレスチナを征服したカリフにちなむ「ウマル・モスク」という不適切な呼称もある）。ただこの建造物は金曜礼拝用ではなく、ムハンマドとアブラハム［訳註＝旧約聖書ではイスラエル人の祖。ユダヤ教・キリスト教・イスラム教を信じる「啓典の民」の祖］の神秘的出会いを祝賀するためとされた。その一方で、長男イスマーイールを介してアラブ人の先祖となったアブラハムの神話は内容を充実させた。コーランの啓示が、預言者の周期的出現はムハンマドで締め括られたと説くように、岩のドームは（創世記の一般的解釈によると）アブラハムが次男イサクを神に捧げようとした、まさにその場をイスラム化した。更に、

---

†2　イスラムで君主に一世、二世と番号をつけることは意味がない。重要なのは父子関係、つまり「息子」の意の ibn/ben である。ただ本書は明快さと一般的歴史記述とを適合させるために番号を使用している。ササン朝のホスロー一世、ホスロー二世は既出だ。

†3　「アブド」は「神を崇拝する者」の意。「アルマリク（王／主）」など神に帰する九九の名につく呼称。

この聖なる場はユダヤ教信仰ではバビロニアとローマによって二度破壊された「神殿の丘」に該当する。最後に、岩のドームに刻まれた威厳のあるモザイク碑文は、神の唯一性とイエスの人間性を明示する諸節を刻み、キリスト教の教義を否定している。このアラブ帝国は自らをイスラムであると決定的に宣言した。帝国人口の大半は依然としてムスリムではなかったのだが――。

象徴的な岩のドームの奉献とともに、ウマイヤ朝は行政組織を積極的にアラブ化し、ギリシア語・コプト語・パフラヴィー語が使われていた行政用語をアラビア語に一本化した。アラブ化は税の加重と中央集権的圧迫と相まって、地方分権的な反発と局地的な農民一揆を引き起こした。反抗の発生地、特にイラクの発生地にシリア系植民者を入植させたことは、帝国的大事業の一環だった。階級・俸給制度を備えた初期形態の常備軍を創設し、ジハードによる勢力拡張を支えてきた国民皆兵制度からの転換を図った。コーランの写本群は一世代前の「正典」を土台に標準化し、「異端派」[†4]の写本は体系的に破壊した。ビザンツ帝国は金貨を重視し、ササン朝は銀貨に価値を置いたが、アブド・アルマリクはディナール／デナリウス金貨とディレム／ドラクマ銀貨の間の複本位制を定めた。[†5]幾つかの通貨は「神のカリフ」の名で鋳造されており、イスラムというよりもビザンツ流神権政治の傾向を示している。

こうした積極性はアブド・アルマリクの後継者の息子四人と甥一人の時代になると姿を消した。最初の後継者ワリードは七〇五年から七一五年までカリフ位にあり、建設者としての業績では際立った。代表的建造物は、まずダマスカスの「ウマイヤ・モスク」。洗礼者ヨハネ／ヤフヤーの聖遺物をムスリムだけの崇敬対象とした。次にメディナのモスク。ムハンマドの墓を中庭の東隅に収容した。最後にアルアクサ・モスク。エルサレムの「モスク前広場」にあり、岩のドームを補完する。

メッカのカーバ神殿、メディナの預言者のモスクに続く、イスラム教第三の聖地とすることをめざした。ワリードは、モロッコから中央アジアまで版図を広げていた帝国を更に拡張するために、独立心の過ぎる司令官を厳罰に処しつつ、軍事作戦を継続した（アル・アンダルスとイスラム化した呼称を持つことになる、イベリア半島最大領域を七一一年に征服した立役者ムーサ・イブン・ヌサイルを更迭した）。スライマーンのカリフ在位は七一五年から七一七年までと短かったが、アレッポの崇敬されていた聖ヘレナ大聖堂の脇に第二のウマイヤ・モスクを建設したことで知られる。スライマーンは元パレスチナ地方総督で、ラムラを建造して地方行政の中枢を従来のロッドから移した。彼はとりわけビザンツ帝国に対する激烈な軍事行動に腐心し、コンスタンティノープルを陸と海から長期間攻囲したが、攻略に失敗した。スライマーンはビザンツ侵攻の前に軍隊を集結させた地、アレッポ北方のダービクで埋葬された。挑戦の最後の武勲の印だった。

カリフのウマル[†6]はアブド・アルマリクの甥かつ婿で、在位は七一七年から七二〇年だった。ウマルは敬虔《けいけん》かつ博学で、ムハンマドの言行を最初に編纂した功績が認められている。編纂物は「ハディース」と総称される。彼はコンスタンティノープル攻囲を緒戦とした遠征を中断し、帝国内部の

†4　シーア派はウマイヤ朝がアリーに有利だったはずのコーランの原典を改竄したと長らく糾弾することになる。
†5　ディナールは四・二五グラムの金、ディレムは二・九七グラムの銀。
†6　彼はウマル・イブン・アブドゥルアジーズとしても知られる。第二代カリフのウマル・イブン・ハッタープと区別するためだ。

課題解決に注力した。最大の懸案は非アラブの改宗者「マワーリー」が耐え難く感じていた差別問題だった。ウマルの治世は懸案解決には短命すぎた。それでもこのカリフは今日もなお例外的にオーラを帯びている。[†7] 拡張路線はウマルが中断したが、その後継者ヤズィード二世（在位七二〇～七二四年）とヒシャーム（在位七二四～七四三年）が再開・継続した。この後継者二人はともにアブド・アルマリクの息子だった。イスラム教預言者の死後一世紀、ウマイヤ朝の版図は西のナルボネンシス（現フランス南部）から東はインダス渓谷まで最大規模に達した。巨大な領土は駅馬で網状に組織化されていた。当時としては非常に効率的で、補給のための宿駅、更には宿泊地ごとに隊商宿を備えていた。イラクのクーファ、エジプトのフスタート、アラビア半島のメディナがウマイヤ朝の権力中枢であり、メソポタミア北方とアルメニアの権力中枢はモスルだった。[†8] カリフのヒシャームはヨルダン渓谷、パルミラ砂漠、ユーフラテス川中流域の自身の領地ルサファにそれぞれ宮殿建造を命じた。これら「砂漠の城」は宮殿芸術の分野でダマスカスとアレッポのウマイヤ・モスクの豪華さに匹敵した。

アッバース革命

ウマイヤ朝はヒシャームの治世末期に危機に陥り、七四三年のその死で危機は深刻化した。権力争いが起き、二年弱の間にカリフが四人替わった。マルワーン二世は七四四年、「北方系」と呼ばれるアラブ部族カイスだけを頼りに、「イエメン族」の氏族を犠牲にして、カリフに即位した。北方系・イエメン族双方の真の祖先を詮索することは無駄だ。シリアのアラブ支配層は過去半世紀来、南北対立[†9]を軸に形成されてきた。アブド・アルマリクとその後継者には帝国の平和を維持するために双方を取り込む賢明さがあった。逆にマルワーン二世はダマスカスを離れ、メソポタミア北部ハッラーンに移住するという致命的過ちを犯した。ハッラーンでは彼を信奉するカイス族に守られたものの、他の臣民とは長らく距離を置くことになった。当時はジハードによる版図拡大の活力が衰弱し、ウマイヤ朝の資源を枯渇させ、相次ぐ敗戦に苛立つ多数の兵士を辺境に貼り付け、エジプトあるいはマグレブで反乱が次第に激しさを増していた。

しかし最も深刻な脅威はマワーリーに由来する。これら非アラブ系改宗者はアラブ系ムスリムと比べて二級臣民と見なされ、特に税制上の差別を受けた。反逆はホラサーン（現イラン東部の同名の州を含む領域）、アフガニスタン西部、トルクメニスタン南部でとりわけ激しかった。このイスラム世界の東端でペルシア人の天才的煽動家アブー・ムスリムが革命的平等主義の遊説を展開し、やがてマワーリーに圧倒的に支持される。その次にアリーの子孫の再興をめざすシーア派戦士を再結集した。これら戦士は先にホラサーンで起こした反乱が弾圧されて途方に暮れていた。アブー・ムスリムは、ウマイヤ家が自分たちを帝国の果てに見捨てたと非難する辺境駐屯地のアラブ派遣部隊の兵卒らも迎え入れた。彼は世界の終わりをめぐり民衆が連想する主題、とりわけ黒旗について繰

†7　ウマルを正統カリフに続く、五人目かつ最後の「正しく導かれた」カリフとする見方がイスラムにある。
†8　ルサファには聖セルギウスの墓があり（40頁参照）、六世紀以降キリスト教に改宗したアラブ人を惹きつけた。
†9　64頁参照。

り返し言及した。黒旗の出現は「正しく導かれた者」マフディーの勝利、そしてその剣でもたらされる現世での正義の復活を表す——という連想である。

アブー・ムスリムはこれらを自らの言動で軒並み表現し、ウマイヤ朝のカリフ制そのものに異議を唱えた。ムスリム間に内乱（フィトナ）[†10]をもたらすという反逆の誹《そし》りに対しては、不信心な指導者を打倒するという宗教的至上命令が勝ると反論して退けた。シーア派に対しては同派が担ぐフサインのひ孫ジャーファルを彼が支持していると信じさせた。蜂起を七四七年、ホラサーンで起こし、翌年メルブを制圧、西に向けて容赦のない侵攻を続けた。反徒は七四九年、クーファに凱旋入城した。そこでどんでん返しがあった。アブー・ムスリムがカリフはジャーファルではなく、アブー・アルアッバースだと宣言したのだ。この人物は預言者ムハンマドの叔父アッバースの子孫で、一家はアッバース家と呼ばれるようになる。ジャーファルはこの既成事実を受け入れた。ただアリーの系統による歴史的報復を期待した支持者らは動揺した。アブー・アルアッバースは北部メソポタミア攻略に出陣し、七五〇年にウマイヤ朝軍を大ザーブ川の戦いで粉砕した。マルワーン二世はエジプトに逃れたが、捕らえられ、間もなく処刑された。その親族も徹底的に惨殺された。ただ親族の一人アブド・アッラフマーンは虐殺を免れ、アンダルシアに亡命した。アブー・アルアッバースは一連の殺戮からサッファーフ、「血をすすぐ者」という異名をとった。

しかしアッバース家の勝利は結局、一つの王朝の原理を別の原理に取り替えただけだった。アラビア語「ダウラ」（王朝）という言葉は、初めは天体の公転と結びつき、それが政治の激変の意味になり、更に「国家」を意味するようになった。今回の制度的激変はムアーウィヤが六六一年にアリーに対して勝者となった第一次内乱とは違う。それは十四世紀にアラブ社会科学の祖イブン・ハルドゥーンが三要素「アサビーヤ」「ダアワ」「ムルク」で概念化することになる、権力奪取の力学に則している。アサビーヤは部族の紐帯や帰属意識に由来し、緊密に連帯する「集団」である。その「集団」が「説教」(ダアワ)を広め、「権力」(ムルク)を奪取・行使するという野心を抱く。アッバース家という「集団」がシーア派の主張よりも自らの集団利益を優先させ、アブー・ムスリムの「説教」の力を通じて、自らの「権力」をウマイヤ家のそれと取り換えることに成功した。ダアワは今日「言説」や「宣伝」と訳すこともできるが、イスラム教に属する表現だ。この権力闘争の当事者は皆、自らをムスリムと主張した。自分は敵よりも良いムスリムだ、と。加えてイブン・ハルドゥーンは中央の権力の弱体化と辺境の抗議を関係づけた。この図式はホラサーンから中東の中心をめざしたアッバース家の台頭にも適用できる。

　ウマイヤ朝の時代は一世紀に満たなかった。ただムスリム帝国がこれほど巨大な領土を支配することは二度とない。「出アラビア」は六六一年にムアーウィヤが実行し、六九二年のイブン・アッズバイル抹殺で完了したが、それによって一つの帝国が歴史に名を刻んだ。メディナを拠点にしていたのなら、こうした有効な統治は不可能だっただろう。このことは第一次内乱の見落とされがちな教訓だ。ウマイヤ朝時代にシリアが権力中枢だったことは、エルサレムがメッカ、メディナに続く第三の聖地に昇格することを容易にした。三都の中で、その政治的側面が神聖化と結びついた都市はない。ウマイヤ朝が勝者アッバース朝に与えた主要な遺産は世襲制である。どちらの王朝もム

†10　53頁参照。

ハンマドの直系子孫を排除しつつ、シーア派「集団」の歴史的敗北を確認した。とはいえシーア派というイスラム教特有の教義となり、反主流派を形成して「スンニ派」に対抗するまでには更に二世紀を要する。一方、スンニ派は次第に四学派を中心に構成されることになる。カリフのアブド・アルマリクが積極的に主導したアラブ化は、ペルシアの改宗者たち（彼ら自身アラブ化した）に解放を求める気持ちを起こさせた。アッバース家はこうした気持ちを結集して反乱に成功した。

バグダッドのカリフ領

アブー・アルアッバースは異母兄の「勝者」マンスール[†11]を後継者に指名した。七五四年に死亡すると、マンスールがカリフに即位した。新カリフはホラサーン総督アブー・ムスリムに任地の全ての反対派の鎮圧を指示した。新カリフはその任務の完了を待ってアブー・ムスリムに敵対し、その信奉者ともども彼らが強くなり過ぎる前に抹殺した。宮廷の内紛という以上に、アブー・ムスリム派の一部の救世主を待望する熱情が王朝の安定を脅かしていたからだ。同派はマンスールをカリフ位に押し上げたのではあったが。もはや黒旗に祈る時でも、懲罰者マフディーを称揚する時でもなく、まさに現世の政権を固める時だった。本書で後述するが、ファーティマ朝とサファビー朝が出現する際[†12]も同じ経過をたどった。アッバース朝と同様に、初代君主が創建の仕事を全うし、二代目は過激派を排除する。これは過激派の熱狂が権力簒奪《さんだつ》に向かい、制度づくりの段階にある王朝を脅かすからである。

カリフのマンスールは七五八年、巨大な新首都の造営に着手した。直径二・五キロの円形都市で、竣工は四年後。バグダッドと命名され、「平安の都」（マディーナ・アッサラーム）とも呼ばれた。マンスールはメディナとバスラでアリーの遠い子孫の二人が煽動した反乱を粉砕した後、シーア派の連帯が際立ちすぎるクーファを離れた。成功を収めた王朝はバグダッド造営によって政敵と先達の影響力の浸透を断つことで、自らの唯一無二の正統性を押し付けた。アッバース朝の中東はイラクが権力中枢となり、シリアは敗者のウマイヤ家と同一視され、概して占領地扱いだった。ウマイヤ朝がダマスカスに首都を置き、ビザンツ帝国の壮麗な典礼を一部復活させたように、アッバース朝はクテシフォンの近場に首都を築き、ササン朝政権の習わしの幾つかを再生した。カリフは以後ベール越し[†13]に特権者を迎えた。特権者はひれ伏し、床に口づけをしなければならなかった。君主の異名[†14]は祝福祈願でしかなかったとしても、聖人を連想させた。「アッラーのカリフ」という称号はウマイヤ朝時代にアブド・アルマリクだけが折に触れて求めたものだが、次第に頻繁に用いられるようになった。非アラブ系改宗者マワーリーの優遇策は特にペルシア系ムスリムを利した。その多くは帝国で最上位の高官に昇り詰めた。アッバース朝初期の一世紀で顕著だったことはアラブとペルシアの融合が始まったことだ。

中央行政組織は財務・軍事・領土・郵便[†15]など様々な部局（ディーワーン）で構成され、各部局は事務官（カーティブ）に指揮・管理されていた。その後、公務を調整する大臣（ワジール）という名

---

†11　アブー・アルアッバースとマンスールの父は同一人物。マンスールの母はベルベル人。
†12　108頁、194頁を参照。
†13　典礼担当の侍従はハジブ、「ベールをかける人」と命名された。
†14　マンスールの異名は「神の恩恵による勝者」。

誉職ができた。財源は主に三つ。土地と不動産について徴収する不動産税、商取引と農産品に課す一〇分の一税、非ムスリムが納める人頭税。アッバース朝は新税の規定・徴収で創意工夫に富んでいた。これらの税は地方総督が徴収し、バグダッドの国庫に収める。アッバース朝の繁栄に必須だったのは中央集権化であり、分権化ではなかった。地方官吏は地方総督ではなく、バグダッドの上司に従った。地方総督が地元にいる中央部局代表者と事を起こせば、総督が首都の裁定に身を委ね、不利益を被ることになる。こうした仕組みが巨大帝国で分離を志向する動きを大きく制限した[16]（唯一アンダルシアが七五六年、ウマイヤ家の唯一の生存者の権威のもとで分離独立を果たした）。

アッバース朝第五代カリフ、ハールーン・アッラシードは七八六年から八〇九年までバグダッドに君臨した。ビザンツ帝国と戦うためにユーフラテス川上流域のラッカに滞在することが多かったが——。彼が登場する『千夜一夜物語』はその伝説的名声には寄与したが、物語が書かれたのは数世紀後のシリアとエジプトであるだけに、現実とは無縁だった。物語はバルマク家出身[17]の宰相たちに多くの出番を与えた。家長ハーリドはアッバース革命に加わった退役軍人で、二人のカリフ、アブー・アルアッバースとマンスールの側近だった。ハーリドの息子ヤフヤーは幼少期のハールーンを後見し、ハールーンがカリフに即位すると、非常に恐れられた宰相になった。こうした立場はヤフヤーの息子二人に有利に働き、弟ジャーファルは父の跡を継いでハールーン・アッラシードの宰相となった。兄ファドルは枢要な軍司令官を務めた。それだけに八〇三年のバルマク家の失脚は手荒に扱われ、ジャーファルは斬首刑、親族は投獄された。

ハールーン・アッラシードは同時代人を驚かせた重罰によって、自らの権力の絶対性を明確に示した。彼は大臣にシーア派への接近を禁じた。自らは躊躇《ちゅうちょ》せずにアリーの子孫を投獄・殺害した。

バグダッドの宮廷で支配的だった宗教的・知的寛容は承認した。というのもこのカリフは正統性をうるさいまでに標榜していたからだ。治世の間はメッカ巡礼とビザンツ帝国征伐を交互の年に実行した。本章の後段で詳述するが、八〇六年には軍を率いてアンカラまで侵攻し、キリスト教徒の皇帝に自ら「庇護」を押しつけた。[†18] ハールーン・アッラシードは信仰心に駆られてメッカに遺書を携えた。カリフ位をアラブ系の正妃が産んだ息子アミーンに継がせる内容だった。そうすることでアミーンの異母兄マアムーンを二番手に追いやった。異母兄はアミーンより数か月前にペルシア系の内縁の妻が産んでいた。ハールーン・アッラシードは、後継は保証されたと信じ、ホラサーンの反乱の討伐に赴き、八〇九年、そこで没し、埋葬された。その墓は今日、マシュハド（イラン北東部ホラサーン州都）でイランのシーア派の最高聖地に組み込まれている。アリーの子孫を冷然と抑圧してきたこのカリフが、アリーの子孫の一人[†19]の傍らに眠るとは、何と奇妙な後世ではあるまいか。

ハールーン・アッラシードは生前、予防策を講じていたが、その死後、バグダッドに君臨するカリフのアミーンとホラサーン総督のマアムーンの異母兄弟の間で内乱が勃発した。結局マアムーン

---

†15 郵便係官は諜報も行った。カリフに地方からの日々報告が上がり、首都の情報局が管轄した。
†16 東ローマ帝国は同じ理由から行政の中央集権化に相当する制度を採用した。
†17 バルマク家はイスラム教に改宗する前はアフガニスタン北部バルフの仏教寺院の高僧だった。
†18 95頁参照。
†19 マシュハドにはシーア派第八代イマームのアリー・アッリダーの霊廟がある。死亡は八一八年、カリフのマアムーンの命令で毒殺されたとみられる。

が八一三年、極めて残虐なバグダッド攻囲戦を経て勝利した。当時の詩人は投石機と「ナフサ」、つまり石油に火をつけた焼夷物の使用を描写している。マアムーンはアミーンの喉をかき切り、首をはねて、完全に勝利したが、バグダッドの荒廃は計り知れなかった。マアムーンは治世の最初の五年間はホラサーンのメルブに宮廷を設け、アリーの末裔《まつえい》に対しては大胆な歩み寄り策に取り組み、アッバース朝の黒旗ではなく、自らはシーア派の緑旗を掲げた。しかしマアムーンは八一八年、生前父親が堅持した反シーア派路線に唐突に回帰した。カリフは自らの旗の色を黒に戻し、バグダッドに戻り、宮廷を構え、「知恵の館」（バイト・アルヒクマ）を開設した。ビザンツ帝国領域で入手した写本を基にギリシア・ローマ哲学の翻訳など知的交流を目的とする施設だった。この館で異彩を放ったのは特にネストリウス派の医学者でガレノスの註釈者フナイン・イブン・イスハーク、そして数学者フワーリズミーだ。[†20]「アルゴリズム」は後者のラテン語名に由来する。

　カリフのマアムーンはイスラム教の合理的解釈、ムータジラ派の解釈を次第に公然と奨励するようになる。ムータジラの字義は「離脱者」（世俗的思惑を意に介さず、聖なる実在に精神を集中するあり方）。同派の主だった学者の著述は紛失している。ただ彼らの説が当時としては革命的な二つの概念に依拠していることは定説になっている。一つは、コーランが歴史的被造物であること。もう一つは、人間には自由意思があり、自身の行動に十分責任を取れること――。こうした哲学的問題を宮廷で知識人集団が論じ合うことと、ムータジラ派の解釈をカリフ領の公式教義に仕立て上げて対立する意見を容赦なく抑圧することとは別のことだ。その境界線は八三三年、マアムーンの最晩年に越えられた。カリフはミフナ、つまり「試練」を始めた。火刑のない異端審問といえよう。ムータジラ派教義を拒む聖職者は迫害された。「試練」を開始して間もなく、ビザンツ討伐のために遠征をしていたマアムーンは突如死亡し、そのことをムータジラ派の敵対者は神の罰と受けとめた。この逸話はコーランの啓示とともに、預言者の伝承を公理化するスンニ派の文脈でしか十分な意味を持たないのだが。

遅れて出現したスンニ派

アッバース朝革命でシーア派が主題として喚起されたこと、そしてバグダッドの歴代カリフがアリーの末裔の対処で躊躇したことは、イスラム教の誕生から二世紀の間、スンニ派とシーア派の教義の境界が常に流動的だったことを際立たせた。スンニ派とシーア派の修復不能の「大分裂」（シスマ）を六五六〜六六一年のアリーとムアーウィヤの内乱に遡り、次に六八〇年のフサインの殉教に遡ることは、キリスト教の概念をイスラム教に移し換える危険な行為だ。イスラム教に教会はなく、この種の同一視は禁じ手だ。しかも「スンニ派」という概念はスンナの入念な実践と並行して徐々にしか形成されなかった。スンナとはムハンマドに結びつく「範例」であり、ハディース、つまり預言者のものとされる「言行」に基づく「慣行」である。ハディース学はウマイヤ朝のカリフが先駆者の一人だが、[†21] 出典資料集を作り上げることをめざした。ここでは真贋《しんがん》の見極めが重要だ。六三二年のムハンマドの死の後、典拠の怪しい伝承が急増しただけに、これは途方もない作業だっ

†20　フワーリズミーは計算を「復元」（アル・ジャブル）によって概念化した。それが「代数」（アルジェブラ）になる。
†21　67頁参照。

た。九世紀半ばになってハディースの壮大な選集が十ほど、アラブ人というよりもアラブ化した学者らによって編纂された。選定基準は伝承者の系譜（イスナード）だ。預言者に最も近しい教友まで辿る必要があった。ハディースは伝達の典拠に応じて「信頼度」が変わる。

最も権威がある伝承集は二つあり、いずれも『真正集』[†22]と題されている。二つはイラクとアラビア、更にエジプトに長く滞在してアラブ化した二人のペルシア人が編纂した。一人はムハンマド・アル・ブハーリーで、八七〇年にサマルカンド近郊で死亡した。もう一人はアブル・フサイン・ムスリムで、八七五年に生まれ故郷ネイシャーブールで死亡した。二人のハディース学者の規範的業績の作業時期は、四つのイスラム法学派（マズハブ）が形成された時期と重なる。それぞれの学派は預言者の範例（スンナ）に確実な典拠がある場合、コーランと同等の権威を持つと見なした。こうして神の啓示は預言者の言行によって補われた。その結果、ムハンマドという人格はアッバース朝時代に神聖化された。スンニの法学派はいずれも祖の名から派名をつけている。以下、登場した年代順に記述する。優劣の序列を排するためだ。

最初に学派の祖となった法学者はペルシア系マワーリーでクーファ出身のアブー・ハニーファ。このイラクの都市で教えを説き、評判になった。しかしカリフのマンスールに仕えることを拒んだことから報復に遭い、バグダッドで投獄された。罪状はシーア派への加担で、七六七年に獄死した。アブー・ハニーファは自らの学説が将来、スンニ派の学派を形成し、自身が学祖になるとは全く意識しなかった。学派形成は二人の直弟子に依るところが大きい。二人ともカリフのハールーン・アッラシードの厚遇を受けた。一人はバグダッドのカーディー（法官）に抜擢され、事実上、帝国の全カーディーの上に立った。もう一人はカリフの顧問に登用された後、ラッカのカーディーになった。二人が就いた要職はアブー・ハニーファの学説［訳註＝ハナフィー法学］がアッバース朝の全土に伝播することを容易にした。そして数世紀後、まずセルジューク朝が、次にオスマン帝国がハナフィー法学を採用したため、今日トルコで主流になっている。ハナフィー学派の特徴は相対的実用主義であることと、最小の悪として個人的判断を頼みとすることを認めている点だ。

次は「メディナのイマーム」を異名とするマーリク・イブン・アナス。七九六年の死まで、主にこの聖地で過ごした。彼は鞭打ちの刑と投獄を経験した後、カリフに恩赦を与えられた。マーリクはイスラム法学（フィクフ）の最初の概論とされる『ムワッタ』（踏みならされた道）を書いた。この礎となる著作には複数の異なる版があり、様々な解釈を許すことになった。神秘主義に厳格であるべしという解釈と寛容であるべしという解釈が並立した。傑出した知識人アブー・ハニーファと違って、マーリクは論理的一貫性よりも道義的一貫性に価値を置いた。信者全体の利益は合意（イジュマー）から生まれ、個人に過分な裁量を認めると信者間に対立をもたらすと彼は考えた。その最も優秀な弟子サハヌーンは八〇七年、メディナを離れてケルアン（現チュニジア北部）に移住し、八五四年まで教えた。この早い時期の移住の結果、マーリキー学派は今日、マグレブとサハラ以南のアフリカで最も普及・浸透したイスラム法学派になっている。

ムハンマド・イブン・イドリース・シャーフィイーは七六七年、ガザで生まれた。アブー・ハニーファが死去した年だ。名高い詩人で弓の名手だったが、世俗の評判に背を向け、メディナでイマ

---

†22　この二つの「真正」はスンニ派の公認教義で、四人のスナン（スンナの複数形）、アブー・ダーウード、ティルミーディー、ナサーイー、イブン・マージャが補足している。

ームのマーリクに師事した。その後、バグダッドで法学論争に没頭し、危うく毒殺されそうになり、フスタートへの移住を決めた。その地で八二〇年に没する。シャーフィイーはイスラム法学をめぐる大作『法学原論』とハディース解釈概論を著した。彼は知的・法的限界から説き始め、疑問に付されることのなかった聖職者間の合意までの概略を示しながら、類推（キャース）の意義を強調した。預言者の伝承を評価する仕組みを示しつつ、コーランはスンナに照らして読まれなければならないと彼は考えた。その上でイスラム法の四つの法源を定めた。一義的法源はコーランとスンナ、派生法源は類推と合意である、と。シャーフィイー学派は今日、エジプトとイエメン、そしてイエメンの商人がイスラム化に貢献したインドネシアで主流のイスラム法学だ。

スンニ派四大法学で最後に登場する創始者イブン・ハンバルは七八〇年、バグダッドに生まれた。ヒジャーズ、シリア、イエメンでも学問を続けた。晩年になり、野心的なハディース集『ムスナド』を編纂した。彼はコーランとスンナに字義通り従うことに価値を置いた。派生法源は拒否し、相対的に柔軟だった他の三人の祖とは一線を画した。イブン・ハンバルはこうした教条主義を論じ、求め、八三三年にムータジラ派神学が公認されると公然と反論した。バグダッドで逮捕され、厳重な監視のもと、カリフの遠征先のアナトリア半島南部の野営地に向けて移送された。カリフのマアムーンが急死した時、ようやくラッカに着いたイブン・ハンバルはバグダッドに帰還することを許されるが、新カリフのムータシムの命令により投獄された。ムータシムは八四二年の治世の終わりまでムータジラ派神学を信奉した。イブン・ハンバルは転向を拒んだため、説教の禁止を条件に釈放されたのは二年半後のことだった。

象徴は強い力を持つ。それが強いられた結果だったとしても。イブン・ハンバルは自身の受動的抵抗によってバグダッド民衆の崇敬を集めた。ムータシムは八四二年、バグダッドを離れ、チグリス川上流域のサマラに新しい首都を置いた。アッバース家は群衆とその熱気から遠く離れたこの地で、トルコ人親衛隊に守られて、より安寧を感じた。親衛隊はマムルークと呼ばれる改宗した奴隷が次第に中核を成すようになった。ムータジラ派神学が公認教義でなくなるのは八四八年、ムータシムの子、ムタワッキルの治世が始まった後だ。イブン・ハンバルは華々しく復権を果たしたが、新カリフの傍らで公務に就くことは拒んだ。彼は八五五年に死亡するまで宮廷の魅惑にも恫喝《どうかつ》にも屈しない廉潔の士という自己像を育んだ。このハンバリー学派の特徴はシーア派教義を敵視し、ヒスバを賛美することだ。ヒスバとはムスリムの義務「善を勧め、悪を禁ずる」こと。この教義がワッハーブ派の解釈を通じてサウジアラビアの公認教義になることは、後の章で詳述する。[†23]

大ジハードと小ジハード

スンニ派の主張は、法学にとどまらず、多様な運動として現れ、スーフィズム[†24]と総称される神秘主義的高揚を伴った。先駆者はバスラの二人の禁欲主義者だった。一人は禁欲の勧めで知られる説教師ハサン・バスリー（六四二〜七二八年）、もう一人は神のもとの忘我を礼賛した女性詩人ラービア・アダウィーヤ（七一三〜八〇一年）である。バグダッドで八五七年に死去したムハーシビーは最初の真のスーフィーと目されることが多い。「内省」（ムハーサバ）という精神修行を発展させた。

†23　221−222頁、319−320頁参照。
†24　「スーフィー」の語源をめぐり、十分に説得力を持つ説はない。

彼は、信者は他者との勘定を済ますより、まず自身との勘定を済ますべきだと主張し[25]、同時代のイブン・ハンバルに異議を唱えた。内的忘我を重視する一派と外的道徳秩序を重視する一派の間で論争が続いた。ムハーシビーの弟子ジュナイドは、信者の精神的向上の度合いにかかわらず世俗的にイスラム道徳を尊重すべきだと説いて両派の和解を試みた。

ジュナイドの弟子の一人ハッラージュは、選ばれた少数者だけに認められた教えを多数の信者に広めるべきだと主張した。それが混乱を招いたため、バグダッドで長期にわたって投獄されることになる。ハッラージュは九二二年、信者は心の中で自由に神と出会えるとして、メッカ巡礼の義務を疑問視したかどで死刑に処せられた。イラクでこうした様々な神秘主義者の墓所は民衆の熱情を誘い、神秘主義者への崇敬は何世紀も継承・拡大していく。そうした人気は後世になると、イスラム原理主義者の敵意を掻《か》き立てることになる。原理主義者はスーフィズムをイスラム化された快楽主義の邪悪な表出だと糾弾する。今日イスラム過激派は、悪の力に対する神秘主義者の精神の戦い、つまり「大ジハード」を否定する。過激派は現代の蒙昧《もうまい》主義に染まり、ジハードの軍事形態、つまり「小ジハード」しか認めないのだ[26]。

アッバース朝時代にスンニ派四大法学派が形成されたことで、武装ジハードの関与・行動規則はイスラム「戦争法」の形で次第に体系化されてゆく。いわゆる「攻撃的」ジハードと「防衛的」ジハードには根本的な違いがある。防衛的ジハードは全員の義務だ。「イスラムの地」で危機に瀕した人々を守る場合、ジハードは「個人的」義務になり得る。その反面、攻撃的ジハードは委任することのできる義務であり、従ってカリフ、あるいはその代理人の権威のもとで「集団的」義務になり得る。いずれにせよ、イスラムの教義と実践が小ジハードと特定領土の本質的かかわりを定める。

防衛するのか征服するのか、その地の住民を保護するのか服従させるのか——。

この小ジハードと領土の関係は、アッバース朝が世界をイスラム化する野心を放棄したことと併せて、帝国の国境の相対的安定を反映したものになった。ウマイヤ朝は「イスラムの領域」と「戦争の領域」（あるいは「不信心の領域」）の二極に区分したが、その後、「和解の領域」（あるいは「契約の領域」）という中間領域を設け、二極化を修正した。「和解の領域」とは、地域をめぐる合意がなされ、敵対行為が持続的に中断することが保証されている領域だ。ムハンマドが六二八年にメッカと結んだ停戦[†27]は複数の国境地帯で参照され、敵対した戦士どうしの様々な交流を正当化することになった。神秘主義派の大ジハードは武装ジハード以上ではないとしても同じ程度には尊重された（武装ジハードは時として傭兵を雇用した代理闘争として実践された）。従ってイスラムは、誹謗者《ひぼうしゃ》が集中砲火を浴びせるような「戦争の宗教」でも、擁護者が幻想を抱くような「平和の宗教」でもない。他の宗教と同様に、初期段階の征服による拡大からアッバース朝時代の安定に至るまで、戦争と平和のかかわり方を漸進的に様式化してきた宗教なのだ。

イスラムの政治と宗教

シーア派は権力の神授権を主張する（アッバース家の何人かは神授権を盾に自らの正統性を確立しよ

†25 「ヒスバ」と「ムハーサバ」という二つの用語は、「勘定」の概念に由来する。
†26 390−391頁参照。
†27 48頁参照。

うと努めたが失敗した）。これに対し、スンニ派は権力との曖昧な関係を徐々に経験を重ねて作り上げた。内乱続きで疲弊した大衆信者の間で、時の権力への盲従も型にはまった抗議も拒否する一つの教義が真の人気を集めた。この現実を理解するためにはキリスト教の物差しでムスリムの現象を測る過ちを自制しなければならない。こうした混乱の最たるものはカリフを教皇と同一視することだ。混乱に輪をかけるのが、「善いイスラム」を上から広めて「悪いイスラム」を退治せよ、という繰り返し現れる願望だ。これは傲慢な押しつけという点はさて置き、イスラムがキリスト教徒の教会と同様に組織されているという、あまねく流布する神話に基づいている。つまりイスラムには明確に定められた教義があり、聖職位階制が教義の実践を監督する、という神話だ。ウマイヤ朝とアッバース朝の時代、ビザンツ帝国の皇帝が定期的に召集した公会議のような制度はイスラム世界にはなかった（ちなみにフランク王カール大帝は七九四年にフランクフルトで公会議を召集している）。公認教義の強制は唯一、バグダッドがムータジラ派神学を押しつけたことだが、十五年ほどの短命に終わった。失敗したのは、公認教義の合理性が原因だったのではなく、力任せに教義の普及を図って民意の離反を招いた、国家の抑圧が原因だった。

ムハンマドが預言者・最高司令官・元首を兼務する以上、イスラムに政教分離はあり得ない、とするありふれた理屈は知的袋小路に結びつくだけだ。歴史的現実は緊張の連続だった。カリフは常に「賢者」を意味する「ウラマー」†28と総称されるイスラム聖職者を自らに従わせようと努めてきた。反対にウラマーは自らの自主性の維持に一貫して努めてきた。例外は少数の野心家と金の亡者で、どの国のどの時代にもいるように、力と富を蓄積するために権力者に取り入るのだ。彼らを「宮廷ウラマー」と普通の聖職者は過分の敬意を示さずに呼んだものだ。行政権力と宗教権力のいずれの陣営も「イスラム教は宗教であり、国家である」と強調した。ただどちらの陣営もこの格言を相手陣営に向けて用いた。カリフは国家以外のあらゆる説教を無効とするために、ウラマーはカリフに宗教の専門家が定めた掟の尊重を促すために——。既に言及したように、スンニ派四大法学の祖は皆、アッバース朝による投獄を経験し、その一人のアブー・ハニーファは獄死した。

　イスラムで聖なる規範の習熟は知識（イルム）に属する。イルムはウラマーの語源だ。ウラマーが法解釈の方法に関し、推論・注釈・説明（イジュティハード）によって、イスラム法学（フィクフ）の基礎（ウスル）、次に分野（フル）をこしらえる。ただこれらアラビア語の翻訳は困難だ。それぞれ特殊な用いられ方をしていて、しかもスンニ派四大法学派はいずれもそれを否認するからだ。例えば、ハナフィー学派とマーリキー学派とシャーフィイー学派は金曜礼拝をめぐり、女性は自宅に留まることを推奨するが、厳格なことで知られるハンバリー学派は女性が集団でモスクに行き、祈ることを奨励している。またハナフィー学派とシャーフィイー学派とハンバリー学派は一人の女性が他の女性たちの祈りを取り仕切ることを許容するが、概して寛容と見なされているマーリキー学派は他の信者たちに対するこの特権を男性にしか認めない。更にシャーフィイー学派のエジプトでは男性たちに女性たちの祈りの指揮を託すのが習わしになっている。詰まるところ、各派が主張するイスラムの規範に対するかかわり方は甚だしく複雑なのだ。

　コーランに削除された章句があることが後世になって見つかった。この本質的問題は今日まで論

†28　「ウラマー」は「知者」の意のアラビア語アーリムの複数形。

議を喚起し続けている。削除問題は啓典の一部を有効にするために別の部分を無効にする事態にも結びつく。従って、全項目が最終的に確定した「イスラム法」、シャリーア[†29]は存在しない。存在するのは政治的・社会的力関係の働いた一連の解釈・慣例なのだ。アッバース朝はユスティニアヌス法典[†30]のイスラム版の編纂を何度も試みたが、その都度ウラマーによって頓挫させられた。政治権力はおおむね、特定の時期にウラマーの積極的、あるいは消極的お墨付きがあれば、シャリーアの個別の規定、いやシャリーアそのものを都合よく利用できた。反対に、この側面は忘れられがちだが、ウラマーがシャリーアの規範を持ち出して時の権力の独裁に対抗するに至ったことは何度もある。キリスト教徒とユダヤ教徒はそれぞれ固有の裁判所を保有しており、ムスリムとの係争でなければ、シャリーアが課されることはなかった。

バグダッドを七六二年に造営したカリフのマンスールは自らの権力の四つの柱をカーディー（裁判官）・警察長官・国庫長官・（情報機関の長としての）郵政長官だと考えた。カリフ直属のカーディーが帝国の他の宗教判事の上位者として権威を持つようになるのはハールーン・アッラシードの登場を待つ必要があった。アブー・ユースフが七九一年から七九八年まで最初のカリフ直属カーディーを務めたが、自身の決疑論の知識を全く世俗的な事柄に適用して『地租の書』を書いた。こうした偉大なカーディーは字義通り「カーディーの中のカーディー」と命名された。この称号はササン朝ペルシアの「モウベドの中のモウベド[†31]」に呼応していた。国教マズダ教がピラミッド型に組織されたのに対し、イスラム教は政治権力の圧力のもとで表明される法的意見、ファトワの場合でさえも、ピラミッド型の構成には適さなかった。八三三年から八四八年の間の大審問官のように振る舞う大カーディーによる迫害の結果、大カーディーの信望は信者大衆の間で失墜した。大カーディーは依然として地方の部下を指名できたが、それぞれの地方情勢に配慮し、教義論争を避ける必要が出てきた。大カーディーの税務への干渉は多くの場合、課税・徴用を免れる譲渡不能の財産（ワクフ）というイスラムの制度と衝突した。アッバース朝カリフは大カーディーに献身的に支えられたとはいえ、イスラムの論法と既得権を持ち出されて、抵抗に遭うこともあった。

シーア派のメシア信仰の誕生

スンニ派はイスラム教出現から三世紀目に法学派が規範を樹立したが、シーア派は神に選ばれし者「イマーム」[†32]という至高の称号をアリーの子孫の中の誰に与えるのかをめぐって立場が割れた。イラクのウマイヤ朝に対する反乱を率いたアリーのひ孫ザイドが七四〇年に死亡すると、彼を信奉するザイド派は武装闘争だけを説くようになった。その死の九年後、シーア派の公然たる権化ジャアファルはアッバース朝カリフを承認したが、それはジャアファルの息子イスマーイールに賛同する一部の過激な反逆者らには拒絶された。この「イスマーイール派」の体制批判は地下活動として長く続き、やがてチュニジアでファーティマ朝を興し、次にエジプトに移った。[†33]その一方で正統派

†29　「シャリーア」という言葉がコーランで使われているのは一度だけだ。
†30　33頁参照。
†31　29頁参照。
†32　イマームという概念はシーア派では神秘主義的尊敬の輝きに包まれた。スンニ派の場合、イマームは祈禱の指揮と道徳の教導を意味する。

シーア派はアリーに始まり、その息子ハサンとフサインが継承したイマームの系譜を正統と主張し続けた。フサインの末子アリーはアッラーの「崇拝者たちの宝飾」を意味するザイヌル・アービディーンの名で、第四代イマームとして崇拝された。その実子で勤勉なムハンマドは第五代イマームとしてバーキル・アル・イルム、「知識を深める者」との異名を前面に出した。イマームは父から息子に継承され、ジャアファルは六代目としてあがめられた。彼はアッバース朝という新体制に従い、イスマーイール派に糾弾されたが、シーア派主流には公明正大の鑑《かがみ》と賛美された。それが彼の異名アッサーディク、「信に値する者」の由来だ。

三代続いたイマームは皆、メディナに生まれ、死んだ。アッバース朝歴代カリフはアリーの末裔の人望が気になり、末裔の幽閉を決めた。第七代イマームのムーサーはその堅忍不抜からアル・カージム、「慎み深い人」という異名を得た。彼はハールーン・アッラシードの命令により、バグダッドで暗殺された。その息子アリー（第八代イマーム）は異名をレザー（「受け入れられた人」）といい、イラン東部に埋葬された。その墓は巡礼地となり、都市マシュハドへと発展した。アリー・レザーの息子ムハンマドはアル・ジャワード、「豊穣なる者」の異名を持ち、第九代イマームになった。彼は祖父ムーサーの傍に埋葬された。その地区は二人を偲《しの》び、カージマイン、「二人のカージム」と命名された。次の二代のイマームはアッバース朝の新首都サマラに建てられた宮廷の蚊帳《かや》の外で暮らした。アリーとその息子ハサンは二人ともアスカリーと添え名された。両者とも「信者の長」の軍営都市（アスカリー）に軟禁されたからだ。

ハサン・アスカリーは八七三年に死亡した。この第一一代イマームは子孫を残さなかったとされた。ただ何人かの事情通は四歳の息子ムハンマドが厳重に隠されていると認めた。「小幽隠」の時代が続き、成人したムハンマドは四代にわたる「代理」を介して意思を伝えた。使者はこの第一二代イマームをマフディーと重ね合わせた。アッバース朝革命の際に黒旗とともに祈願された、預言を遂行する救世主である。[†34] 最後の「代理」は九四一年、七十二歳のはずの隠れイマームが世界から完全に身を引くことを決めたと宣言した。「大幽隠」の始まりだ。シーア派は今日もその状態にある。隠れイマームは「待望されるマフディー」へと変容した。物理的には存在しないその姿は、輝く美しさ、長い黒髪、濃いあごひげ――と描写される。マフディーは一定期間、「時間の支配者」として出現し、その再臨により創造の循環が断たれる、というのだ。

こうしたシーア派のマフディー観は、千年王国思想［訳註＝キリスト教で最後の審判の前にキリストが再臨し、地上に至福が千年続く王国が出現するという終末論があるが、ムスリムにも、コーランは明示していないが、同様の考えが広く浸透している。救世主マフディー信仰は代表例］の信奉者が不安におびえた三世紀間に現れた様々な要素の混合だった。隠れイマームの主題は最も暗澹《あんたん》たるウマイヤ朝の抑圧時代に生まれ、複雑な力の働きを劇的に捉えている。こうした筋立てが十世紀を通じて、イマーム位について別の解釈を迫るようになり、シーア派は一二人のイマームの無《む》謬《びゅう》の系譜に照らして「一二イマーム派」と呼ばれるようになる。シーア派の学者たちはスンニ派が伝統的に認めてきた、預言者の一つのハディースを引用した。「世界があと一日しか存在しないとしたら、アッラーは私の名を持ち私の盛運を備えた人間が現れるまで、その一日を延長するだろう」。シーア派の教義では大幽隠はマフディーが再臨するまで延長し続けるこの一日に該当する。大幽隠以来、シーア派聖職者は大部の選集の中から預言者

†33　ファーティマ朝については第三章で検討する。
†34　70頁参照。

ムハンマドに帰せられた引用だけでなく、一二イマームそれぞれの引用を比較校訂するようになった。前世紀のスンニ派の伝承編纂者のように、シーア派聖職者は選定・註釈・編纂という途轍《とてつ》もない大仕事を成し遂げ、[35]シーア派マズハブ（法学）を誕生させた。スンニ派四大法学に続く第五のイスラム法学だ。[36]シーア派ウラマーは論説で、過去数世紀の間に勢いを増してきた極端派（グラート）の逸脱を熱心に批判した。ウラマーは以後、ウマイヤ朝がアリーに不利になるようにコーランを「改竄《かいざん》」したとする教説を認めることも拒否した。[37]その一方で、スンニ派に流行するコーランの字義通りの解釈を排して、啓典の秘教的側面を強調し、その鍵を握るのはシーア派イマームであると主張した。

少数者と反逆者

アッバース朝は多様であり、（それぞれが教義の強化に向けて骨の折れる取り組みに没頭していた）スンニ派とシーア派の二項対立の構図に単純化できない。ササン朝の後、新たなカリフたちが首都を置いた下メソポタミアはアッバース朝の初期一世紀の間、キリスト教会が熱心に活動する舞台だった。先頭に立ったのはネストリウス派だったが、グノーシス諸派も加わった。こうした背景でクーファの宮廷は（宮廷はやがてバグダッドに遷されるが）知的放蕩《ほうとう》と教義批判が渦巻いていた。カリフのマンスールは厳罰で臨むことを決め、七五六年、[38]シャリーアの適用をめぐって大胆にもカリフに宛てた公開書簡を発表したイブン・アルムカッファーを処刑させた。査問官らは自由思想をザンダカと総称し、[39]口を極めて非難した。自由思想を背教の危険な様相と判断し、死刑に値する罪とした。ザンダカの罪人は斬首を回避したければ、自身の間違った考えを放棄すると誓う必要があった。

酩酊《めいてい》の叙情詩と冒瀆的逸脱で知られる詩人アブー・ヌワースはそれで命拾いした。ザンダカは体系的思想では全くなく、批判的な態度であり、アッバース朝の主流派はザンダカ排除に多少とも成功した。ただこの知的高揚はイスラム誕生第二世紀の歴史に覆い隠されながらも、カリフ位に対する反抗を正当化しつつ挑戦的なイスラム神秘主義†40とも呼応して、しぶとく続いた。

アッバース朝初期、エジプトのイスラム化はシリアに比べて顕著だったが、キリスト教徒は依然として多数派だった。コプト教会が軍営都市フスタート当局の公式な交渉相手だった。その一方で、都市化とイスラム化が次第に歩調を合わせ、根無し草となった農民が個別に改宗した。アッバース朝の法学者らが練り上げたジンミー†41の地位は前代未聞の公然とした差別の制度化だった。「保護を受けた」のはキリスト教徒（あるいはユダヤ教徒）で、武器所持や宣教をめぐる数多くの禁止事項

---

†35　スンニ派六伝承集に規範としての価値があるように、シーア派四伝承集も同様の重みを持つ。編纂者はバグダッドで九三九年に死去したクライニー、九九一年にレイで死去したイブン・バーブーヤ、一〇六七年にナジャフで死去したアブー・ジャアファル・トゥースィー。

†36　シーア派法学によると娘しかいない親は娘に全財産を遺贈するが、スンニ派法学では祖父母、父方のおじといとこは遺産に与れる。

†37　67頁の註4参照。

†38　イブン・アルムカッファーはペルシア系で以前はマズダ教徒だった。インドの寓話集のアラビア語訳「カリーラとディムナ」で知られる。

†39　この刑罰体系でザンダカ主義者はザンディクと呼ばれた。ザンダカ罪は長らく失効状態だったが、二十世紀末にリビアの独裁者カダフィが反体制派を粉砕するために復活させた（372頁参照）。

†40　81－82頁参照。

に服従した。教会建設は、従前はフスタートを含めて容易だったが、今やかなり難しくなった。とりわけ任期二年前後の歴代総督が強欲に重税を課したことで、八三〇年にはナイル川河口の三角州でコプト教徒の農民らが反乱を起こすまでに至った。反乱は二年後に鎮圧された。カリフのマアムーンが仮借のない弾圧を陣頭指揮した。アッバース朝は以後、コプト教会を除外し、別の教会を交渉相手にするようになった。両者間に潜在した対立は、アッバース朝から自立したトルコ系総督の系譜にあるトゥールーン朝時代（八六八～九〇五年）に解消し、トゥールーン朝はコプト教徒を厚遇した。ただイスラム化の傾向は歴然であり、かつ不可逆的だった。遅くとも十世紀初めまでにムスリムがエジプト人口の多数派を占めていた。

アッバース朝カリフ政権は八三六年から八九二年までサマラに置かれたが、エジプトの離反だけでなく、イラク南部の先例のない蜂起にも対処しなければならなかった。アフリカ東岸から移送され、「ザンジュ」と集合的に呼ばれた数万の奴隷がイラク南部で干拓に従事していた。一人のシーア派説教師が現れ、その教えからザンジュは特に平等主義を学ぶのだが、説教師は奴隷解放のための大衆蜂起を組織することに成功した。蜂起派は八六九年から八八三年までイラク南部と現イラン南西部フージスターン州を支配した。ザンジュは絶頂期には通貨を鋳造し、「首都」をバスラに置き、他の反逆者らと反アッバース同盟を築いた。ザンジュの運動に呼応して貧農が解放奴隷の側に立ち、地主を敵に回して戦った。カリフは運動を阻むために軍隊と艦隊を投入した。この危機はアッバース朝カリフが将軍を頼る度合いを強めた。将軍らは指揮官を意味する「アミール」[†42]と総称された。カリフは以後、北部国境を脅かすビザンツ帝国の挑戦よりも、広大な帝国内部の紛争に一層忙殺されることになる。その結果、イスラム教とキリスト教の間の「永続的」戦争という紋切型から程遠い、現状維持が二つの帝国の間で最優先された。この新しい地域の勢力均衡を理解するために、東ローマ帝国の七世紀末以降の変化の流れを見てゆくことにする。

小アジアのビザンツ帝国

コンスタンティノープルは六七四～六七八年と七一七～七一八年の二度、ウマイヤ朝軍の攻囲に遭ったが、ビザンツ帝国軍が特にギリシア火〔訳註＝海戦用火器〕の扱いに習熟していたため、防衛に成功した。アラブ侵攻に対し退却した部隊が（やがてビザンツ帝国全域で採用されることになる）小アジアの政治軍事制度「テマ」の発足に結びついた。テマ・アルメニアコイとテマ・アナトリコイ†43はそれぞれアルメニアとオリエンス（現トルコ）から引き上げた部隊だった。部隊兵士は（時には皇帝領から分割された）わずかな農地を受け取り、ウマイヤ朝との国境周辺に定住した。テマはローマ帝国のリメス（辺境）遠征部隊に取って代わった。テマはその地に根を張り、常設の騎兵隊の兵士は父から子に世襲され、歩兵登録した農民は必要に応じて騎兵隊を支えた。テマ海軍がアンタルヤ港に配備され、ムスリム艦隊の展開に対抗した。それぞれのテマの長官「ストラテーゴス」は次第に当

†41　ジンミー／「保護された民」の地位は、「ウマル憲章」を怪しいやり方で参照して決められた。この憲章はウマイヤ朝カリフのウマル・イブン・アブドゥルアジーズ（在位七一七～七二〇年）、あるいは第二代カリフのウマル・イブン・ハッターブ（在位六三四～六四四）にまで遡る。

†42　アミールは時に「君主」、あるいは「指導者」の意もある。「信者の長」のように。

†43　アナトリコイはギリシア語で「東方」の意。

該地域の行政指揮を担うようになった。テマの私物化を防ぐため、長官は規則で縛られた。テマ制はウマイヤ朝の圧力に対抗するのに効力があることが分かった。ビザンツ帝国軍はアクロイノン（現アフィヨン）の戦いでウマイヤ朝軍を打ち負かした。

　イスラム帝国の拡大はそれまで神の裁可と受けとめられてきただけに、アクロイノンの勝利はともに戦場で陣頭指揮していたビザンツ皇帝レオ三世とその息子で将来のコンスタンティノス五世[†44]に栄誉をもたらした。二人はすぐに戦場で、聖像崇拝を禁止するビザンツの「偶像破壊」政策に対する神の加護を見てとった。この政策には皇帝を神の唯一の仲介者と定める意図があった。「聖画像」（イコン）信奉者は、ビザンツ帝国は神の表象を禁ずるユダヤ教・イスラム教陣営に加担していると非難した。ダマスコのイオアン（六七六～七四九年）は祖父と父がともにキリスト教徒でウマイヤ朝カリフ領の高官だったが、パレスチナの修道院から、ビザンツ帝国領に暮らす主教らよりも自由に、偶像破壊派の主張に反駁《はんばく》した。偶像破壊論は七五四年にキリスト教会の公認教義になり、七八七年の第二回ニカイア公会議[†45]までそのままだった。この公会議は正反対の過激主義に転換し、偶像崇拝を認めた。カール大帝は七年後にフランクフルト公会議を召集し、第二回ニカイア公会議を無効とし、ビザンツ帝国を異端の暗闇に投げ捨てた。カール大帝は八〇〇年のクリスマスにローマで西ローマ帝国皇帝に即位したと宣言した。

　八〇二年にコンスタンティノープルで権力を掌握したニケフォロス一世は、アッバース朝カリフのハールーン・アッラシードとフランク王国のカール大帝の間で大使交換が合意されたという衝撃を耐え忍んだ。カリフから贈られた一頭の白象がアーヘンに到着すると、カール大帝の宮廷で大評判を呼んだ。ビザンツ皇帝はこの接近の犠牲になることを恐れた。ハールーン・アッラシードは八〇六年、大軍を率いてアナトリア半島攻略に乗り出した。この侵略者は小アジア南東部キリキアにあるヘラクレア要塞を攻略した。カッパドキアを破壊し、アンカラに迫った。ニケフォロス一世はハールーン・アッラシードの象徴的「庇護」下に身を置き、法外な税[†46]を納めるという屈辱を受け入れた。ただビザンツ皇帝はこの約束を長期間守る必要はなかった。アッバース朝カリフと軍はホラサーンの反乱、更に内乱に忙殺されたからだ。カリフが八〇九年に死去すると息子二人は敵対し、内乱を起こした。ニケフォロス一世もバルカン半島でブルガリアの脅威に立ち向かう必要があった。彼が陣頭指揮したブルガリア討伐は敗戦へと暗転し、自身は戦死し、部隊は全滅した。

ブルガリアのコンスタンティノープル攻囲は八一三年、ビザンツ宮廷革命を引き起こし、テマ・アナトリコンの長官がレオ五世として即位した。新皇帝は首都解放を実現し、その成功を神の加護に帰し、八一五年に偶像崇拝禁止を復活させた。小アジア戦線は静かな様子だった。バグダッドとの衝突は地中海沿岸に移っていた。八二七年、アッバース朝の封臣がクレタ島を制圧し、他の封臣たちはシチリア島に上陸した。熱狂的な偶像破壊論者の皇帝テオフィロスは八三七年、マラティアとエデッサに向けて荒廃をもたらす遠征を始めた。翌年、アッバース朝軍が反攻に出て、テマ・アナトリコンの中心都市アモリウム、つまり時の王朝の揺籃《ようらん》の地を略奪した。ただビザンツ帝国のこ

†44　レオ三世は七四一年に死亡し、コンスタンティノス五世が即位した。
†45　三二五年の第一回ニカイア公会議は三位一体の教義の礎を築いた。
†46　イスラムの複数の資料によると、ニケフォロス一世は自身と息子の人頭税として金貨六枚の支払いを受け入れたという。

のような惨敗はこれが最後だった。イスラム帝国のカリフは以後、拠点のサマラで内憂に忙殺されることになる。聖像破壊運動は行き過ぎから評判を落とし、八四三年の公会議で最終的に放棄された。

「マケドニア」王朝が八六七年、コンスタンティノープルに創設され、以後二世紀間、政権を維持する。このビザンツ帝国の新しい支配者は二百年間という時間枠を得たことで、アッバース朝カリフ制が深刻な危機に陥るのを待ち構えて、「再征服」に乗り出すことができた。九〇九年にカッパドキア東部はアルメニアから配置換えとなった部隊を中心にテマに再編された。これがアナトリア半島南東部でのアルメニアの冒険の端緒となり、二世紀後の「小アルメニア」公国樹立に道を開いた。「小アルメニア」は歴史上の「大」アルメニアと対比した名称である。[†47] 国境付近で交戦は続いたが、ビザンツ帝国は九三四年、トロス山脈中央部のアッバース朝の防衛線の突破に成功する。マラティア「奪還」を果たし、改宗を拒むムスリムを全て追放した。九四四年に起きたエデッサ攻囲は、ビザンツ帝国がマンディリオン（自印聖像）を回収する見返りに解除された（マンディリオンはイエスの顔の形跡をとどめるとされる布地だ）。聖顔の遺物はコンスタンティノープルに荘重な趣で移された。これはビザンツ帝国の再興を祝う出来事であり、三世紀にわたった小アジア時代の終わりを物語った。

後見下のカリフ位

アリー支持者はカリフ位に異議を唱えてきたが、異議内容はアリーのいろいろな子孫の間で異なっていた。[†48] 正統的シーア派は、救世主が隠れイマームとして再臨することへの待望感を醸成する目的で政治の動揺を引き起こすことは放棄した。反対にザイド派は武装闘争を信奉し、八九七年にイエメン北部の山間部に拠点を築いた（アッバース朝軍はザイド派掃討を差し控えた）。イスマーイール派は目立たないように布教・勧誘の網を張りめぐらせ、特にアッバース朝に奪取されたシリアで熱心に活動した。イスマーイール派首領は八九九年、我こそが終末に正義をもたらすマフディーだ、とパルミラ砂漠サラミーヤのオアシスで宣言した。この救世主型蜂起は間もなくアッバース朝軍に封じ込まれた。自称マフディーは北アフリカに逃げた。シリアで蜂起が失敗した一因は、現バーレーンを拠点としたイスマーイール派の分派がサラミーヤのマフディーの承認を拒んだことだった。この分派はその最初の頭目の名にちなみ「カルマト派」と呼ばれる。カルマト派はアッバース朝体制にとって、イエメン北部の秘所で孤立していたザイド派よりも、マグレブに亡命した自分たちの「マフディー」に見捨てられたイスマーイール派よりも、危険であることが分かった。

カルマト派は実際、イラクへの破壊的侵入を繰り返し、バスラとクーファで略奪を重ね、バグダッドに混乱の種をまいた。アッバース朝の首都を揺るがす数多の陰謀は九〇八年、即位直後に暗殺された「一日天下のカリフ」事件で頂点に達する。こうした不穏な時局で、ある者はカルマト派の脅威をあおり立てて政敵の評判を落とし、別の者はカルマト派の脅威を盾にして全ての異端派との交渉を断固拒否した。[†49]カルマト派は九二九年、メッカを急襲し、ムスリムにとっては預言者アブラハムに結びつく聖なる黒石を強奪し、アッバース朝に精神的外傷を与えた。黒石は二十年以上奪わ

†47　138頁参照。
†48　87－88頁参照。

れたままだった。カリフのラーディーは九三九年、円滑なメッカ巡礼を可能にするために、この恐るべき反徒に相当な額の保護金を約束して交渉せざるを得なくなった。この弱さの告白は反作用を引き起こし、バグダッドでの大アミール、文字通り「指導者の長」の任命に結びつく。大アミールの軍事力は以後、「信者の長」の権力を凌駕することになる。

バグダッドの政権内部の闘争は九四五年、アフマド・イブン・ブワイフ将軍[†50]を利する形で決着した。将軍は大アミールの称号を得て、カリフを打倒し、意に適う人物を君主に据えた。これが軍指導者らの「ブワイフ家」の王朝の始まりだ。彼らはカリフの名のもとで、カリフに代わって権力を行使した。新たな支配者ブワイフ家はカリフのお墨付きを必要とした。彼らはシーア派であり、彼らだけでは何らの宗教的賛同も得られないからだ。現代の寓話はスンニ派とシーア派の間の十四世紀間も続く仮借なき紛争をダンテ流に壮大に描くが、歴史は私たちにシーア派政権がスンニ派カリフを持続的・好意的に後見していたことを教えてくれる。しかも幾世代もの時間がかかったとはいえ、スンニ派とシーア派は互いの教義を認め合うようになる。両派とも相手の正統性に疑義を差し挟むよりも、自陣の過激派を追い詰めることに積極的だった。九四五年は時代が転換した年で、本章の締め括りにふさわしい。九四五年はバグダッドで非アラブのアミール（軍事司令官）の権力が正規のカリフの権力に取って代わった年なのだ。

カリフの中東

現代の歴史修正主義者には気に入るまいが、アラブのカリフ制がイスラムの最高権力を備えた制度として続いたのは六三二年から九四五年までの三世紀だけだ。首都はまずメディナ、次にダマスカス、最後はバグダッドに置かれ、その途中アッバース朝のサマラ時代があった。この期間、そして唯一この期間、中東の権力が他と分け合うことなく中東の最大領域を支配した。その帝国的秩序は繰り返し批判されてきたが、その無比の継続性からは何も引き出していない。ムスリム支配が民衆のイスラム化として現れるのは後になってのことだ。この現象は考察に値しよう。七世紀末以降の公務のアラブ化が民族的であるよりも文化的であったことは、偏見と紋切型に意味がないことを示す本質的要素だ。アラビア語で書かれた、その集大成といえる著作がアッバース朝の初期二世紀間に相次いだ。中でも異彩を放つのは哲学者ファーラービー、歴史家タバリー、地理学者マスウーディー、作家ジャーヒズ、哲学者クダーマだ。アッバース朝の宮廷で根気よく続けられたギリシア・ローマの遺産の継承・翻案・解釈を超えた、彼らの独創的貢献は尊敬に値する。

本章が扱った時代は、数多くの局地的反乱に加え、ムスリム勢力間で三つの大きな内乱が刻印を残した。一番目は最長の内乱で六八三年から六九二年まで続き、ウマイヤ朝に対し「反カリフ制」イブン・アッズバイル信奉者が敵対した。アッズバイル派の敗北はアラビア半島、特にメッカの大破壊を伴った。二番目は七四七年から七五〇年まで続き、アッバース朝革命がウマイヤ朝を倒した。

†49　46頁参照。
†50　ブワイフ（ブーヤとも言う）という人物は、カスピ海南西岸の山岳地帯ダイラム地方の山岳民だった。イスラム教はシーア派使節が遅い時期に広めた。彼は三人のブワイフ朝アミールの父。三人はペルシアを九三二年から九三六年まで分け合った。その一人アフマド・イブン・ブーヤ（「ブーヤの息子」の意）が九四五年、ペルシア南部からイラクを攻略した。

シリア、特にダマスカスが大破壊に遭った。三番目は八〇九年から八一三年まで続き、文字通りの兄弟殺しで、ハールーン・アッラシードの息子の一人が別の一人を打ち負かした。イラク、特にバグダッドの大破壊を伴った。第二、第三の内乱はホラサーン発の軍がイラクを征服し、軍の首領を帝国の最高位に就けた。ペルシアがササン朝崩壊後は「アラブの侵略者」におとなしく服従したという紋切型を打ち消す史実だ。より重要なことはカリフ権力の中枢がウマイヤ朝シリアからアッバース朝イラクに移ったことだ。ウマイヤ朝が受け取ったビザンツ帝国の遺産はアッバース朝が受け取ったササン朝の遺産より大きかったが。エジプトは中東の中心的権力をめぐる三つの内乱にほとんどかかわらなかった。八一三年から八二六年までは内部諸派の力学に則して分裂していた。八六八年から九〇五年まで主要都市フスタートの総督に認められた自治は、中東の中心からの距離の遠さの証でしかない。

ウマイヤ朝とアッバース朝の社会秩序の中心はムスリムで自由な男性。この中心から離れる順に差別が強まる。まずムスリムで自由な女性。次に「保護された」ユダヤ教徒・キリスト教徒。最後は奴隷だ。奴隷は「異教徒」ではなくムスリムの場合、手心が加えられた。しかしカリフの宮廷では多彩な顔ぶれが交じり合った。法的劣位にあっても政治力は獲得できた。例えばムアーウィヤのキリスト教徒の協力者たち、ハールーン・アッラシードの妻たち、サマラ警護のマムルークたち──。最も深い溝は「エリート」（ハーサ）と「大衆」（アンマ）[†51]の間に掘られた。エリートは政治・経済・軍事・宗教のどの分野にもいた。エリートは大衆を（自由人でも奴隷でも）支配し続けるためであれば、エリートどうしの対立を抑えることができた。権力奪取は戦場、あるいはクーデターで決した。敗北したエリートは時に排除され、時に容赦された。アッバース朝カリフは二度だけ大衆の乱入に直面して動揺した。一度目は八三六年、国家教義の強制が民衆の拒否に遭い、やむなくバグダッドを離れてサマラに移った。二度目は八六九年、解放奴隷と不遇農民の連合を背景にザンジュがイラク南部を一五年間支配した。一度目は都市暴動、二度目は農村反乱で、「エリート」の見る一つの悪夢の二つの様相だった。エリートはアッバース朝の衰退に伴い、大きな変化を迫られることになる。

†51　ハーサの字義は「特別な人々」、アンマは「普通の人々」。

第二章　年表

661　ムアーウィヤがウマイヤ朝初代カリフに（〜680）
678　ムアーウィヤが息子ヤズィードを次のカリフに指名
680　アリーの息子フサインがカルバラーで殉教
683　アブー・バクルの孫イブン・アッズバイルがメッカを支配（〜692）
685　アブド・アルマリクがウマイヤ朝カリフに（〜705）、アラビア語を公用語に
699　イスラム法学ハナフィー学派の祖アブー・ハニーファの出生（〜767）
708　ダマスカスでウマイヤ・モスクの建設着工（竣功714）
711　イスラム法学マーリキー学派の祖マーリク・イブン・アナスの出生（〜796）
712　ウマイヤ朝がサマルカンドを制圧
713　バスラの神秘主義者ラービア・アダウィーヤの出生（〜801）
715　エルサレムのアルアクサ・モスク竣工
718　イスラムがコンスタンティノープル攻略に失敗
724　ヒシャームがウマイヤ朝カリフに（〜743）
740　ビザンツ軍がアクロイノンの戦いで勝利
744　ウマイヤ朝最後のカリフ、マルワーン二世の治世（〜750）
749　アブー・アルアッバースがアッバース朝初代カリフに（〜754）
758　イブン・アルムカッファーがクーファで処刑される
762　アッバース朝カリフ、マンスールがバグダッドを造営
767　イスラム法学シャーフィイー学派の祖イブン・イドリース・シャーフィイーの出生（〜820）

780 イスラム法学ハンバリー学派の祖アフマド・イブン・ハンバルの出生（～855）
786 ハールーン・アッラシードがアッバース朝カリフに（～809）
808 ネストリウス派医学の祖フナイン・イブン・イスハークの出生（～877）
809 ハディース集の編纂者ブハーリーの出生（～870）
813 アッバース朝カリフのマアムーンが異母弟アミーンに勝利
814 詩人アブー・ヌワースがバグダッドで死去
820 ハディース集の編纂者ムスリムの出生（～875）
833 イスラム神学ムータジラ学派がアッバース朝の公認教義に（～848）
836 サマラが一時、アッバース朝の首都に（～892）
838 ビザンツ帝国軍がアモリウムの戦いに敗北
850 数学者フワーリズミーがバグダッドで死去
867 マケドニア朝がコンスタンティノープルで樹立される
868 エジプトをトゥールーン朝が支配（～905）
869 イラク南部でザンジュの反乱（～883）
897 ザイド派が北イエメンでイマーム領を樹立
899 イスマーイール派がサラミーヤでマフディー宣言
922 神秘主義者ハッラージュがバグダッドで処刑される
929 カルマト派がメッカを急襲
934 ビザンツ帝国がマラティアを「奪還」
941 シーア派第一二代イマーム、マフディーが「大幽隠」に
945 大アミールのブワイフがバグダッドを攻略

第三章　二人のカリフの時代
（九四五～一一九三年）

アッバース朝カリフは九四五年以降、見せかけの最高権力しか持たなかった（それ以前の三世紀の間はアラブの歴代カリフは最高権力を保持していた）。バグダッドで真の行政権力（スルタ）を備えていたのはブワイフ家の歴代アミールだった。ただ帝国全域で金曜礼拝がカリフ名で執り行われることは認めた。アッバース朝君主は規範・儀礼で形式的に権力者の待遇を受けたが、実権は不可逆的に失った。この転換が起きた時、中東全域で執拗に追跡されたイスマーイール派反徒はマグレブに拠点を構え、九〇九年にはその地でカリフ領を創設した。その正統性はファーティマ［訳註＝ムハンマドの四女］を妻としたイマームのアリーに由来するとした。カリフ領は「ファーティマ朝」と命名され、今日のチュニジアに相当する地域を支配し、シチリア島を占領し、更に北アフリカ全域を征服した。九六九年にエジプト攻略に着手し、アッバース朝軍隊を追放した。ファーティマ朝はカリフの座を新しい州に設置することを決めた。フスタート北方に新都が建設され、「勝利者」（アル・カーヒラ）と名づけられた。カイロである。中東は以後、イラクとエジプトをそれぞれ本拠とする二つのカリフ領に二分された。その一方で、ビザンツ帝国はシリア北部の「再征服」に着手していた。九二九年に三番目のカリフ領がコルドバでウマイヤ朝アミールによって宣言された。アッバース朝のウマイヤ家虐殺を生き延びた人物の子孫だった。[†1] ただ極西に位置するこのカリフ領はアル・アンダルス、つまりイスラム化したスペイン地域が中心で、中東政治には無縁だった。

ファーティマ朝の野心

イスマーイール派布教者は一世紀半前のアッバース朝煽動者と同様に、救世主マフディーを待望する熱情と民衆の抵抗を結び合わせて、自分たちの利益を引き出した。イスマーイール派領袖は既に八九九年にシリアでマフディーを自称し、その一〇年後にチュニジアの勝利は預言実現の証だと強調していた。しかしアッバース朝の八世紀中東での政治的・軍事的勝利とファーティマ朝の十世紀マグレブでのそれは、千年王国は秒読みに入ったとする主張を無効にした。世界の終わりは地平線のかなたに追いやられ、世襲制を原則とする新たなカリフ制が定着するための時間的余裕ができた。救世主を待望する革命派は無用になっただけでなく危険な存在になり、まずイラクでアッバース朝の初期に、次にチュニジアでファーティマ朝の初期に一掃された。イブン・ハルドゥーンの三原則「集団・説教・権力」、そして中心（中央）と周縁（辺境）の弁証法は、既にアッバース革命のくだりで言及したが、[†2] ファーティマ朝成立をめぐっても的を射ている。イスマーイール派布教者「集団」がマグレブで始祖となり、強力なベルベル族と手を組んだ。当時、マフディーの名で浸透

†1　70頁参照。
†2　71頁参照。

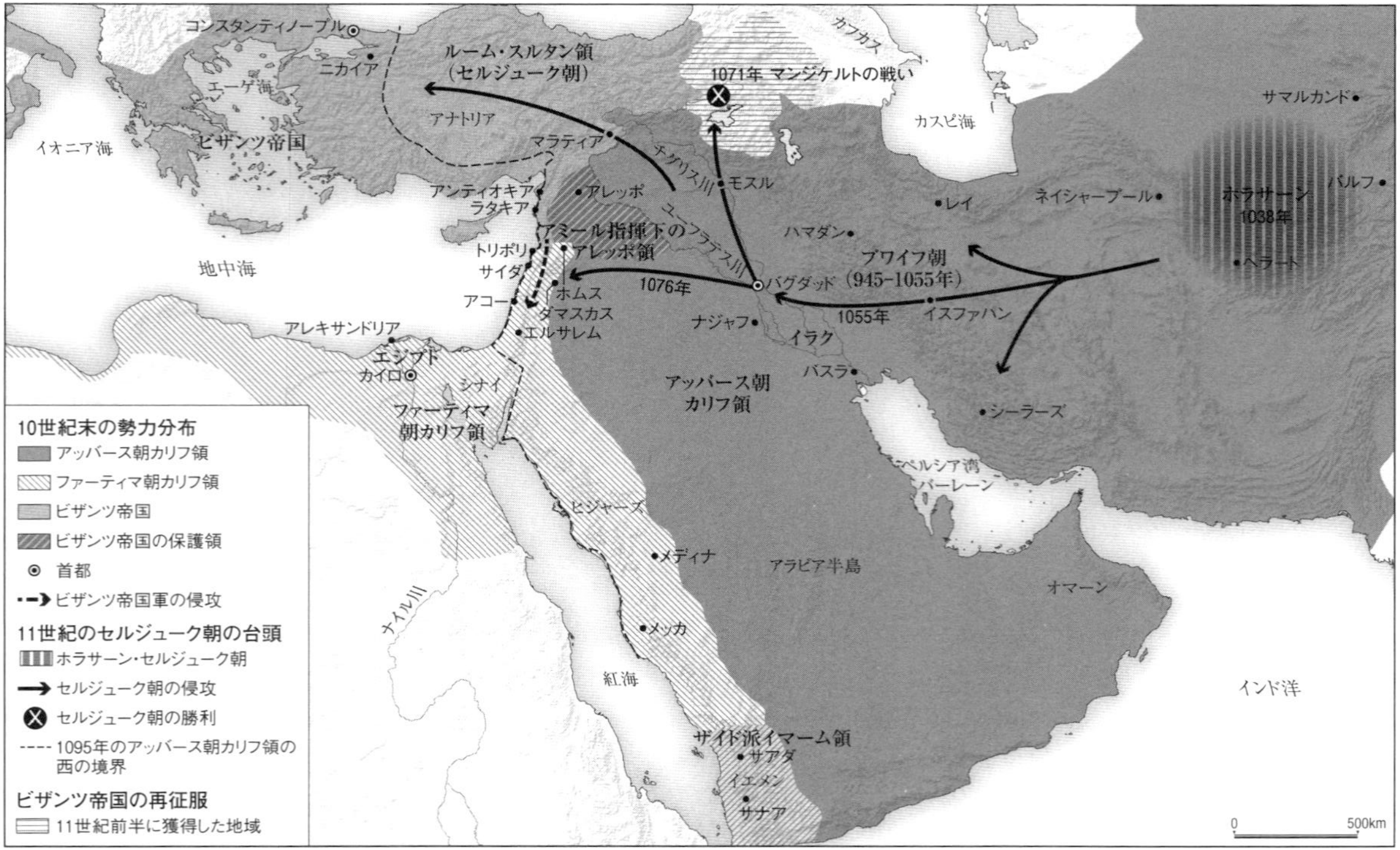
コンスタンティノープル
ニカイア
ルーム・スルタン領
(セルジューク朝)
1071年 マンジケルトの戦い
カフカス
サマルカンド
エーゲ海
アナトリア
カスピ海
イオニア海
ビザンツ帝国
マラティア
ティグリス川
モスル
アンティオキア
アレッポ
ネイシャープール
ホラサーン
1038年
バルフ
ラタキア
レイ
アミール指揮下の
アレッポ領
ユーフラテス川
ハマダン
トリポリ
ブワイフ朝
(945-1055年)
地中海
サイダ
バグダッド
ヘラート
1076年
ホムス
アコー
ダマスカス
1055年
イスファハン
ナジャフ
アレキサンドリア
エルサレム
イラク
エジプト
バスラ
カイロ
シナイ
アッバース朝
カリフ領
ファーティマ
朝カリフ領
シーラーズ
ペルシア湾
バーレーン
ヒジャーズ
メディナ
アラビア半島
オマーン
ナイル川
メッカ
紅海
インド洋
ザイド派イマーム領
サアダ
イエメン
サナア
0
500km
10世紀末の勢力分布
アッバース朝カリフ領
ファーティマ朝カリフ領
ビザンツ帝国
ビザンツ帝国の保護領
首都
ビザンツ帝国軍の侵攻
11世紀のセルジューク朝の台頭
ホラサーン・セルジューク朝
セルジューク朝の侵攻
セルジューク朝の勝利
1095年のアッバース朝カリフ領の
西の境界
ビザンツ帝国の再征服
11世紀前半に獲得した地域

図3－1　２人のカリフ位の中東（969－1095年）▶
図3－2　第１回、第２回十字軍（1095－1149年）▼

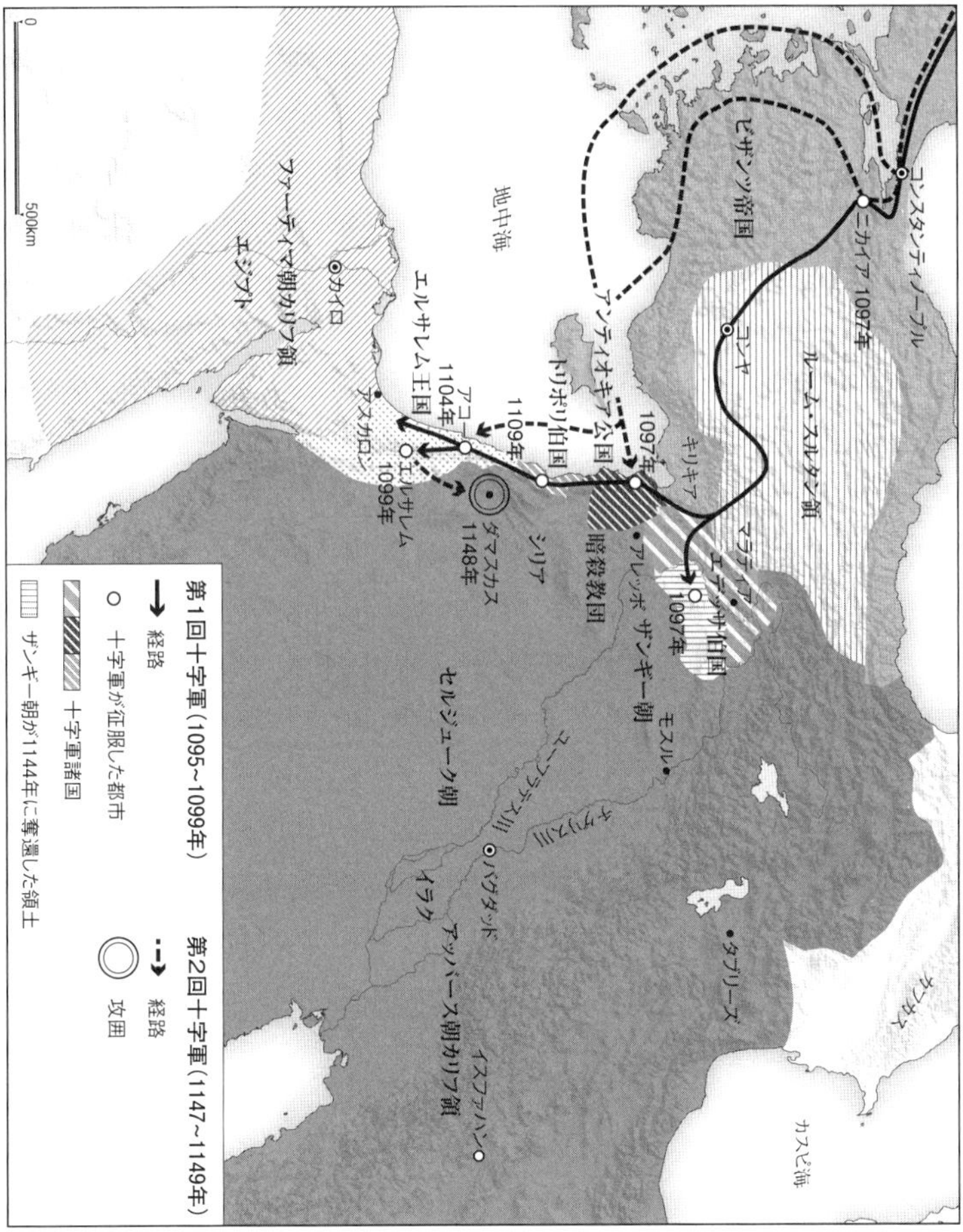

したイスマーイール派の「説教」は、アブー・ムスリムの煽動よりも力強く巧みな構成だった。ファーティマ朝の「権力」は「周縁」のチュニジアで確立し、北アフリカ全域に支配を広げた末、「中央」のエジプトを攻略した。ファーティマ朝の拡張戦略には、王朝の足場を危うくしかねない終末論信奉者の精力を外部にそらす狙いもあった。

九六六年にヌビア出身の宦官カーフールがエジプトで最高権力を横奪し、大胆にも自身の名のもとで金曜礼拝を執り行わせた。この不品行は三年後のファーティマ朝のエジプト征服の追い風となった。新しい支配者たちはマグレブという出自を巧みに封印し、エジプトの永遠不変の栄光で自身を飾り立てた。エジプトの地位が帝国の周縁から帝国権力の中心に移るのは、千年前プトレマイオス王朝が絶えて以来、初めてのことだった。チュニジア系カリフのムイッズは九七三年、カイロに豪奢な宮殿を建てた。前年に建立したアズハル（「輝くばかりの女性」）・モスク†3のすぐ近くだった。ムイッズは軍事的には、北アフリカ系ベルベル人衛兵隊・現地徴集のトルコ人脱走兵・アッバース朝軍解雇兵に依存した。宮殿では（その典雅さは間もなくバグダッドの宮殿を凌駕することになるのだが）、コプト系・ユダヤ系高級官吏を優遇した。カリフは側近として、イスマーイール派典礼にかかわる大法官（大カーディー）、そして同派教義を最大限に流布する任務を負う説教（ダアワ）責任者†4を任命した。

アッバース朝はムータジラ派が勢力を得た一時期を除いて、公認教義の押しつけをほとんど望まなかったが、ファーティマ朝は開祖がマフディーを名乗り、後継者たちが「イマーム」を自称しただけにイスマーイール派教義を奨励した。ただこのカリフ制が常態化すると、例外だったイスマーイール派が意外にも普通の宗派となり、その教義は事実上、スンニ派四大法学の教えと共存した。

カイロの歴代カリフは、国教イスマーイール派を優遇するべきという圧力と、人口多数派のスンニ派に寛容であるべきという圧力の間で、時には一つの治世の間でも、揺れ続けた。歴代イスマーイール派カリフは、彼らにとって「異端」である、バグダッドのカリフを打倒しようという覚悟はあった。しかし九七〇年、自分たちの征服をダマスカスとシャーム地方南部に限定しなければならなかった。メッカ、メディナの二大聖地の総督に対しては、二都での祈禱《きとう》は唯一ファーティマ朝カリフの名のもとで執り行うという厳しい条件を課したうえで自治権を認めた。歴史の狡知《こうち》といえば、イスマーイール派の威光と支配を確実にするために建設されたカイロと壮大なアズハル・モスクは今日、スンニ派正統派の牙城になっている。カイロにあるフサインとサイイダ・ザイナブ[†5]の両モスクはどちらも依然として人気があるが、二つともダマスカスのシーア派聖所を後世になって複製したものだ。ファーティマ朝はイスマーイール派の優位性を高めるために、この二人がエジプトに存

---

†3　「輝くばかり」という形容はアリーの妻でフサインの母、ファーティマ朝の名祖のファーティマの添え名。

†4　大カーディーの字義は「カーディーの中のカーディー」、説教の長は「説教師の中の説教師」。

†5　ザイナブは六八二年にダマスカスで埋葬された。その二年前にカルバラーで殺害されたフサインの妹だ。カルバラーのフサインの墓はシーア派の最も神聖な場所の一つ。フサインの首は胴体から切り離され、ウマイヤ朝の戦利品としてダマスカスまで運ばれた。ファーティマ朝は一一五三年、フサインの首はカイロに運ばれたという虚構を真実と認めた。その主張によれば、首はダマスカスで盗まれ、長らくパレスチナに隠されていた。ザイナブはエジプトに足を踏み入れたことは決してなかったが、今日、カイロの守護聖女だ。

在したという神話を作り上げた。中世に建てられたこの二つのモスクは、その後カイロのスンニ派信仰の拠点になり、揺るぎのないスンニ派という主張のもとに二世紀続いた異端派の遺産を隠蔽したエジプトの姿を反映している。しかしエジプトがダマスカス、そしてバグダッドへの隷属から自らを解放するには、カイロという真の帝国の首都を築き上げたイスマーイール派による長い迂回《うかい》が必要だったといえよう。

シリアに対する戦い

ビザンツ帝国は、九三四年に征服したマラティアを拠点としてアナトリア半島東部をしっかりと支配していた。ただシリア北部では恐るべき敵と対峙した。「国家の剣」サイフ・アッダウラ、その人である。このシーア派アミールは九四五年にアレッポの指揮権を獲得した。その年、シーア派の別派のブワイフ朝アミールがバグダッドのカリフ領を保護下に置いた。サイフ・アッダウラには自身に「剣」の称号を授けた「国家」アッバース朝に対し、ブワイフ朝アミールが抱くのと同様の忠誠心はあった。サイフ・アッダウラのアレッポの宮殿はムスリムだけでなく、千年王国運動の生き残りの詩人ムタナッビー[†6]を含む自由思想家たちも迎え入れた。サイフ・アッダウラは定期的にビザンツ帝国領に侵攻したが、ビザンツ軍によるシリア北部の略奪にも遭って、一進一退の攻防を続けた。ビザンツ軍は九六二年にアレッポを攻略するに至り、略奪の限りを尽くした。サイフ・アッダウラは城塞に籠もって眼下の首都の強奪行為をなす術もなく見守った。ビザンツ軍によるスンニ派ウラマーの虐殺は予期せぬ出来事をもたらした。従来アレッポで少数派だったシーア派が伸長することになったのだ。キリスト教帝国の勝利は束の間だった。サイフ・アッダウラはシリア北部の支配者としてとどまった。その地は戦乱で疲弊したが、依然としてアッバース朝の勢力圏にあった。

サイフ・アッダウラは九六七年に死去し、息子サアド・アッダウラが後を継いだ。サアドは居を定めず、アレッポの運営をトルコ系官吏に委ねた。サアドは控えめな人柄で、戦術は不得手で、九六九年にアンティオキア駐屯地をビザンツ軍に奪われた。アラブ人の手に落ちてから三世紀余り後の「神の都」奪還はコンスタンティノープルで派手に祝賀された。この出来事はファーティマ朝によるエジプト侵略・カイロ建設の時期と重なり、アッバース朝カリフの前代未聞の衰弱を西方の二つの戦線でまざまざと露呈した。ビザンツ帝国はキリキアを整然と占領し、九七〇年にはアレッポを保護下に置いて関税権を手に入れ、優勢を増していった。ビザンツ皇帝ヨハネス一世ツィミスケスは九七五年にアンティオキアを起点に電撃的なシリア遠征に乗り出した。ただダマスカスとサイダは租税納入を条件に標的から外した。ビザンツ軍はパレスチナ北部に到達したが、エルサレムへの侵攻は控えた。ファーティマ朝の反攻を懸念したからだ。皇帝はラタキア港のビザンツの権益を確実にしてから、軍にアンティオキアへの撤収を命じた。ビザンツ帝国はシリアの新しい勢力均衡状態に満足した。保護領アレッポがビザンツ帝国の南部防衛の盾となり、国境の安全が保障されたからだ。

アッバース朝はこの十世紀最後の四半世紀にシリアの足場を長期的に失うことになる。ファーティマ朝は反抗的なダマスカスの支配にいたずらに手を焼いたが、その権威はホムスを含むシリアの

†6　ムタナッビーは「預言者と称する男」の意。

大半に及んだ。金曜礼拝はビザンツ帝国に従属するアレッポのアミール領を含むシリアの全てのモスクで、カイロのカリフ／イマームの名のもとに執り行われた。ファーティマ朝はイスラムをイスラムたらしめる要素を自らの利益になるように総動員した。一つはメッカ巡礼の運営で、もう一つはビザンツ帝国に対するジハードである。後者はビザンツ皇帝が九七五年に撤収を決めた一因だった。ファーティマ朝領シリア沿岸の主要な港は、ビザンツ帝国の南端に隣接する要塞化したトリポリ港で、南方にサイダ港、アコー港が続いた。中東の通商は長らくメソポタミアとペルシア湾を中心に組織されてきたが、その軸は地中海東岸とナイル川に移った。カイロはバグダッドに代わって中東最大の首都になった。イラクからエジプトへの地政学上の大転換は、ファーティマ朝がシリアの大半を支配していなければ起こり得なかった。ユーフラテス川が東の衰退するカリフ領と西の台頭するカリフ領の最も安定した境界になった。中東は、十世紀中頃は依然としてアッバース朝がバグダッドから統率していたが、ファーティマ朝によるエジプトとレバント地方の占領によって大きく再編された。ビザンツ帝国はシリア北部を事実上の保護領とした。

全てが極端なイマーム

ファーティマ朝カリフのアジーズ（在位九七五〜九九六年）はイスラム暦の重要な日付を中心に、新年や公現祭というキリスト教の祭日、更にはナイル川の水を用いた灌漑の周期を画す運河祭も加え、帝国の儀式を組織した。この混淆《こんこう》主義は啓典の民だけでなく、カリフ／イマームの聖なる使命に納得していないムスリムに対しても公正な「庇護」を保証するというイスマーイール派の主張を反映している。七世紀中頃のキリスト教徒とゾロアスター教徒が人口の多数を占めていた中東を統治したウマイヤ朝と、その三世紀後のスンニ派が人口の多数になったエジプトと折り合いをつけたファーティマ朝は対比することができる。アジーズ政権は宰相イブン・キッリスが睨みを利かせた中央集権体制だった。イブン・キッリスはバグダッド出身のユダヤ教からの改宗者で、その宗教的寛容と効率的行政によってイスマーイール派の布教熱を制御した。ファーティマ朝の布教師たちは次第にエジプトから離れ、はるか遠くのペルシア北東にまで赴いて自派の教義を説いた。カイロのアズハル・モスクの神学者たちは正しい政府による好循環を次のように図式化した。正しい政府はカリフが公正を保証し、公正は富を保証し、富は税収を保証し、税収は軍隊と行政がカリフの意思を実現することを可能にする――。現実はこの図式のような好循環とは程遠く、アジーズは軍内部の「マグレブ人」と「東方人」の相克《そうこく》、つまりファーティマ朝のエジプト征服の立役者だったベルベル人とカイロ建設後から加わったトルコ人の対立の緩和に努めたが失敗した。その上、アジーズの宮廷では彼の姉妹、母、娘シット・アル・ムルク[†7]が威勢を振るった。娘の莫大な富と潤沢な歳費がアラファ街[†8]の発展を促進した。

　アジーズは九九六年に急死し、「神が命じた指導者」の称号を持つ十一歳の息子ハーキムがファーティマ朝カリフを継承した。ただ実権を握ったのは幼い君主の後見人、宦官バルジャワーンだった。バルジャワーンはまずベルベル人の一党を頼み、次にトルコ人の将軍たちを拠り所とした。自身の権威を強化し、シリアでのビザンツ軍の新たな侵攻に備えるためだった。カリフのハーキムは

---

†7　シット・アル・ムルクの字義は「権力を持つ貴婦人」。

†8　アラファ街は現カイロ旧市街の「死者の町」に相当する。

一〇〇〇年に、権力を握り過ぎたこの摂政を暗殺させ、エルサレム総主教に対しコンスタンティノープルとの和平協定の交渉に着手するよう命じた。和平は翌年合意された。イスラム世界で最も論争の的となる、二十年に及ぶハーキムの治世の始まりだった。ハーキムは同時代人だけでなく後世の歴史家にも混乱をまき起こした。ハーキムは賢明というより妄想的専制君主として全ての資質を備えていた。最も近しい側近でさえ瞬時に粛清し、強迫的な怒りに駆られて次から次へと違う目標を追求した。青年カリフはフスタートの市場にしばしば闖入《ちんにゅう》し、当初は親しみやすく、臣民の不平にも耳を貸す君主のオーラを纏《まと》った。だが間もなく衣服・食料・商売をめぐる禁止令が相次ぐようになる。禁止事項は恣意的で、イスラム法の最も厳格な解釈を超え、音楽や夜間の移動をめぐる禁止事項を改めると公布しておきながら直ちに撤回した。

ハーキムは一〇〇三年から一〇〇四年にかけて、ファーティマ朝歴代カリフの寛容路線と決別した。この間、キリスト教徒とユダヤ教徒に対する一連の差別政策を公布し、モスクでスンニ派を批判する説教を強制した（イスラム初期三代のカリフに対する、「イマーム」アリー《†9》の権利を侵害したとする批判が常態化した）。ファーティマ朝人口の圧倒的多数を占めるスンニ派との緊張が非常に高まり、カリフは極端から極端へと揺れた末、一〇〇九年にスンニ派教義はイスマーイール派教義と同じ価値を持つと裁定した。この裁定はファーティマ朝イマーム位の原則と相容れず、一年後に撤回された。公の説教でスンニ派をおとしめることは避けながらも、イスマーイール派を露骨に優位とする立場に回帰した。一方で国家の不寛容はキリスト教徒・ユダヤ教徒に対して強まり、多くの教会とシナゴーグが破壊された。ハーキムは一〇〇九年、エルサレムの聖墳墓教会の破壊を命じた。聖地は略奪の後、部分的に破壊された。ビザンツ帝国はこの冒瀆を理由にした戦争はしないと決めて、

ハーキムの無節操ぶりをとらえて、エルサレムのキリスト教徒が一〇一二年から聖地復興に着手することを了解させた。[†10]

一〇〇九年にイスラム教が創始五世紀目に入ったことがハーキムの逆上を読み解く一助になるかもしれない。ハーキムはファーティマ朝創始者たちの救世主信仰に回帰した。[†11] しかもこの予測不能なカリフは王朝の正統性という心臓に剣を刺すのだ。一〇一三年、それまで優先されてきた父から子への世襲制を採らずに、いとこの一人を後継者に指名した。更に挑発を重ね、大法官にスンナ派ハンバリー学派のウラマーを任命し、帝国の最高司法官からイスマーイール派神学者を排除した。ハーキムはそこかしこで人々に疎まれたことに不満を感じ、以後は苦行者らしく振る舞い、華美を排した慎ましい身なりで通し、移動手段としては一頭のロバだけを受け入れた。一〇二一年、カリフはカイロの宮廷を抜け出し、夜の散策に出たまま戻らなかった。その死が（そして、その犯人とされたベドウィンらの処刑が）公式に発表されるだいぶ前に、ハーキムの姉シット・アル・ムルクが継承問題を取り仕切った。後継指名されていた男は処刑され、ハーキムの息子の一人がザーヒル、「明白なる者」という称号を得てカリフに即位した。ファーティマ朝を根本から再建する意思表示だった。シット・アル・ムルクの宮廷クーデターは家令アル・ジャルジャライ[†12]が手助けした。この

†9　50頁と87–88頁を参照。
†10　聖墳墓教会の復興完成は一〇四八年になる。
†11　伝統的にヒジュラ暦の世紀初頭にイスラムの「刷新者」、更にはマフディーが到来する。ファーティマ朝は九一二年、チュニジアにマフディア、「マフディーの都」を建設し、ヒジュラ暦第四世紀を始めた。

人物は何年もの間、辛抱強く策謀をめぐらし、一〇二八年、宰相に上り詰めた。ハーキム時代の騒動の後、ファーティマ朝のカリフ制に計り知れない安定をもたらし、一〇四五年の死まで職にとどまった。

異を唱える宗派と同族婚

ハーキムの数々の奇行は前代未聞の悪評を買ったが、狂信者らは神の啓示の表れと受けとめた。彼らは一〇一九年、大胆にもフスタートのモスクで公然とハーキムを生き神とたたえた。民衆はこれに抗議し暴動を重ねた。狂信集団の首謀者ダラジーは仲間とともに地下に潜った。この集団は加入儀礼を課して信者を受け入れ、「唯一神の信者」と自称した。「ドゥルーズ派」という名称はダラジーの名に由来するが、最初はこの異端集団に対する弾圧を支持する人々が用い、その後、この集団が自ら使うようになった。[†13] 一〇二一年のカリフの死は、ドゥルーズ派にはハーキムが「隠れイマーム」であることを意味した。ドゥルーズ派はエジプト中で排斥され、シリアに逃げ場を見いだす。シリア南部はファーティマ朝の権勢が実際に通用したが、北部は名ばかりだった。ドゥルーズ派は次の世代の間に教義を練り上げ、改宗は全て禁じた。派内少数の「賢者」だけが奥義に通じ、多数はイスラム信仰の振る舞いを守るように奨励された。

シリアは多様な自然環境が既に多様なキリスト教会の活動を促してきたが、今やイスラム教の様々な宗派の育成の場になった。ウマイヤ朝の栄光に連なるスンニ派は、アッバース朝治世下のシャーム地方でしばしば不興を買ってきた。シーア派はそれを利用してアレッポ市街地を含めてシリアに根を張った。イスマーイール派の場合は、九世紀末、シリア砂漠のオアシスにファーティマ朝の最初の布教の沃土《よくど》を見いだした。イスマーイール派から派生したドゥルーズ派は十一世紀前半の間、シリアの山岳部に分散した。ドゥルーズ派は、シリアに定着したイブン・ヌサイル信奉者を含む、数々の異端派の中の新参者でしかなかった。イブン・ヌサイルは九世紀末にイラクで活動したシーア派説教師で、第一一代イマームのハサン・アスカリー[†14]の仲介者を自任した。その主張によると、ハサン・アスカリーは預言者ムハンマドの婿であり、いとこのアリーが開いた神秘主義の系譜の最後の人物という。「ヌサイル派」は後に「アラウィ派」と呼ばれる。アリーを格別に崇拝する一方で、シーア派一二イマーム派の「隠れイマーム」マフディーの信仰は拒否する。アラウィ派はシリア沿岸地帯を見下ろす山地に集中し、この切り立った山系にはキリスト教徒もイスマーイール派も多く住み着いていたが、「アラウィ山」と呼ばれるようになった。

アラウィ派もドゥルーズ派のように秘儀伝授を派内の少数に限り、多数は教義の真実を知らされなかった。秘教から締め出された多数は同族婚をするようになる。この傾向は割合を下げながらもイスマーイール派にも見られる。既に東方教会の分離で見たように[†15]、異端派は自集団の結束を絶対

---

†12　アル・ジャルジャライの異名は「切断された人」。彼は一〇一三年にカリフのハーキムの命令で少なくとも片手を切断された。
†13　後の章で扱うワッハーブ派もまず「唯一神の信者」と自称し、その後、敵対陣営による呼称が普及すると、それを自ら採用した。
†14　88－90頁参照。
†15　27頁参照。

視する。重要なのは教義の詳細よりも、神に選ばれし人々の宗派に帰属しているという確信だった。こうした宗派は固有の儀式によって、そして「正統派」当局の敵対行為に対して結束を強める。祝賀と試練で満ちた遺産を世代から世代へ継承することは、それ自体が信仰行為であり、持続する歴史に刻印することなのだ。キリスト教が、相反する総主教が並び立つなかで開花した地域で、イスラム教は自らの内にスンニ派・シーア派の二極に限定できない多様性を培った。二極化自体、三世紀近い堆積作用の結果だった。今日は、ドゥルーズ派を排斥し、アラウィ派をシーア派一二イマーム派と偽る傾向にあるが、イスマーイール派、アラウィ派、ドゥルーズ派はそれぞれがイスラム教の完全な分派と受けとめるべきなのだ。

今日、中東で「少数派」を擁護する活動家は概してキリスト教徒だけに対象を集中し、イスラム教の少数派を蔑ろにしている。加えてレバントの本質的な不均質性は多くの場合、「多数派」「少数派」という概念を相対化することを忘れさせてしまう。同じ一つの集団でも広い領域では「少数派」、狭い領土では「多数派」と見なされ得る。そしてキリスト教でもイスラム教でも、一つの集団の信者が自らは神に選ばれし者の共同体に帰属していると確信することは、その集団の何世紀にもわたる存続に大きく作用するが、他の集団に対し必ずしも寛容の美徳を発揮するように仕向けないものだ。従って中東でもどこでも、単に少数派であることで少数派を理想化することは自制すべきだ。中東はおそらく他の地域以上に「少数派」が突然、有利な力関係に酔い、自分たちが行き過ぎを告発してきた「多数派」同様、残忍な暴力を行使するようになるのだ。

保護下のアッバース朝

カイロのファーティマ朝の栄華を前にして（ハーキム時代の破綻は例外として）、バグダッドのアッバース朝カリフは顔色を失っていた。ブワイフ朝の初代大アミールは九四五年、ムイッズ・アッダウラ、「王朝を強化する者」の称号を得たが、間もなく当代アッバース朝カリフを責《せ》め苛《さいな》み、より従順なカリフと交代させてしまった。ブワイフ朝はアッバース朝の中央集権の伝統を破り、イランをレイ／テヘラン、イスファハン、ハマダンの三つの封地に分割し、アレッポのサイフ・アッダウラのような封臣を騎士に任じた。ムイッズ・アッダウラの息子アドゥド・アッダウラ、「国家を支える者」は九四九年に入るとシーラーズに華麗な王宮を設け、その後ペルシア全土を支配し、更にイラクを征服した。九七七年にはバグダッドで自身の唯一の権威のもとにブワイフ家の全領地・財産をまとめることに成功した。金曜礼拝ではカリフの次に自らの名を挙げさせ、自身の娘の一人を「信者の長」（カリフ）に嫁がせた。アドゥド・アッダウラはシーア派信者だったが、バグダッドではイマームのアリーとフサインを崇敬することを制限した。首都人口の多数を占めるスンニ派に対する懐柔策だった。その後継者の一人は一〇〇七年、モスルのシーア派総督のファーティマ朝との連携計画を粉砕した。アッバース朝のスンニ派カリフへの政治従属が忠誠心となり、自身の宗教帰属に勝ったわけだ[†16]。ただブワイフ朝はアッバース朝にこうした忠誠を見せたが、アミールたちはアッバース朝領を徐々に分割していった。分割は農地の徴税請負制を損なった。軍人は強欲を発揮して重税で農民を苦しめ、横領で国庫を空にした。より一般的には、中東の域内商取引は伝統的

†16　ブワイフ朝時代、シーア派ウラマーはウマイヤ朝がコーランを「改竄した」とする説を否定するようになった。

なメソポタミア／ペルシア湾の軸が、既に指摘した通り、ファーティマ朝の地中海／紅海の軸に取って代わられた。

とはいえブワイフ朝時代を逃れえぬ退廃期とするのは間違いだ。確かにバグダッドのカリフの宮廷は他の様々な王侯の宮廷と競い合う水準だった。ただ芸術家・教養人は多くの場合、文化庇護者間の競争から恩恵を得ていた。一方、複数の州都に新たな大建造物が立ち現れた。イブン・シーナー（アビケンナ）は医者としての豊かな才能で有力者らに優遇された。ハマダンでは大臣さえ務めた。宮廷から宮廷へと渡り歩き、ファーラービー[17]の哲学を発展させて、真に「東方」のファルサファ（哲学）を構築した。その究極的希求は「天啓」[18]である。二人の地理学者イブン・ハウカルとマクディシーはいずれもファーティマ朝に好感を抱きつつ、アッバース朝の版図をくまなく踏破し、全体像を描写した『大地の姿』[19]を著した。逆にナディームはバグダッドを離れることなく、九八八年に著作『フィフリスト』（目録）を完成させた。その時までに出版されたアラビア語の全著作を百科全書的に網羅した内容だ（『目録』全一〇巻のうち六巻がイスラム教を主題とした著作を取り扱っている）。アラビア語は民族的・言語的出自が極めて多様な政治的・文化的エリートの共通語だった。ブワイフ朝のもろもろの宮廷間の競争がこうした知的高揚を駆り立てたのに対し、ファーティマ朝の神学上の正統性はアズハル・モスクを中枢にカイロに集中していた。

アッバース朝の二人のカリフ、カーディルとカーイムはそれぞれ約四十年君臨した。両者とも異例の長期治世に基づいて自身がイスラム世界の最高指導者であると周知徹底に努めたが、ブワイフ朝の後見を脱することはなかった。カーディルは一〇一一年、カイロのハーキムの錯乱に際し、ファーティマ朝による侵奪を厳しく批判した。その七年後、信条表明の色濃い「書簡」を出し、ハンバリー学派の範例の厳格な解釈を支持した。カーディルの大昔の先任者は八三三年、ハンバリー学派に対し国家としての迫害を断行したのだが[20]——。カーディルは一〇二九年、コーランを被造物とする説を改めて糾弾し、アリーに対する第三代までの正統カリフの優位を主張した。理性主義もシーア派も否定し、自らに後継者任命権があると主張して息子カーイムをカリフに据えた。新カリフは一〇三一年から一〇七五年までの治世の間、ブワイフ朝に対する名目的抗争を続けた。彼はシャーフィイー学派[21]の優れた法学者マーワルディーをバグダッドの大法官に任命した。その後、この法学者を使節として、アッバース朝という見せかけの帝国の大部分を支配していたペルシアとトルコの王侯貴族のもとへ派遣した。マーワルディーはこの実体験を踏まえて、イスラム統治論を著した。バグダッドで今度はスンニ派アミールたちがブワイフ家に取って代わろうとする情勢のもと、統治論は大封建領主に甘い内容だった。

セルジューク朝の興隆

トルコ系軍団の台頭はアッバース朝が九世紀半ばにカリフの座をサマラに一時的に置いた[22]ことに

---

†17　99頁参照。
†18　「天啓」のアラビア語はアルファベット表記ではichraqで、「東方」charqから派生している。
†19　これはイブン・ハウカルの著書の書名。その後、九七七年から九八八年まで改訂が行われた。
†20　80頁参照。
†21　79－80頁参照。

遡る。次にファーティマ朝歴代君主はトルコ系脱走兵に支えられてシリアで勢力を広げ、自軍のベルベル系将軍たちの力を削《そ》いだ。トルコ系指揮官らは勢力の大小にかかわらず、どちらのカリフに対しても、兵力を提供した。この形式上の服従はアッバース朝版図の東部に形成された、スンニ派正統教義を共有するトルコ系公国に対しては示されなかった。セルジューク家は様々なアミール間の抗争から頭角を現し、その野心的な首領トゥグリルは一〇三八年にホラサーンを制圧する。イラクに向けた秩序だった進軍の第一歩だった。進軍は七四七年のアブー・ムスリム、そして八〇九年のマームーンの進軍ほど素早くはなかったが、果敢さは同程度だった。トゥグリルは一〇五五年、バグダッドからブワイフ家を追放し、アッバース朝カリフに強要して自ら「スルタン」という新称号を得た。行政権力（スルタ）の公式保持者の意だ。行政権は従来シーア派アミールたちが事実上行使していたが、法的根拠はなかった。トゥグリルは仰々しい「宗教の支柱」を異名としたが、実際スンニ派再興の野心を抱き、積極策に出た。イブン・ハルドゥーンの「集団・説教・権力」三要素はアッバース朝とファーティマ朝の征服力学に該当したが、セルジューク家台頭の解明にも役立つ。セルジューク「集団」はスンニ派「説教」を要として結束し、イランの周縁からイラクの中心を掌握し、バグダッドで「スルタン」位に昇り詰めた——。

セルジューク朝スルタンはスンニ派教義を再確認することでアッバース朝カリフの象徴的権威を擁護した。金曜礼拝は唯一カリフに敬意を表して仰々しく執り行われた。[†23] セルジューク朝は一家の支配集団が権力を保有し、その統治論理は拡張と分割の反復と蓄積だった。トゥグリルの甥で後継者のアルプ・アルスラーンは一〇七一年、ヴァン湖北方のマンジケルトの戦いでビザンツ帝国軍を仮借なく打ち負かし、アナトリア半島のイスラム化に道を開いた。アルプ・アルスラーンの息子で後継者のマリク・シャーは一〇七六年、ダマスカスを攻略し、ファーティマ朝とビザンツ帝国が一世紀にわたって分断してきたシャーム地方／シリアをアッバース朝版図に再び組み入れた。ただマリク・シャーは遠い従兄弟たちにアナトリア半島を譲らなければならなかった。彼らがビザンツ帝国の権力闘争に深くかかわり、「ルーム・スルタン制」を確固たるものにしたからだ（ルームはアラビア語・トルコ語で第二の「ローマ」、つまりコンスタンティノープルを表し、広義にはアナトリア半島を意味する）。しかしマリク・シャーが弟トゥトゥシュの野心を認めることはなかった。トゥトゥシュは兄の死後、徐々に独立傾向を帯びてきたバグダッドに対抗する縄張りとしてシリアを強化した。トゥトゥシュの息子二人、一人はアレッポ、もう一人はダマスカスに君臨していたが、この二人の諍《いさか》いは結局、理屈の上ではアッバース朝の権威下で再統一されたはずのシャーム地方を深刻な分裂に陥れることになった。

それ以来セルジューク朝の興隆は多くの点で逆説的だった。バグダッドにマドラサ（字義は「学校」）制度を確立し、スンニ派教義の普及に本腰を入れた。その教義は、ファーラービーやアビケンナ／イブン・シーナーの東方哲学を批判したシャーフィイー学派神学者ガザーリーに結びつくだけに攻撃的だった。[†24] この正統教義はブワイフ朝宮廷で支配的だった多元主義・多様性とは一線を画した。厳格なガザーリーも当時流行していた神秘主義的スーフィズムに影響を受けた結果、攻撃性

†22　81頁参照。
†23　一〇八一年以降、メッカとメディナでも金曜礼拝はファーティマ朝ではなく、アッバース朝カリフの名のもとに行われた。

が緩和されてはいたが。従ってスンニ派はセルジューク朝スルタン制のもとで国教として復活し、同時に衰弱した。この衰えはアッバース朝カリフ制の免れ得ない没落と同時進行していた。こうした衰退はカイロのファーティマ朝カリフ制にも及び、カリフは既に軍事力を手中にしていた宰相に実権を手渡さざるを得なかった。正統性の枯渇したエジプトの王朝に対し、ペルシア系イスマーイール派使節団が異議を申し立てた。カリスマのあるハサン・サッバーフ率いる使節団は一〇九〇年、アラムート要塞を攻略し、その四年後にカイロと絶縁した。競合した二つのカリフ制はどちらもエルサレムを長く保つことがもはや不可能になっていた（エルサレムはファーティマ朝下からセルジューク朝下に移り、一〇九八年ファーティマ朝下に復帰した）。イスラムの第三聖地をめぐるこのゼロサムゲームは、中東が不意に被る新しい形の侵略の地ならしだった。十字軍である。

ビザンツと十字軍

ビザンツ帝国の世界教会的、すなわち普遍救済論的野心は、象徴的には「ドイツ民族の神聖ローマ帝国」の出現で、地中海情勢としてはノルマン人によるファーティマ朝領シチリア島の漸次征服という挑戦を受けた。ノルマン人はイタリア半島への侵入を活発化させていた。ただコンスタンティノープルは依然としてキリスト教世界の際立った中心地で、ビザンツ帝国の行政・軍事力は他の追随を許さなかった。ビザンツ帝国は主にこの優越意識から、当時の聖霊をめぐる教義上の大論争に関心を払わなかった。三二五年のニカイア公会議[†25]が定めた信条は「聖霊は父より発出する」とした。一方、ローマ教皇は「聖霊は父「と子」（ラテン語はフィリオクェ）から発出する」という異説を広めようとした。論争は泥沼化し、一〇五四年、ローマ司教とコンスタンティノープル主教の相互破門に至る。ただフィリオクェ論争が東西教会分離という劇的事態を引き起こすのは後のことだ。ローマ教皇の権威は、以前はコンスタンティノープル総主教の権威に連なっていたが、以後は敵対することになる。ビザンツ帝国が一〇七一年にセルジューク朝の侵略に単独で対処したのは政治的事情であり、決して宗教的事情ではなかった。コンスタンティノープルの宮廷で陰謀が渦巻き、一〇七七年にルーム(セルジューク朝)のスルタンがニカイアに難なく拠点を定めることができた。ビザンツ帝国は小アジアとその莫大な資源を失い、危機が様々な形になって現れた。その結果一〇八一年、二世紀にわたった「マケドニア朝」[†26]が終わり、新たにコムネノス朝が発足した。

ローマ教皇ウルバヌス二世は一〇九五年、クレルモン公会議で「異教徒と戦い」、聖墳墓教会を奪回するとして、十字軍派遣の檄《げき》を飛ばした。教皇は欧州で「キリスト教の平和」を安定させ、東方で十字架のもとに騎士団を動員することを企図した。しかし中東に対して遠征を必要とする緊急性は全くなかった。確かにキリスト教徒のパレスチナ巡礼はセルジューク朝によるアナトリア半島征服で支障を来したが、海路には何らの問題もなかった。聖地のキリスト教徒は概して、レバント地方を揺るがしていた政治混乱[†27]に対して、ムスリムほどには当惑していなかった。コムネノス朝は十字軍を好意的に受け入れたが、それは十字軍がトルコの侵略者を小アジアから撃退することを期

†24　ガザーリーの哲学批判はその後、アベロエス/イブン・ルシュドが著書『マグレブとアンダルシアの「西方」ムスリム』の中で反駁している。
†25　18頁参照。
†26　96頁参照。

待したからだった。十字軍の遠征は当初、この思惑通りに展開し、一〇九七年にはニカイアを奪還し、ビザンツ帝国に復帰させた。[†28] しかし十字軍はアンティオキア攻略に際してビザンツ軍が十字軍を見捨てたと非難し、それを口実として一〇九八年にこの「神の都」を自分たちだけの支配下に置いた。エデッサでも奸計《かんけい》がめぐらされた。十字軍はビザンツ帝国駐屯部隊から救援要請を受けてセルジューク軍を退却させた直後、ビザンツ軍を排除した。コムネノス朝初代皇帝アレクシオスはやがて十字軍が同盟相手ではなく新手の征服者であると理解するのだが、遅きに失した。

　ムスリムは「ビザンツ」と「フランク人[†29]」［訳註＝十字軍の中東での呼称］を次第に明確に区別するようになる。後者の野蛮さは人心に衝撃を与えた（シリア北部で起きた飢えた歩兵らによる人肉食の事例が、キリスト教徒の年代記で報告されている）。実際、ビザンツ帝国がイスラムを熟知していたのに対し、十字軍はムスリムが「マホメット」を崇拝するだけの異教徒だと決めてかかった。十字軍の騎士・歩兵は極端に狂信的な大衆に取り巻かれていた。従って十字軍をキリスト教とイスラム教の文明間衝突だと戯画化することは事態を単純化し、人を欺くことになる。むしろ十字軍は、三九五年に東ローマ帝国に割り当てられた版図の中心に向けた、キリスト教西欧の最初の遠征だった。ちなみに東ローマ帝国皇帝ユスティニアヌスは六世紀前半、西ローマ帝国の大部分を占領した。[†30] 十字軍による聖地「解放」をめぐっては、ヘラクレイオスが六一四年に聖十字架を奪取された後[†31]も、ヨハネス一世ツィミスケスが九七五年にパレスチナに侵入した時[†32]も、十字軍を駆り立てる、あの偏執的好戦性はなかった。十字軍は一〇九九年七月十五日、一か月の攻囲戦を経て、エルサレム入城を果たし、直後にムスリムとユダヤ教徒の住民数千人を虐殺した。[†33]

　ファーティマ朝駐屯部隊は自らの撤退を十字軍と交渉する前に、戦闘に備えて地元キリスト教徒を追放していた。十字軍は彼らの帰還を阻止して、新しい占領者の居場所を確保した。同じ要領で、聖墳墓教会は「東方教会」の司祭が排除され、カトリック教会の聖職者が独占管理した。聖地エルサレムは戦闘と流血の末に、コンスタンティノープルを首都とする「ギリシア」帝国とは無縁の、「ラテン」［訳註＝十字軍］王国の首都に変容した。イスラム諸王朝が七世紀以降（ハーキムがカリフだった暗澹《あんたん》たる時代†34は除いて）示してきた、相対的だが明白な寛容とは際立った対照をなした。イスラム教とキリスト教を同列に論じることは実質を欠く。エルサレム陥落を欧州キリスト教圏は一様に祝賀したが、中東イスラム教圏の反応は非常に慎重だった。ムスリム反十字軍が十字軍のような激情をエルサレムに注ぎ込み、聖地「解放」に向けて、その試練に釣り合った集団の力を引き出すには数十年にわたる成熟と教宣が必要だった。

†27 アッバース朝は一〇七八年のムスリムに煽動された民衆蜂起を弾圧した際、エルサレムのキリスト教徒の住民を弾圧対象にしなかった。
†28 ルーム・セルジューク朝はアナトリア半島の中央部コンヤに遷都した。
†29 アラビア語では順に「Roum」と「Franj」。
†30 32頁参照。
†31 36頁参照。
†32 111頁参照。
†33 この直後、ハイファのユダヤ教徒らがハイファ防衛戦に加わったかどで十字軍に虐殺された。
†34 113－114頁参照。

半世紀の共存

十字軍はレバントの一部を三つの拠点に分けて占領した。一つはゴドフロア・ド・ブイヨンが樹立したカトリック教国のエルサレム王国。彼はローマ教皇領の教権体制への併合ではなく、封地としての自立を選んだ。次はエデッサ伯国。初代エデッサ伯はボードアン・ブーローニュ。ゴドフロアの弟で、一一〇〇年の兄の死によりエルサレム王に即位した（その四年後、聖地から全ムスリムを追放し、アルアクサ・モスクを転用して王宮を置いた）。最後はアンティオキア公国。アンティオキアは隣接するキリキアのアルメニア系領主と戦争と同盟を繰り返していた。[†35] これら三つのローマ・カトリック系の国々は領土を整然と拡張した。エルサレム王国は地中海沿岸部まで、エデッサ伯国は一時的にマラティアまで、アンティオキア公国は長期的にラタキアまで拡張した。地中海沿岸部の十字軍占領地は、一一〇四年のアコー征服とその五年後のトリポリ征服で、一続きになった。トリポリ伯国が創設され、アンティオキア公国とエルサレム王国の中継地になった。エルサレム王国はエデッサ伯国の封主だった。[†36] 四つの十字軍国家は海路の補給線を確保して対ビザンツ帝国依存を脱し、中東地域への関与を確かなものとした。

ファーティマ朝はエルサレム陥落で試練に直面したが、自らの露骨な無気力を攻撃的な物言いで糊塗した。トリポリ介入はあまりにも遅く、この港を十字軍の征服から救出することはできなかった。カイロのカリフは、西欧カトリック教世界による侵略はそれほど憂慮すべき事態ではなく、問題はセルジューク朝の拡張であり、とりわけアラムート要塞[†37]（ペルシア）のハサン・サッバーフ率いるイスマーイール派反徒だ――と判断した。この反徒はニザール派とも呼ばれた。一〇九四年のファーティマ朝継承に際し、亡き君主の息子ニザールを支持したからだ。ニザールは弟ムスタアリを後継に据える陰謀を首謀した宰相に排除された（ニザールはアレクサンドリア蜂起を率い、新カリフに捕らえられてカイロに幽閉された）。このイスマーイール派の非妥協的集団は後に「暗殺教団」（仏語で暗殺者はアササン）と呼ばれる。集団は当時、敵に大麻中毒と非難され、後世の命名は大麻（仏語はアシシ）に由来する。中毒神話を裏づける資料はないが、「暗殺」（仏語はアサシナ）はサッバーフの命令で実行され、その後、標的を定めた人目を引くテロ行為の意味になった。アラムート発のテロはアッバース朝とファーティマ朝の指導層、つまり宰相と将軍、総督と説教師を襲った。サッバーフを信奉する集団はペルシア北東の牙城に加え、シリアにも根を張り、アンティオキア公国とトリポリ伯国に挟まれた沿岸山地の要害に拠点を設けた。彼らは周辺の十字軍とは一種の不可侵条約を結んだ。二つのカリフ制に対する攻撃に注力するためだった。サッバーフは千年王国思想を帯びた教宣を準備していた。最終的には彼の教団が彼だけのイスラム観を世界に認めさせる——と。

バグダッドの宮廷はエルサレム陥落に対してカイロの宮廷ほど心を動かすことはなかった。一〇九九年に十字軍の脅威を警告するためにアッバース朝の首都にダマスカスの法官が急派されたが、

†35 十世紀初めにアルメニア系「テマ＝軍管区」がカッパドキア東部に設置された。十一世紀、ビザンツ帝国によるアルメニア王国攻撃とトルコによる小アジア侵略で、アルメニア系住民は大挙してアナトリア半島南東部キリキアに逃れた。

†36 フランスの二つの家族、ブーローニュ家とトゥールーズ家がそれぞれエルサレム王国とトリポリ伯国を支配し、ノルマン・シチリア王国はアンティオキア公国を支配した。

†37 124頁参照。

宮廷はこの動揺した法官の話を打ち切るべく、その場でバグダッドの大法官に登用した。いずれにせよバグダッドのカリフは後見人であるセルジューク朝を前にして無力だった。そのセルジューク朝は血みどろの権力闘争に陥り、同時に遊牧民族トゥルクメンがアナトリア半島まで伸長してきたことの対応で手一杯だった。ダマスカスとアレッポの弱小王族は多くの場合、十字軍の勢力拡大よりも、自立する自分たちに破滅をもたらしかねないセルジューク朝スルタン軍の侵略を恐れた。十字軍とは互いの領土の境界にある土地の収入を折半するなど互恵協約を幾つも結んでいた。十字軍国家の封建領主間の諍いがシリアのアミール間の争いと絡み合い、ついにはこちらのムスリム－キリスト教徒連合があちらのキリスト教徒－ムスリム同盟と散発的に敵対する事態にまで至った。この危機に際し、ダマスカス市民、それ以上にアレッポ市民は折に触れ、「フランク人」に対する戦いという至上命令に則して立ち上がった。アレッポではスンニ派、シーア派の高官が共同戦線を張り、十字軍に立ち向かう覚悟のある将軍を支援するために、二度にわたり地元アミールを罷免させた（一度目は一一一八年、ディヤルバクル総督、二度目は一一二五年、モスル総督だった）。イスマーイール派反徒は十字軍と結託していると非難され、アレッポで一一一四年、ダマスカスで一一二九年に集団暴行に遭い、惨殺された。

シリアの都市に暮らすアラブ人は次のように感じていた。自分たちは「フランク人」とトルコ族の合意に翻弄されており、十字軍の脅威から自らを救うためには別のトルコ族に頼るしかない――。シャーム地方の農村に暮らすアラブ人は一〇分の一税を官吏に納め続け、官吏はそれを「フランク人」かトルコ族に納めた。農産品は十字軍国家の港かムスリム市場に流出していた。欧州から渡ってきた騎士たちは従来その粗野な残忍さでビザンツ帝国に衝撃を与えてきたが、この東方に定着し、積極的に礼法を学び、文明化した。騎士たちはダマスカス－メッカ間の隊商の往来の安全を請け合った。もちろん貢ぎ物と引き換えだったが、イスラムで最重要の巡礼の開催も保証した。十字軍がカトリック諸国家を創設して最初の十年はモスクを体系的にキリスト教会に改造するなど不寛容を見せた。ただ一一一〇年のサイダ陥落後は、不寛容はいくばくか緩和された。ファーティマ朝はパレスチナから徐々に排除されてきたが、一一一一年に市民の抵抗で陥落を免れたアシュケロン港に踏みとどまった。この港湾都市はシナイ半島の玄関、ガザのオアシスが「フランク人」の手に落ちて以来、エジプトを守る最後の防衛線だった。

しかしカイロのカリフは、イスマーイール派反徒の首領ハサン・サッバーフが一一二四年に死亡した後でさえも、十字軍の脅威は同派反徒の脅威には及ばないと判断していた。アラムートとシリアの要塞から発せられた「新たな説教」（ダアワ）は暗殺の檄に強烈な終末論的不安をこめていた。十字軍の侵略は世界の終わり、つまり「新たな律法」の出現の前触れである――。一一三〇年、カイロでファーティマ朝イマームが公式祭礼のさなかに暗殺教団の刺客に襲撃されて倒れた。アッバース朝政権も足元の脅威に対し同様に脆《もろ》かった。一一三五年、カリフ自身がタブリーズ南部で「暗殺」された。その息子はカリフ位を継承したが、セルジューク朝スルタンによって廃位となる直前の一一三八年、イスファハンで「暗殺」された。二件の暗殺はその都度アラムートで祝祭が七日七夜続いた。二つのカリフ制はそれぞれ、決然とした過激派からは自らを守り切れないことを露呈した。カリフ制がこれほど脆弱だったことはなかった。[†38]

この衰退はトルコ系将軍アタベク・ザンギーの台頭と対照的だ。アレッポとモスルの支配者となったこの手強い戦士はイマード・ウッディーン、「宗教の大黒柱」という異名を得て、「フランク人」に対する戦闘を美化した。彼が自身の軍団に課した規律はムスリム兵士の規律の乱れと著しい対比を見せた。ザンギーは一一四四年、四つある十字軍国家の一つ、エデッサ伯国を奪還する。反十字軍戦争の最初の勝利だった。彼は「フランク人」を追放し、キリスト教徒の中ではシリア人とアルメニア人を優遇した。[†39] 新たな攻撃に出るより戦果を確実にすることを優先した。十字軍に対するムスリムの反抗の具現化に数十年も要したが、エデッサ陥落で西欧に衝撃が走った。一一四六年に第二回十字軍が勧説された。まず復活祭の日、ベズレーでフランス王ルイ七世の臨席のもと、次にクリスマスの日、シュパイアーで神聖ローマ皇帝コンラート三世の臨席のもとで。

信仰の光

ザンギーの一一四六年の急死で、その四人の息子の一人ヌールッディーン、「信仰の光」がアレッポを、ザンギー兄弟の兄サイフッディーン、「信仰の砂」がモスルを支配した。ヌールッディーンは間もなく十字軍によるエデッサ奪還の企てを阻む。ただエデッサは「フランク人」の苛烈な破壊行為に遭って廃墟と化した。ヌールッディーンはその後、第二回十字軍の迷走を利用した。コンラート三世とルイ七世はセルジューク朝がアナトリア半島に仕掛けた罠に十字軍を投じてしまった。その後、前者はエルサレム王国、後者はアンティオキア公国に海路で乗り込んだ。十字軍は一一四八年アコーで会議を開き、アレッポではなくダマスカスを攻撃することを決めた。ヌールッディーンは差し迫る脅威から解放され、ダマスカスのアミールの救援に駆けつけることができた。十字軍はこの堅牢なムスリム戦線を前にして、フランドル伯の野心のために分裂した。フランドル伯はトゥールーズ伯がトリポリを封地にしたように、ダマスカスを自身の封地にしようとした。結局、ダマスカス攻囲は解除され、「フランク人」とトルコ族の関係は戦前の状態に戻った。一方、ヌールッディーンはダマスカス防衛に徹し、略奪のそぶりを全く見せなかったことで、絶大な人気を得た。第二回十字軍は一一四九年、失敗を確認して終了した。フランス、ドイツ両君主はいずれも玉座に帰った。「フランク人」の無謬神話は終わった。十字軍は数的不利を堂々とした城塞の増強で補った。その任務はヨハネ騎士団員とテンプル騎士団員が担った。

ザンギー朝のヌールッディーンはその後の五年間、アンティオキア公国東部の征服を漸次拡大し、エデッサ伯国の最後の陣地を排除した。彼は自身の敬虔な君主像に配慮し、十字軍に対する軍事的な小ジハードとスンニ派の熱を帯びた神秘主義的な大ジハード[†40]をそれぞれ主導した。セルジューク朝初期が不寛容と厳格主義で際立ったのに対し、ヌールッディーンは同じトルコ族ながら、イスラム神秘主義の大物を後援し、学問研究を奨励し、交渉解決の調整を好んだ。イスラムの擁護者として、まずアレッポで再び少数派になっていたシーア派分派の源を断ち、次に実を結ばなかった二度の攻囲戦を経て、一一五四年にダマスカスに無血入城することに成功した。彼は反十字軍作戦の前後にこのウマイヤ朝古都で軍事的示威行動を演出した。ヌールッディーンは手堅い情報機関とダマスカス総督に任命したクルド系武将シールクーフに信を置くことができた。ヌールッディーンが十字軍とセルジューク朝に睨みを利かせた結果、ビザンツ帝国は一一五九年にアンティオキア公国に

---

†38 「アタ」(父)、「ベク」(諸侯)はセルジューク朝スルタンが子供らの後見人に与えた称号。
†39 ザンギーは自身に忠誠を誓うユダヤ系三百世帯をエデッサに招き入れた。
†40 82—83頁参照。

対する支配権を復活させ、その二年後にはアナトリア半島のスルタンの象徴的な帰順を受け入れることができた。コンスタンティノープルはムスリム反十字軍から直接恩恵を引き出した。ビザンツ帝国と十字軍の間の根深い対立を物語る一例だ。

ヌールッディーンのもとで再統一し、アッバース朝イラクと背中合わせのシリアは一一六三年、アモーリーを君主とする十字軍のエルサレム王国と対峙した。アモーリーにとっては十年前の十字軍のアスカロン征服とテンプル騎士団のガザ要塞化でエジプト征服の道が開いた。十世紀後半を通じてビザンツ帝国をファーティマ朝に対抗させるシリアの戦いが終わり、今度はダマスカスとエルサレムを天秤にかけるエジプトの戦いが始まった。カイロのカリフ、アル・アーディドは一一六〇年に八歳で即位して以来、宰相らの血塗られた権力闘争の蚊帳《かや》の外にいた。宰相らは政争にアモーリー、あるいはヌールッディーンを躊躇《ためら》わずに巻き込んだ。そういう事情でダマスカスの支配者が一一六四年、腹心シールクーフ率いる部隊をエジプトに急派した。シールクーフを甥のサラディン[†41]が補佐した。戦闘でシリア軍と十字軍はともに譲らず、両軍は交渉で撤退することになった。ここでもイスラム教とキリスト教の正面衝突という通説は破綻している。エジプトにとって十字軍戦争の帰趨《きすう》は不明だったが、カイロの支配者は戦争を通じて宗教の論理では決して動かなかった。

バグダッドのカリフはようやくファーティマ朝による「侵奪」を清算できると確信し、一一六七年にヌールッディーンにシールクーフとサラディンを再びエジプトに派遣するよう促した。二度目の遠征は同様に再介入したエルサレム王国に阻まれた。エルサレム王国は遂にエジプトを保護下に置いた。しかし「フランク人」は粗暴と強欲を露呈し、カイロの民衆蜂起を招く。ファーティマ朝カリフのアル・アーディドはカイロが十字軍に降伏しないで炎上しているのを目撃し、ヌールッディーンに感動的な救援の訴えをした。アモーリーは背後からの攻撃を恐れ、自軍を率いてパレスチナに後退した。シールクーフは一一六九年、解放者としてカイロで迎えられ、やがて宰相に任命された。宰相は彼の自然死の後、甥のサラディンが引き継ぐことになった。この若い武将は自堕落な生き方を捨てて、ヌールッディーンが励行する禁欲主義に転じた。サラディンは一一七一年、イスマーイール派典礼を公式に禁じ、スンニ派シャーフィイー学派の人物を大法官に起用した[†42]（学派創始者はカイロに埋葬されている）。間もなくアル・アーディドが臨終の床に就く。それはファーティマ朝終焉の悲痛な具象化でもあった。サラディンはエジプトの全てのモスクでバグダッドのカリフの名のもとに金曜礼拝を執り行うよう命じた。カイロ中にアッバース朝の黒旗がたなびいた。その一方でヌールッディーンはダマスカスで、唯一無二となった「信者の長」からの豪勢な褒美を受け取った。

アイユーブ朝の台頭

ファーティマ朝カリフ制は十字軍の侵略によって四分の三世紀長く生き延びたといえよう。再興したセルジューク朝は、より早くファーティマ朝の存在を脅かすことができたはずだった。カイロがシリア北部の王国（ザンギー朝）の存在を容認したのは、ビザンツ帝国の来襲からカイロを守る緩衝になったからだが、カイロはその後、トルコ系ザンギー朝の野心を挫《くじ》くために、レバント地方

†41　サラディンはアラビア語の異名サラーフ・アッディーン、「信仰の正しさ」の仏語化。

†42　79－80頁参照。

沿岸部に帯状に延びる十字軍諸国家を許容した。今度はエジプトでクルド人かつアイユーブ家の一員として[†43]自身の権力固めの決意を抱くサラディンが、ヌールッディーンに解任されないように、十字軍の盾を使う番だった。彼は一一七三年、メッカ巡礼の道の頭上に張り出し脅威を与えるエルサレム王国カラク城塞の麓に軍を配備せよというダマスカスの命令には従った。しかしヌールッディーンが自軍を率いて移動した時、サラディンは動かなかった。その結果、エルサレム王国は挟撃を受けずに済み、壊滅的打撃を免れた。加えてサラディンは軍事資源の一部をイエメンに振り向けることを選択した。彼の甥が一一七四年にイエメンのアイユーブ家の封地を奪取したからだ（甥はイエメンでもエジプト同様にアッバース朝カリフ名での金曜礼拝を復活させることを口実とした）。サラディンは依然として形式的にはヌールッディーンの部下であり、ヌールッディーンは上メソポタミア、シリアからエジプトに至る、アッバース朝全域に対する全権をカリフに認められていた（この忍耐強いザンギー朝君主は一一七一年、モスルを平和裡に掌握した。一一五四年のダマスカス掌握と同様だった）。

ヌールッディーンの一一七四年のダマスカスでの自然死に際し、サラディンは亡き君主に対する忠義を示しつつ、自身の仮面を外した。アレッポとモスルはザンギー家後継者に渡し、自らはシリア南部を支配した。サラディンは、バグダッドのカリフを庇護するセルジューク朝君主に与えられる「スルタン」に比べて格下の「王」（マリク）の称号で我慢した。エルサレム攻撃はヌールッディーンのように急ぐことなく、ホムス、アレッポ、モスルを順次服従させることに一二年間を費やした。ムスリムの政敵に対し、策謀をめぐらせて戦う一方で、エルサレム奪還の檄を飛ばし、聖地「解放」に向けたジハードが至上命令であることを多角的に訴えた。サラディンは上メソポタミアからエジプトまで（ヌールッディーンが完全に支配したことのない）帝国をしっかり安定させたうえで、ようやく十字軍をその中枢で討つことを決意した。一一八七年、メッカ巡礼をめぐる休戦協定違反を開戦の口実とした。サラディンはガリラヤ湖周辺の丘ヒッティーンの戦いの勝利で勢いを得て、アコー、更にエルサレムを攻略した。エルサレムを防衛した十字軍部隊は交渉を通じ撤退させた。降伏する敵に示したサラディンの雅量は、「フランク人」が一〇九九年の征服を殺戮の血で染めたのとは対照的だった。サラディンは、メッカに六三〇年に無血入城した預言者ムハンマド[†44]を模倣して、エルサレムに入城した。一つの聖地をもう一つの聖地に連ねた劇的演出は、過去数十年の間に熱を増してきたエルサレムに対する祈りを仕上げるもので、信徳以上にアルクドゥス[†45]の神聖化に寄与した。

この反十字軍高揚期の一一八二年、東方教会の一派がこぞってローマ教皇の権威を支持することを決めた。レバノン山地のマロン派だ。その名称は五世紀のオロンテス渓谷の隠遁者の聖マロンと、七世紀に教団を組織したその弟子ヨハネス・マロンに由来する。二人のマロンは同派の団結を神学上の立場以上に重視しながら、ビザンツ帝国の教義にも異端の合性論にも敵対した。マロン派のこ

---

†43　王朝の名称はサラディンの父、アイユーブ（「ヨブ」のアラビア語）に由来する。十二世紀半ばセルジューク朝スルタン領に「クルディスタン」州、別称「クルド人の国」がモスルの北方ザグロス山脈に存在した。クルド人の部族的傾向は紛争・分裂が特徴で、アイユーブ家の家系は分明ではない。

†44　48頁参照。

†45　アルクドゥスはエルサレムのアラビア語で字義は「聖なるもの」。

うした姿勢は、既に触れたようにシャーム地方のキリスト教徒・ムスリムを問わず、他の少数派にも当てはまる。[†46] 初期マロン派の信仰の実態は曖昧だ。同派司教らは長らく、マロン派は歴史的に「カトリック」であるとする作り話を流布してきた。実際は、マロン派は東方教会の自主独立教会で、他の自主独立教会同様に総主教を中心に組織された。一〇五四年のコンスタンティノープルとローマの東西両教会の分裂から一世紀後、マロン派は駐アンティオキアのローマ教皇代理に忠誠を誓った。一二一三年にローマから派遣された枢機卿が召集したトリポリの教会会議によってマロン派はカトリック教義として公認された。以後、マロン派総主教は枢機卿と同じ位階であると主張できた。

第三回十字軍へ

十字軍は一〇九九年以降、占領地域の聖職者の「ラテン化」［訳註＝カトリック化］を奨励してきた。マロン派は遅ればせながらカトリック教会に服し、カトリック指導層と様々な騎士団に近づく機会を得た。マロン派は大多数が十字軍国家に移住したため、こうした選択は容易だった。他の東方教会諸派の対応は違った。エデッサ陥落後[†47]にザンギー朝に容認されたアルメニア人は、ビザンツ帝国ではなく「フランク人」を頼りにし、キリスト教陣営での自主独立を一貫して主張し、遂に一一九七年にはキリキア・アルメニア「王国」が公認された（古代の「大アルメニア」と区別するために「小アルメニア」とも呼ばれた）。「ギリシア」正教会信者は大半がアラブ化し、ビザンツ帝国に忠実だった。[†48] そのため十字軍からは様々な侮辱を受けたが、ムスリム指導者からは多少の温情が示された。シリア派／アッシリア派は十字軍の撤退から利益を引き出し、ヌールッディーン、あるいはサラディンの目には体制支持者の最たるものに映った。そしてコプト教会は聖職者も名士も十字軍のエジプト遠征の衝撃、そしてファーティマ朝崩壊の衝撃を和らげるのに十分なほど中立を維持した。このように比較してみると、十字軍をキリスト教圏とイスラム教圏という二つの統一体の衝突として描くことの無意味さが改めて理解できよう。

中世最大のユダヤ人思想家の一人、通称「ラムバム」ことモーゼス・マイモニデス（一一三八〜一二〇四年）が著述に専念したのはサラディンのエジプトだった。コルドバに生まれ、一一六六年にカイロに移住し、ユダヤ共同体の指導者（ナギッド）になった。ユダヤ教徒・キリスト教徒は「ジンミー」[†49]（「被保護民」）の地位を与えられ、主流派のムスリムに比べて露骨に差別された。ただこの地位は二つの少数派の行政・宗教組織内部の自治に基礎を置いていた。マイモニデスはエジプトの大ラビで、アイユーブ朝との仲介者でもあり、ユダヤ共同体公認の契約・調停・訴訟の判事も兼ねた。高名な医師としてサラディンの宮廷に出入りし、そこで得たムスリムの高位高官との特別な関係をユダヤ共同体代表という自身の役割を果たすために役立てた。マイモニデスはアビケンナ／イブン・シーナーの業績（それ自体、ガレノスに着想を得ていた）を発展させた『医学箴言集』を

†46 26―27頁、116―117頁参照。
†47 132頁参照。
†48 アラビア語「ルーム」にはコンスタンティノープル（「新ローマ」）とアナトリア、ビザンツとビザンチン典礼のアラブ・キリスト教徒という複合的な意味があった。
†49 91頁参照。

著した。ただ最重要の著作はヘブライ語で書かれた『ミシュネー・トーラー』とアラビア語の『迷える人々への導き』という神学大全だ。マイモニデスはイエメン、シリア、パレスチナのユダヤ共同体と内容豊かな手紙のやりとりをしていた。その遺志に従いパレスチナで埋葬された。

一一四四年のエデッサ陥落の衝撃の強さが西欧を第二回十字軍に駆り立てたが、一一八七年のムスリムによるエルサレム奪還が招いた動揺は第三回十字軍に帰結せざるを得なかった。ドイツ王／神聖ローマ皇帝フリードリヒ一世「赤髭王《バルバロッサ》」は大軍を率い、欧州との境界にあるビザンツ帝国領プロブディフとエディルネを制圧した。この強烈な脅しを受けてコンスタンティノープルはドイツ部隊の小アジア通過をやむなく認めた。ところが赤髭王は事故で溺死し、第三回十字軍はアンティオキアで感染症の大被害に遭い、大混乱に見舞われた。フランス王フィリップ「尊厳王」と英国王リチャード「獅子心王」は海路を選び、シチリアで冬を越して一一九一年、アコーを奪還した。フランス王は帰国し、リチャードが単独で十字軍を指揮することになった。リチャードとサラディンは互いに騎士道的敬意を払って対峙した。二人の精鋭戦士の共有する価値観は「フランク人」とムスリムの大衆の興奮、否、狂信と一線を画した。その結果、持続的休戦が合意された。十字軍は一一九二年、アスカロン城塞を取り壊して引き渡すことを受け入れた。キリスト教徒の自由なエルサレム巡礼が保証されることが条件だった。十字軍国家、エルサレム王国は聖地をムスリムに明け渡すことになったが、聖地の名は維持した。王国の首都はアコーに遷都された。アコーから十字軍が獲得したキプロスを後衛基地としてヤッファからティルスまでの沿岸部を管理した。リチャードが英国に出立した直後、サラディンは一一九三年にダマスカスで死去した。聖地でのサラディンの業績の核心が第三回十字軍によって損なわれることはなかった。

エジプトの問い

エジプトのカリフ制が二世紀続いた後に突然消滅したことは、ファーティマ朝の国造りが相対的に脆弱だったことを露呈した。イスマーイール派イマームは確かにエジプトに自立だけでなく（自立は既にアッバース朝支配二世紀目に獲得していた）、中東で重きを成す能力を与えた（西暦前夜までの中東の支配者はエジプトだった）。しかしエジプト歴代カリフは地中海と紅海を結ぶ通商要路を掌握している強みを持続的支配力へと発展させることに失敗した。同様にエジプト海軍は（既にビザンツ海軍に凌駕されていたが）シチリア王国のノルマン人の台頭を阻むことができなかった。とはいえファーティマ朝の弱さの核心はおそらくイデオロギーの次元にあった。バグダッドのカリフはスルタンに制約を課されながらも、臣民の信仰心と歩調を合わせ続けた。反対にファーティマ朝は、スンニ派・正統派であり続けるエジプト人口に、イスマーイール派教義を決して植えつけようとしなかった。「エリート」の唱えるイスラム教と「大衆」の実践するイスラム教の溝はファーティマ朝エジプトで深まる一方で、サラディン（最後のカリフの宰相）がカリフ制を廃止した時、目立った反応は全くなかった。

ファーティマ朝は実質を失っていたが、一〇九四年に異端派のニザール派が出現したことで、更に空疎化した。ニザール派はイスマーイール派にあって信念の最も強い説教師らを惹きつけた（テロ集団「暗殺教団」という袋小路に導く罠が仕掛けてあった）。イスマーイール派はチュニジア、次にエジプトのカリフ時代には帝国の国教だったが、その後は疎外された少数派の信条でしかなくなり、ドゥルーズ派、アラウィ派と同じように、シャーム地方に逃げ場を見いだした。サラディンのエジプト遠征はアッバース朝、ファーティマ朝、セルジューク朝のそれよりは小規模だったが、イブン・ハルドゥーンの三要素の原理に則している。アイユーブ朝「集団」は十字軍とファーティマ朝に敵対するスンニ派「説教」に依拠し、「権力」をまずエジプト、次にシリア、イエメン、上メソポタミアに構築した。サラディンはヌールッディーンの死を受けてダマスカスに遷都し、ナイル渓谷とその三角州の豊富な農産物とアレクサンドリアの交易の繁栄を享受するエジプトを資源豊かな属州の地位に降格した。ユーフラテス川は依然としてシャーム地方と（ブワイフ朝アミール、そしてセルジューク朝スルタン支配下の）イラクを隔てる境界線だった。ヌールッディーンとサラディンが自らの版図を上メソポタミアのチグリス川へと拡張するまでのことだったが。

セルジューク朝とザンギー朝はともにトルコ系王朝だが、バグダッドにスンニ派スルタンの玉座が置かれると、前者の進行する分割と後者の反十字軍を通じた結束という相違はもはや隠せなくなる。トルコ系ザンギー朝はクルド系アイユーブ朝と同様、言語的・政治的にアラブ化した。その結果、アッバース朝の黒旗を掲げて様々な出自の兵士を徴集できた。ルーム・セルジューク朝はまずニカイア、次にコンヤに首都を置いたが、一一六一年から一一七五年まではビザンツ帝国の支配権を受け入れるに至った。一方、トルコ系反体制派[†50]がビザンツ帝国によるアナトリア半島の一部の領有に異議を唱えた。つまりトルコ民族であることはそれ自体、少なくとも中東史のこの時点では、解釈に値する重要性を持たなかった。また反十字軍指導者を近代的ナショナリズムの枠で括ることも過《あやま》ちだ。エジプトのナセル、シリアのアサド、そしてイラクのサダム・フセイン[†51]は「シオニズム」「帝国主義」に対抗して二十世紀のサラディンを気取ったものだが、その本質は中世イスラムではなく、彼らの独裁体制だった。今日、民間信仰でトルコ系ヌールッディーンがクルド系サラディンより崇敬されているのは、前者はエルサレムを「解放」できず、十字軍と「解放」条件を巡って交渉する必要がなかったために高潔なオーラが無傷で済んだからだ。蛇足ながら付言すると、こうした考えは両者の存命中は一般的ではなかった。

唯一を複数形で考える

中東に二つのカリフ制が共存するという変異は二世紀の長きにわたって続いた（一方、九二九年から一〇三一年までコルドバを拠点とした後ウマイヤ朝カリフ制は地中海東方の情勢に何の影響も与えなかった）。この錯乱はイスラムの視点に立てば冒瀆に値しよう。一致団結すべき信徒共同体を別々の「信者の長」が分断しているのだから。カリフ制並立は「一枚岩のイスラム」神話を完全に打ち壊すはずだった。しかもスンニ派アッバース朝とイスマーイール派ファーティマ朝の二極化は、バグダッドのブワイフ朝がシーア派を庇護下に置いたこととエジプト人口の大半がスンニ派に執着したこととで一層複雑になった。こうした多様な雑種はムスリム諸派の間の教義の違いを曖昧にした。交雑の象徴はアズハル・モスクだ。後世に「イスラムのソルボンヌ」、更には「スンニ派の灯台」とさえ形容されることになるが、このモスク／大学を創設したのはシーア派を分派したカリフだった。

アッバース朝とファーティマ朝の対決のもう一つの逆説は、当初脆弱だったバグダッドのカリフ

†50　一〇七一〜一一七四年にシヴァスを本拠としたダニスメンディス朝のこと。
†51　イラク独裁者は自身がティクリートでサラディンとして生まれたと喜んで回顧した。

制が、当初強靭《きょうじん》だったカイロのカリフ制より長期間存続したことだ。ただイラクがエジプトに戦略的勝利を収めたと判断すべきではない。留意すべきは、ヌールッディーン、そしてサラディンを中心にシリア圏が上メソポタミアの加勢を受けて台頭したことだ。一一七一年にヌールッディーンはモスルを攻略し、手下の武将サラディンはファーティマ朝カリフ制を廃止した。王になったサラディンの一一八六年のモスル掌握が翌年のエルサレム「解放」を可能にした。この二人のイスラム戦士がシリア-イラクの北部境界でユーフラテス川からチグリス川へ移動したことが、レバント地方を足場とするエジプト支配の鍵だった。

暗殺教団についていうと、その暗黒伝説は二〇〇一年九月十一日のニューヨーク、ワシントンを標的とした同時テロを経て関心が復活する。暗殺教団は現代テロの先駆者と見なされることになる。アル・カーイダの捕らえがたい首領は「山岳地方の老人」に化け、シリア、あるいはペルシアの要害に潜んだ暗殺教団を連想させた。ただこの比較は重要な違いを無視している。イスマーイール派異端派は特定の政治標的に対して中世版「局部攻撃」を実行した。三千年紀初めの無差別大量テロとは違う。暗殺教団とジハード主義者の適切な比較は（今日全く言及されない比較だが）、千年王国思想セクトとしての二つの集団の編成にかかわるものだ。ハサン・サッバーフはウサマ・ビンラーディン、次いでアブバクル・バグダーディ［訳註＝「イスラム国」、アラブ語でダーイシュの元指導者］と同様、自身のテロ集団が前衛を代表する新時代の始まりを説いた。こうしたセクトの活動家は世界の終わりが差し迫っていると信じて真に改心する。改心者は絶対的服従、更には自身の出自の社会に対する最悪の暴力さえ強要する集団に同化することで新しい人格を得て生まれ変わる。暗殺教団の同時代人は、今日の数多の時事解説者と違って、こうしたテロ集団のセクト性を看破していた。そして今日あまりに流布している誤解、つまりこうしたテロ集団をムスリム多数派が「先鋭化」した結果と見なすことは決してしなかった。

十字軍は（本章はその初期の一世紀だけを扱っているが）、その概念・経緯ともに深く欧州的だ。アラブ歴史家は十九世紀になって、従来の「フランク人」という用語を「十字軍」に改めた。明らかに、中世の軍事遠征と十九世紀に台頭していた植民地主義を対比した修正だった。こうした読み直しによる偏りは反十字軍の宗教面を重視すること、十字軍が時代に先んじて「帝国主義」だったかのように十字軍の強欲を戯画化することで顕著になる。この「物語」には、キリスト教的ではなく物質的な西欧に最後には打ち勝つという、イスラムの霊力を美化する傾向がある。この物語は、欧州はキリスト教の価値観の喪失を回避するために退廃期のイスラム教と聖地で対決したという、今も昔もある物語と対照を成している。似通った作り話はここでも歴史の現実ではなく虚構に耽《ふけ》り拡散する人々について教えてくれる。

反対に次のことは確かだ。十字軍に衝撃を受けたシャーム地方の民衆は、時にはムスリム「エリート」間の権力争いを妨害した――。このことは特に二大都市、ダマスカスとアレッポに該当する。高位聖職者・有力商人・青年民兵・亡命反徒が相互に作用して、より攻撃的な人物が単発的に有利になることがあった。それはもはや、アッバース朝富裕層が悪夢と受けとめた九世紀イラクの反逆した「大衆」ではなかった。[†52] ただ、それを一種の「世論」、更には「武装した民衆」と表現するの

†52　100－101頁参照。

は行き過ぎだ。中東の中世と現代の間に検討に値する類似があるとすれば、それはイスラム教・キリスト教を問わず、権力が「聖戦」を自らの道具にすることだ。権力者は「聖戦」に自らを同類に認めさせる論拠を見いだす。しかもそれは宿敵に立ち向かうはるか以前の段階で――。この支配と対立の弁証法は、その驚くべき道程をヌールッディーンとサラディンは体現したのだが、次章で検討するアッバース朝カリフ制の最終段階で悲劇的に再現される。ファーティマ朝の終焉を経た、唯一無二のカリフ制の復活は、アッバース朝をまさに死活的な脅威から救うには十分ではなかったのだ。

第三章　年表

945　サイフ・アッダウラがアレッポのシーア派アミールに（〜967）
969　ファーティマ朝がカイロを造営
969　ビザンツ帝国がアンティオキアを再征服
972　カイロにアズハル・モスクを建設
975　アジーズがカイロのファーティマ朝カリフに（〜996）
977　アドゥド・アッダウラがバグダッドのブワイフ朝大アミールに（〜983）
980　医学と哲学の泰斗アビケンナ／イブン・シーナーの出生（〜1037）
988　地理学者イブン・ハウカルが『大地の姿』を著す
981　カーディルがバグダッドのアッバース朝カリフに（〜1031）
995　百科事典編纂者ナディームがバグダッドで死去
996　ハーキムがカイロのファーティマ朝カリフに（〜1021）
1001　ファーティマ朝とビザンツ帝国が和平を結ぶ
1009　エルサレムの聖墳墓教会の一部が破壊される
1028　アル・ジャルジャライがファーティマ朝宰相に（〜1045）
1031　カーイムがバグダッドのアッバース朝カリフに（〜1075）
1054　カトリック教会の東西分裂「大シスマ」
1055　バグダッドのセルジューク朝に「スルタン位」設置
1058　神学者マーワルディーがバグダッドで死去
1071　セルジューク朝がマンジケルトの戦いでビザンツ帝国に勝利

1072　マリク・シャーがセルジューク朝スルタンに（～1092）
1076　セルジューク朝がダマスカスを攻略
1077　ニカイア／イズニクに「ルーム・スルタン領」が出現（～1097）
1084　セルジューク朝がアンティオキアを制圧
1090　イスマーイール派ハサン・サッバーフがアラムートを根拠地に
1094　ファーティマ朝とサッバーフ派の確執
1098　十字軍がアンティオキアを征服
1099　十字軍がエルサレムを征服
1109　十字軍がトリポリを征服
1127　ザンギーがモスル総督に、アレッポ総督も務める（～1146）
1130　ファーティマ朝カリフが「暗殺」される
1135　アッバース朝カリフが「暗殺」される
1144　ザンギーがエデッサを奪還す
1146　第二回十字軍（～1149）
1153　十字軍がアスカロンを征服
1154　ヌールッディーンがダマスカスを制圧
1171　サラディンがファーティマ朝カリフを廃位
1171　ヌールッディーンがモスルを攻略
1174　ヌールッディーンがダマスカスで死去、サラディンが後継者に
1182　レバノンのマロン派がカトリック教会に帰属
1187　イスラムがヒッティーンの戦いに勝利、エルサレムを奪還

1189　第三回十字軍（〜1192）
1193　サラディンがダマスカスで死去

第四章　スルタンと侵略者（一一九三～一五〇一年）

前章で扱った競合する二人のカリフの並立という変異に続くのは、かつて奴隷だったマムルークがスルタンという最高権力の座に昇り詰めるという変異だ。これは以後ほぼ三世紀間続く。こうした激変の原因は突発事件の連続にあるのだが、そのどんでん返しは歴史を未来完了形で書くのでない限り、既成概念の図式に当てはめることができない。本章は事実の記述に終始し、時折状況の複雑な連鎖を解きほぐすことに努める。魅力的な歴史改変は他の人々に任せるとして（例えば、一二六〇年にモンゴル帝国が侵攻をパレスチナで阻止されなかったとしたら？　一四五三年より遥か以前にコンスタンティノープルがオスマン帝国に攻略されていたとしたら？）。キリスト教徒とムスリムがエルサレムを取引する時、十字軍がコンスタンティノープルを破壊する時、オスマン帝国がビザンツ帝国に味方し身を投じる時、征服者が被征服者の信仰するイスラム教に改宗する時、つまり野合と裏切りの大きく渦巻く時代にイデオロギー・宗教の立場はもはや大した意味を持たない。混乱は極まり、天才イブン・ハルドゥーンでさえ自らの考えを行動に移す時、道を誤り、名声を失ったのだ。とはいえ、アイユーブ朝のサラディンが没した一一九三年の中東情勢に立ち戻ろう。

サラディンはカイロのファーティマ朝とエルサレムの十字軍に勝利したが、比較的慎ましい

「王」の称号に甘んじ、後継者に引き継いだ。しかしアイユーブ朝君主にはセルジューク朝君主よりも、自らスルタンと宣言する権利があった。アナトリア半島コンヤを首都としたルーム・セルジューク朝スルタン制は一一九〇年に十字軍に略奪され、その二年後は激しい後継争いで揺れた。バグダッドのセルジューク朝スルタンは一一九二年に新しいトルコ系王朝のホラズム・シャー朝によって廃位となった。新王朝は中央アジアの現ウズベキスタン、トルクメニスタン両国にまたがる地方の出自で、君主はスルタンを宣言した。[†1] ホラズム・シャー朝はセルジューク朝と同様の熱意で、再統一されたカリフ領のスンニ派正統教義の擁護に努めた。しかしセルジューク朝同様、アッバース朝の領地分配をめぐる骨肉の争いで疲弊した。一方、十字軍諸国家はレバント地方沿岸一帯に勢力を縮小し、欧州から支援のために遠征軍が何度も派遣されたものの、シリアとエジプトの首都を脅かす力はもはやなかった。第四回十字軍は西欧の荒れ狂う暴力が際立ったが、標的はイスラム諸国ではなく東方キリスト教徒だった。

ビザンツ帝国に対する十字軍

教皇インノケンティウス三世は一一九八年、エルサレム解放のための新十字軍を唱道した。動員は困難を極め、ようやく一二〇二年に主にシャンパーニュ、フランドル両地方の徴集兵から成る派遣部隊がベネチア共和国で乗船した。十字軍はこの「ドージェ〔訳註＝最高執政官〕の都」に聖地までの輸送

†1 このスルタンは「ホラズム王」が字義のホラズム・シャーとも呼ばれた。

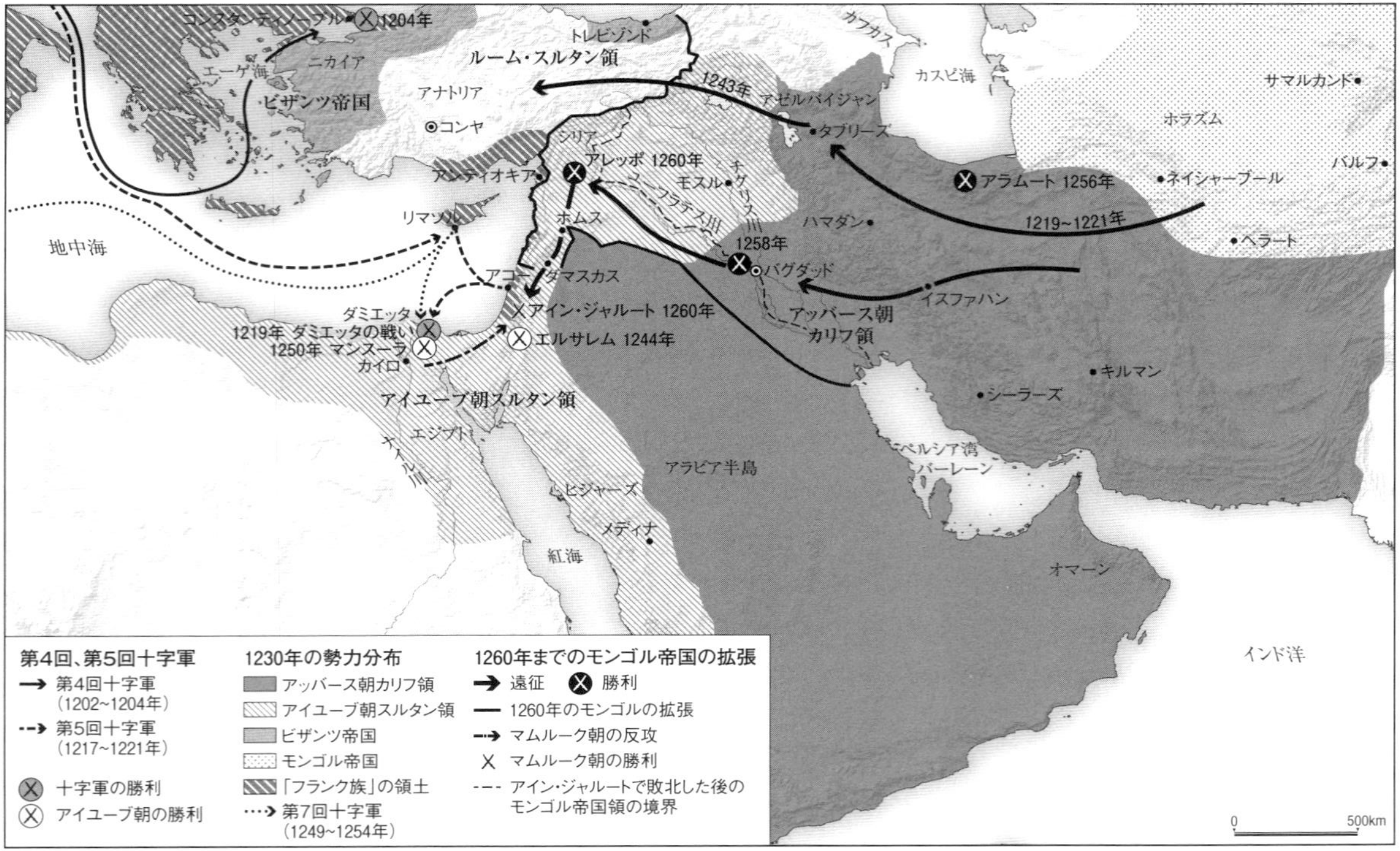
コンスタンティノープル
1204年
トレビゾンド
カフカス
エーゲ海
ニカイア
ルーム・スルタン領
ビザンツ帝国
アナトリア
1243年
アゼルバイジャン
カスピ海
サマルカンド
コンヤ
タブリーズ
ホラズム
シリア
アレッポ 1260年
アンティオキア
モスル
チグリス川
ユーフラテス川
アラムート 1256年
ネイシャーブール
バルフ
リマソル
ホムス
ハマダン
1219~1221年
地中海
1258年
バグダッド
ヘラート
アコー
ダマスカス
イスファハン
ダミエッタ
アイン・ジャルート 1260年
アッバース朝
カリフ領
1219年 ダミエッタの戦い
1250年 マンスーラ
エルサレム 1244年
カイロ
キルマン
シーラーズ
アイユーブ朝スルタン領
エジプト
ナイル川
ペルシア湾
バーレーン
アラビア半島
ヒジャーズ
メディナ
紅海
オマーン
インド洋
第4回、第5回十字軍
第4回十字軍
(1202~1204年)
第5回十字軍
(1217~1221年)
十字軍の勝利
アイユーブ朝の勝利
1230年の勢力分布
アッバース朝カリフ領
アイユーブ朝スルタン領
ビザンツ帝国
モンゴル帝国
「フランク族」の領土
第7回十字軍
(1249~1254年)
1260年までのモンゴル帝国の拡張
遠征
勝利
1260年のモンゴルの拡張
マムルーク朝の反攻
マムルーク朝の勝利
アイン・ジャルートで敗北した後の
モンゴル帝国領の境界
0
500km

図4-1　アイユーブ朝からマルムーク朝までの中東（1193-1260年）▶
図4-2　ティムールの侵攻（1387-1404年）▼

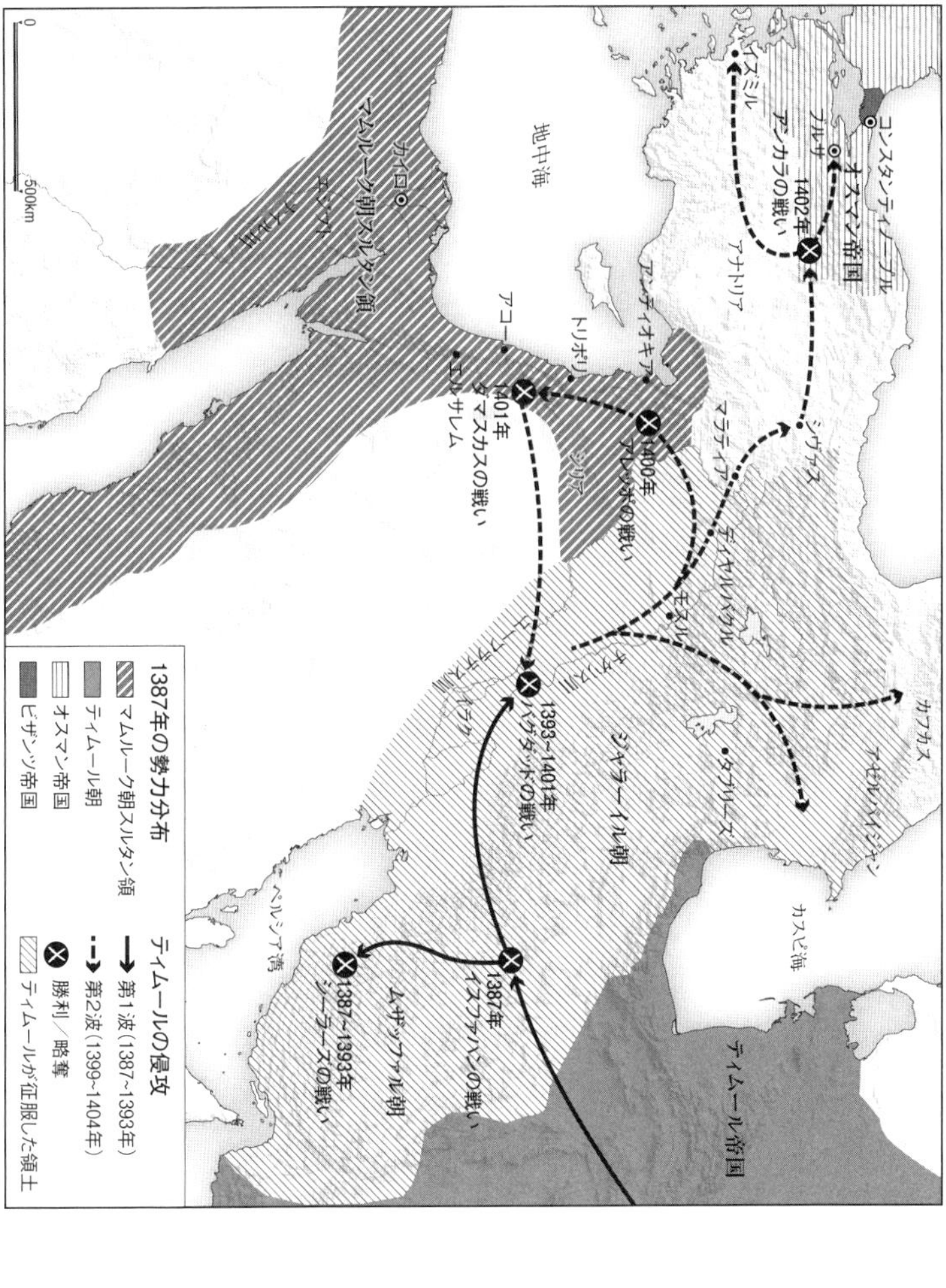

費として多額の支払いを約束したが、工面できたのは半額だった。それが強欲の悪循環の始まりだった。ビザンツ皇帝の座を狙う人物が十字軍に対し、自身の即位を支持する見返りに、ベネチアに対する十字軍の借金を肩代わりし、東西教会を統合するという意思をちらつかせた。十字軍は一二〇三年にコンスタンティノープルを攻略したが、帝国首都の富をひどく過大に評価していた。十字軍が据えた新皇帝には十字軍の金銭欲を満たす力がないことが判明した。皇帝は間もなく、ローマカトリック教徒に反抗する民衆蜂起を背景として失脚した。十字軍とベネチアはビザンツ帝国の首都奪取を決意しており、「東ローマ分割」条約に署名した。西欧君主がコンスタンティノープルを含むビザンツ帝国領の四分の一を統治し、残る領土をベネチアと十字軍が折半する内容だった。この分割のあくどさは第四回十字軍が道を誤り、キリスト教国の領土を他のキリスト教諸国が植民地化する遠征へと堕落したことを物語っている。ローマ教皇は寛容を訴えたが、十字軍に同行した、東方教会を忌み嫌う狂信的司祭らの耳には届かなかった。

一二〇四年の二度目のコンスタンティノープル攻略は、大量殺害と、特に聖遺物を狙った体系的略奪が繰り広げられた。教会は冒瀆され、歴代皇帝の墓は掘り返された。十字軍は陣営の一人をコンスタンティヌスの玉座に据え、ベネチア司教を側近として配した。その後、十字軍は「ドージェの都」と残りの戦利品を折半した。ビザンツ帝国の抵抗は小アジアの二つの拠点で組織された。まず黒海を臨むトレビゾンド、そして特に新皇帝が一二〇八年に戴冠した地であるニカイアだ。三二五年にコンスタンティヌス[†2]がキリスト教会の第一回公会議を開いたニカイアが、「ローマカトリック」の侵略に対し「ギリシア」を肯定する防塁になった。このことは象徴的だ。しかし「西欧」カトリック教会の名のもとで犯された暴力行為が、「東方」正教会との間に一〇五四年の教義[†3]をめぐるキリスト教会の東西分裂よりも更に深い溝を作った。コンスタンティノープル蹂躙《じゅうりん》のトラウマは、既に前世紀の十字軍が行ったカトリック化で被害に見舞われた東方教会の心臓部に傷を残した。再び中東で教義をめぐる諍い以上に、政治的対立・拡張主義的野心が重要な役回りを演じた。

アイユーブ朝の再編

一一九三年に死没したサラディンは生前、広大な版図を三人の息子に分割した。カイロ、ダマスカス、アレッポがそれぞれに帰属した。一方、サラディンの弟の一人はイエメン、別の弟アーディルは上メソポタミアを与えられた。これらクルド系「諸王」間の領土分割は、トルコ系「スルタン」制のセルジューク朝の基盤、次にホラズム・シャー朝の基盤が崩れてゆく過程に比較し得るような、帝国の分裂を促す可能性があった。分裂は、最初はアーディルの介入で食い止められた。アーディルは一二〇〇年、三人の甥に筋道を立てて自らの権威を認めさせた。キリスト教徒がコンスタンティノープルでいがみ合っていた時、シリアとエジプトの一体性の回復が一二〇七年、アッバース朝カリフによって公式に認められた。アーディルはサイフッディーン、「侵攻の砂」の異名を得た。フランク（十字軍）年代記にはサファディンと記されている。彼は一二一八年に死去するまで、アコーを首都とする十字軍王国とイタリア諸都市に対して融和政策で臨んだ。イタリア諸都市は、ベネチアは無論のこと、ピサとジェノバも地中海貿易を仕切っていた。

---

†2　18頁参照。
†3　124－125頁参照。

アーディルの息子で後継者のカーミルがアイユーブ朝の玉座に上った頃、新たに第五回十字軍がエジプトを目標に定め、一二一九年にナイル川河口デルタにある軍事上の要衝ダミエッタを攻略した。アッシジのフランチェスコは十字軍に同行し、「サラセン人たち」に福音を説いた。彼らを改宗に導けない場合、殉教者として倒れる覚悟で。フランチェスコはおそらく侵略者の使者と見なされてカーミルの陣地に連行された。イスラムについて熱弁を振るったが、丁重に遇された。この出会いを伝えるアラブの資料はないが、フランチェスコの死後、神明裁判物語として脚色される。この将来の聖人はムスリム「司祭」に火の試練を提案して拒まれたことになっている。フランスの説教家ボシュエは十七世紀、更にメリハリを利かせ、聖フランチェスコは「おぞましい宗教」を信奉する「蛮族」に福音を説いたが無駄に終わったとした。哲学者らは観点を逆転させた。ヴォルテールは一七五六年、カーミルを開明君主の模範、フランチェスコを狂信の権化に変貌させた。その後、再度の逆転が起きる。十九世紀の植民地拡張派はフランチェスコに白人の優越性を認めて称揚した。一九八六年に教皇ヨハネ・パウロ二世はフランシスコ修道会の創始者を宗教間対話の先駆者と捉えた。以上は、一つの出来事の解釈の相対性をめぐる見事な練習問題といえよう。とりわけその歴史的現実が藪《やぶ》の中の場合には。

第五回十字軍の明白な事実に立ち返ろう。一二二一年、十字軍はダミエッタ城塞から無謀にも出陣すると、ナイル川の堤防を破壊されて立ち往生する。十字軍はカーミルの軍に攻囲されて投降し、八年間の休戦協定を結ぶことを余儀なくされ、エジプトから撤退した。このアイユーブ朝の勝利はホーエンシュタウフェン朝ドイツ王フリードリヒ二世の優柔不断が主な原因だった。ダミエッタへの増援は遅きに失し、十字軍は壊滅したのだ。ドイツ王を父、シチリア王を母から継承した神聖ローマ皇帝フリードリヒ二世は当時、西欧君主の中で最強だった。幼少期を過ごしたシチリアは一世紀にわたるファーティマ朝支配の影響が顕著で、フリードリヒ二世は外国語に堪能でアラビア語にも習熟し、カーミルとは中身のある書簡を交わしていた。彼にとって聖地は、何よりまずローマ教皇に対して、自身の大帝国構想のために差し押さえ、現金化する抵当に過ぎなかった。フリードリヒ二世はうまく立ち回り、一二二五年、首尾よく「エルサレム王」の称号を得た（ただその首都はアコーだったが）。しかし新十字軍を編成するという自身の約束を破ったために一二二七年、教皇に破門される事態を招いた。

キリスト教会から神聖ローマ皇帝が追放された頃、シリアでカーミルとその親族間に軋轢《あつれき》が生じていた。カーミルはフリードリヒ二世に対し、アイユーブ朝の骨肉の争いをめぐり、自分を支援してくれればエルサレムを与えると持ちかけて交渉に入った。サラディンはエルサレム奪還を至上命令としてシリアからエジプトに至る領土統一を果たしたが、その甥カーミルは論理を逆転させ、アイユーブ朝の一体性維持を至上命令としてエルサレムを犠牲にした。この豹変《ひょうへん》を理解するためには、エルサレムが特定のムスリムにとって、十字軍が思うほどには重要でないことを認める必要がある。教会を破門された教皇フリードリヒ二世は一二二八年、軍事遠征というより芝居がかった作戦だった第六回十字軍を主導した。わずか三千人規模の兵を率いてアコーに上陸し、散発的な小競り合いを経て一二二九年、カーミルとの間で、エルサレムの他、聖地とヤッファを結ぶ回廊、ベツレヘム、ナザレを譲り受ける協定に調印した。一方、カーミルはイスラム第三の聖地、神殿の丘の管理権を確保したが、大多数のムスリムは十字軍が到来すると逃げ出してしまった。フリードリヒ二世は聖地に三日しかとどまらなかったが、その礼節と寛容はアラブの年代記作者に感銘を与えた。

神聖ローマ皇帝は教皇が破門を解かないことに傷つき、間もなくパレスチナを去った。十字軍諸国家はホーエンシュタウフェン朝派と聖座派［訳註＝教皇庁］に分裂したままだった。エルサレムは孤立し、公然と敵対するヘブロン、ナーブルス両地方に対峙しつつ、一二三八年のカーミルの死まで十字軍の支配下にとどまった。聖地は、アコーの指導者が移住促進も防備強化も無策なまま混乱と破壊が続き、統治者が幾度か替わった。

エジプトのスルタン制からもう一つのスルタン制へ

パレスチナをめぐる駆け引きにキリスト教・イスラム教両陣営の最有力者らが躍起になったが、問題は小さな領土に制限された駐留軍の扱いでしかなかった。別次元で重大だったのはチンギス・ハンのモンゴル帝国が中国北部草原で引き起こした大変動だった。この遊牧部族の電撃的拡張は中東東辺に向かい、一二一九年から一二二一年までホラサーン、アゼルバイジャンで猛威を振るった後、侵略者らは中央アジアに退いた。ただバグダッドのスルタンたちの出身地ホラズムは大被害を受け、モンゴル軍に支配されたままだった。ホラズム・シャー朝の最後の王ジャラールッディーン・メングベルディーは王朝瓦解の際に逃げ出し、最初はアフガニスタン、次にインドに亡命した。彼は一二二四年、ペルシアで自軍を再び率い、敵と時に戦い、時に和睦し、タブリーズに首都を置いた。だがその貪欲な野望は一二三〇年、アイユーブ朝とルーム・セルジューク朝の連合軍に打ち砕かれた。

ホラズム・シャー朝にとどめを刺したのは一二三一年のモンゴル帝国の再来襲で、ジャラールッディーンは暗殺された。草原を発《た》った軍隊は、今度はペルシア北部、アゼルバイジャン、ジョージアを長期間征服した。この軍隊は一二三五年以降、現モンゴル中央部カラコルムの宮廷を中枢とする巨大帝国の前哨隊でしかなかった。モンゴルのシャーマニズムは首都にムスリム、仏教徒、キリスト教徒の存在を許容した。キリスト教徒は、ペルシア教会から派遣されてシルクロードでやってきた使節の末裔で、ネストリウス派[†4]だった。ホラズム軍は総司令官を失いながらも、現地にとどまったムスリム諸王のために戦った。その一部はルーム・セルジューク軍に加わったが、一二四三年のモンゴル軍に対するルーム・セルジューク軍の惨敗を回避する手助けにはならなかった。モンゴル帝国はアナトリア半島を事実上の保護領とした。ホラズム軍の別の残党はアイユーブ軍に加わり、一二四四年にアイユーブ軍の名のもとで、おぞましい殺戮の末にエルサレムを攻略した。

この殺伐とした勝利はカーミルの息子で一二四〇年にエジプトの君主になったサーリフの功績とされた。サーリフはこの勝利でアイユーブ家と自身の過去一五年に及ぶ十字軍に対する妥協の歴史を払拭したと信じた。サーリフはサラディンの子孫の中で初めて公然と「スルタン」を名乗った。それは自身の権勢を、ダマスカス、アレッポ、上メソポタミアを治めるアイユーブ家の親族に認めさせるためだった（一族は一二二九年にイエメンの支配を終えた）。サーリフは重大でない紛争の対処を次第に親衛隊に任せるようになった。親衛隊は他種族で構成されるからこそ、持続的忠誠が保証されていると見なされた。その突撃部隊の出自が奴隷であることは「マムルーク」という名称に表されている。字義は「所有されている」、つまり奴隷である。マムルークは黒海・カスピ海沿岸、更

†4　25頁参照。

には中央アジアで捕らえられ、アナトリア半島とシリアの市場で売られ、厳しい宗教教育と軍事訓練を課せられる。独占的な主人の権威下でイスラムの再教育を受けた奴隷たちは解放後、大部分がアラビア語をほぼ理解しないこともあり、その地の策動に無縁だった。サーリフは既存のマムルーク部隊に加えて、ナイル河岸の城塞に独自のマムルーク部隊を創設した。[†5]

アイユーブ朝スルタンは自身の賭けが成功するのを見た。一二四四年のエルサレム奪還の数か月後、バイバルス[†6]率いるマムルーク部隊がガザ近郊で十字軍を粉砕した。バイバルスは勝利に勢いを得て、間もなくダマスカスを攻略した。その後、シリアの武将たちは御しがたいホラズム・シャー朝に見切りをつけた。サーリフはカイロに自身に忠実なマムルークを中心として編成した手勢を持ち、一二四七年にはティベリアとアスカロンという十字軍の牙城を制圧した。十字軍国家は脆弱さを露呈したが、西欧で十字軍派兵の機運が復活することはなかった。ローマ教皇は一二四五年にフリードリヒ二世に敵対する十字軍を提唱するという逸脱を犯した。第七回十字軍は聖戦に執念を燃やすフランス王ルイ九世の熱意で可能になった。標的はエジプトだった。

将来の聖ルイは一二四九年、ダミエッタに上陸した。率いた軍勢は前回の神聖ローマ皇帝の一〇倍の規模だった。スルタンのサーリフは結核で衰弱し、侵略軍にエルサレムを与える見返りにエジプトを救うよう提案したが、フランス王は拒否した。この抜き差しならない状況でサーリフが死去し、アイユーブ朝宮廷はパニックに陥った。亡きスルタンに寵愛《ちょうあい》された夫人シャジャル・アッドゥッル（「宝飾の木」の意）は解放奴隷だったが、スルタンの死を極秘にして遠方の現トルコのディヤルバクルから帰郷した息子トゥーラーン・シャーを迎えた。決戦は一二五〇年、ダミエッタ南西約六十キロ、カイロに向かう途上のマンスーラで繰り広げられた。バイバルスが再びマムルーク部隊を率いて圧勝した。その直後、エジプトの軍艦群は十字軍艦隊に深刻な打撃を与え、反攻の可能性を完全に断った。ルイ九世は囚われの身となり、十字軍の無条件撤退を命じざるを得なかった。フランス王自身、巨額の身代金の支払いにより解放された。その後、聖地にたどり着き、四年近くとどまってアコー、ヤッファ、サイダ各城塞の強化に努めた。外交手腕はなく、カイロとダマスカスの間で反復される対立につけいろうとしなかった。この間、第七回十字軍の潰走は西欧で「羊飼い十字軍」と命名された大衆蜂起を引き起こした。説教師らは騎士らが慢心によって神の怒りを買ったと非難した。

トゥーラーン・シャーは一二五〇年にエジプトに帰還後も、特に勝敗を分けたマンスーラ決戦の後も、マムルークの台頭に伴う新たな力関係を見損なった。彼は全権を掌握するスルタンを自負したが、武将たちは実力不足と見ていた。危機が発生し、このサラディンの甥の孫の暗殺で収束した。マムルークたちは君主を殺害した後、権力を簒奪することを躊躇した。そこでスルタン位は尊敬を集めていたサーリフの寡婦シャジャル・アッドゥッルに託した。これをバグダッドのアッバース朝宮廷は不敬として激怒した。イスラム世界はエジプト人の意気地のなさを笑いものにした。マムルークたちは三か月後、身内のアミールの一人アイバクをスルタンに据えて、カリフの承認を受けた。

---

†5　このマムルーク部隊は以後、「バフリー」と言われた。ナイル川はエジプトで海／「バフル」と呼ばれる。

†6　バイバルスはキプチャク族出身で、黒海沿岸で捕らえられ、シヴァスの奴隷市場で売られた後、ハマーでサーリフの士官に売られた。

しかし実権を握り続けたのは、アイバクの愛人から妻になった、仮初《かりそ》めの前スルタンだった。シャジャル・アッドゥッルの事実上の治世は一二五七年、悲劇で終わる。彼女はアイバクが自分のもとを離れるのではないかと不安に思い、暗殺させたが、彼女自身も殺害されてしまった。アイバクの幼い十一歳の息子アリーがスルタンに即位する。ただ今回実権を掌握したのはアミールのクトゥズだった。マムルーク最強部隊を保有し、宿敵バイバルスとは長年の不和の末に和解していた。クトゥズは権勢を得て一二五九年にスルタンに昇った。

バグダッドのカリフ制の終焉

アッバース朝カリフは、ファーティマ朝という障害がなくなり世界的使命を帯びたスンニ派の象徴的再興をバグダッドで果たした。トルコ系スルタンの監督下にあることは我慢できた。スルタンが果てのない骨肉の争いに忙殺され、加えてモンゴルの圧力を前にしてイラクから手を引いたからだ。ナーシルは一一八〇年から一二二五年までの長きにわたりカリフとして君臨し、スンニ派四大法学†7全てを教育するという野心的政策を採った。シーア派信仰も尊重した（第一二代イマームが隠れたとされるサマラに聖所を整備した†8）。ナーシルはバグダッドで神秘主義のスフラワルディー教団を奨励した。この教団はカリフを信者と神の神秘的仲介者と捉えるようになった。その孫ムスタンシルのカリフ在位（一二二六〜一二四二年）は前カリフより短く、バグダッドに「信者の長」に捧げた豪華なマドラサ†9を建設したものの精彩を欠いた。一方、アイユーブ朝はエルサレムの地位をめぐる十字軍との妥協に際し、カリフの意向を気にかけなかった。バグダッドの宮廷の華やかさが偉大な知性を魅了した時代は過ぎ去った。地理学者ヤークートはアレッポで地理学事典を記し、歴史家イブン・ハッリカーンが人名大辞典を執筆したのはカイロとダマスカスだった。

ムスタンシルの死を受けて、息子ムスタアシムがアッバース朝第三七代カリフに即位した。この「信者の長」は自身の運命が数千キロ離れたモンゴル帝国カラコルムの宮廷の決定に左右されることを想像できなかった。チンギスの孫モンケ・ハンは弟二人のうちフラグを中東の征服、フビライを中国の征服のために派遣した。フラグの大軍隊は一二五六年、ペルシアに侵攻し、イスマーイール派の異端、暗殺教団[†10]の牙城を掃滅した。シーア派の野心的知識人ナシール・アッディーン・アットゥーシーは、モンゴル帝国はバグダッドという不敬の権力に対する神の復讐の先兵だ、と確信してフラグに忠誠を誓った。あるシーア派の救世主信仰は、五世紀前のアブー・ムスリムの説教と同様、ホラサーンを「世界の終わり」と結びつけ、スンニ派カリフ制にとって死活的脅威がイスラム世界の東端に出現したことを預言の実現と受けとめた[†11]。しかしモンゴルの武将らはムスリム内部の対立をそれほど重く見なかった。重視したのはキリスト教勢力が様々な使者を介して打診してくる反イスラム同盟の提案だった。アットゥーシーはモンゴルの遊牧民による侵略に熱心に協力し、後

†7　ナーシルは前カリフからハンバリー学派優遇を継承したが、一一九二年に説教師イブン・アルジャウジを追放し、優遇をやめた。
†8　88頁参照。
†9　一二三三年に創設されたムスタンシリーヤ学院のこと。幸い現存している。
†10　129頁参照。
†11　69－70頁参照。

にその褒美として天文台を与えられ、そこで十年以上にわたり天文研究に没頭した（地上での君主指導よりも星座観察を得意とする君主指南役たちをめぐる見事な寓話は幾つかあるが）。

フラグは一二五八年、中東の封臣らの援軍を得て、バグダッド進軍を自軍に命じた。アッバース朝カリフは勢力の違いに全く気づかず、フラグの最後通牒《つうちょう》に対し虚勢を張って応えた。ムスリム軍は迂回作戦を試みたが、チグリス川とユーフラテス川の間で粉砕された。大量の射石砲攻撃を柱とした首都攻囲戦は一週間続いた。アッバース朝軍参謀長と側近が拘束・処刑されたため、ムスタアシムはやむなく投降した。フラグはバグダッドに意気揚々と入城し、面目を失ったカリフに強要して宝物とハレムの女たちの大部分を差し出させた。宮廷の外では殺戮と略奪が戦闘よりも長く続いた。数万人、否、数十万人規模の犠牲の結果、中東全域に恐怖が広がり、帰順の動きが加速した。フラグは瓦礫《がれき》と化したバグダッドでアッバース朝の権勢の痕跡を全て消し去ることに固執した。ムスタアシムは、王の血を流すことを禁忌とするモンゴルの慣習に従い、絨毯《じゅうたん》を巻かれた上、何頭もの馬に踏みつけられて死亡した。

イスラム世界はこのような破局を経験したことがなかった。モンゴル軍はその衝撃を追い風に全ての戦線で破竹の勢いを見せた。フラグの布告は残忍かつ単純だった。無条件降伏しなければ皆殺しにする――。一二六〇年、アレッポ駐屯部隊は皆殺しを免れたが、反抗した都市は徹底的に蹂躙された。フラグはモンケの訃報に接し、直ちにカラコルムに帰還して兄の後継をめぐる争いに加わることを決意した。自軍の指揮はキトブカ将軍に託した。キトブカはネストリウス派信者だったが、自身に歯向かったサイダの破壊で示したように、十字軍に対して一切手加減しなかった。ハマー、ホムス、ダマスカスが次々と陥落した。モンゴル帝国はエジプトへの道が開いたと見てとり、カイロのスルタンのクトゥズに最後通牒を送った。クトゥズ側近のバイバルス将軍は徹底抗戦と使者の処刑を主張した。戦争は不可避となり、両軍はアイン・ジャルート[†12]で衝突した。バイバルスは最前線で栄光を身にまとい、クトゥズにキトブカの拘束・処刑を任せた。

アイン・ジャルートでのムスリム陣営の勝利はモンゴルの侵攻を食い止めただけではなく戦況を一変させた。シリアを電撃戦で奪還し、侵略者をユーフラテス川の東側に押し返した。フラグ・ハンとその軍隊の急な離脱は、(その後のモンゴル軍のアレッポ南方に至る侵攻は阻めなかったものの)マムルーク軍の成功の一つの要因だった。これは歴史的転換点だった。そのことは欧州では理解されず中東で祝福された。クトゥズとバイバルスがパレスチナで「文明世界」全体を遊牧民の襲来から救ったという説があるが、それは度が過ぎる主張だ。フラグに課された戦略目標はエジプトであって欧州ではなかった。しかもモンゴル帝国が中東から撤退したわけでは全くなく、イラクとペルシアをしっかりと支配していた。ルーム・セルジューク朝スルタンはモンゴル帝国に貢ぎ物を納めただけでなく、不断の圧力に屈していた。このようなアナトリア半島のイスラム勢力の衰えを受けて、ニカイアのビザンツ帝国亡命政権はコンスタンティノープル奪還に軍勢を集中投入することができ、一二六一年にラテン帝国を追い払った。アッバース朝カリフ制廃止から三年後、中東全体が大きく再編された。

---

†12 字義は「ゴリアテの泉」。

マムルークの実験室

おそらくクトゥズはモンゴル軍がアイン・ジャルートの戦いで、目立ちすぎるバイバルスを抹殺することを期待したに違いない。クトゥズは他のマムルークがシリアの封地を分け合うことは認めながら、バイバルスをアレッポ総督に任じることは拒んだ。バイバルスはこの件で、殺さなければ殺されると結論づけた。狩猟の際に君主暗殺を謀《はか》り、権力を奪取した。この新スルタンは軍隊に依拠するだけでは政権は維持できないと判断した。一二六一年、フラグのアッバース家虐殺の生存者を管理下に置き、「カリフ」を名乗らせる決断をした。[†13] 過去三世紀にわたり「スルタン」はバグダッドに腰を据えてカリフを後見したが、バイバルスはやり方を反転し、カリフの家族をカイロに移住させることでカリフを意のままに操った。金曜礼拝はカリフ名で執り行われたが、「イスラム教・ムスリムのスルタン」の称号が並んで言及された。カリフ領を超越する普遍的使命を帯びた命名だった。アッバース朝はこのマムルーク系スルタンの詐術と裁量によってのみ存続した。スルタンはアッバース朝の信望と権威を自身のためだけに利用した。

バイバルスは一二六九年、メッカ巡礼を挙行した。一行の豪華さは信者と神殿への喜捨の多さに比例した。彼はその機会に、ヒジャーズ地方を統治し、大概は自治権を備えた公国として管理してきた預言者ムハンマドの子孫「シャリーフ」の家系に対して権威を示した。バイバルスは側近としてエジプトに四人の大法官を置き、それぞれにスンニ派四大法学の一つを管轄させた。エジプトで主流のシャーフィイー学派を牽制するためだった。[†14] 宗教的位階の最上位を分立させたことは聖職者が反逆を画策することを阻む狙いがあった。スルタンは高名な神秘主義者らと公の場に現れた。彼らの門弟はそれぞれの修道場[†15]で教育・典礼を組織した。バイバルスは自らを二重に正当化した。一つは、支配下に置いたカリフに由来する公認イスラム教の権威によって。もう一つは、スルタンの政治的カリスマを神秘主義者の霊的カリスマに結びつけて民衆に示すことによって。同様の目的でパレスチナとシリアで宗教団体を多く設立した。[†16] 宗教団体は全てバイバルスの紋章である野獣の紋章を用いた（バイバルスは実際「ヒョウの王」を意味する）。彼は生前に自身の神話を作った。それは悪漢ものであり、かつ教訓に富む「バイバルスの物語」として今日まで伝承されている。

アイユーブ朝終焉後の十年に及ぶ大混乱とモンゴル帝国によるバグダッド・カリフ制の破壊を経て登場したバイバルスは、多くの点でマムルーク朝の真の創設者といえる。彼は従来のスルタンの世襲力学をエリート軍人の論理に転換した。エリート軍人は地元民とは文化的・民族的に異なる出自だ。アイユーブ朝は、常時マムルークを購入し、同化することでエリート軍人を再生産していた。[†17] 武将／元奴隷体制は最高権力にとどまらず政治・行政も軍人支配とした。その中央集権の構図は、

---

†13 こうした「カリフ」の第一号は一二六一年、バグダッド奪還のための急な遠征で死亡した。一二六二年に即位した第二代は、バグダッドで一一一八年から一一三五年までカリフ位にあったムスタルシドの末裔だった。第二代は以後の継承者と同様にほとんどカイロで幽閉された。

†14 サラディンはファーティマ朝カリフ制末期の一一七一年、大法官をただ一人、シャーフィイー学派から任命した。

†15 アラビア語はザーウィヤで字義は「一隅」。

†16 宗教団体は譲渡不能の財産、ワクフが与えられた。

†17 バイバルスは一二六〇年から一二七七年の在位の間にマムルークを四千人加え、カラーウーンは一二七九年から一二九〇年の在位の間にマムルークを六千人加えた。

目の細かい宿駅網を基盤とし、宿駅は時に隊商宿（キャラバンサライ／ハーン）という商業要所に接していた。加えてバイバルスは宣伝・情報活動に細心の注意を払い、邪魔なクトゥズの痕跡を消すためには、躊躇なくスルタン制の歴史を書き換えさせた。この点で彼はアラブ現代史に登場する独裁者たち（何年もの陰謀の末に軍事クーデターで国家の頂点に昇り詰めた将校ら）の見事な先駆者のように映る。両者の大きな違いは、バイバルスが猛将だったのに対し、現代版マムルークは対外的には敗北を重ね、武力を専ら自国民に対して行使していることだ。

十字軍の最終章

バイバルスは一七年間の治世で、シリアの山岳地帯の断崖にある暗殺教団の巣窟を次々と排除し、このイスマーイール派反徒の息の根を止めた（モンゴル軍は既にペルシア内の暗殺教団を壊滅させていた）。バイバルスは同様に十字軍の城塞を体系的に一つずつ攻略し、一二六八年にはアンティオキア公国を征服、キリキア・アルメニア王国を蹂躙し、両国をモンゴルの侵略に手を貸したかどで罰した。マムルーク朝のバイバルスの後継者らは十字軍国家の排除を続け、一二九一年のエルサレム王国首都アコー奪取で完了した。二世紀の長きに及んだ十字軍は幕を閉じた。その歴史は大概、十字軍の一〇九九年のエルサレム征服と（ヒッティーンの戦いでムスリム陣営が勝利した後の）一一八七年のエルサレム奪還を画期とする初期に限定されがちだ。聖地については焦点を当てる範囲を少なくとも半世紀広げ、一〇九九年から一二四四年までを一つの時代として区分すべきだろう。この時代は十字軍による大殺戮で始まり、ホラズム・シャー朝による大殺戮で終わる。その間、二つの交渉による降伏があった。一つはサラディン、もう一つは一二二九年にフリードリヒ二世が主導した。十字軍開始時、イスラム世界は競合する二つのカリフ制に割れていた。一方はカイロを本拠とし、バグダッドを本拠とする他方より強力だった。アコー陥落に際し、権力の座としてのカリフ制は消滅しており、見せかけの正統性を得たマムルークの体制が取って代わっていた。このイスラム史上の大転換は十字軍ではなく、フラグ率いるモンゴルの遊牧民がもたらしたものだった。

中東に対する計七回の十字軍のうち（最後の第八回はチュニジアが標的だった）、最大規模のものは一二〇四年のコンスタンティノープル攻略に至った。この出来事は神学上の断絶ではなく、東西教会の対立の原因となった。キリスト教とイスラム教の正面衝突は全く起こらず、十字軍諸国家は中東諸勢力の方程式に加わってゆく。十字軍指導者らは内部に反目を抱えつつ、中東の小国の王らと様々な取り決めを結びながら、エジプトのムスリム陣営とシリアのムスリム陣営を対立させた。十二、十三世紀の十字軍に通底するものがあるとすれば、欧州からやってきてレバント地方の十字軍の現実[†18]を目撃して抱くことになる大きな幻滅だった。破門されたフリードリヒ二世が数か月のうちに相当な戦果を上げたのに対し、列聖されるルイ九世は数年間も聖地にとどまりながら現状改善の能力の欠如を露呈した。これに十字軍遠征の根本的な脆弱さが加わる。戦士の大部分は軍事的・精神的巡礼を終えるとすぐに帰郷してしまう。十字軍諸国家が成り立ったのは、ひとえに入植者の欠如を海上輸送で埋め合わせたからだ。十字軍遠征は中東についてよりも、発生地の欧州について多くを教えてくれる。十字軍は中東で、多くの点で周縁的だったのだ。

†18　ローマ教皇は一二五一年、十字軍に対しムスリムの通貨の偽造を禁じた。ただ七年後に通商上の理由で偽造は再開された。

イスラムの「真実」と「虚偽」

一二六〇年以来、ユーフラテス川の東側に存続したモンゴル族の国家は、北京に遷都していた大ハンの宮廷との関係を次第に弱めていった。タブリーズに出現した「イルハン」という名の王国である。本家のハンと区別するための名称だが、一二九五年にキリスト教ネストリウス派だった君主ガザンのイスラム教スンニ派への改宗に伴い（高官らも間もなく追随した）、完全な自治権を獲得した。宗教混同の相対的な妥当性を示す新しい例だが、イルハン王国のイスラム化はマムルーク朝との関係緩和ではなく、このモンゴル族の対シリア侵攻をもたらした。ガザンは一二九九年と一三〇三年にシリア遠征軍を率いたが、ダマスカスの目前で撃退された（その地は七世紀にアラビア半島を出発した征服者ムスリムがビザンツ軍を撃破した場所と同じだった）。[†19]マムルーク軍に加わった志願兵の中にハンバリー学派の激烈な説教師イブン・タイミーヤがいた。彼はジハードの教え[†20]に前代未聞の違反を犯し（ジハードを否定することはムスリムに禁じられていた）、「ガザンとその軍隊はスンニ派に改宗したとしているが、正真正銘の「不信心者」だ」と断定した。ここで彼は不信心者を排斥する「タクフィール」という考えを作り上げた。キリスト教でいえば「破門」、あるいは「追放」に該当しよう。肝心なことはイブン・タイミーヤがジハードの名のもとに他のムスリムに対する戦いを初めて正当化したことだ。その考えは、当時は極論として退けられたが、後世になって、まず十八世紀のアラビア半島のワッハーブ派運動[†21]として、そして今日のジハード主義として引き継がれることになる。

当時イブン・タイミーヤは改宗した「不信心者」に厳しかったが、ムスリム少数派には更に容赦がなかった。彼は一三〇〇年と一三〇五年にレバノンのシーア派を標的とするマムルーク朝の遠征に加わった。一三一七年にはアラウィ派の農民一揆に対する極悪非道な弾圧を奨励した。彼は当初はマムルーク朝としっくりいっていた。マムルーク朝はシリアのモザイク状の宗教状況を力ずくで再編した。宗教的な理由以上に、どんな形であろうとも異論を敵視したからだった。一方でイブン・タイミーヤは神秘主義の信条そのものを辛辣に攻撃してスルタンの戦略を乱した。彼は精神的な大ジハード[†22]に何らの価値も認めず、武装ジハードだけを称揚した。従ってマムルークたちとの衝突は不可避だった。マムルークたちはヌールッディーンやバイバルスに倣って、軍事的秩序を更に強固にするために神秘主義教団を後援していたからだ。神秘主義に配慮するように強要されたイブン・タイミーヤは沈黙を拒んだ。彼の厳格主義の師であるイブン・ハンバルがその五世紀前にバグダッドで表した[†23]のと同様の非妥協的姿勢を示した。そのことで自身の自由を犠牲にし、一三二八年にダマスカスの牢獄で死亡する。現代の原理主義者はイブン・ハンバルとイブン・タイミーヤを称賛する。イスラム教を堕落させた（と彼らの目に映る）指導者・イスラム法学者に対してこの二人が政治的・宗教的に抵抗したと考えるからだ。

---

†19　50頁参照。
†20　82頁参照。
†21　221－222頁参照。
†22　82頁参照。
†23　80－81頁参照。

タブリーズを首都とするイルハン王国は二度にわたりシリアから撃退されたが、一三〇七年にコンヤのルーム・セルジューク朝スルタン制にとどめを刺すことでその失敗を帳消しにした。ルーム・セルジューク朝はそれ以前の数十年間、イルハン王国の属国だった。その崩壊に伴いモンゴル族がアナトリア半島の一部を支配したが、それ以外の小アジアは一連の君侯国（ベイリク）が割拠することになった。君侯（ベイ）はアラブ世界のアミールに相当する。[†24] 君侯国にはカラマン、ゲルミヤン、ハミド、サルハンなどがある。どの君侯国も中心地に威容を誇る記念建造物を配置することに腐心した。ここで全ては列挙しない。君侯の一人オスマンは一三〇二年、ルーム・セルジューク朝からアナトリア半島西部の封地を与えられ、ビザンツ帝国の侵攻に対し、首尾よく封地を防衛した。その息子で君侯を継いだオルハンは一三二六年にブルサを征服した。この地は彼の父親にちなんで「オスマン」と名乗ることになる国の最初の首都になった。オルハンはその後、まずニカイア、次にイズミットという具合にビザンツ領に漸次侵攻してゆく。オルハンはビザンツ帝国を二分した内乱に乗じて一三四六年に「簒奪者」ヨハネス・カンタクゼヌスの娘と結婚し、皇帝の座を目指す義父の野心を支援して結実させた。この政略結婚の結果、ビザンツ－オスマン間に一〇年間続く好戦的同盟関係が生まれた。オルハンは義父の求めに応じて、キリスト教世界の政敵らを討伐するために遠征を重ねることになる。オスマン軍が欧州に足場を築くのは、キリスト教勢力間の対立に巻き込まれたからであって、「ジハード」という抑えきれない欲動が原因ではなかった。

死に神

十四世紀半ばの中東はユーフラテス川が境界となり、西側はマムルーク朝、東側はモンゴル帝国が支配していた。この二極構造は小アジアの君侯諸国間の対立やアナトリア半島北西に出現したビザンツ‐オスマン両帝国同盟の影響をほとんど受けなかった。しかし国家・宗教・民族の違いを超えた一つの現象が一三四八年、中東を大混乱に陥らせ、その後は欧州・アフリカ北部を席巻《せっけん》することになる。一三四七年から一三五〇年まで大流行したペストである。一三四八年に致死率の最大値を記録し、中東人口の少なくとも八分の一の生命を奪った。無論、これは確実とはいえない推計であり、更に甚大な犠牲者を出した可能性はある。ペストはカイロ、アレクサンドリア、コンスタンティノープルの三大都市で特に猛威を振るった。農村も被害を免れなかった。犠牲の実態について史料は不確かだが、都市部・沿岸部がより深刻な被害を受けたようだ。マグレブの年代記作者イブン・バットゥータは一三二五年から一三五三年にかけてイスラム世界を経巡《へめぐ》り、ダマスカスとガザのペストの惨禍の重要な証人となった。バグダッドはモンゴル軍による荒廃から徐々に立ち直りつつあったが、再び喪に服した。

オルハンの息子で後継者のムラトは一三六二年、オスマン帝国で初めてスルタンを名乗り、小アジアの君侯の視座を遥かに超えた野望を示した。彼は首都をブルサからエディルネ／アドリアノープルに象徴的に遷した。つまりアジアから欧州に遷都したわけだ。とはいえアナトリア半島を軽視したわけではなかった。婚姻による同盟と軍事遠征を混ぜ合わせた政策を講じて東方へ勢力を広げ、アンカラも掌握した。その治世のもとトルコ語で「新軍」を意味するイェニチェリ、つまり常設歩

†24　君侯はアミール同様に軍事司令官が原義で、次に領主「ベイ／ベグ」を指すようになり、やがて王子と同義になる。トルコの君侯国はアラブの首長国に相当する。

兵親衛軍団が組織された。この軍団の新しさは若いキリスト教徒の臣民から徴募し、イスラム教に改宗させ、スルタンの親衛軍に配属したことだ。「デヴシルメ」[25]と呼ばれた実践はマムルークの力学とは二重の意味で異なっていた。第一に、奴隷ではなく、自由な年少者を対象にしたこと。第二に、軍人以外の経歴を築く可能性もあったこと。[26]このためオスマン帝国スルタン制は生来のムスリムや生粋のトルコ人ではなく、アナトリアとルメリア出身の改宗者が多数、高位高官に就くことになった。一方、スルタンの真の突撃部隊であるイェニチェリは一三八九年のコソボの戦い[27]でセルビア軍を打ち負かす歴史的勝利に大きく貢献した。戦死したムラトの後継を戦場で継いだのは「イルディリム（雷）」の異名を持つ息子バヤジトだった。セルビアは隷属し、オスマン軍に徴集兵を提供することになる。オスマン軍は小アジアの君侯諸国に対する攻撃を再開した。

　見込みのないマムルーク朝政権はエジプトとシリアを支配し続けていたが、イエメンの君主は時折マムルーク朝のメッカ支配をめぐり異議を唱えていた。メッカの地方総督はこの対立に乗じて一定の自治を取り戻した。[28]バイバルスの後継者らは、エリート軍人候補となる奴隷の定期的補充を心掛けた。奴隷の調達は捕虜を乗せた船舶が黒海の諸々の港に自由に航行できることにかかっていた。つまり奴隷売買は（虜囚の貿易だけでなく虜囚のイスラム化でも協力関係にあった）カイロ－コンスタンティノープル間の協定に依拠していた。イスラム教スルタン国とキリスト教帝国のこうした持続的共謀は、二つの一神教をめぐる本質主義者の紋切り型が通用しないことを改めて示している。またマムルーク体制は依然として「旧奴隷の出世力学」と「スルタン世襲をめぐる欲望」の間で緊迫していた。この矛盾は、解放されたマムルークたち、あるいは自由な身で生まれたマムルークたちの間で後継者問題をめぐる、時に殺戮を伴う一連の権謀術数に帰着する。そして一三八二年にシルカシア／チェルケス出身[29]のスルタンが出現する。

跛者の災禍

ペルシアのモンゴル王朝イルハン国はウルジャーイトゥー時代の一時期、一三一〇年から一三一六年までシーア派と手を結んだが、その息子でハン位を継承したアブー・サイード（在位一三一六〜一三三五年）の治世下、スンニ派教義に回帰した。男子の後継者の不在が混乱を招き、イルハン国は二度と再興することのないまま一三五三年に完全に消滅した。その領土は幾つかのモンゴル系王朝（バグダッドを支配したジャラーイル朝）、アラブ系王朝（シーラーズを本拠にしたムザッファル朝）、トルクメン系王朝（ディヤルバクルは「白羊」と呼ばれる部族連合アク・コユンル族が掌握し、タブリーズはその政敵で「黒羊」と呼ばれるカラ・コユンル族が支配した[30]）に分割された。この分割は諸々の君侯国に細分化したアナトリア半島ほどではないが、一三六九年以来、貪欲な野望を抱く中央アジアの

---

†25　字義は「収集」あるいは「収穫」。

†26　ルメリアはオスマン帝国版図の欧州大陸部分を指す。

†27　セルビア語で「クロウタドリ平原」を意味するコソボ・ポリェの戦いのこと。セルビアは東方正教会を信仰し続けたが、コソボ州はイスラム化してゆく。

†28　166頁参照。

†29　チェルケス出身のマムルークらはその兵舎の塔（ブルジー）にちなんで「ブルジー」と呼ばれた。前代のスルタンは同様に帰属した駐屯地にちなんで「バフリー（ナイル川）」と呼ばれた。

†30　白または黒の「羊」は部族同盟の帰属を表すトーテム。

勢力がサマルカンドに足場を固めてゆく時期に重なった。「跛者《はしゃ》ティムール」（欧州での呼称はタメルラン）がチンギス・ハンの後継者を名乗って登場したのだ。この系譜は生物的というよりも政治的であるのだが。しかもティムールはチンギス・ハンのシャーマニズムではなく、地域で強い影響力のあった神秘主義ナクシュバンディ教団の組織網に依拠しながらも、トルコ圏で主流のスンニ派ハナフィー学派を信奉した。ティムールは長らく自身の称号を「大アミール」とだけ主張したが、この見せかけの慎みで領土拡張の野望を隠すことはできなかった。悪名高い髑髏《どくろ》の山に象徴されるおぞましい大虐殺はフラグ率いた遊牧軍団と同様の恐怖を引き起こした。

ティムールはペルシア遠征を何度も繰り返した。そのうち一三八七年のイスファハンの大殺戮が有名だ。その五年後、軍隊を中東攻略に投じた。進軍は電撃的で、一三九三年にはバグダッドを攻囲するに至る。バグダッドは一二五八年に経験した惨禍の再現を避けるため、戦わずに投降した。それでもこのアッバース朝旧都は体系的略奪を被った。その一方で征服者は自軍が発見したワインの蓄えをチグリス川に捨てさせて、偽善的信仰心を見せつけた。ティムールは上メソポタミアとアゼルバイジャンにも遠征し、破壊を続けた末に北進に転じ、ロシアの草原に進軍した。一三九八年は東進とインド遠征を行い、デリーで恐怖をまき散らした。翌年は再び西進し、今度はまずジョージア、次にシヴァスとマラティアというアナトリア半島の都市を荒廃させた。大アミールはマムルーク朝に自身の権威を認めるよう強く迫った。この最後通牒は予測通り拒否され、一四〇〇年のアレッポの戦いに結びつく。ティムールはインドから運んできた戦闘用ゾウの一群を兵力に用いてマムルーク軍を打ち負かした。この時は、一二六〇年にモンゴル軍の進軍を止めたアイン・ジャルートの戦いの再現はなかった。マムルーク軍はダマスカス周辺で壊滅状態に陥り、シリアを侵略者に差し出した。マムルーク朝はエジプトの領分に後退した。

当時イブン・ハルドゥーンは(そのイスラム史の循環性の主張は本書で触れてきているが[†31])カイロの宮廷に四人いる大法官の一人で、出身地マグレブで主流のマーリキー学派を代表していた。マムルーク朝スルタン軍が敗走した後もシリアにとどまっていたが、一四〇一年にダマスカスの名士らに託されてティムールに慈悲を乞う交渉人になった。彼はマムルーク朝の衰退とトルコ、モンゴル両帝国の台頭の必然性を確信して、侵略者に自らの奉仕を申し出た。イブン・ハルドゥーンは栄華の夢に理性を失い、自身の思考の筋道を失ってしまう。確かにティムール率いる「集団」はアジアの「周縁」から中東の「中心」に来襲する活力に満ちていた。しかし征服した広大な領土に持続的「権力」を確立できるほどの「説教」の担い手ではなかった。ティムールが、例えばシリアの首長らを教養問題で拷問《ごうもん》にかける時、自身の犯罪を粉飾する際に用いるイスラムをめぐる詭弁《きべん》は、アッバース朝、ファーティマ朝、セルジューク朝、アイユーブ朝に一貫する説教の力強さに比べると全く脆弱に映った。あれほど聡明だったイブン・ハルドゥーンだったが、この時は二重の思い違いをした。一つはティムールの中東構想に将来性があると見込んだこと。もう一つは侵略者にはイブン・ハルドゥーンを顧問にする気がまるでなかったこと。

イブン・ハルドゥーンがエジプトに向けて帰途についた頃、ティムールはダマスカス降伏時の約束を全て破り、この都を戦火と流血の場に変えた。ティムールは次に、自身に一三九三年に帰順し

†31　70－71頁、105－106頁、122頁、141－142頁参照。

た後にモンゴルのスルタンに奪い取られてしまったバグダッドに向かった。その傲慢な首領はティムール軍団の再襲来を前に逃げ出した。軍団は六週間攻囲を続けてバグダッドを制圧した。ティムールは兵士一人ひとりに敵の首を二つ差し出すように命じ、それを怠れば処刑すると脅した。当時の年代記作者らは髑髏《どくろ》の山が一二〇か所に積み上がり、計九万人が死亡したと伝えている。その恐怖におののく証言によると、チグリス川は骸《むくろ》で満ち赤く染まった。ティムールは殺戮・略奪を終えると、自身が帰属するスンニ派法学の祖アブー・ハニーファの墓に参じた。この偏狭な信心の誇示は、以下の史実を帳消しにするものではない。ティムールはシリアとイラクを廃墟に変え、数千人の職人を強制連行し、自らの首都サマルカンドを美しく飾らせた。ティムールが中東に強制したのは新秩序ではなく、中東の清算と中東の富の中央アジアへの移転だった。ティムールの所業はフラグよりも甚大な荒廃をもたらした。フラグの司令官らはペルシアと上メソポタミアで子孫をもうけ、都市と体制を築いた。

トルコ系君侯諸国は軒並み崩壊し、ティムールとバヤジト雷帝の対決は必至だった。バヤジトは一三八九年にセルビア軍を負かして以来[†32]、小アジアで連戦連勝だった。ただ今回、オスマン帝国は一四〇二年のアンカラの戦いに敗れ、スルタンのバヤジトは捕虜となり、一年後に獄死した。この悲劇的結末は、オスマン帝国発祥の地ブルサ、そしてイズミル／スミルナの港がティムール軍団に略奪されたことも加わり、帝国の歴史的敗北を刻印したように見えた。しかしそうではなかった。確かにオスマン帝国の勢いはバヤジトがアンカラで虜囚となったことで削がれた。その父ムラトがコソボで戦死した時以上の打撃だった。トラウマは深く、バヤジトの息子らの骨肉の争いで状況は悪化した。ただそれもスルタンのメフメトが兄弟間の争いに決着をつけるまでのことだった。その時ティムール軍団はアンカラの戦勝で疲弊し、更なる西進を控えていた。従ってアンカラの戦いはビザンツ帝国を二つの事態から救った。一つは、恐るべきティムール軍団の来襲から。もう一つは、オスマン軍の攻撃から。実際、オスマン軍は兵力の再構築に半世紀を要した。

逆説的だがオスマン帝国の一四〇二年の敗北は、マムルーク朝のアイン・ジャルートの戦いの勝利に匹敵する結果に結びついた。中央アジアからの侵略は前者の場合は欧州に到達する前で、後者の場合はアフリカに到達する前で阻止された。いずれの場合も戦争の帰趨以上に重要なことは、アジア草原の帝国内部の力学であり、帝国の重心が東に移動したことだった。フラグは一二六〇年、モンケ・ハンの後継問題に関与するために帰還した。ティムールは一四〇四年、中国侵攻に着手した。ただ現カザフスタン南部で熱病のために死亡した。その後継者ら「ティムール一族」の国家は間もなくホラサーンを除き中東から撤退する。一二五六～一二六一年と一三九三～一四〇四年の二波のモンゴル来襲に伴う一連の破壊はイラン、アナトリアよりもシリア、イラクに長引く後遺症を与えた。エジプトは二波いずれも大被害を免れた。一方、一三四七～一三五〇年の「黒死病」では中東全域が被害を受けた。ペストは以後数十年間、定期的に発生を繰り返すことになる。ティムールの撤退で幕を閉じる一世紀半にわたる時代の中東の特徴は人口停滞、否、人口減少だった。大都市は打撃を受け、耕作地は牧畜民・狩猟民が遊牧生活に回帰したことで漸次減少した。

† 32 174頁参照。

ビザンツ帝国の瓦解

一四二一年にオスマン帝国スルタンに即位したムラトは「二世」と呼ばれる。一三八九年にコソボで戦死した彼の曽祖父と区別するためだが、当時の人々にとってこの数詞は大して意味がなかった。ムラト二世は一四二二年、別のスルタン候補を支援したビザンツ帝国皇帝のいたコンスタンティノープル攻略を企てて失敗した。ムラト二世は自身の後継をめぐる争いを避けるために一四四四年に退位し、自身の四男でわずか十二歳のメフメトに譲位した。同じ名を持つ二人目のスルタンだった。だが二年後、この思い切った方法は奏功しないことが分かり、ムラト二世はスルタンに復位し、一四五一年に死去するまで君臨した。メフメト二世は再度スルタンになり、尚早だった一期目の失敗の払拭をめざした。彼はオスマン帝国版図中央部、ボスポラス海峡両岸にしがみつくビザンツ帝国を排除する決意を固めた。海峡の欧州側の岸にルメリア城塞を築き、既にバヤジトがアジア側の岸に建築していたアナトリアの要塞を補強した。一四五三年、重砲の猛攻でビザンツ帝国首都の防御を崩した。攻囲は五三日間続き、メフメト二世は艦隊の一部を山越えさせるという途方もない機動作戦を命じた。オスマン艦隊はビザンツ帝国の防衛態勢をくぐり抜け、首都中心に至る河口、金角湾から艦砲射撃を行って首都を破壊していった。

メフメト二世はビザンツ皇帝コンスタンティノス一一世に最後通牒を送った。皇帝は拒み、戦死した。これをメフメト二世は一日中続く首都での略奪の口実とした。最後の攻撃をしたその夕、アヤソフィアに赴き、神に感謝し、大聖堂をモスクに変容させた。[†33] フェネル地区を含む幾つかのキリスト教徒地区はスルタンが公式に保護「アマーン」を与えたことで略奪を免れた。ただ見返りとして、ギリシア人社会の責任を負う総主教を指名しなければならなかった。この「コンスタンティノープル全地総主教庁」にはビザンツ帝国から受け継ぐ象徴的首位権しかなかった。正教会は各教会が独立し、自ら管理していたからだ。この総主教庁のあり方は「邦」として指定された共同体「ミレット」の制定を先取りしていた。オスマン帝国秩序への服従と同化を条件にミレットの自治が保証された。この制度は一四六一年、アルメニア社会に拡大され、以後はキリスト教の他派・ユダヤ共同体も対象とした。ガラタ地区のジェノバ人は当分の間、アマーンで満足しなければならなかった。以後、オスマン帝国大宰相府と和解したベネチア人にも「保護」は与えられた。

コンスタンティノープルは一四五八年、スルタン国の新しい首都になった。スルタン国は以後、帝国を自負し、自らの名声のためにビザンツ帝国の荘重さを全て取り込んだ。メフメト二世はアヤソフィア周辺で「新宮殿」(イェニサライ)建造に着手した。これは十八世紀初頭にトプカプ宮殿と呼ばれるようになった。この都市の中の都市「サライ」に数千人が移住した。スルタンは市街地の城壁を再建・補強し、自身の国の力を全て首都の人口増加のために注ぎ込んだ。コンスタンティノープルの名称はトルコ語でも引き継がれた。象徴的意味は小さいが、アルジェリアの都市コンスタンティーヌがイスラム化の後もその名を継いだことと比較し得る現象だ。イスタンブールという名称は東洋風に響くが、「都市の中」を意味するギリシア語から派生した。長らく金角湾南方の歴史的地区だけを指す呼称だった。コンスタンティノープルに該当する意味を帯びるトルコ語になるの

†33 アタチュルクの共和国は一九三四年、この建造物を美術館として世俗化することを決めた。エルドアン大統領は二〇二〇年、アヤソフィア・モスクという宗教的地位を復活させた。アヤソフィアはトルコ語で「聖ソフィア」「神聖なる叡智」を意味する。

はかなり後のことだ。この地名の変化はオスマン時代が終了した後、公式に認められた。従って本書はその時期になるまでイスタンブールという名称は使わない。

メフメト二世は「征服者」ファーティフという異名にふさわしく、コンスタンティノープルの後に、ビザンツ帝国亡命政府トレビゾンドを攻略した。これを弾みにアナトリア半島の最後の諸侯国を排除し、カラマン侯国君主をアレッポに追放した。欧州では既に支配下に置いていたセルビアを併合し、ボスニアの抵抗を粉砕し、アルバニアも制圧した。メフメト二世は戦士かつ建設者であり、同時に優れた組織者でもあり、規範を定め、官僚制を安定させた。彼はオスマン帝国の政治・軍事・財務・刑事・儀礼分野の『規則の書』（カーヌーン・ナーメ）を初めて比較校訂させた。こうした措置はシャリーアとは関係なく、スルタンが実の兄弟を排除できるとする有名な「兄弟殺し法」を手始めに独自の正当化が行われた。このおぞましい「法」は継承をめぐる争いの阻止を目的としており、一世紀近く効力を持ち続けた。ところでビザンツ帝国は千年以上存続し、中東史で唯一無二の長寿を誇った。ビザンツ帝国は中東のかなりの部分を二世紀半にわたって支配した後はイスラム帝国出現によってアナトリア半島の一国でしかなくなり、セルジューク朝と十字軍によって小アジアという周縁の存在に衰退してはいたが。

マムルークに対峙するオスマン

メフメト二世は欧州・アジアの「二つの大陸のスルタン」、あるいは黒海・エーゲ海の「二つの海」の「カーン」大ハンとたたえられた。いずれの呼称も彼が二十一歳の若さで征服したコンスタンティノープルの中心性を強調している。当時七十代で教養のないマムルーク朝スルタンのイーナールは、この若いイスラム征服者を称賛した詩を二編、自身が書いたことにして、アミールの一人に届けさせた。イーナールはカイロを飾り立てて、オスマン帝国の勝利を我が事のように喜んだものだ。ただマムルーク朝はメフメト二世の野心を自身からそらし、欧州キリスト教世界に向けさせることを望んでいた。マムルーク朝はビザンツ帝国崩壊から軍事理論の面で何らの教訓も学ばずに、最も高尚な戦力として騎兵の養成を続け、砲兵には必要な関心を払わなかった。イーナールは一四六一年に死去する直前、後継者として息子アフマドを指名した。アフマドは国家に対する真の奉仕者で、スルタン制を根本的に立て直す決意をしていた。その改革意欲に加え、アフマドは歴代のスルタンが即位に際し事なきを得るために様々な派閥にばらまいた特別手当の拠出を拒否した。マムルークたちは一度限りの結束を果たし、アフマドを退位させ、命を奪うことはせず、アレクサンドリアに幽閉した。オスマン帝国の挑戦を前にマムルーク朝を再活性化するという歴史的機会は完全に失われてしまった。

新しいスルタンのフシュカダムはマムルークの一党とあまりにも一体化していたため、他派閥に自分を真の指導者として認めさせることができなかった。メフメト二世に対し悪手を重ねたが、幸いにもメフメト二世は複数の欧州戦線に気を取られていた。フシュカダムは一四六七年に赤痢で死去し、結局、親衛隊長カーイトバーイが後を継ぎ、非情なマムルークの世界で傑出した手腕を見せ、権力を三八年間維持した。当時最有力のアミールらは「小スルタン」と見なされていた。軍隊の階級に応じて(「二〇〇の」「四〇の」「一〇の」アミールという具合に)徴税権を持つ「イクター」(分与地)を保有していた。スルタンは指揮官ポストを減らし、浮いた予算を国庫に回すことで臣下に足をすくわれる機会を努めて減らした。一方、アミールらは職務の世襲制を確保しようと腐心したが、大した成果は上げられなかった。根気があり強情なカーイトバーイはこの政争に勝利したが、軍隊・行政改革に役立てることはなかった。彼は一四八一年のメフメト二世の死去に伴う後継争いに介入した。オスマン帝国新スルタンのバヤジト二世は弟ジェムに対し、兄弟殺し法を適用する余裕がなかった。反旗を翻していたジェムはエジプトに亡命した。その途上のアレッポ、ダマスカス、ヘブロン、ガザで熱烈に歓迎された。

　カーイトバーイはバヤジト二世を挑発するため、スルタンの座を狙うこの反逆者を自身の宮廷に迎えた。オスマン帝国とマムルーク朝の間で一四八五年、アナトリア半島南部の国境地帯で交戦が起き、戦争の口火が切られた。結局カーイトバーイが勝利し、バヤジト二世は一四九一年、黒海の奴隷市場の開放などマムルーク朝に有利な条件で和平を結ばざるを得なかった。このことは、マムルーク朝が再興の好機を生かすことができれば、強敵になり得たことを物語っていた。しかし新たにペストがエジプトを襲い、多数のマムルークの命を奪い、家畜に大被害を与えた獣疫も加わったため、状況は更に悪化した。カーイトバーイは一四九六年、息子ムハンマドを後継指名して死去した。ムハンマドは残忍かつ放埒《ほうらつ》ぶりを示したため、マムルークの反乱は当然の成り行きだった。以後カイロのスルタンは短期間の在位で次々と入れ替わった。一人目は拷問死の後に道端に遺棄され、二人目は斬首され、三人目はスルタンの座を捨てて女に化けて生き延びた。こうした混乱の中から一五〇一年にカーンスーフ・ガウリーが登場した。自ら知る由もなかったが、マムルーク朝の最後から二番目のスルタンとなった。その時代にポルトガルがインド航路を開拓したため欧州―アレクサンドリア間の貿易は激減し、マムルーク朝財政に大打撃を与えた。

　オスマン帝国とマムルーク朝は中東で対峙しつつ、ユーフラテス川の東側を支配していたトルクメン人を決して等閑視しなかった。ただトルクメン人は二つの競合する王国に分裂していた。オスマン帝国に隣接する上メソポタミアの白羊朝と、アゼルバイジャンとイラク中央部を支配する黒羊朝である。[†34]この分裂のためにトルクメン人がコンスタンティノープル、カイロ両政権に取って代わることは不可能だった。白羊朝君主ウズン・ハサン[†35]が一四六七年に「黒」の敵を壊滅的に打ち負かし、タブリーズに首都を置いてバグダッドを攻略した時でさえ、その後に進軍したのは東方だった。そしてペルシアの大部分を支配するに至るが、ホラサーンはティムールの末裔の領土として放置した。一方、アナトリア半島への侵攻はオスマン帝国に粉砕された。ユーフラテス川を越えてマムルーク朝領内に侵入することは自制した。ウズン・ハサンは突撃部隊としてサファビー教団の神秘主義者[†36]の戦闘員を動員した。精神的ならぬ軍事的ジハードの信奉者らだ。この神秘主義的・戦闘的教団はスンニ派シャーフィィー学派の出自だが、教団指導者が父から子へと世襲を繰り返すうちに、ムハンマドの末裔を名乗り出す。それに伴い教団はシーア派に改宗し、以後、一二イマーム派にちなんで一二の房の付く赤頭巾を着用し、クズルバシュ(「赤い頭」)［訳註＝シーア派トルクメン七部族の総称］という異名を得た。ウズン・ハサンの目覚ましい成功は、トルクメン世界に救世主待望の不安心理を醸成した。この征服者が一四七八年に他界すると大混乱が起き、不安は一層深刻化した。ただサファビー派と

†34　175頁参照。
†35　ウズン・ハサンはトルコ語で「大柄のハサン」の意。
†36　サファビー教団の名は創始者サフィー・ウッディーン（一二五二〜一三四四年）に由来する。サフィー・ウッディーンは「信仰の誠実な友」の意。

いう「集団」が、そのシーア派の「説教」を鍛錬し、新たな帝国的「権力」を樹立するには、もう一世代の時間が必要だった。

軍事化した中東

本章が扱った三世紀の間、エジプトは中東の安定の極、否、中東を構成する極として重きをなした。カイロのアイユーブ朝君主は宿敵シリアを支配していた（ただシリア情勢は少なくともダマスカスとアレッポで二分されていた）。ナイル川デルタに二度にわたり上陸した十字軍の衝撃を吸収し、見事に排撃したのもアイユーブ朝だった。更にマムルークがモンゴル遊牧民族の来襲を食い止め、撃退する遠征を開始したのもエジプトだった。カリフの座が一二六一年にバグダッドからカイロに遷されたことは、当時のイスラム最高指導者が実権を失っていたとはいえ、中東全体に対するエジプトの卓越を物語っている。シャーム地方は中央アジアからの二波の侵略で荒廃し、カイロが統治するスルタン領の輝かしくはあるが隷属する構成要素でしかなかった。ユーフラテス川の国境が改めて争点になることは全くなかった。川で隔てられた両側は際立つ対照をなした。西側はマムルーク朝長期支配、東側は体制の転変と紛争の錯綜（タブリーズ、次にバグダッドを本拠としたハンの領土、シーラーズを首都としたムザッファル朝、執拗に敵対し合うトルクメン人の諸連邦）――。

一一九三年から一五〇一年までの期間は、バグダッドの初期「スルタンたち」が着手した、一つの過程が完成する時代でもあった。つまりアラブとアラブ化した文民エリート層が既得権を失い、集団として軍事力を握る成り上がりの傭兵や解放奴隷が権益を獲得してゆく過程である。中世のジハードを象徴する三人、ヌールッディーン、サラディン、バイバルスの誰一人アラブ人でないという事実は、この権力の頂で起きた転換の一つの表れでしかない。マムルーク朝がカリフに対するスルタンの優越を公認したことは、旧来の行政的・宗教的支配階級を疎外することを意味した。そのためイスラム法学者らは秘かに抵抗し、政権に対し自分たちの規範を押しつけようとむなしくも試みた。アラビア語は政治の言葉・信仰の言葉・民衆の言葉であり続けたが、アラビア語が不得手なマムルークたちにとっては多くの場合、アラビア語は彼らの支配する社会から彼らを切り離す他者性を持ち続けた。イスラム社会の「エリート」と「大衆」の間の昔からの溝[†37]はこの自己疎外の結果、更に深まった。軍の権力支配が進み、民衆が政治に介入したのは、スルタンが征服者を前にしてシリア民衆を見捨てた時だけだった。オスマン帝国の場合、力学は根本的に異なった。オスマン帝国は小アジアのトルコ系政権、つまりルーム・セルジューク朝の二世紀半の歴史の深みにしっかり錨《いかり》を下ろした。オスマン帝国はコンスタンティノープルを支配すると、マムルーク朝に対し、その昔ビザンツ帝国がウマイヤ朝に示したものと同じ態度をとった。つまりシャーム地方北西部に拠点を構えるアナトリア半島の権力だが、最優先するのは対欧州政策だ――。

本章で扱った三世紀の特徴は、モンゴル系ハンの一つの国がシーア派に改宗した数年間を例外として、中東でシーア派政権が消滅したことだ。シーア派が政治と折り合いをつけられず、猜疑《さいぎ》的静寂主義を脱することができずにいるなか、隠れイマームの復活だけが地上に正義を実現させるとする救世主待望が切実になった。イスマーイール派は自らの政治的企てがファーティマ朝崩壊と暗殺

†37 100－101頁参照。

教団の徹底抗戦主義で破綻した後、イスラム世界で少数派の地位に甘んじた。中東の全てのイスラム体制は必然的に自らを正統スンニ派と主張した。この一体性はアッバース朝カリフ制の瓦解の際も危うくなることはなかった。そして神秘主義の顕著な発展は、あまりにも権力と一体化してしまった宗教を民衆が取り戻そうとする現象として理解できる。一方で権力は神秘主義教団の取り込みに努めた。この三世紀間のスンニ派の揺るぎなさは、イスラム黎明期以来、スンニ派とシーア派はとどめようもなく対立してきたという歪んだ見方が見当違いであることを改めて示している。その反面、スンニ派権力間の軋轢は暴力的だった。最も甚だしかったのは、敬虔なスンニ派信者ティムールがスンニ派民衆に対して犯した殺戮だ。スンニ派の時代は本章とともに終わる。シーア派の多少なりとも自発的な反発が原因ではなく、中東の一国が新宗教国家の名のもとに征服型帝国を形成したことが原因だった。オスマン帝国スルタン制は征服を阻むために中東の中心に進出せざるを得なくなった。

第四章　年表

１１９３　アイユーブ朝がダマスカス、アレッポ、カイロの三つに分割
１１９４　ホラズム・シャー朝初代スルタンがバグダッドを本拠に
１２００　アーディル／サファディンがアイユーブ朝を再統合
１２０２　第四回十字軍（〜１２０４）、コンスタンティノープルを標的に
１２１８　第五回十字軍（〜１２２１）、エジプト征服を目指して失敗
１２２９　スルタンのカーミルとフリードリヒ二世が和平協定を締結
１２４４　アイユーブ朝がエルサレムを奪還
１２４９　第七回十字軍（〜１２５０）、エジプト征服を目指して失敗
１２５０　シャジャル・アッドゥッルが三か月、エジプトに君臨
１２５０　アイバクがカイロのマムルーク朝初代スルタンに（〜１２５７）
１２５６　フラグ・ハンのモンゴル軍がペルシアを征服
１２５８　モンゴル軍がバグダッドを破壊、アッバース朝の終焉
１２６０　マムルーク軍がアイン・ジャルートでモンゴル軍を撃退
１２６０　マムルーク朝スルタン、バイバルスがエジプトとシリアを支配（〜１２７７）
１２６１　ビザンツ帝国軍がコンスタンティノープルを奪還
１２９５　ガザン・ハンがモンゴル朝のハンとして初めてイスラム教に改宗（〜１３０４）
１３０２　オスマンが初代オスマン君侯に（〜１３２６）
１３０７　イブン・タイミーヤがダマスカスで獄死
１３４８　ペストの猛威が最高潮に

1362 ムラトがオスマン帝国初代スルタンに（〜1389）
1366 エディルネ／アドリアノープルがオスマン帝国の首都に
1369 サマルカンドがティムール朝の首都に
1389 「雷帝」バヤジト一世がオスマン帝国スルタンに（〜1402）
1393 ティムールがバグダッドを攻略
1401 ティムールがダマスカスとバグダッドを破壊する
1402 ティムールがアンカラの戦いでオスマン帝国軍を打倒
1405 ティムールが中国遠征の途上で死去
1406 イブン・ハルドゥーンがカイロで死亡
1444 「征服王」メフメト二世がオスマン帝国スルタンに（〜1446、1451〜1481に再びスルタンに）
1453 オスマン帝国軍がコンスタンティノープルを制圧
1453 トルクメン人のウズン・ハサンが白羊朝君主に（〜1478）
1461 オスマン帝国がトレビゾンド帝国を制圧
1468 カーイトバーイがマムルーク朝スルタンに（〜1496）
1481 バヤジト二世がオスマン帝国スルタンに（〜1512）
1491 オスマン帝国とマムルーク朝が和平を結ぶ
1501 カーンスーフ・ガウリーがマムルーク朝スルタンに（〜1516）

第五章　オスマン帝国とサファビー朝

（一五〇一～一七九八年）

今日、シーア派といえばイランがおのずと連想される。この同一視は、十六世紀初めにサファビー朝が現れ、帝国的政策を実践したことに由来する。シーア派を国教に定めたのは、救世主を待望する反乱が深刻な混乱期を経て新王朝の樹立に至るという、複雑な道筋をたどった末のことだった。千年王国に焦がれた蜂起を自らの一族の目的に利用した最初の例は七四九年のアッバース家だった。[†1]アブー・アルアッバース[†2]は預言者ムハンマドと遠く離れた血筋とはいえ、確かな血縁関係があった。一方、九〇九年にマグレブで数十年に及んだ秩序破壊に終止符を打って王朝を興したイスマーイール派マフディーは、自身はムハンマドの娘に遡る「ファーティマ家」の家系であると主張し[†3]たが、容易に受け入れられなかった。同様に血統上の美化を果たしたのが、トルクメン系白羊朝の本隊で長らく戦ってきたサファビー教団だった。シーア派には遅れて改宗し、第七代イマームのム

†1　70頁参照。
†2　アッバース朝初代カリフ。ムハンマドのおじの玄孫だった。
†3　104頁参照。

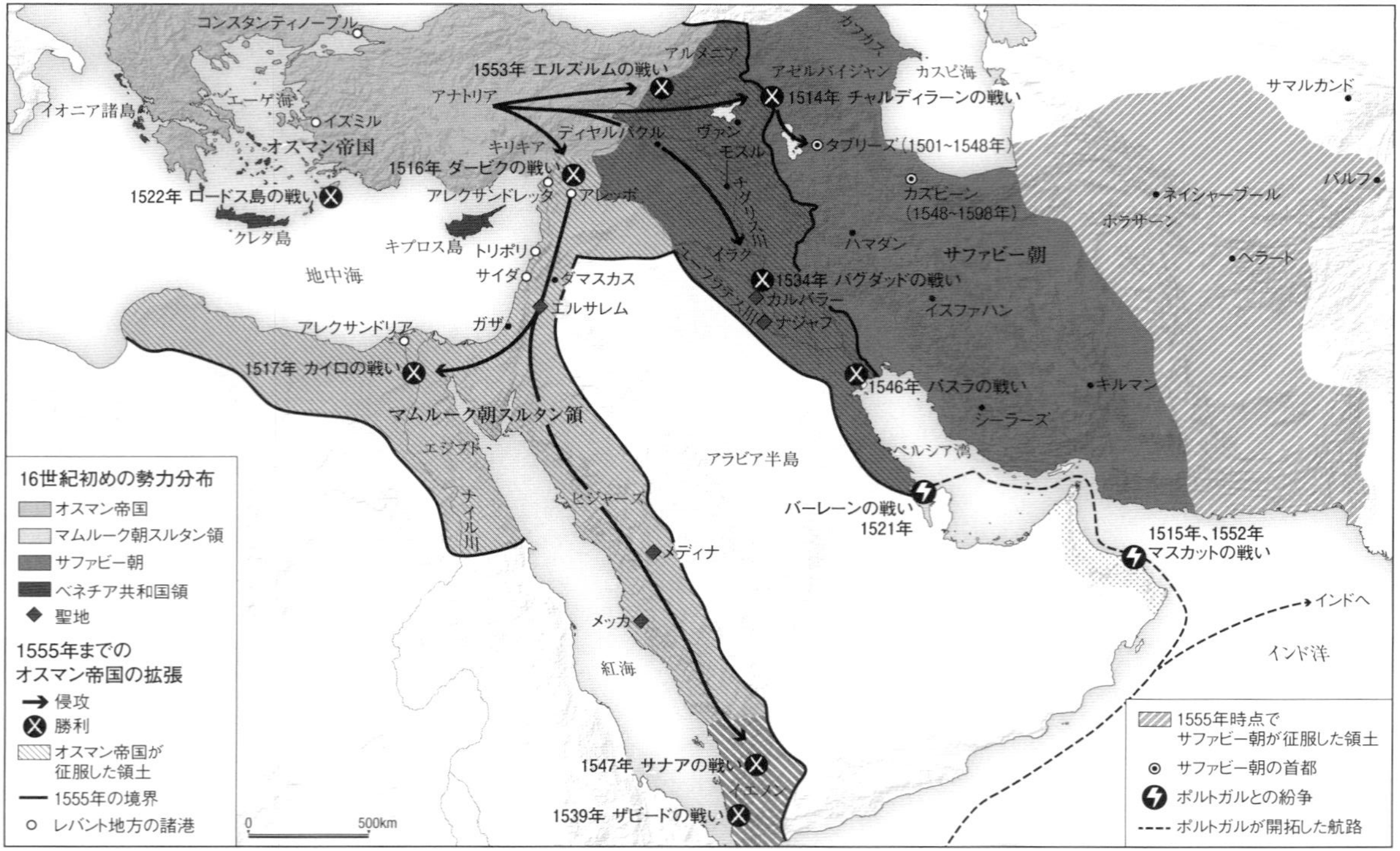

コンスタンティノープル
1553年 エルズルムの戦い
アルメニア
カフカス
アゼルバイジャン
カスピ海
サマルカンド
アナトリア
1514年 チャルディラーンの戦い
イオニア諸島
エーゲ海
イズミル
ディヤルバクル
ヴァン
タブリーズ（1501~1548年）
バルフ
オスマン帝国
キリキア
モスル
1516年 ダービクの戦い
カズビーン
（1548~1598年）
ネイシャーブール
1522年 ロードス島の戦い
アレクサンドレッタ
アレッポ
ティグリス川
ホラサーン
クレタ島
キプロス島
トリポリ
ハマダン
サファビー朝
ヘラート
イラク
地中海
サイダ
ダマスカス
ユーフラテス川
1534年 バグダッドの戦い
カルバラー
エルサレム
ナジャフ
イスファハン
アレクサンドリア
ガザ
1517年 カイロの戦い
1546年 バスラの戦い
キルマン
マムルーク朝スルタン領
シーラーズ
エジプト
アラビア半島
ペルシア湾
ナイル川
ヒジャーズ
バーレーンの戦い
1521年
1515年、1552年
マスカットの戦い
メディナ
インドへ
メッカ
インド洋
紅海
1547年 サナアの戦い
イエメン
1539年 ザビードの戦い
0
500km
16世紀初めの勢力分布
オスマン帝国
マムルーク朝スルタン領
サファビー朝
ベネチア共和国領
聖地
1555年までの
オスマン帝国の拡張
侵攻
勝利
オスマン帝国が
征服した領土
1555年の境界
レバント地方の諸港
1555年時点で
サファビー朝が征服した領土
サファビー朝の首都
ポルトガルとの紛争
ポルトガルが開拓した航路

図5－1　1501年から1555年の中東 ▶

図5－2　1639年のオスマン帝国とサファビー朝の境界 ▼

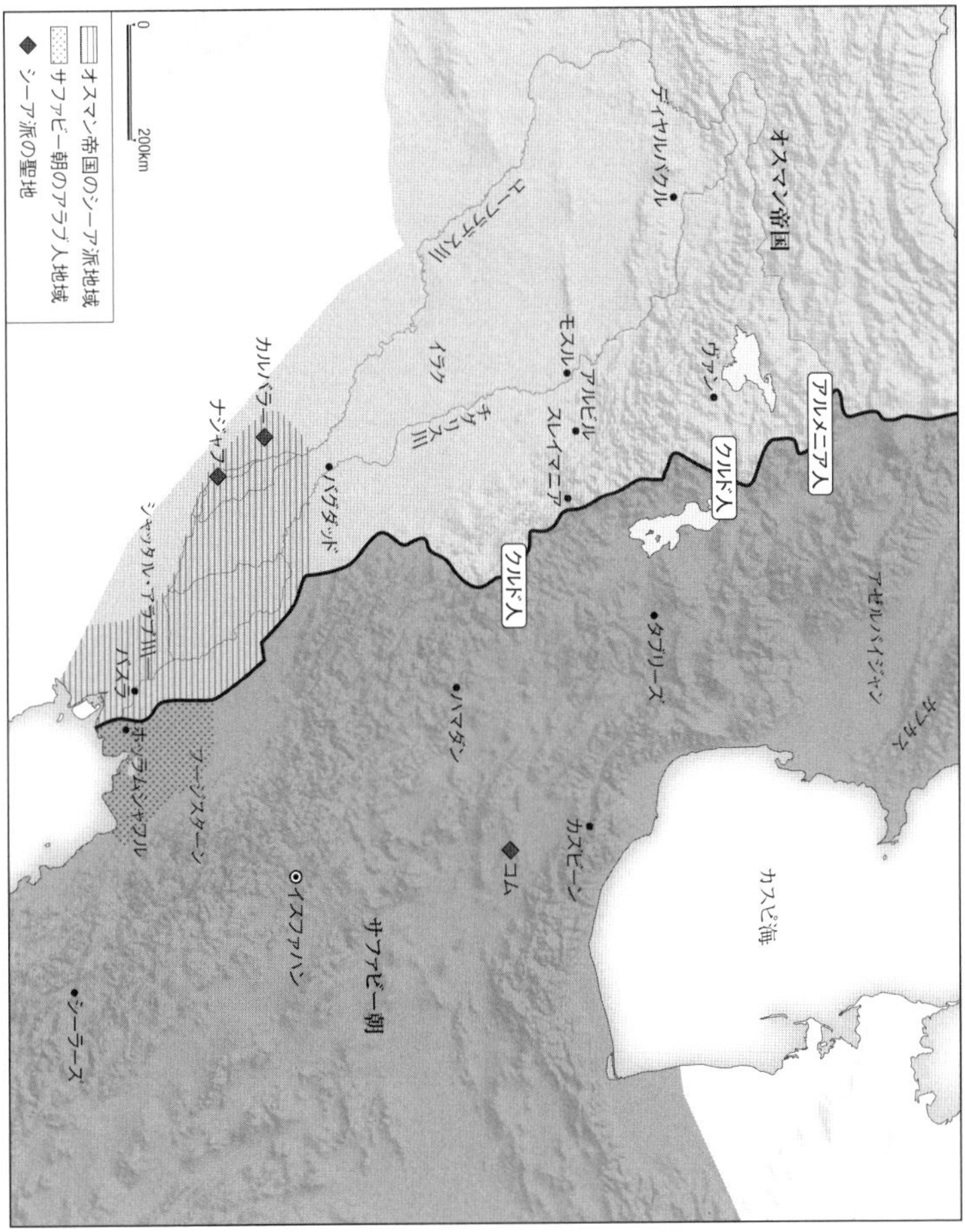

ーサー・カージムを介してムハンマドに遡る血統だと主張した。†4 サファビー教団教主が一四九九年に戦死すると十二歳のイスマーイールが教主を継ぎ、自らを五世紀半にわたり姿を隠した後に再臨したマフディーだと宣言した。その黙示録ありようのために、戦闘に長じたトルクメン人をサファビー教団突撃部隊の懐に誘導・結集することができた。イスマーイールは一五〇一年、恐るべき「クズルバシュ」に支えられてタブリーズ攻略を果たした。

　イスマーイールはタブリーズの支配者となり、ペルシアの王号「シャー」†5を名乗った（タブリーズはかつてのモンゴル族ハン国の首都で、その後、黒羊朝、次にライバルの白羊朝の首都になった）。シーア派を国教とし、イスラム最高指導者の地位をアリーから奪ったとして三代までの正統カリフを断罪した。一五〇三年にイスファハンとシーラーズを落とし、その五年後にバグダッドを征服した。サファビー教団民兵は新しい国教に対するスンニ派の抵抗を至る所で弾圧した。アリーの前三代のカリフを呪詛《じゅそ》することを拒んだ信者らをモスクで殺した。イスラムの信仰告白［訳註＝「アッラーのほかに神なし。ムハンマドはアッラーの使徒」］は以後、「アリーは神の友（ワリー）」という文言を加えることになった。王朝で依然として少数派だったシーア派の信仰は上意として強制されたが、神学的根拠を甚だしく欠いていた。その隙間は軍の介入とマフディーとしてのシャーに対する崇敬で埋めた。新権力はペルシアでの国教の説教と定着についてはイラクの聖地からやって来たシーア派聖職者たちを頼りにした。オスマン帝国は従来、臣民†6の過半数が居住する欧州に目を向けてきたが、東方国境の先に出現したこの前代未聞の脅威を受けて、中東に次第に深く関わるようになる。二つの帝国は、一方はスンニ派を、他方はシーア派を標榜しつつ、中東を二分してゆく。一千年前のビザンツ帝国とササン朝の対立と比較し得る対立だった。

二大聖地の守護者

スルタンのセリムは一五一二年、オスマン帝国の玉座に就いた。父バヤジト二世を倒し、兄や甥を殺した末のことだ。アナトリア半島東部のシーア派の不穏な動きを受けて一五一四年、チャルディラーンの戦いでシャー・イスマーイール軍に砲撃を浴びせて打ち負かした。セリム軍は進軍し、タブリーズを一時占領、上メソポタミアに転進し、サファビー朝とマムルーク朝の領土が交わる緩衝地帯に長期駐留した。オスマン帝国スルタンは一五一六年、シリア攻勢に乗り出した。イラクを足場にサファビー朝が伸長する芽を摘み、サファビー朝とマムルーク朝が手を組むことを阻むためだった。オスマン－マムルーク両軍はアレッポの北方約四〇キロのダービクで衝突した（ダービクはかつてウマイヤ朝がビザンツに遠征した時に軍を集結させた地だ）。†7 アレッポ総督が寝返ったことでオスマン帝国は早々に勝利した。カイロから軍の先頭に立ってきたマムルーク朝スルタンのカーンスーフ・ガウリーの戦死が耳目をひいた。まずアレッポ市域、次に城塞が無抵抗でセリムに屈し、その栄光を祝う祭りが数日間続いた。オスマン帝国君主はその際、アッバース朝「カリフ」ムタワ

†4　88頁参照。
†5　ペルシア語のシャーは「王」を意味するが、サファビー朝はオスマン帝国同様に「皇帝」「帝国」概念を重視した。
†6　当時オスマン帝国の人口はキリスト教徒とムスリムが半々だった。
†7　67頁参照。

ッキルの帰順を人々に知らしめた（ムタワッキルはマムルークらが同行させていた）。セリムはムタワッキルに大金と名誉式服を与え、当時サファビー朝が支配していたアッバース朝旧都バグダッドに再び住まわせると皮肉を込めて約束した。カイロではマムルーク政権が新スルタンのトゥーマーン・バイを中心に再編された。新スルタンはムタワッキルに替えてその父を「カリフ」に任じ、忠誠を示した。

セリムはシャーム地方を数か月で征服した後、矛先をエジプトに向けた。オスマン軍は決着を急ぎ、パレスチナに長居しなかった。ガザでは大衆よりも有力者らがマムルーク政権の反転攻勢を予測していた。セリム敗北の噂が広まり、ガザは決起した。しかしセリムはマムルーク軍を打ち破り、決起した町に怒りの鉄槌を振り下ろす。ガザで犯した虐殺は自身の異名通り「冷酷」だった。ガザの懲罰はカイロの降伏に結びつく。セリムは「自分の」カリフ、ムタワッキルを脇に従えて意気揚々とカイロ入りした。マムルーク朝最後のスルタンとなるトゥーマーンは公然と辱められ、処刑人に引き渡された。信奉者らも斬首され、それら生首は木の棒を差し込まれて市中にさらされた。その寝返りがダービクの戦いを決したマムルーク朝のアレッポ総督はオスマン帝国初のカイロ総督に任命された。

ムタワッキルはカリフとしてマムルーク朝の庇護を長きにわたり受けた身だったが、その瓦解を見届ける務めを果たした。セリムはもはやこの人物に何らの価値も認めなかったが、処分はせずに従者ともども海路でコンスタンティノープルに移送した。歴代カリフ位という金泥を塗った牢獄がナイル河畔からボスポラス沿岸に移っただけのことだった。カリフは囚われの身となり、実権のない位を後継者に伝え続けることになる。オスマン帝国が、「カリフ位」はアッバース家から自発的に譲られたという作り話をこしらえるのは十八世紀になってのことだ。[†8] カリフ位は、まずバイバルスがマムルーク朝の正統化のための単なる道具に変え、次にセリムがムタワッキルをアレッポからカイロ、更にコンスタンティノープルに移したことで、その失墜した権威にとどめを刺した。金曜礼拝は何世代にもわたって唯一オスマン帝国スルタンの名で発せられてきたが、以後、シリア、エジプト、アラビアでもそうなった。この歴史的現実を無視して、ムスリムはカリフなしでは生きる術を知り得ないと言い張る人は、考え直すべきだ。セリムは自軍がヒジャーズを物理的に占領する前に、カイロでメッカとメディナの鍵を象徴的に受け取っていた。スルタンは以後、「二大聖地の守護者」[†9]とあがめられ、ダマスカス発の隊列を成す陸路の巡礼実施とエジプト発の紅海を渡る海路の巡礼実施の保証人になった。預言者ムハンマドの子孫がメッカ統治を世襲してきたシャリーフ体制[†10]は維持されたが、オスマン帝国大宰相下の位階に組み込まれることになった。

二つの国家宗教

自らを隠れイマームの化身とするシャー・イスマーイールの主張は一五一四年のチャルディラーンの戦いに敗れたことで一掃された。この仮借ない初の敗北、しかもスンニ派スルタンに対する敗

†8 217－218頁参照。
†9 「守護者」と訳したハディムの原義は「奉仕者」、メッカとメディナの「二大聖地」はアラビア語でハラマイン。
†10 166頁参照。

北で、その不敗神話は終わった。イスマーイールはマフディーとして振る舞うことができなくなったため、今度はその名を借りて神の正義をうち立てる責任のある代理者を自任するようになった。サファビー朝を正当化するこの新たな主張は、マフディーはアラブ人でしかあり得ないとする時代にあって、トルクメン系のサファビー家には都合が良かった。新たな主張はホラサーンにまで拡張した帝国の安定化に伴っていた。大部分のペルシア貴族の結束と、征服の度に論功行賞にあずかるトルクメン人首長の戦上手が安定をもたらした。イスマーイールは一五二四年に没し、息子タフマースブが十歳で即位し、半世紀に及ぶ治世が始まった。サファビー朝の名を歴史にとどめるのに必要な時間だった。ナジャフ首長アル・カラキは自らの影響力を用いてシャーの威信確立に貢献した後、多数のシーア派ウラマーとともにペルシアに移住した。タフマースブはその見返りにカラキに対し宗教事案をめぐる隠れイマームの「権限」を認め、それによって自身は現世に君臨した。クズルバシュのうち依然としてシャーをマフディーの化身とする少数派は一五三二年に粛清された。それはアッバース朝とファーティマ朝がともに草創期、千年王国思想に染まった過激派騒乱を弾圧した史実[†11]と対比できる。サファビー朝体制は以後、隠れイマームの仲介者で国教シーア派の庇護者・保証人のシャーを中心として安定した。タフマースブは一五四八年、首都をタブリーズからカズビーンに遷した。新首都はテヘランの西方約一五〇キロにあり、ペルシア中央部に近い。遷都はオスマン帝国に対する防衛、そしてトルクメンの遺産を断ち切るためだった。

イブン・ハルドゥーンの三要素がサファビー朝をめぐって言及されることはまれだが、実際は大いに該当する。シーア派「説教」がなければ、サファビー家「集団」がアゼルバイジャンの「周縁」から全ペルシアに帝国「権力」を樹立することは不可能だっただろう。オスマン帝国の力学は全く違った。帝国は君侯国間の激しい対立の時代を経て形作られたが、特定の「説教」をめぐりオスマンとその子孫が他の君侯らと違うところは全くなかった。一方、サファビー朝の基盤固めでは国教の役割が重要で、ファーティマ朝の宗教的中立性とは一線を画した（ファーティマ朝は中東で主流のスンニ派に対して、自らが信仰するイスマーイール派を奨励しようとしなかった）。サファビー朝がペルシア臣民にシーア派を押しつけるために示した攻撃性はイスラム史上前例がなかった。従来、様々な宗派の君主が多様な信仰の臣民を統治してきた。確かに抑圧は繰り返されたが、サファビー朝のように改宗を徹底的に強制することはなかった。こうして中東に君主の宗教と臣民の宗教を一致させる原則が出現した。これは欧州がカトリック－プロテスタント間の戦争を収拾するために用いた原則でもあった。[†12] オスマン帝国はアナトリア半島のシーア派の体系的弾圧に乗り出した。足元のシーア派がサファビー朝の野望に染まることを危ぶんだためだ。異端派はペルシアの聖職者から切り離され、地下宗教の立場に追いやられ、「アレヴィー派」と呼ばれる秘教的教義を編み出した。それはシーア派の一二イマーム派、アラウィー派、イスマーイール派、ドゥルーズ派のどれとも異なっていた。クルド人首長らは交渉を通じて次々とオスマン帝国に帰順し、サファビー朝に対するアナトリア半島南東部の盾になった。彼らはそれぞれ地位が異なり、対立を執拗に続けてきたため、オスマン帝国に対して一つの勢力として自立することができなかった。

---

†11　72頁、105頁参照。
†12　「それぞれの国家に、その君主の宗教を」という原則。一五五五年、神聖ローマ帝国のカトリックとルター派の諸侯の間で結ばれたアウクスブルクの和議によって確立された。

セリムはオスマン帝国を中東の一大勢力にしたが、息子の中で唯一生き延びたスレイマンが一五二〇～一五六六年の四六年間の治世を通じ、その業績を完成させた。彼のオスマン帝国での称号は「立法者（カヌーニ）」[†13]だが、フランス語の異名は「壮麗者」だった。対欧侵攻を再開し、一五二九年にはウィーンを攻囲した。その後は矛先をサファビー朝に向けて一五三二～一五三六年はバグダッドとイラクを攻略し、アゼルバイジャンの一部を制圧した。更にオスマン軍を率いて一五四八～一五四九年はヴァン、一五五三～一五五五年はエルズルムでペルシアと交戦した。その後ようやくタフマースブと和平を結んだ。オスマン軍はアゼルバイジャンから撤退するが、それはイラク支配を安定させるためだった。スレイマンはペルシア人のメッカ、メディナへの巡礼を容易にすると約束し、二大聖地の守護者という自身の立場を強めた。ナジャフとカルバラーを聖地とするシーア派の巡礼をめぐっても同様の約束をした。一方、サファビー朝はオスマン帝国がスンニ派であることに配慮して、正統カリフのアブー・バクル、ウマル、ウスマーンに対する非難を禁じることを約束した。ただ帝国間の和平はオスマン帝国宮殿の陰謀によって危険にさらされた。スレイマンは寵姫ヒュッレム・スルタン[†14]に夢中になり、奴隷身分から解放して唯一の正妻とした。後継君主の道が二人の息子、長男セリムと末男バヤジトに開かれた。スレイマンはバヤジトではなくセリムを選択した。バヤジトは一五五九年、父に対し反乱を起こし、支持者らが粉砕されると、ペルシアに逃れた。シャーは謀反者バヤジトを長らく大目に見たが、スルタンの密使による暗殺を黙認した。コンスタンティノープル‐カズビーン間の和平は以後六十年間、乱されることはなかった。

フランスとオスマンの同盟

オスマン帝国は一五三六年、西端はオーストリア、東端はアゼルバイジャンに広げて最大版図を保有した。当時コンスタンティノープルの人口は五〇万人近くで、その約四〇％がキリスト教徒、五％がユダヤ教徒だった。この時期、スレイマンはフランス王フランソワ一世と共同でハプスブルク家に対抗するためにパリ‐コンスタンティノープル間の真の同盟を結んだ。これは言葉の本来の意味では協定ではなく、[†15]カール五世に対抗し、同時にレバント地方の交易を組織化するという共通利益の覚書だった。この「教会の長女」［訳註＝フランスの意］とイスラム随一の強国の間の戦略的接近は、宗教的考慮を度外視した。仏艦隊は西地中海で、スレイマンにアルジェリア提督に任命された赤髭《バルバロッサ》ハイレッディンの艦隊と協力した。[†16]パリ‐コンスタンティノープル間の協力関係は、オスマン帝国とハプスブルク家が一五四七年に結んだ五年間の和約によっても何ら損なわれることがなかった。欧州の他の国々はフランスと競合する力がなく、「カピチュレーション」[†17]［訳註＝外国人特権付与条約。この単語は一義的には降伏を意味する］という人を欺く名称の通商特権を得ることに努めた。オスマン帝国にとって、このようなアマーン、

---

†13　カヌーニはギリシア語に由来し、本来は法典を編纂したメフメト二世よろしく「制定者」の意味合いが強かったが、「法令」の側面が勝り、「立法者」の意に落ち着く。

†14　ポーランド人司祭の娘、欧州での通り名はロクセラーナ。

†15　フランスの草案をオスマン側は調印しなかった。

†16　一五四三年、マルセイユを出航した仏‐オスマン艦隊がニースを攻略したが、サボイア公国の反攻に遭って撤退した。一〇年後、別の仏‐オスマン艦隊がコルシカを占領し、一五五九年にジェノバに返還された。駐コンスタンティノープル仏大使はスレイマンの一五四八～一五四九年の対サファビー朝遠征に同行した。

保護を与えることは弱さの表れではなく、強さの示威だった。地元仲介者の享受する免除特権・便宜は交易に開かれた都市「地中海東部諸港」に限られた。つまりコンスタンティノープルとイズミル、アレッポとその輸送港アレクサンドレッタ、レバノンのトリポリ港とサイダ港、アレクサンドリア、そしてカイロである。

壮麗者スレイマンは治世初めの軍事優先期を経て、新奇な野心を胸に、壮大な政策に着手した。スルタンの多くの遠征に従軍した元イェニチェリのシナンが宮廷建築家になる。五百近い大建造物の建設を監督し、そのうち約百は大モスクだった。キュリエ式複合施設はモスクを中心として一連の建造物が配置された。その一つが君主に敬意を表してスレイマニエと命名されたコンスタンティノープルの建築群で、七つのイスラム学院、ハディース研究所、医学学校、公衆浴場、宿泊施設を備えていた。スレイマンはエルサレムの今日言うところの「旧市街」を取り囲む城壁の建設（一五三七〜一五四〇年）も命じた。アレッポ、コンスタンティノープル、エルサレムから招いた三人の建築家の指揮下で行われたが、これほどの巨大建設を正当化する軍事的要請は全くなかった。全長三キロ以上の城壁に三四の塔が立ち並び、七つの巨大な門が設けられた。スレイマンがイスラム教の預言者の一人[†18]とされる同名異人で、古代イスラエルを象徴する王ソロモン／スレイマンに自身をなぞらえ、自身の栄光を刻み込もうとしたのは明白だ。

宰相・イェニチェリ・長老

オスマン帝国でスルタンに次ぐ権力者の大宰相は最も弱い存在でもあった。常に犠牲にされる可能性があった。セリムの大宰相ユーヌス・パシャは一五一七年に処刑された。マムルークのアレッポ元総督をエジプト総督に任じた人事を批判したためだった。スルタンがイェニチェリの圧力に譲歩することもある。イェニチェリが「ひっくり返す[†19]」象徴的行為で反乱の脅しをかける時だ。君主はまた、政権交代を狙う一派を大宰相とともに排除し、この右腕だった人物の蓄積した財産を独り占めすることもできた。一四五三年から一六一四年までに計五七人の大宰相がいたが、生粋のトルコ人は五人だけで、大半は改宗者だったことがスルタンの専横に対して彼らの立場を更に弱くした。大宰相は君主の名のもとで閣議「ディーワーン[†20]」を主宰した。土地台帳の責任者の財務長官「デフテルダル」は戦略的要職で、地租を担当する一方で、地方領主と一部軍人の忠誠心を保つために用益権としての区画割り当ても担当した。官職の売却は公認されはしなかったが、帝国の財源を補充する意味で大目に見られた。

こうして悪循環が生まれた。行政官は大宰相に倣って、罷免される前に最速で最大の蓄財に励んだ（失脚から万一復帰が許された場合は「金であがなう」ことを覚悟した）。この仕組みは拡大する官僚

†17 フランスがオスマン帝国とカピチュレーションを正式に締結したのは一五六九年。そのはるか以前にコンスタンティノープルとアレッポ、そして「東トリポリ」に仏外交代表部を置いていた。

†18 これより千年前、ビザンツ帝国のユスティニアヌス帝は五三七年のアヤソフィア大聖堂の奉献に際し、ソロモンを「超えた」と言い張った。

†19 軍人が君主からの食糧を受け取る「鍋」は日々の服従の証で、それを「ひっくり返すこと」は不服従を意味した。

†20 仏語「ディヴァン」（長椅子）はアラビア語ディーワーンに由来する。ディーワーンはアッバース朝初期は行政の一局を意味し（73頁参照）、その後、政府を意味した。

主義に加えて、拡大している限りは収奪を続けられるという意味で、大いに栄えた。その結果、体制安定期にもかかわらず危機が頻出し、版図は縮小さえした。オスマン帝国は腐敗の連鎖に対し、「正義の好循環」を好んで持ち出し、倫理を説いた。「軍なければ国はなく、剣なければ軍はなく、富なければ剣はなく、レアーヤーなければ富はなく、正義なければレアーヤーはない」という具合に。レアーヤーはアラビア語に由来し、「大衆」に相当する。原義は「群れ」[†21]。国家は税・生産の形で大衆の精髄を抽出した。大衆に正義を保証し、抑圧に制限を設けることが肝要になる。この国家‐大衆関係の論法はセルジューク、マムルーク、トルクメンの派手な軍国主義とは一線を画す。この論法は宗教的正統性を持ち出すことなく、国家の上位利益という倫理に則して展開するのが特色になっている。

　オスマン軍は二つの集団から成り立っていた。一つは、ティマール〔訳註＝封土の最小単位〕の経営が認められたシパーヒー／騎兵（あるいは地方名士が自らの封土をもとに徴募した騎兵）。もう一つは、帝国内少数派のキリスト教徒を徴用してイスラム教に改宗させたイェニチェリ[†22]。セリムはイェニチェリに婚姻の権利を最初に与えたスルタンだった。その規模はスレイマン時代の一五二八年に二万五千人に達し、後継指導者の時代にも膨張を続け、常設軍の三分の二の兵力に達した。イェニチェリは多くの場合、神秘主義教団に結びつき、国家機構に対する自立心、更には警戒心を抱くようになった。オスマン体制はイスラム法学者については、カーディー／法官とムフティー／法学者[†23]として行政制度に組み込むことに努めた。ムフティーの最高位者はシェイヒュルイスラム、「イスラムの長老」だった。初代シェイヒュルイスラムのエブッスード（在位一五四五～一五七四年）は、スルタンのスレイマンによる実子「反乱者」バヤジト殺害を支持した。形式主義のオスマン帝国は以後、高官の処刑を正当化するためにシェイヒュルイスラムの裁定を必須とした（裁定は往々にして処刑後に示されたが）。より一般的にはエブッスードとその後継者らは君主の所業にイスラム法を従わせるために専門知識を用いた。[†24] スンニ派ハナフィー法学派が宗教上の序列を浸透させたため、シーア派、特にイラクの二つの聖地ナジャフとカルバラーのシーア派は法の埒外に置かれた。それはアレヴィー派[†25]も同様だった。イスラム教少数派は礼拝や身分をめぐって派内で対応していた。彼らと大宰相府の関係はキリスト教諸派・ユダヤ教諸団体とは違って、法制化されていなかった。

海と陸の帝国

スレイマンが一五六六年に死去すると息子セリムがオスマン帝国の玉座に就き、欧州の史書はセ

---

†21　この言葉をめぐるイスラム教の概念は、キリスト教の羊飼いと対の「雌羊」に当たる。「正義の循環」は、この五世紀前にアズハル・モスクの神学者たちがファーティマ朝カリフを中心に据えた循環概念（113頁参照）とは異なる。

†22　173－174頁参照。

†23　ファトワはムフティーが発した。ムフティーはファトワの派生語。ムフティーはオスマン体制で主に宗教事案を担当し、現世の法官カーディーと区別された。シェイヒュルイスラムは最高位カーディーであり、最重要ムフティーだった。

†24　長らく禁止されてきた喫煙が一六五二年、シェイヒュルイスラムの裁定で「合法化」され、たばこの税収が正当化された。

†25　アレヴィー派をオスマン政権はサファビー朝の突撃部隊にちなんでクズルバシュと呼び続けた。

リム二世と表記することになる。新スルタンは既に兄弟を皆亡くしており、兄弟殺しの掟に従う必要はなかった。セリム二世は一五七一年、ベネチア、ジェノバと同盟を組んだスペインに対し、コリントス湾レパントの海戦で手厳しい敗北を喫した。オスマン帝国は安泰だった地中海の制海権を失った。ただ仮借ない負け戦の埋め合わせとして一五七三年、ベネチアと交渉してキプロスを割譲させた。その直後にはアルジェを母港とするオスマン艦隊がチュニス、トリポリタニアを征服した。地中海は以後、大海戦の舞台ではなく、カトリック君主名の「私掠船」とスルタン名を掲げるマグレブの臣下らの「バルバリア海賊」が海賊対反海賊の戦いをする舞台となった。[†26] 本来の戦利品とは別に、欧州勢とオスマン帝国はともに捕虜を奪い合い、その返還を執拗に交渉した。しかしこの掠奪し合う関係の均衡は、イスラムへの改宗に伴う優遇によって崩れた。改宗すれば、その場で解放され、官職や軍人に登用されることもあった。この結果、欧州では「背教者」に対する嫌悪が長く続いた。ムスリムに改宗したキリスト教徒は口を極めてののしられた。

歴代スルタンの列挙はくどくどしいかもしれない。ムラト三世は一五七四年に父セリム二世の後を継ぎ、二〇年の治世で一〇人ほどの大宰相を使い尽くし、その何人かは処刑した。その名声は宮殿の陰謀によって損なわれた。彼の母と妻の一人は宮廷を敵視する二派を支持した。後継スルタンらはアナトリア半島の慢性的不安定に直面した。脱走兵が群れをなして地方の反徒に合流した。帝国の秩序は一六〇八年、斬首した反徒らの首数千本を首都でさらしたことで回復した。十四歳で玉座に就いたオスマン二世は若年だが数か国語を操り、野心的な改革者だった。しかしその抜本的軍改革は一六二二年、イェニチェリの反乱を招き、オスマン二世は宮殿に乱入してきた軍団に殺された。その弟のムラト四世は一六三一年、イェニチェリの新たな反乱に立ち向かい、残忍かつ整然と秩序を回復した。彼は最も厳格なイスラム法学者たちを盾にして、複数の神秘主義教団の多様な影響力を抑えた。帝国は当時、約三十の州（エヤレト）で構成された。州の下に計三百ほどの県（サンジャク）があり、その半数は中東地域に位置した。オスマン帝国もそれまでに建設された帝国同様に複雑な制度を持ち、自らが生み出した矛盾を養分として膨張した。中央集権を志向しながら、扱いの難しい地域には法の適用除外を認め続けることで帝国の権威を保った。徴税を容易にするために住民を定住させたが、戦争や絶対必要な事態のために集団移住させる権利を確保していた。公には争議を禁じたが、争議を管理・調停することで権勢を誇った。

帝国の境界

オスマンの「壮麗者」スレイマンのペルシア版といえるサファビー朝最強の君主は一五八七〜一六二九年に君臨したシャー・アッバースだ。彼は英国の冒険家ロバート・シャーリーの知恵を借りて軍制を改め、大領主らの権力基盤を組織的に切り崩した。刷新されたペルシア軍は三つの兵力の混成だった。まず職業軍人部隊。そのペルシア人将校は政府高官と同じ家族であってもよかった。次にクズルバシュ突撃部隊。シャーによって定期的に兵卒に降格される危険を覚悟して、トルクメン戦士の伝統を維持した。最後に君主親衛隊で、アルメニア人、ジョージア人、チェルケス人で構成された。シャー・アッバースはこの軍事力を用いて帝国東部へのウズベク人の襲来を退け、やが

†26　「私掠船」という言葉は、敵船を攻撃する公的授権の「私掠免許」に由来する。「バルバリア」は「ベルベル人」から派生。

てホラサーンの二大都市ヘラートとマシュハドを奪還した。シャーは一六〇一年、マシュハドにあるシーア派第八代イマームの霊廟[†27]を厳かに巡拝した。一方で、勢力圏をペルシア湾南部にまで拡大し、英国[†28]を焚きつけてポルトガルに対抗させ、最終的にはポルトガルをホルムズ海峡から追い出した。シャーはオスマン帝国との一五五五年の和平を反故にして、一六二四年にはバグダッドを制圧し、スンニ派信者を迫害した。

この戦いでイラクは疲弊したが、ペルシアの懐事情も悪化した。ペルシアはムラト四世の一六二六年と一六三〇年の二度の奪回攻撃は押し返したが、一六三八年の三度目に屈した。バグダッド攻囲はひと月以上続き、今度はシーア派教徒が虐殺された。オスマン帝国イラクとサファビー朝ペルシアは一六三九年の和平で国境線を画定した。ほぼ今日のイラク‐イラン間の国境線だった。帝国間の勢力均衡で定まった国境線であり、一世紀かけて安定した。線引きの基準は民族・言語・宗教ではなかった。トルコ人、クルド人、アラブ人はどちら側にもいた。ペルシアでスンニ派は少数者として存在し続け、イラクはシーア派最重要の二大聖地を懐にかかえた。この国境線はその後四世紀にわたり、あの凄惨な一九八〇〜一九八八年のイラン‐イラク戦争の後も維持されている。中東の諸問題は共同体単位で領土を分割すれば「片が付く」と信じる軽薄な連中はこうした事情を熟考すべきだろう。

サファビー朝の宮殿

シャー・アッバースは一五九八年、王国の経済・文化の中心地となっていたイスファハンに首都を置いた。王が首都に見事な建造物群を建設したことで、「イスファハンは世界の半分[†29]」というペルシア格言が生まれた。壮麗なシャーのモスクが、華麗なシャーの広場に臨んだ（今日はホメイニ[†30]〔訳註＝イラン・イスラム共和国の初代最高指導者〕にちなんで「イマームの」モスク、「イマームの」広場と呼ばれる）。サファビー朝王宮は豪華絢爛さで外交使節や旅行家を圧倒した。ジュルファ街はアルメニア人居住区になった。彼らはカフカスにある同名の土地から集団移住させられた。[†31]彼らはブドウ栽培を許可された。公式には「ミサ用のワイン」を造るためだったが、首都にアルコールを供給した。アルメニア人は器用な職人・やり手の商人であり、忠実な民兵もいた。シャー・アッバースはキリスト教徒とユダヤ教徒の臣民に寛容だったが、対照的にスンニ派は差別した。シャーはサファビー家のシーア派信仰の体現者としての地位に気を配り、一六〇一年にサファビー朝創建百年を祝してマシュハドに巡礼した。サファビー朝は技芸を普及させた分、質を下げた。有名な「ペルシア細密画」は顕著な例で、偽作が次第に増えて陳腐になった。

アッバース二世（在位一六四二〜六六年）は創始者イスマーイール、建設者アッバースに続く、サファビー朝三大王のしんがりだ。その治世を通じ、対オスマン国境の平和が維持され、内政も安

---

†27　88頁参照。
†28　英国は対ポルトガルで手を貸した報償としてバンダレ・アッバース港使用の便宜を与えられた。これはオランダにも与えられることになる。
†29　ペルシア語はエスファハーン・ネスフェ・ジャハーン。
†30　374－375頁参照。
†31　シャー・アッバースはエレバン北方にあるアルメニア正教会司教座のエチミアジン大聖堂の移築さえも検討したが、放棄した。

定したことは、シャーの功績と見なされる。アッバース二世は王国のキリスト教徒を厚遇した。イスファハンのユダヤ教徒に対しては侮辱を重ね、改宗を強要したが失敗した。シャーは、自身はイスラム法学者に宗教上優越すると主張して譲らなかった。一方で法学者らは「隠れイマーム」に由来する権威を自分たちだけの都合で利用した。だがアッバース二世に続く二代の後継者は、一人は弱さから、もう一人は頑迷さから、次第にシーア派法学者らの圧力に従うようになった。シャイフ・バーキル・アル・マジュリシーは一六八七年、聖職者の最高位に昇り詰め、従来シーア派、スンニ派を問わず発展してきた神秘主義を執拗に断罪した。彼は戦闘的シーア派信仰を盾にして、サファビー家の権威の教団的基盤[†32]に挑み、同時に一種の神秘的普遍主義にも攻撃を加えた。

フランス人宝石商ジャン・シャルダンは稀少石を求めて、アッバース二世の息子で一六六六年から一六七七年まで君臨したシャー・スライマーンの宮廷に二度滞在した。シャルダンの旅行記は欧州に広く伝わった。それに興を得てモンテスキューは一七二一年、風土を鮮やかに描いた『ペルシア人の手紙』を刊行した。イスファハンの王宮は異国趣味に溢れ、折しも「トルコ大王」が「東方の暴君」の典型とされただけに、更なる幻想をかき立てた。ところがスライマーンの息子で一六九四年に即位したシャー・フサインは全く惨めな皇帝だった。自身が更なる悪徳に浸るためであれば、イスラム法学者の不寛容を認めることもした。後宮に数十人の妻・側女（その一人ひとりが彼の娘たちと奴隷を同伴していた）を含む数千人の女性をはべらせ、その支出は帝国予算の一割にも及んだ。地方の税負担は過大で、一七二二年にイスファハンがアフガニスタン部族に攻囲された時、地方には救援部隊を派遣する余裕がなかった。攻囲は六か月続き、シャー・フサインは降伏・開城し、侵略者に譲位を余儀なくされた。サファビー家の虚構によると、サファビー朝はこの後数十年存続する（これは後で論じる）[†33]。しかし実際にはシャー・イスマーイールが創設した王朝はペルシア帝国を二世紀余り統治しただけだ。サファビー朝体制の土台である国教シーア派は、聖職者組織の強化に結びついた。

アレッポから見たシリア

シャーム地方は一五一六年にオスマン帝国に征服された後、ダマスカスとアレッポという二つの統治区域に区分された。アレッポはダマスカスよりも戦略的に重視された。アレッポはアルメニア、アゼルバイジャン経由、またはバグダッド経由、あるいはペルシア湾経由にせよ、コンスタンティノープルからインドに向かう主要路の交差する地点だった。アレッポ地方はアンティオキアと旧キリキア・アルメニア王国[†34]の大部分を含み、ディヤルバクル統治区域の境界のユーフラテス川まで広がる。アレッポは地中海東部の港の中で最大の係争地で、フランス・英国・オランダが次々に[†35]領事部を開設した。それぞれが城砦の裾に隊商宿を抱える要塞を築き、仲買業者らを「ネーション」に定住させた。この英語・仏語の「nation」という単語はオスマン帝国の「ミレット／共同体」の概

---

†32　185頁参照。
†33　225頁参照。
†34　138頁参照。
†35　それぞれ一五六二年、一五八三年、一六一三年の順。コンスタンティノープルの大使館開設はそれぞれ一五三五年、一五八〇年、一六一二年だった。

念に相当する。欧州人は領事部開設によって帝国内の少数派並みの自律的司法権限を与えられた。アレッポの優位は一五七九〜一五八六年の行政再編でも維持された。この時はトリポリ（シリア中央）とラッカ（ユーフラテス川東側）の二つの統治区域が新設された。前者はダマスカス、後者はディヤルバクルに取って代わった。アレッポの人口変動は特に少数派に関わるものだった。城砦の内側のユダヤ人地区の一六八三年の人口は一五七〇年に比べて二倍になり、ジェダイにはキリスト教区が設けられた。

アレッポ経済の暦は絹産業を中心に進んだ。蚕《かいこ》の繭《まゆ》の収穫の夏、絹を織る秋、絹の玉出荷の初冬——絹の玉を積んだ船はアレクサンドレッタ港から欧州に向けて出航した。シャーム地方の他地域、特にレバノン山地はアレッポほどではなかったが、絹景気で潤った。絹商売は十八世紀後半まで栄え、その後はインドとの競争と西欧の生産の影響で衰退してゆく。アレッポの住民は時として多様な宗教・宗派単位に構成され、重税が続くと反発した。反乱は「預言者の子孫」を自称するシャリーフらが率い、自分たちの宗教的威信を反オスマン帝国の争いに役立てた。一七七〇年はオスマン帝国総督のアレッポ入城をひと月以上阻止した。シャリーフらは一七七五年、コンスタンティノープルの代理人をアレッポから屈辱的に退去させた暴動を支持した。一七八四年はイェニチェリの部隊を巻き込んだ自治政府を組織して一年間アレッポを統治した。一七九一年はオスマン帝国総督が城砦で大衆に包囲された末に逃げ出した。これらの騒動はこの後に取り扱うオスマン帝国の危機の一般的文脈には入ってこないが、アレッポはシリアである以前にアレッポであるという強力な自覚を物語っている。

少数派という大きな賭け

オスマン帝国黎明期はシャーム地方の人口の約一割がキリスト教徒だったと推計できる。キリスト教徒人口は以後三世紀、都市部だけでなく、マロン派教徒の農民が「スルタンの平和」を享受したレバノン山地でも目立って増加した。大宰相府の官吏らはキリスト教徒臣民を「啓典の民」としてムスリムからよりも多く徴税したものの、概して待遇に配慮した。こうした精神でダマスカス総督は一五九一年、ドルーズ派アミールのファフル・アッディーン[†36]にレバノン山地の管理を委ねた。この敏腕の領主は間もなく、サイダ港で欧州諸国に重用される交渉相手となり、冬の住居をベイルートに定めた。[†37]彼は一六〇六年にアレッポのクルド人総督アリ・ジャンブラドの反乱にくみしたが、鎮圧される直前に見捨てたことでオスマン帝国に容赦された。ファフル・アッディーンはレバノンの自立を固め、フィレンツェのメディチ家廷臣との関係を深めた。だが野心が過ぎて一六一三年にフィレンツェに追放された。一六一八年にレバノンに帰還し、一六二三年のダマスカス総督とベカー高原シーア派部族に対する勝利の後は、一〇年間にわたり勢力を広げ、威勢を誇った。ファフル・アッディーンはオスマン帝国の名で徴税を続けたが徴兵はせず、イラク遠征への派兵を拒否したことが一六三五年の処刑に結びついた。

フランス王ルイ一三世は一六二三年、領事に巡礼の安全とフランスの国益擁護を命じてエルサレ

---

†36　この名は「宗教の名誉」を意味する。

†37　夏の住居はレバノン山地シューフ中心のマロン派地区の「月の修道院」デイル・エル・カマールに定めた。

ムに急派した。キリスト教聖地をめぐる東方教会との繰り返される諍いに関連してカトリック教会を支援するためでもあった。ただ使節団を常駐させることはできず、「聖地托鉢修道会管区」でのフランシスコ会の発展を奨励しただけだった。通常、中東でフランス領事はカトリック使節がキリスト教徒に宣教することを援助した。オスマン帝国がムスリムの背教を全面禁止していたためだ。ルイ一三世は一六三九年、自身がレバント地方のマロン派を筆頭とするカトリック教徒の「庇護者」であると宣言した。宣言はルイ一四世が一六四九年と一七〇一年に改めて確認したが、大宰相府は全く認めなかった。フランスの直接・間接の積極主義は一六五六年以降、東方の三つの「正教会」で、まずシリア、次にギリシア、最後にアルメニアで、「カトリック」の異端派の出現に結びついた。これら新カトリック教会は総大司教の権限のもとマロン派が実践していた流儀[†38]に従い、それぞれがローマと関係を結んだ。ルイ一五世は一七四〇年のオスマン帝国との外国人特権付与条約の改定交渉の際、先王のように中東のキリスト教徒の庇護者を自任したが奏功しなかった。フランスの「民族・国民」とカトリックのミレット［訳註＝宗教自治体］の間の曖昧さに一方的につけ込もうとしたのだが。

英国はアレッポとの交易でフランスを上回っていたが、中東の少数派を庇護する権利があると主張しなかった。英政府代表は以後、ユダヤ共同体への特別な関心を時に示しつつ、オスマン帝国当局者、レバント地方名士「アーヤーン」と友好関係を築いた。一四九二年のグラナダ陥落の後、セファルディム[†39]がスペインとポルトガルから追放され、十六世紀にはイタリアの都市国家でユダヤ人が迫害されたことで、中東のユダヤ集団が増加した。レバント地方のユダヤ共同体は十七世紀半ば、イズミル出身でコンスタンティノープルとカイロで活動したサバタイ・ツヴィの救世主的説教で大混乱をきたした。一六六五年、これに賛同したユダヤ教祭司「ガザのナタン」が決定的役割を演じ、エルサレムのユダヤ教神学校が激しく敵対した。東方のユダヤ共同体はこの自称救世主をめぐって敵味方に分裂したが、サバタイ・ツヴィは一六六六年、おそらくはオスマン当局の虐待を避けるためにイスラム教に改宗し、信望を失った。救世主待望の熱狂は燃え上がった時と同様に、瞬時に冷めた。集団的幻滅に陥らなかったのは、中東で排斥された頑迷な小集団だけだった。この小集団は一世紀後ポーランドに移ることになる。[†40]

オスマンの危機

一六四八年に六歳でスルタンに即位したメフメト四世は四十年近く君臨した。少年時代、君主の名を使って実権を握ったのは母后とイェニチェリだった。スルタンが宮廷の策謀からようやく解放されるのは、メフメト・キョプリュリュが一六五六年に八十代で大宰相に就任して辣腕《らつわん》を振るうようになってからだ。キョプリュリュは君主の権力を強固にするためにあらゆる反逆を抑え込み、一六五八年に首都の城門で起きた反乱は殺戮で制圧した。大宰相府に数千の暴徒の首がさらされた。大宰相は最後まで反抗した首領らを和解の晩餐会と称して呼び出し、虐殺した。彼は、倫理的命令を勝手に下すようになった厳格主義ウラマーに対する否認の言質をムスリム指導層から取りつけた。

---

†38 137―138頁参照。
†39 「セファラド Sefarad」は中世ヘブライ語でまずイベリア半島を、次に半島出身のユダヤ人を意味した。
†40 「フランク主義」運動を指す。サバタイ・ツヴィの主張を継承したヤコブ・フランクが指導者。

メフメト四世は一六六一年、この大宰相の死に際し、その息子の一人、ダマスカス総督を後継に据えた。アフメト・キョプリュリュは教師として確かな学識の持ち主だったが、改革は全て先送りして、喫緊の軍事問題に注力しなければならなかった。オーストリア遠征を手ずから率い、一六六九年には第四回十字軍以来ベネチアの領有するクレタ島の征服に専念した。[41]

ルイ一四世がこの危機に際しベネチアを支持したため、駐コンスタンティノープル仏大使は追放された。フランス-オスマン帝国間の外交関係が断絶した一方で、ベネチアの敗北は必至だった。仏外交はオスマン帝国高官のパリ派遣を知り、難局を切り抜けられると期待した。フランスがスルタンの全権代表の訪問を想定したのに対し、やってきた高官は単に瀬踏みの任務を負っただけだった。[42] ベルサイユ宮殿は帝国の賓客をもてなすために豪奢に飾り立てられたが、全くの浪費だった。太陽王はこれを恨み、モリエールに劇作『町人貴族』を書かせ、ママムシ（架空のトルコ高官の尊称）を辛辣に風刺することで報復した。一方、フランス人のトルコ趣味は過熱し、ラシーヌが悲劇『バジャゼ』を書くほどだった。兄であるムラト四世の命令で一六三五年に暗殺されたバヤジトの陰鬱な運命に触発された作品だった。フランス-オスマン関係はベネチアのクレタ島からの撤退に伴い、十分に回復した。

キョプリュリュ家の二人目の大宰相の一六七六年の死は、メフメト四世の更に陰気な治世の幕開けとなった。このスルタンは国家運営の責任を全く負おうとしなかった。権威の危機はコンスタンティノープルで明白になり、戦場でも感知された。一六八三年、オスマン軍のウィーン攻囲は無残な失敗に終わり、その四年後ハンガリーのモハーチの戦いに敗北した。メフメト四世は屈辱を重ねた責任を問われ、反乱軍に退位させられた。反乱軍に担がれた後継者は異母弟スレイマンで、その時まで宮殿の金の牢に幽閉されていた。[†43] 新スルタンのスレイマン二世と後継二代のスルタンは軍事的敗北の悪循環を断つことができなかった。一六九九年にカルロヴィッツ講和をオーストリア、ポーランド、ベネチアと結び、オスマン帝国はハンガリー、クロアチア、トランシルバニアを失うことになった。これを機に欧州からのオスマン帝国の撤退の流れが加速する。オスマン帝国は十八世紀を通じ、一連の対ロシア戦で消耗し、破壊を被った。戦争は一七一〇年、一七三五年、一七六八年、一七八七年の四度勃発した。このうち、オスマン帝国がスウェーデン王カール一二世の亡命を受け入れたことで起きた初回だけはオスマン帝国が勝利した。

対露戦で最も手痛い敗北はロシアのクリミア半島占領に帰着してしまう。それは一七七四年にブルガリア北部で調印されたキュチュク・カイナルジャ条約に基づくものだ。初めてオスマン帝国はムスリムが人口の大半を占める領土、この時はタタール人のクリミア半島を割譲した。ロシアのエカチェリーナ二世は抜かりのない東方専門家の助言を聞き入れ、オスマン帝国スルタンの行政権限(帝政ロシアがクリミア半島で取って代わった権限)とオスマン帝国カリフの宗教権限(クリミア半島タタール人に対し、依然として有効な権限)を区別して条約に盛り込んだ。この外交的・神学的巧妙さは、廃れてしまった「カリフ」位を掲げることで大宰相府の名声を改めて高めたいとするオスマン帝国スルタンの野心と共鳴した。こうして、カリフ位はオスマン帝国のもてなしに対しアッバー

†41 154頁参照。
†42 駐仏オスマン大使はようやく一七二〇年に任命された。
†43 兄弟殺しの法は廃止され、ある期間にわたる幽閉に代わっていた。この場合は三六年間だった。

ス家から感謝の印として「移譲」された、とする国家伝説が作られた。ウラマーは皆、イスラム世界最高権威の顕職に就くためにはアラブの出自が必須だと考えたが、スルタンの神学上の強制に従った。カリフ領は過去二世紀半存在しなかったが、スルタンの世上権とカリフの教権の区別に基づいて、「不信心な」強国と結んだ国際条約のために、再び出現することになった。

チューリップ時代

軍事的失敗に加え、オスマン帝国が長らく体現してきた三大陸にまたがる「世界経済」は、英国とオランダの金融メカニズム支配下のグローバル経済にうまく参入できていないことが次第に明らかになった。コンスタンティノープルの大宰相府は「体制」の意の「ニザム」にしがみついた。千人の指導者・官僚は外部世界の進展に茫然とする一方、時代錯誤の慣習、不断の内紛で身動きがとれずにいた。主流のスンニ派が保ってきた忠誠心は、変化という強迫観念に感化されるようになった。そのことはイスラムにとって有害な「内乱」（フィトナ）[†44]という烙印を押され、紛争を不可避とする原因になり得た。当時「フィトナより千年の圧政の方がましだ」と単調に唱えることが当たり前だった。実際、たった一一家族がブルサ、エディルネ、コンスタンティノープルという三つの首都とカイロ、アレッポ、ダマスカスの宗教上の位階制を支配していた。逆に幾つかの神秘主義教団には多様性があった。メフレビー教団とナクシバンディー教団はともに流行していたが、前者は洗練されたエリート主義、後者は厳格な静寂主義で知られた。またベクタシュ教団はイェニチェリと結びつき、ワルワティー教団は大衆騒乱に関わった。

ただオスマン帝国の衰退という決まり文句を唱えるのは尚早だ。一七一八年から一七三〇年までの「チューリップ時代」（ラーレ・デヴリ）は印刷術の導入を背景とした大いなる文化高揚期だった。この時代はオランダから輸入されたチューリップと結びつき、オスマン帝国の名士らは都市の風景をチューリップで飾り立てるほど夢中になった。チューリップ時代の終焉はオスマン帝国がアゼルバイジャンで敗れ、それがイェニチェリの新たな反乱を引き起こした時だった。反乱はイスタンブールの大衆に支持され、スルタンの廃位に結びついた。新しい君主「征服者」マフムトは反徒に寛容なそぶりを示し、その後で抹殺した。彼は仏人砲兵ボンヌヴァル伯爵[†45]を自身の直属とした。ボンヌヴァルは大口径の大砲、「臼砲」を開発した。スルタンは版図の浸食を国境地帯で食い止め、首都では大規模な基盤整備を主導した。見事な治世は四半世紀続き、隊商の行き来の減少とアフリカ北西部の「保護領」の自立で財政基盤が縮小したとはいえ、帝国の確かな適応能力を証明した。

アラビアの不服従

オスマン帝国はメッカとメディナ巡礼の管理に尽力し、アラビア半島の三地域の自立を放任した。まずザイド派[†46]イマームが統治し、頑として自立を貫いたイエメン北部。次にイスラムの最初の異端派から分派したスルタン国オマーン。最後にアラビア半島中心の東部。ここに極めて偏狭なスンニ

---

†44　53頁参照。
†45　クロードアレクサンドル・ド・ボンヌヴァルは改宗しアフメトと改名、正式にはクンバラシ・パシャ、「砲手長」の意。
†46　87頁参照。

派説教師とサウド家首長の盟約による「ワッハーブ王国」が出現した。イエメンの神権政治は最も古く、その争い好きの独自性は驚くほど長い時間をかけて築かれてきた。実際、イエメンのイマームの系譜は実に八九七年まで遡ることができる。彼らはザイド（二イマーム派第四代イマーム、ザイヌル・アービディーンの息子）の子孫だと主張した。ザイド派と呼ばれたゆえんだ。しかし神学上の考えは昇進ほど重要ではなかった。この世間から隔離された共同体を武勲・説教の両面で守ることのできる、最強の人物が首長に昇進した。このようにしてザイド派のイマームはサアダまたはサナアを首都として時を刻んできた。君主はその時代のイマームとして崇敬された。

この神政は踏み入ることも難しい山々に守られて独立を保ってきた。例外は、スンニ派王朝の支配下にあった一一七四年から一四五四年までの期間とオスマン帝国に服従した一五一七年から一六三六年までの期間だ。イマームの統治したイエメン人口はタイズ、高原、紅海沿岸のスンニ派と北部、東部山岳部のザイド派にほぼ二分される。ただスンニ派は権力から排除され、実権を握るのはザイド派、正確には預言者とアリーの子孫[†47]とされるごく少数だった。イマームの収入の大半はザイド派部族が過酷に支配するスンニ派居住地域からもたらされた。ポルトガルの侵略に対しイマームがジハードを宣言した史実に基づいて、ザイド派は自らの宗教的正統性を主張し、戦闘行為を正当化している。オスマン帝国はスンニ派だが、ザイド派との教理上の対立は不問に付し、欧州の「不信仰者」に対する戦いで共闘することを選んだ。

アラビア半島北東の一角のオマーンの山地は「離反者たち」ハワーリジュ派信者らにとって聖域だった。同派は六五七～六六一年[†48]、正統カリフのアリー支持陣営を引き裂いた。その後、ウマイヤ朝・アッバース朝時代に反徒として迫害された末にオマーンに逃げ込み、「イバード派[†49]」を形成した。同派は静寂主義であり、ハワーリジュ派本来の革命的緊張とは対照をなした。オマーンは航海に秀で、ペルシア湾入り口とインド航路でポルトガルと張り合い、遠方のジャワ島に至るまで商館を設けていた。一七四九年にアル・ブーサイード家がペルシアの侵略に対し抵抗運動を主導した。同家は後背地マスカットの支配者となり、スルタン王朝を樹立し、今日のオマーンに至るまで権力の座にあり続ける。アル・ブーサイード朝は東アフリカ沿岸に入植地を広げた。これがスワヒリ語の起源だ（その大部分がアラビア語から派生した。スワヒリの字義は「沿岸地方」）。マスカットのスルタンは今日のソマリアとケニアに該当する地域で幾つもの港を支配した他、ザンジバル島を領有し、島産で利益を生み出す交易品クローブ（丁子）を独占した。オマーンは当時のグローバル経済網に見事に組み込まれていた。これに対し、オスマン帝国勢力圏を外れた三番目の地域は、その気難しい厳格さに閉じ籠もっていた。

ムハンマド・イブン・アブドゥルワッハーブは一七〇三年にアラビア半島中央部で生まれ、スンニ派四大法学で最も峻厳《しゅんげん》なハンバリー学派[†50]の説教師になった。神学上の一切の「革新」（ビドア）を敵視し、シーア派と神秘主義に代表される「異端」を攻撃する「一元主義」の宗派を作った。ア

†47　アラビア語でサイイド。複数形はサーダ。
†48　53－54頁参照。
†49　イバード派は今日、オマーンの他、二か所に共同体を持つ。チュニジアのジェルバ島、そしてアルジェリアのオアシス地方ムザブだ。アルジェリアのイバード派は「ムザブ派」とも呼ばれる。
†50　80－81頁参照。

ブドゥルワッハーブは、ナジュド高原の質素なオアシス都市ディルイーヤの首長ムハンマド・イブン・サウドをもてなし、またその恩恵を受けた。この二人のアウトサイダーは一七四四年頃、互いの力量・野心を一つにすることを決めた。新宗派が形成され、敵陣営から「ワッハーブ派」と呼ばれた。二人の盟約は「邪悪なムスリム」、つまりワッハーブ派教義を拒む全てのアラブ人に対するジハードを正当化した。他部族を襲撃することを戦闘の最も気高い美徳と称揚し、敵の排除だけではなく、霊廟や「偶像崇拝」文書の破壊も正当化した。その四世紀前にダマスカスで著されたイブン・タイミーヤ[†51]の書は「虚偽のムスリム」に対するジハードを命じていた。イブン・アブドゥルワッハーブはその書に、サウド家がアラビア半島中央部で他のムスリム部族に対し「ジハード」を行う根拠を見いだした。当時ワッハーブ派の説教はナジュドに限られ、オスマン帝国支配層の注意を引くことはなく、まして外部世界には未知の存在だった。

隷属したマムルーク

エジプトについては本章で征服者セリムの命を受けた元アレッポ総督のマムルークが一五一七年にエジプト総督に任命されて掌握したところまで言及している。[†52] その八年後、壮麗者スレイマンは右腕の大宰相イブラヒム・パシャをカイロに送り込み、行政を抜本的に再編した。マムルーク部隊は維持されたが、イェニチェリ、そして大宰相府の急派した他の部隊の脇に置かれた。マムルークのアミールらはベイ（高官）に降格され、所有する封地は個別に小作地として徴用された。エジプトの統治はスルタンの名のもとで、パシャの地位にあるベイレルベイ（高官の中の高官）が担当した。その主要任務はオスマン帝国の遠征に備えて国庫に税を納め、若い兵士を供給することだった。

メッカとメディナへの必需品の定期的調達にも留意する必要があった。一五二八年に徴税のために作成された土地台帳が改訂されることは全くなかった。「一度限り」を伝統とするエジプト流業務執行ではある。マムルーク、イェニチェリを問わず「家」と呼ばれる軍閥どうしの抗争が定期的に起きた。抗争は、マムルーク朝スルタン時代のように、軍支配層の成功者と落伍者の間だけで起き、カイロの一定の地区を破壊したが、それ以外の地区や地方に及ぶことはなかった。

アラブ人名士には軍人の道が禁じられており、宗教に出世の道を見いだした。オスマン帝国の官界（法官、補佐官はトルコ系長老に限定されていた）、あるいは神秘主義教団、宗教団体で昇進する可能性は大きかった。大衆は何度も疫病、凶作に喘《あえ》いだ。そういう時にオスマン当局から帝国全体の繁栄の一部をあてがわれることに大衆は感謝した。エジプト-欧州間の交易は、アレッポ、レバント地方とは反対に、縮小傾向にあった。ただエジプトの帝国域内の交易は着実に拡大した。カイロはこの時期、市域が空前の拡大を経験し、人口規模は十五万から三十万へと倍増した。こうした発展は、エジプトに退廃と腐敗しか見ようとしない大概の西側観察者の認識とは対照をなしている。ルイ一六世時代にフランスで最も尊敬された東方学者の一人ボルネーは一七八二年から一七八五年にかけて中東を旅した。彼のエジプト観は「暴政の強欲と隷属の不信」の間で煩悶するという、やりきれないものだった。こうした紋切型は有害であり、パリに控える将来の侵略者らの妄想を掻き立てることになる。加えてオスマン帝国の一七七三年と一七八六年の二度のエジプト遠征はマムル

†51　170－171頁参照。
†52　196頁参照。

ークの歴代総督が樹立した並外れた自治を打ち砕くことができず、見込みのないことが分かった。大宰相府の派遣部隊の撤退に伴い、カイロで政争の歯車が再び回り出した。

サファビー朝からカージャール朝へ

本章はシーア派のペルシアでの国教化で始まり、アヤトラ［訳註＝シーア派の高位法学者の称号］を最高位とする序列化で終わる。その起点は一七九八年だった。宗教的展開は必ずしも政治的急変の時期に起きるものではない。シーア派イスラムの威光の中心は一二人のイマームの中の誰かの霊廟、あるいはその最も近しい親族の墓のある聖地だ。イラクのナジャフ、カルバラーはシーア派で最も神聖な二聖地と見なされている。前者にはアリーの霊廟、後者にはその息子フサインの霊廟がある。イラクには更にサマラとバグダッドのカージマイン地区にイマームの霊廟があり、崇敬されている。[†53] ペルシア東部マシュハドも同様だ。テヘランからそれほど離れていないコムは遅れてシーア派重要拠点になった。イマーム・レザーの妹の墓があるためだ（レザー自身はマシュハドで埋葬された）。これら巡礼地は時に、シーア派にとって重要な教育の任務を担った。シーア派は「解釈者」の意の「ムジュタヒド」を高く評価する。シーア派神学校ハウザは大学式教育課程に則して運営された。法学者の序列は底辺のムッラーから「イスラムの証」ホッジャトルエスラームを経て最高位「神の徴」アヤトラに至る。数十年にわたる学問の蓄積を表す尊称だ。スンニ派四大法学とは異なり、シーア派はコーラン、そして預言者ムハンマドの範例（スンナ）にとどまらず、一二イマームの範例も教義大全に組み込む。それは膨大であり、習得には長い年月を要する。更に神学論文を入念に準備し、対審で論文を弁護するために同様に長い年月が必要になる。その末に「ムジュタヒド」の資格を手にする。

サファビー朝は一七二二年にイスファハンで降伏して以来、見る影もなくなった。衰退し、シーア派国教化の意味も失われていった。ペルシア東部のトルクメン人首長ナーディル・シャーはアフガニスタンの脅威の抑止を命じられたが、遠征で大勝した結果、サファビー朝の支配者に反旗を翻すに至り、一七三六年に支配者の座を奪った。ナーディル・シャーはシーア派の改革に着手さえした。救世主思想の側面を取り除き、第六代イマーム信奉[†54]を奨励しようとした。つまりスンニ派に同化し、スンニ派第五の法学派を作ろうとしたのだ。だが計画は頓挫した。この類いまれな戦士は領土をカフカスからインドにまで拡大したが、一七四二年に謀反に遭って暗殺された。ペルシアはシーラーズに首都を置くザンド朝がサファビー朝復興の虚構を唱え続ける混乱期に入った。国家の崩壊は国境紛争と不安拡大を招いた。シーア派聖職者の大半はペルシアを去り、オスマン体制の二大聖地ナジャフとカルバラーに避難した。そこで聖職者らはようやく、ナーディル・シャーの専断的シーア派再編の試みを危惧し、一二イマーム派教義の練り直しに尽力することになる。

十八世紀後半を通じてペルシアを引き裂いてきた権力闘争はカスピ海南部沿岸のトルクメン系カージャール族が優位に立った。族長アーガー・モハンマドは一七九四年、テヘランを首都に定め、シャーに即位した。サファビー朝とは異なり、カージャール朝は隠れイマームの授権を一切主張しなかった。姿を隠したマフディーの思し召しの解釈はシーア派法学者に任せた。この宗教的正統性

---

†53　88頁参照。
†54　イマーム・ジャーファルのこと。スンニ派法学者と区別するためにシーア派法学者を「ジャーファル派」と呼ぶこともある。

の移転はアヤトラたちの権威を大いに高めた。とりわけアヤトラがカージャール朝の勢力圏外のオスマン帝国イラクに居住している場合は。一七九七年から一八三四年までペルシアに君臨したファトフ・アリー・シャーは熱心なシーア派信者だった。マシュハドとコム訪問を重ね[†55]、ペルシアとイラクの様々な宗教施設に惜しみなく喜捨した。一八〇四〜一八一三年と一八二六〜一八二八年に起きた二度の惨憺《さんたん》たる対露戦争の際、カージャール朝君主は帝政ロシア軍に対するジハードを正当化するためにアヤトラたちにファトワを発するよう求めた。実際、シーア派神学ではジハードの宣言は隠れイマームの特権だが、サファビー朝は自らの宣戦布告がそれに勝ると主張した。そうした手段をとることは、宗教権威に頼らざるを得ないカージャール朝には不可能だった。

シーア派聖職者らの台頭に伴い、「模倣すべき基準」、マルジャエ・タクリード（宗教最高権威）の特権は自明になった。シーア派信者はそれぞれ「基準」（マルジャ）となるアヤトラを選ばなければならなくなった。アヤトラの意見は隠れイマームの思し召しを反映しているとされた。この選択は信者をムッラー、次にホッジャトルエスラーム、更にアヤトラ、最後にマルジャの権化「大アヤトラ」に至る、序列化した基準の連環に組み込んだ。この連環は信者がマフディーの名のもとに支払う一〇分の一税の徴収・分配も担った。シーア派世界で最初に認められたマルジャはナジャフに住む通称サーヒブ・アル・ジャワヒル、「真珠の作家」だった。教義上の規定を超えたスンニ派との深い対立が日常的実践に持ち込まれた。シーア派の場合、聖職者の緊密な組織網が信者の忠誠と忠誠を示す金銭の譲渡を保証する。カージャール朝はアヤトラに宗教事案の決定権を与えた。スンニ派の場合、オスマン帝国スルタンは極めて短期的にカリフを兼ねたが、国家の宗教機構はスンニ派四大法学の一つハナフィー学派だけが担い、神秘主義教団を制御することに失敗した。同教団自体、ワクフ[†56]の流儀に倣い、譲渡不可能な基金の保有者だった。本質主義者には気に入るまいが、シーア派、スンニ派を問わず、いずれの場合も信心はそれぞれの教義が確立して千年近く後に生まれた比較的新しい論理に従って今日まで組織化されてきた。

イラク問題

ビザンツ帝国‐ササン朝ペルシア間の中東分割とオスマン帝国‐サファビー朝間の中東分割を比較することは示唆に富む。四つの帝国はいずれも自らの権威を国教の土台の上に築き、国教が広大な領土支配の動脈となった。ビザンツ、オスマン両帝国はコンスタンティノープルを本拠にして自身の中東支配と欧州、地中海への野心を結合させた。ササン朝、サファビー朝は自身の帝国のペルシア性を明確に主張した。サファビー朝は首都をカズビーン、次にイスファハンに定めたことでペルシア性を更に強調した。一方、オスマン帝国とサファビー朝の対決は、ビザンツ帝国とササン朝の対決よりもはるかに限定的だった。一五一四年にスルタンのセリムがシャー・イスマーイールに勝利した後はイラクをめぐる攻防に絞られた。イラクはその二世紀後、オスマン帝国に征服される。ササン朝はメソポタミアの首都クテシフォンから影響力を及ぼしたが、サファビー朝がすぐ近辺のバグダッドを掌握したのは一五〇八～一五三四年と一六二四～一六三八年の二期だけだった。オスマン帝国とサファビー朝の和平は一五五五年に結ばれ、一六三九年に最終確認され、イラク‐ペル

†55　ファトフ・アリー・シャーはコムに埋葬された。
†56　87頁参照。

シア間に両帝国の国境が画定した。長い間ユーフラテス川だった境界線は東へ移ったことになる。この移動で中東の三極、エジプト、シリア、イラクはオスマン帝国スルタンの握る唯一実効的権力のもとに持続的に置かれた。これはアッバース朝の三極支配が九六九年にファーティマ朝による新首都カイロ建設で崩壊して以来、初めてのことだった。

ナーディル・シャーに屈したサファヴィー朝の失墜に伴い、イラクの対オスマン国境をめぐる敵対行為が再開された。激戦を経て一七三六年、一世紀前と同じ条件で和平が結ばれた。ナーディル・シャーは一七四三年、モスル攻撃に出発したが、モスル守備隊と住民は侵略者に対し一枚岩になり、勇敢に抗戦し、防衛に成功した。オスマン‐ペルシア間で新たな協定が調印された。これも一六三九年の協約が土台となった。モスル総督を一七三〇年以来務めたフセイン・ジャリリはモスル攻囲戦の英雄的行為によって栄光に包まれ、一族が総督の地位を保持する道筋をつけた。実際、一族は一八三四年まで総督を独占した。オスマン帝国はジャリリ一族を厄介払いすることができず、この地方王朝と折り合いをつけ、形式的とはいえ、東方国境地帯で自らの権威を守った。これは自立度を強めたマムルークにバグダッド総督を譲った理屈と似通っていた。マムルークは一七七五年、ペルシア来襲に徹底抗戦してバスラを死守していた。オスマン帝国‐サファヴィー朝間の帝国国境は維持された。ただ激しい反攻に遭ったペルシアは混沌に陥り、カージャール朝の出現に帰着する。マムルークはその強靭さの代償としてオスマン帝国にイラクを緩衝国として事実上認知させた。イラクは、モスルを強い地域的正当性を持つ一族が治め、バグダッドを中世の先達同様に軍事優先の論理に染まるマムルークが支配した。

オスマン、サファビー両帝国はどちらも国家がイスラムの教義、前者はスンニ派、後者はシーア派教義を唯一の「公認教義」としたとはいえ、民族的・宗教的多様性が特徴だった。どちらもキリスト教徒、そして程度は劣るがユダヤ教徒に寛大だったが、国教以外のムスリムには最善の場合で無視、最悪の場合は差別・迫害した。オスマン帝国スルタンは普遍的権威を自負し、欧州諸国の君主に対して儀礼上の尊大さが目立ったが、[†57]サファビー朝シャーは帝国建設に特有の自己陶酔の傾向はあるものの、儀礼上の要求はしなかった。シャー・イスマーイールの後継者らは重荷となったトルクメン人との絆から次第に自由になり、自らの体制をペルシアの栄光と結びつけるようになった。この過程はイスファハンへの遷都で完成した。コンスタンティノープルの歴代スルタンは自身の正室・側室の民族的出自にほぼ無頓着だった。その結果、君臨する一族の「トルコ」要素が希釈された。オスマン帝国君主は二大聖地の守護者であることを誇ったが、危険を伴うメッカ巡礼の実践は自粛した。サファビー朝歴代シャーはオスマン帝国によりナジャフとカルバラーへの通行を断たれ[†58]たため、崇敬の対象はマシュハドと第八代イマームのレザーの霊廟、そしてコムとレザーの妹の霊廟に振り向けた。メッカ巡礼を自粛するオスマン君主と代替地への巡礼を奨励するサファビー君主――、中東の二つの帝国の頂点で信仰心は大いに逸脱したように見える。

これらの帝国年代記に不在の民衆は都市暴動を介して存在を示した。コンスタンティノープルで

†57　壮麗者スレイマンは同盟相手のフランソワ一世を対等ではなく弟として遇し、カール五世に対しては皇帝の称号を使うことを拒否し、「スペイン王」と形容した。

†58　唯一シャー・タフマースブが一五二七年にナジャフを訪問した。サファビー朝がイラクを占領した四〇年の間の出来事だった。

イェニチェリの反乱を支持した時など、時に決定的な役割を演じた。アレッポとモスルでは民衆は重要な存在だった。折々の民衆蜂起は派閥抗争の枠組みに収まってはいたが、地方の自立を強固にし、都市の底辺に目を向けさせた。名士と「大衆」は、侵略者と認識された敵方ムスリム勢力、あるいは権力簒奪者として排斥されたムスリム勢力に対抗し、ともに立ち上がった。こうした行動は宗教色を帯びてはいたが、一つの都市の集団的名誉を掲げることで、広い共同体への帰属ではなく、近場の連帯の中に定着していった。カイロとアレクサンドリアの住民は自分たちの都市に誇りを抱いていたが、暴力的動乱期を含めても、自分たちと支配層マムルークを隔てる亀裂を克服することは決してできなかった。更に重大なことは、その支配層マムルークが定期的に権力抗争で分裂している時も住民らは非力であることを強いられたことだ。こうした構造的拒絶がエジプトの衰退を加速した。その昔、中東を構成する要だったエジプトがオスマン帝国の属州という多くの点で周縁的な地位に転落した。エジプトの戦略的地位の衰退は、中東の地で初めて直接展開することになる帝国主義の拡張に対し、エジプトを更に脆くすることになる。

第五章　年表

1501年7月	イスマーイールがタブリーズでサファビー朝シャーに即位
1508年10月	シャー・イスマーイールがバグダッドに入城
1514年8月	オスマン帝国がサファビー朝にチャルディラーンで勝利
1516年8月	オスマン帝国がマムルーク朝にダービクで勝利
1517年1月	オスマン帝国スルタン、セリムがカイロに入城
1520年9月	スレイマンがオスマン帝国スルタンに（～1566年9月）
1524年5月	シャー・イスマーイールの死。息子タフマースブが後継
1543年8月	仏-オスマン艦隊がニースを攻囲
1555年5月	オスマン帝国とサファビー朝ペルシアが講和
1566年9月	スレイマン二世がオスマン帝国スルタンに（～1574年12月）
1571年10月	オスマン帝国がレパントの海戦で敗北
1587年10月	シャー・アッバースのペルシア統治（～1629年）
1623年9月	ムラト四世がオスマン帝国スルタンに（～1640年2月）
1635年4月	レバノンの君主ファフル・ウッディーンの処刑
1639年5月	オスマン帝国とサファビー朝ペルシアが講和
1642年5月	シャー・アッバース二世のペルシア統治（～1666年10月）
1648年8月	メフメト四世がオスマン帝国スルタンに（～1687年11月）
1666年9月	サバタイ・ツヴィがイスラムに改宗
1670年10月	モリエール作『町人貴族』上演

1672年1月　ラシーヌ作『バジャゼ』上演
1687年8月　オスマン帝国がハンガリーのモハーチの戦いで敗北
1699年1月　カルロヴィッツ条約締結。オスマン帝国は欧州で衰退へ
1718年7月　オスマン帝国の「チューリップ時代」（〜1730年9月）
1721年5月　モンテスキュー作『ペルシア人の手紙』刊行
1722年10月　アフガニスタンがイスファハンを征服
1730年10月　マフムト一世がオスマン帝国スルタンに（〜1754年12月）
1744年頃　サウド家、「ワッハーブ派」と盟約
1746年9月　オスマン帝国とペルシアの講和、1639年の講和を確認
1747年6月　ナーディル・シャーがペルシア北東部で暗殺される
1749年6月　オマーンにブーサイード朝が出現
1774年7月　ロシアとオスマン帝国がキュチュク・カイナルジャ条約を締結
1775年12月　アレッポの大衆蜂起
1797年6月　ファトフ・アリー・シャーがカージャール朝第二代のシャーに（〜1834年10月）

第六章　植民地の拡張（一七九八～一九一二年）

「長い十九世紀」〔訳註＝一七八九年の仏革命から一九一四年勃発の第一次大戦までを「長い十九世紀」と一括りに捉える歴史認識。英歴史家エリック・ホブズボームの主張〕は中東で、植民地の拡張と近代化の推進が同時進行した世紀だ。ある歴史記述は西洋の外交文書を含む資料に基づいて、近代化の推進が植民地の拡張の反映でしかないと見なす。この方法論の歪みからこの種の歴史記述は大抵、オスマン、ペルシア両帝国の逃れ得ぬ衰退という診断を下す。衰退が一種の侵入思考となり帝国主義の野心を醸成した――と。この循環論法は、中東版啓蒙思想といえる体制と社会に影響を与えた力強い潮流を蔑ろにしている。確認すべきは、欧州列強は互いに競い合いながら、この解放への希求を「進歩」への抵抗と歪めて受けとめ、中東の潮流に逆行して介入した、ということだ。本章は西洋の中東介入の複雑なありようを一括して扱い、同時期の中東の改革運動と社会生活の進化の研究は次章で取り扱う。まず中東の外部の展開を熟考したうえで、次に中東の内部の展開を検討する。無論、外部と内部の弁証法的相関にも留意する。こういう手法をとることで、十九世紀に欧州諸国外交を大いに動かした「東方問題」が多くの点で「西方問題」として現れてくる。この「西方問題」が中東の変転に次第に深くかかわることになる。

　ボナパルト将軍の一七九八年のエジプト遠征は英国をインド航路で叩き、フランス共和国の公然

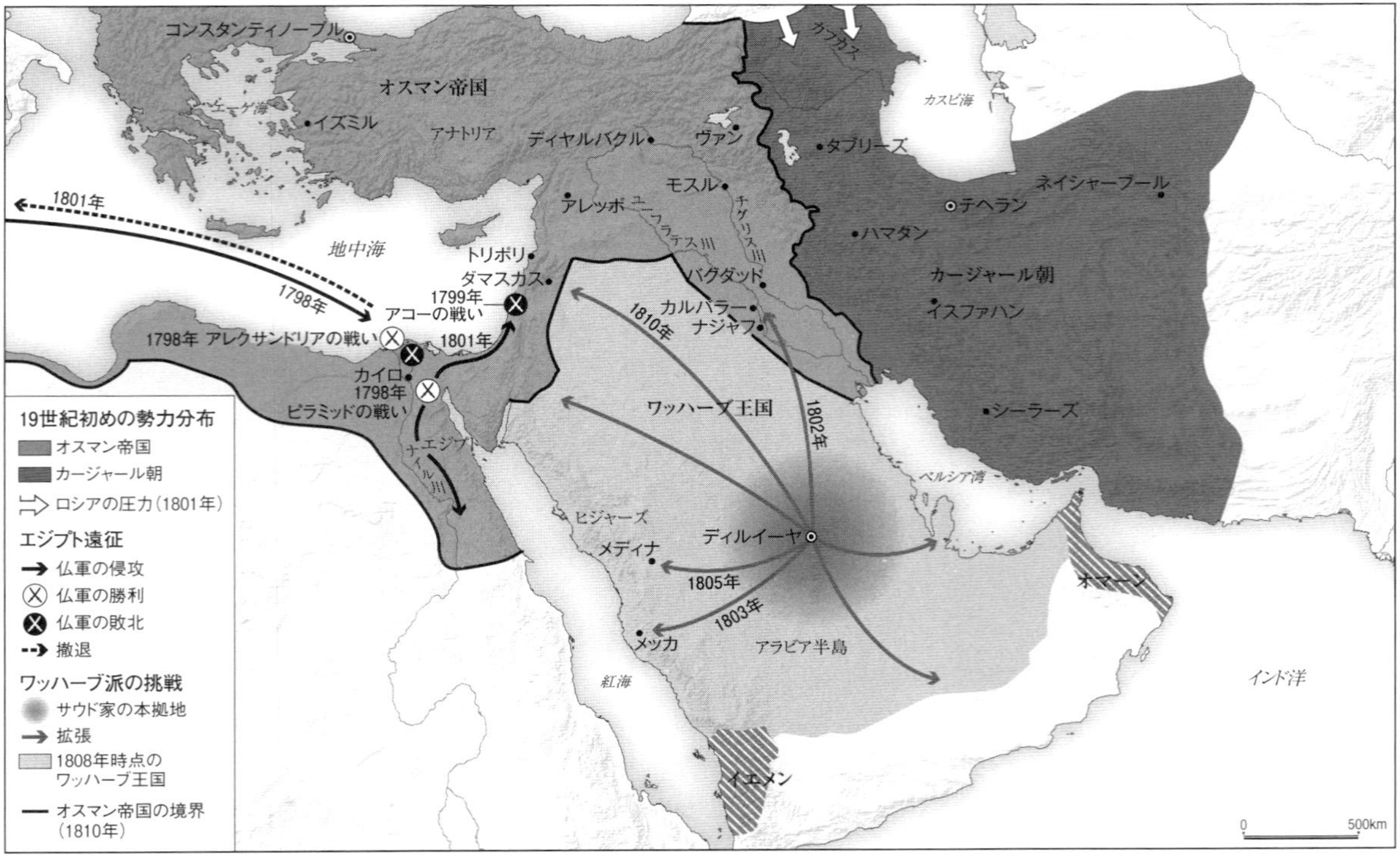

コンスタンティノープル
オスマン帝国
エーゲ海
イズミル
アナトリア
ディヤルバクル
ヴァン
カフカス
カスピ海
タブリーズ
モスル
アレッポ
ユーフラテス川
チグリス川
ネイシャーブール
テヘラン
ハマダン
1801年
地中海
トリポリ
ダマスカス
バグダッド
カージャール朝
1798年
1799年
アコーの戦い
カルバラー
ナジャフ
イスファハン
1810年
1798年 アレクサンドリアの戦い
1801年
カイロ
1798年
ピラミッドの戦い
ワッハーブ王国
1802年
シーラーズ
エジプト
ナイル川
ペルシア湾
ヒジャーズ
ディルイーヤ
メディナ
1805年
オマーン
1803年
メッカ
アラビア半島
紅海
インド洋
イエメン
0
500km
19世紀初めの勢力分布
オスマン帝国
カージャール朝
ロシアの圧力（1801年）
エジプト遠征
仏軍の侵攻
仏軍の勝利
仏軍の敗北
撤退
ワッハーブ派の挑戦
サウド家の本拠地
拡張
1808年時点の
ワッハーブ王国
オスマン帝国の境界
（1810年）

図6-1　1798年から1810年の中東 ▶
図6-2　米国の対リビア戦争（1801-1805年）▼

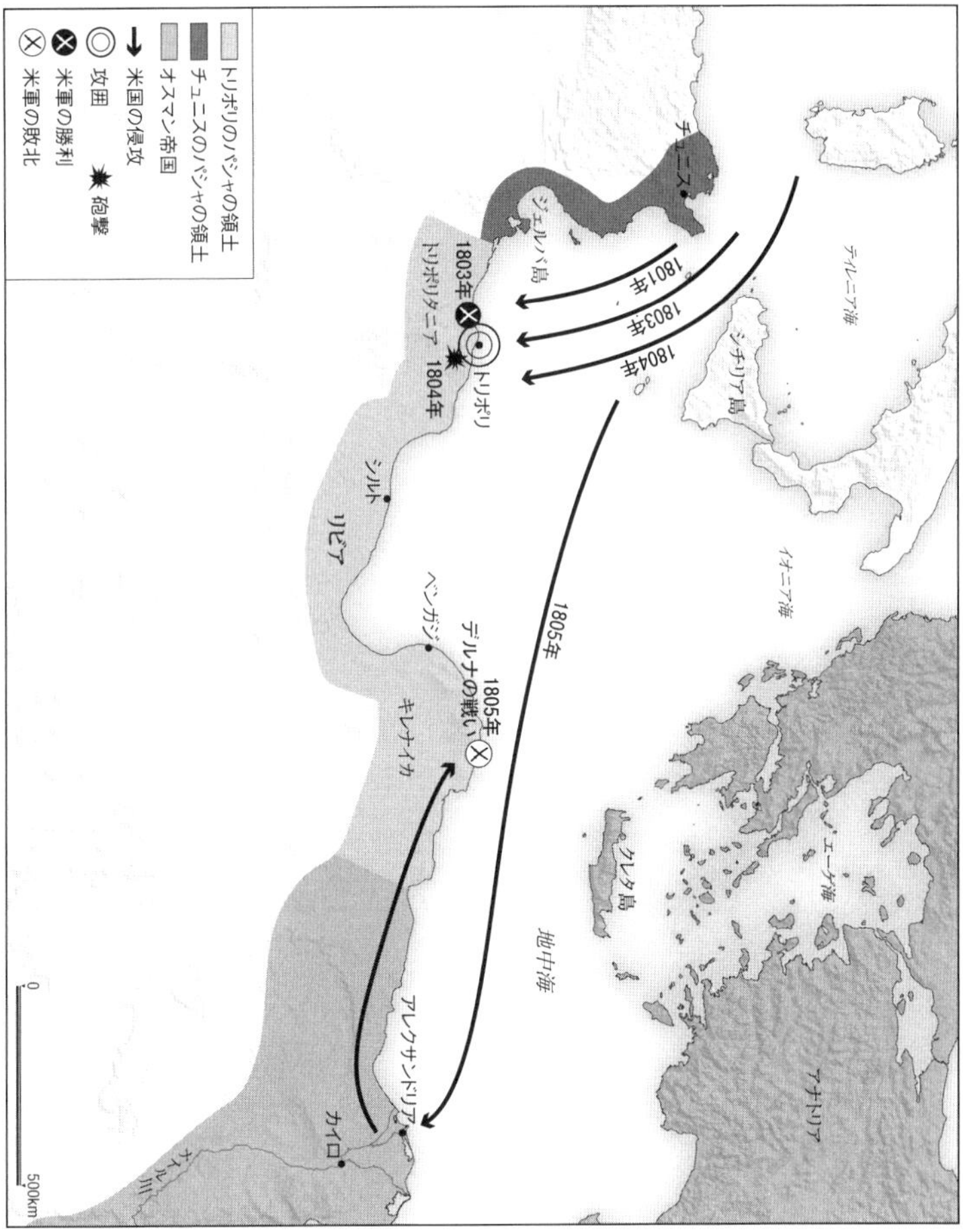

たる敵を弱体化させるのが目的だった。この欧州をめぐる動機に加えて、フランス革命流の救世主思想で育まれた前代未聞の意図があった。「文明化」、そしてトルコ支配からのアラブの「解放」を掲げて、ナイル渓谷［訳註＝エジプトの意］に新しい政権を樹立するという意図だ。こうした民族主義の言説は時期尚早であり、エジプトは当惑した。将来のナポレオン一世は「預言者ムハンマドと栄光あるコーラン」への敬意を表明してはいたのだが、エジプトはこの「不信心者」の闖入を前にムスリムの自覚が勝った。侵略者らはアレクサンドリアに上陸し、ピラミッドの戦いでオスマン軍を一掃した。彼らは占領費用を地元に負担させるため、カイロの統治に地元名士らを参加させようと努めた。しかしボナパルトはカイロで反仏暴動を鎮圧しなければならなかった。その後、一七九九年にパレスチナ征服に着手した。†1 ボナパルトは、オスマン専制に対して東方の「第三身分」を蜂起させることを夢想し、既にシリアを占領してオスマン帝国を側面から撃とうとする自身の姿を思い描いた。この壮大な構想はアコー城塞のふもとで砕けた。アコーは二か月の攻囲戦を凌いだ。ボナパルトは自軍を率い、エジプトへと撤退した。自身はパリに帰還し、革命暦八年ブリュメール十八日に権力を奪取した。

　クレベール将軍が以後、エジプトで仏軍の指揮を執り、カイロの二度目の反仏暴動を鎮圧したが、一八〇〇年、アズハル大学のシリア人学生に暗殺された。後継者のムヌー将軍はイスラムに改宗し名をアブダラと改め、名家のエジプト女性を妻にした。結婚は二つの民族が運命共同体であることの象徴とされた。しかし英軍がアブキールに上陸し、連動してオスマン軍がシナイ半島で攻勢に出たことで、カイロの仏軍は一八〇一年に降伏し、その後、アレクサンドリアでムヌー将軍も投降した。血気盛んだったフランスの「東方軍」は見る影もなく、英国の船舶に乗ってエジプトから逃げ出した。パリ－ロンドン間の外交戦はオスマン帝国の権威回復で決着した。幕間寸劇のようなフランスの三年間の介入には後世に伝えられる遺産があった。ボナパルトが随行させた数十人に及ぶ全分野の科学者らが執筆した百科全書的著作『エジプト誌』である。

米国の最初の戦争

一七九八～一八〇一年のフランスの「エジプト遠征」が端緒となり、西洋の新生国家が中東に介入する。米国である。この出来事は帝国主義興隆期の研究で通常等閑視されている。英国による植民地支配から一七八三年に脱したばかりの米国を植民地主義陣営に加えることはできないというのが言い訳だ。同様に米国の集団的記憶には今日でも根強い道徳的偏見がある。遠い中東でのあの最初の戦争は、「独立戦争」（一七七六～一七八三年）を想起させた第二の対英戦争（一八一二～一八一五年）の陰に隠れている。しかしながら、カラマンリー一族のパシャがオスマン帝国の自立封地として仕切っていたリビア「保護領」との戦争は米国創始期を画す一大事で、米国は連邦予算の三分の一を使い切った。この戦争はワシントン大統領の二人の後継者の世界観をめぐる対立も浮き彫りにした。「ハト派」ジョン・アダムズ（任期一七九七～一八〇一年）と「タカ派」トマス・ジェファソン（任期一八〇一～一八〇九年）である。対立は一七八六年に表出した。前者は駐英大使、後者は駐仏大使で、二人は米国船舶に対する攻撃の停止をめぐり、リビア全権使節と交渉していた。しか

†1　救世主思想の「フランク主義」（215頁の註40参照）運動の集団が東欧で、ボナパルトはパレスチナをユダヤ人に与えようとしているという作り話を流布することになった。

し調停者アダムズと強硬策信奉者ジェファソンの矛盾が原因で交渉は頓挫した。

本書で既に述べたことだが、キリスト教徒の私掠船とムスリムの私掠船が地中海で数世紀に及び攻防を続けてきた。私掠船は君主の特許状を携え、捕虜に労働を強制し、身代金が支払われれば捕虜を解放し、勝者は略取した船舶を自らの船団に加えた。[†2] 米国の独立に伴い、米国船舶は英国の保護を失った。そこで米議会はバルバリア地方の私掠船団に金を支払って不可侵の約束を取りつけるための多額予算案を採択した。不可侵条約は一七八六年にまずモロッコと合意したが、アルジェリア太守がワシントン大統領の要請に応じるまでに九年を要した。一七九七年にアダムズが後継大統領、ジェファソンは副大統領に就く。アダムズは同年、チュニス太守、次にトリポリのパシャと条約を結ぶが、その金銭条項が若い米国の重荷になる。リビアの支配者が更なる要求を持ち出したことに対し、一八〇一年に大統領に就任したばかりのジェファソンは米艦隊を急派してトリポリ港を海上封鎖した。米議会は派遣をめぐり、事前協議がなかったことに激怒した。派遣費はリビアの支配者の要求した貢納金の二倍だった。

ジェファソンはトリポリの海上封鎖に効果がないことを認め、やむなく封鎖を解除した。一八〇三年に再び艦隊を派遣したが旗艦を失い、乗員はリビアの捕虜になった。米国の新聞・議会は捕虜への連帯を訴えるキャンペーンを始めた。米艦隊は一八〇四年、トリポリに艦砲射撃を行い攻勢に出たが、不意に中断する。米国はエジプトを拠点とする地上作戦に方針を転換し、トリポリのパシャの実兄を唯一正統な指導者として玉座に据えると強調した。米海兵隊は一八〇五年、キレナイカ地方デルナ要塞を攻略し、米国旗を掲げた。トリポリのパシャは、米国が遠征軍を撤退させ、実兄への支持を放棄するのであれば、身代金と引き換えに捕虜を解放すると受け入れた。これが「バルバリア戦争」[†3]の顚末《てんまつ》である。今日の米国政治の主要要素が既に出そろっている。第一に、ジェファソン流タカ派とアダムズ系ハト派の間の緊張だ。前者は武力、後者は取引に賭ける。とはいえ中東の戦略的重要さでは両派の意見は一致する。第二に、世論の決定的な役割。米国人が人質に取られた場合には世論の重みは増幅する。第三に、大統領府に蔑ろにされることを嫌う議会の意志。最後に、これは最重要要素だが、文化的無知。米国が同盟相手を裏切る時、無知は深刻さを増す――。

フランスのエジプトをめぐる賭け

仏軍遠征の衝撃を経て、オスマン帝国が一八〇一年にエジプトで再建した権力は見せかけにとどまった。結局一八〇五年になって、大宰相府に派遣された高官の一人ムハンマド・アリー[†4]がカイロで自身の権威を確立した。彼は二年後、自身の打倒を企図した英軍のアレクサンドリア上陸を阻止した。このエジプト新支配者は一八一一年、カイロのマムルーク勢力の虐殺を命じた。この極端な対抗措置によって、過去三世紀の間オスマン帝国に隷属してきたバイバルスの後継者たち[†5]を排除した。ムハンマド・アリーはエジプトで自身の権力を着実に構築していった。オスマン帝国は、まずアラビア半島のワッハーブ派の挑戦[†6]、次にギリシアの民族主義勢力の反乱に対して、鍵となるエジ

---

†2　206頁参照。
†3　英語は Barbary War。
†4　トルコ語読みはメフメト・アリー。
†5　166－168頁、222－223頁参照。

プトの協力を取りつける必要があった。仏英露三か国は一八二七年、条約に基づき、「人としての感情、そして欧州平和の利害から」ギリシアに味方して軍事介入した。仏英露連合海軍は間もなくエジプト＝オスマン艦隊を粉砕した。ムハンマド・アリーはオスマン帝国に対し、損害賠償としてシリアの属州の統治権を求めた。オスマン側は当然拒否し、カイロとの溝を更に深めた。

　王政復古期のフランスはムハンマド・アリーという札に公然と賭けるようになる。この人物はボナパルトの着手した「文明化」事業の継承者を自称していた。フランスの親エジプト傾向は一八三〇年に誕生し、アルジェリア征服のためにカイロの支援を必要とした七月王政のもとで強まった。だがムハンマド・アリーの関心は東方にあり、息子イブラヒム・パシャにシリアを攻撃させた。エジプト軍は一八三二年に要衝のアコーを落とし、アナトリア半島への道を開いた。コンスタンティノープルは恐慌に駆られた。スルタンのマフムト二世は首都防衛のために一八三三年、旧敵ロシアと和解した。帝政ロシア軍はボスポラス沿岸に上陸し、エジプト軍の進軍に歯止めをかけた。それでもイブラヒム・パシャは「アラブ民族」の権利の正当性をギリシア民族、ベルギー民族〔訳註＝ベルギーは一八三〇年、オランダから独立した〕と同様に認めるよう迫った。父親のエジプト支配に続き、自身がシリア支配を実現する狙いだった。当時の外交文書には「東方問題」という文言が頻出した。欧州諸国にとってこの危機の重要性を物語っていた。

　オスマン帝国スルタンはロシアの介入に力を得て地中海作戦を再開し、一八三五年にリビアで今度は実効的権力を回復した。一方、イブラヒム・パシャはシリアの行政改革を推し進め、キリスト教徒を地方行政で重用した。[†7] 確かに徴兵拡大と重税は局地的な反乱を引き起こした。ただこの地道な近代化はコンスタンティノープルの改革に対する用心深さと対照をなした。大宰相府が真に積極的になったのは一八三九年のマフムト二世の死後、欧州の圧力を受けてからだ。翌年、英国が親オスマン路線にロシア、オーストリア、プロイセンを引き込み、イブラヒム・パシャを支持するフランスを孤立させた。仏王ルイ・フィリップは、国中の主戦論の高まりに反し、やむなくエジプトの盟友との関係を断った。イブラヒム・パシャは間もなくアコー要塞から追放された。ムハンマド・アリーは、アレクサンドリアに上陸するという英軍の脅しに屈し、一八四一年、シリアからの全軍撤退に応じた。代償として「ナイル渓谷」をめぐる総督世襲制を認めさせた。[†8]

帝国の大工作

ペルシアを一七九四年から支配してきたカージャール朝は、ジョージアを一八〇一年に併合し北方国境に迫るロシアを阻止しようと努めたが失敗した。ファトフ・アリー・シャーの二つの戦争はどちらも手痛い敗北に終わった。まず一八一三年にペルシアは黒海への通路を全て失い、次に一八二八年にロシアにカフカスの新たな領土を奪われてしまった。この年に結ばれた不平等条約は、かつてオスマン帝国が西洋諸国に与えた通商特権と同様にロシア人居留者に治外法権を与え、カージャール朝がペルシアに移住させたアルメニア人をロシアに再定住させることを定めた。この措置の

†6　267、270頁参照。
†7　反対にイブラヒム・パシャ支配下のシリアでは欧州同様の反ユダヤ主義が台頭した。一八四〇年にはダマスカスのユダヤ人らが宗教儀式をめぐる犯罪で告発された。
†8　274頁参照。

履行のために一八二九年にテヘランに派遣されたロシア全権代表は、キリスト教徒三人の逃亡者[†9]に外交的保護を与えた。アヤトラの説教に煽動され激怒したイランの群衆はロシア大使館を襲撃し、職員らを虐殺した。ロシア帝政はオスマン帝国に対するドナウの戦いに没頭していたためにペルシアとの戦争を嫌い、テヘラン殺戮事件についてはシャーの謝罪を受け入れた。

大英帝国はインド洋に達する通路の確保に腐心してきたが、ペルシアがロシアの勢力圏に落ちるのを見て憂慮した。そのため一八三四年にファトフ・アリー・シャーの死に際し、シャーの兄弟を差し置いて後継に指名されたモハンマドの即位を財政的・軍事的に支援した。新しいシャーは一八三五年にテヘランで即位すると、東方関与を奨励するロシアとその反対に向けて圧力をかける英国の間で引き裂かれた。事態は込み入った展開をする。ペルシアが一八三七年にアフガニスタンのヘラートを攻囲すると英国は翌年、ペルシア湾に英軍を派遣してハールク島を占領する。同島はペルシアのアフガニスタンからの撤退と引き換えに返還された。この政治的・軍事的連鎖は、英露が相手の帝国主義的拡張を阻むために駆け引きを繰り広げる、後に「グレート・ゲーム」と呼ばれる英露関係の反映だった。カージャール朝は英露抗争の罠に陥りながら、一方の介入に他方を対抗させる術を学んでゆく。ペルシアの領土的一体性を維持しつつ、行動の余地を手に入れるためだった。この間、英国人居留者はロシア人同様の例外的特権を獲得し、他の欧州諸国も追随した。

フランスは一八三〇年にアルジェリア沿岸地帯を比較的容易に占領したが、二年後に内陸諸州で首長アブデル・カーデルの主導する激烈な抵抗に遭う。ロシアはカフカスで類似の反抗に直面した。アバール系イマームのシャミルが一八三四年、ロシアの侵略に対するチェチェン人、チェルケス人の共闘を実現させたのだ。いずれの場合も、オスマン帝国カリフが「不信心者」の軍隊に直面するムスリムを見捨てた時に、[†10] カリスマのある若い指導者が神秘主義教団[†11]の先頭に立ち、大衆を動員して反植民地主義ジハードに挑んだ。アブデル・カーデルはフランスに一五年間抵抗し、シャミルはそれより更に一〇年長く抵抗した。両者とも名誉ある降伏の枠組みで武装解除に応じた。降伏の結果、アルジェリアでもカフカスでも、敗北した民に対する抑圧と収奪を背景に、植民政策で人口が激増した。仏第二共和政は一八四八年、「仏領アルジェリア」併合を発令した。アルジェ、オラン、コンスタンティーヌ三県が対象で、他地域は軍管区とした。北カフカスのロシア化は、キリスト教徒の入植地を守るためにコサック兵駐屯地を設営し、対オスマン戦争再開に伴い地元ムスリムを組織的に追放したことで、事態の悪化を招いた。

クリミア戦争

フランスはルイ一三世以来、中東のカトリック教徒を「庇護」する使命があると主張してきた。その役割を共和政、復古王政、七月王政を通じて一貫して担い、特に修道会の中東での布教を奨励した。イブラヒム・パシャの一八三一年から一〇年間に及ぶレバント支配は、フランスには好都合だった。エジプトがオスマン帝国の禁令を解き、欧州諸国の領事のエルサレム駐在を認めたことも

†9　三人は金満商人の奴隷だった女性二人とシャーの宦官。
†10　フランスは一八三七年、コンスタンティーヌを占領した。この時アルジェリアでオスマン帝国は存在を終えた。
†11　アブデル・カーデルはカーディリー教団、シャミルはナクシバンディー教団。

同様だった。ただ一八三九年に真っ先にこの機会を捉えて聖地に代表部を開設したのは英国だった。パレスチナにプロテスタントは少数で、イングランド国教会信者は稀だった。英国領事の任務は「ユダヤ民族の保護」[12]だった。プロイセンは一八四二年にエルサレム代表部を開き、フランスは翌年に追随した。ロシアはフランスによるカトリック教徒の「諸権利」の保護、英国によるユダヤ民族の保護に対抗し、ロシア正教会をそれより一千年前に開設されたエルサレム総主教庁と同列に論じつつ、正教徒に同様の「権利」を猛然と求めた。

これら「ルーム」[13]人口はオスマン帝国総人口の三分の一以上にも及んでいたこともあり、サンクトペテルブルクの正教徒をめぐる要求は受け入れられなかった。ただエルサレムのギリシア正教徒は聖所で事実上の優先権を有していた。その存在が古く、かつオスマン帝国が彼らに有利な裁定をしてきたからだ。一八四七年にベツレヘムの生誕大聖堂をめぐりカトリック教徒との間で起きた紛争はやがて国際問題に発展し、仏大統領ルイ・ナポレオン・ボナパルトが介入してロシア皇帝ニコライ一世と対立した。オスマン帝国スルタンは一八五二年、数年の長考の末に勅令を発し、正教徒を支持した。この勅令はその後、他の幾つかの裁定で補完され、エルサレムの聖所をめぐるキリスト教宗派間の取り決め、つまり「現状維持」の基礎となった。一八五三年に初めてエルサレム旧市街区分図が作られた[14]。ムスリム、キリスト教徒、アルメニア人、ユダヤ教徒の四つの「地区」に分けたものだが、各地区で住民は混在していた。

ロシア皇帝ニコライ一世は一八五三年初め、英大使を招き、オスマン帝国を「病人」と形容して、帝国の領土分割をほのめかした。フランスは排除された。皇帝は間もなく大宰相府に正教徒の更なる「保護」を求めた。これはロシアを利する帝国の共同管理にも等しい要求だった。オスマン帝国スルタンが予想通り拒否すると、ロシア艦隊が黒海でオスマン艦隊を撃破した。第二帝政を樹立したばかりのナポレオン三世は一八五四年、ロシアの拡張を阻止するために、一世紀余りぶりに英国と手を握る決断をした。英仏が最も注力したのは激戦地クリミア半島だった。一方、オスマン軍はカフカスの主導権回復を図ったが失敗した。ロシアは一八五六年、兵站支援が麻痺して立ち行かなくなり、敗北を認めた。戦死者は百万人近くで、大半は民間人だった。クリミアのタタール人とカフカスのムスリム計百万人がアナトリア半島に避難した。パリで調印された平和条約はオスマン帝国の領土保全を保証し、黒海を非武装化し、エルサレムの「現状維持」を認めた。

キリスト教徒の不十分な「保護」

一八三九年にエジプトの反抗がオスマン帝国スルタンに初めて一連の改革を迫ったように、一八五六年のロシアの脅威はスルタンにキリスト教徒、ユダヤ教徒に対する差別の撤廃を含む改革の深化を迫った。パリ条約はクリミア戦争の戦後処理をめぐり欧州協調にオスマン帝国を加えて、同帝国のキリスト教徒の解放を公に認めた。しかしユダヤ教徒への言及は避けた。当時ユダヤ教徒は欧州の多くの国で法のもとの平等を享受していなかった。オスマン帝国による解放推進のありようは次章で検討し[†15]、解放の基盤となる国際化の論理を強調することになろう。この論理は仏英両国が特

---

†12 この「民族 nation」という言葉は、オスマン帝国の様々な共同体を指すミレットの概念に相当する。
†13 139頁の註48参照。
†14 202頁参照。

定の少数派の「保護」を強要したことで強化された。ロシアは敗北を喫し、汎正教会という大構想を断念せざるを得なかった。英国は超少数派のプロテスタント教会に限られた自らの影響力をユダヤカードを使って拡大しようと試みたが、パリで一八六〇年に結成された万国イスラエル連合の積極行動主義と衝突した。この同盟の親仏・反教権主義的組織網は中東で拡大した。そこで英外交はドゥルーズ派領主に接近する。英国はエジプトがシリアを占領した際、ドゥルーズ派騒乱を醸成した経緯があった。

　英仏同盟が機能したのはクリミア戦争の間だけだった。英仏はレバノン山地をめぐる代理戦争で対立する。キリスト教マロン派とイスラム教ドゥルーズ派はレバノン山地で何世紀も共存してきた。前者は北部で多数派、後者は南部シューフ地区で多数派だった。中東のキリスト教徒人口の増加はレバント地方全般で見られたが、シューフ地区は顕著だった。出生率は、ドゥルーズ派は低く、マロン派は高かった。地区の人口圧力に加えて、ドゥルーズ派領主とマロン派農民の間に階級対立があった。一八四一年と一八四五年には農民の局地的反乱でしかなかったものが、重大な社会紛争へと変容していった。その背景として一方に欧州諸国の対立があり、他方にコンスタンティノープルの命ずる改革に対する地区当局の反発があった。一八六〇年にシューフ地区で勃発した戦いは、オスマン軍の一定の支援を受けたドゥルーズ派がたちまち優位に立った。キリスト教徒数千人が数週間のうちに殺害された。カトリック施設はフランスのものでも略奪された。暴徒はプロテスタント施設は狙わなかった。パリの各紙は悲劇を大きく伝え、残忍な「マホメット教徒」［訳註＝ムスリム］と「不実なアルビオン」［訳註＝英国］を激しく糾弾した。

　オスマン帝国外相フアト・パシャはレバノン山地の秩序回復の全権を託され、大規模な派遣部隊を率いた。この動きは一八六〇年、今度はダマスカスで対キリスト教徒大殺戮を引き起こした。ダマスカス総督が暴徒と結託していたのだ。犠牲者は数千人にも及んだが、アミールのアブデル・カーデルの介入がなければ更に重大になっていただろう。かつてアルジェリア反乱を率いたこの人物は一八五五年にダマスカスに追放された後、住民数千人とフランス、ギリシア、ロシア各領事館を自らの庇護のもとに置いた。レバノンの事例のように、暴徒は英国の権益は露骨に避けた。ファト・パシャはダマスカス総督を含む約百人を銃殺刑、約五十人を絞首刑にするなど容赦なく弾圧した。しかし秩序回復直後、ナポレオン三世は仏軍（兵員六千人規模）のベイルート派遣の同意を欧州友邦と大宰相府から取り付けた。ただ仏将軍はファアト・パシャの頑強な抵抗に遭い、すぐに立ち往生する。ドゥルーズ派を「罰する」ことも、シリアで「アラブ王国」[†16]の基礎を築くことも、もはや不可能だった。アブデル・カーデルは親仏の王国にすると請け合っていたのだが。このダマスカスからの亡命者は仏レジオン・ドヌール勲章最高位グランクロワを授けられたが、政治的務めは全て断固拒否した。

フランスのレバノン遠征は、後世の「人道介入」の一八六〇年版といえるが、手厳しい失敗だった。「我らがキリスト教兄弟」支援をめぐる国民から託された目標を一切達成できなかっただけでなく、遠いフランスの庇護よりも、一人のムスリム有力者の庇護の方がはるかに有効であることを

---

†15　273－275頁参照。
†16　一八六〇年のシリアの「アラブ王国」は、ナポレオン三世が抱き、計画倒れに終わったアルジェリアの同様の構想に呼応している。

決定的に明白にした。一方、英外交はダマスカス「虐殺」とレバノン「内戦」を区別したうえで、後者の責任をマロン派に負わせ、ドゥルーズ派を弁護した。仏軍がベイルートを離れた一八六一年六月、レバノン山地の「組織的解決」を欧州列強が採択し、オスマン帝国が承認した。中央政府がレバノン以外から選任するキリスト教徒の総督が、キリスト教徒とムスリムが同数で構成する評議会の協力を得て、レバノン山地を統治する内容だった。[†17] 宗教間の均衡をとることが強迫観念となり、代表職・行政職は実際に宗教的に均等に配分された。後世への影響は極めて重大で、レバノンは今日もなお宗教上の帰属を超えた、真の市民権を確立できていない。欧州の圧力を受けたレバノンの宗教性の制度化は、オスマン帝国臣民の間の全ての差別の撤廃をめざした近代化に逆行する形で刻印されてしまった。このことを強調しておきたい。

スエズ運河

アッバース・パシャは一八四八年に祖父ムハンマド・アリーの死に際しエジプト総督に昇り、エジプトがオスマン帝国の保護下にあるという虚構を維持した。彼は英国にカイロ—アレクサンドリア間の鉄道敷設を委託した。事業費捻出でエジプト予算が圧迫されることは覚悟した。後継の総督はパリに長期滞在した経験のあるサイード・パシャだが、その在任期間中の一八五四〜一八六三年にエジプトの債務は深刻化の一途をたどった。フランスの元駐エジプト領事フェルディナン・ド・レセップスは地中海—紅海間の運河開削事業権を委譲された。着工は一八五九年だった。英国はこのフランスの大事業を白眼視した。技術の進歩の名のもとにインド航路に進出しようという、ボナパルトの意志の反映を見たからだ。英国はこの巨大事業のためにエジプト農民に労役が課されているとして、「人道的」告発運動を展開した。ナポレオン三世の一八六四年の調停で労役が廃止されたことで英国は告発をやめた。エジプトの新しい主人イスマーイール・パシャは灌漑可能な広大な土地を取り戻したが、その補償金の支払いでエジプトの債務は更に悪化した。スエズ運河開通式は一八六九年にオーストリア皇帝、フランス皇后の列席のもとで盛大に執り行われた。豪奢な式典がイスマーイールの絶頂だった。ちなみに彼は一八六七年、オスマン帝国スルタンによってエジプト「副王」に任命されており、その称号を長男に継がせることになる。その代償として、このカイロの領袖はコンスタンティノープルに二倍の租税を支払わねばならなくなり、エジプトは西洋の債権者に更に依存することになった。

欧州帝国主義は中東に対し、次第に財政カードを使うようになった。一八七五年から部分的に破産状態にあったオスマン帝国は一八八一年、財政破綻を宣言した。英仏が交代で議長を務め、ドイツ、オーストリア＝ハンガリー、イタリア、オランダが参加する公的債務管理機関が設置された。この機関はオスマン帝国の専売する塩の収入に加え、たばこ・絹・漁業関連の税収を債権者への返済に割り当てた。エジプトの場合、債務を重荷に感じた副王イスマーイールは一八七五年、スエズ運河会社のエジプト持ち株を英国に譲渡せざるを得なくなった。その三年後には財務大臣を英国人、

†17　評議会は一二人で構成され、内訳はマロン派、ギリシア正教徒、ギリシアカトリック教徒、ドゥルーズ派、スンニ派、シーア派それぞれ二人。一八六四年に規定が改訂され、キリスト教徒がやや多数派に。マロン派四人、ギリシア正教徒二人、ギリシアカトリック教徒一人、ドゥルーズ派三人、スンニ派一人、シーア派一人になった。

公共事業大臣をフランス人にやむなく委託した。副王が一八七九年に意を決し「欧州人大臣」を解任すると、英仏から息子タウフィークへの譲位を強要された。

西洋のエジプト支配はカピチュレーションを拡大解釈する形で、ギリシア、レバント地方、マルタからの移住者数万人に対する特権付与の承認を伴った。国際都市アレクサンドリアは特に移住者が多く、一八八二年六月には「先住民」と「欧州人」の間で騒乱が起き、数百人の死者を出した。英艦隊は港を報復砲撃し、港は略奪の場と化した。英国は副王の同意を得てアレクサンドリアを占領した。副王は民族主義勢力の反乱を抑えるため、外国の介入を当てにしていた。この前年、チュニス太守も同じ腹積もりで、民意を無視し、自己保身のためにフランスの保護領となることを受け入れた。一八八二年九月、エジプト民衆の抵抗は暴力で制圧され、英国はスエズ運河の支配を確立した。運河会社の経営陣にフランス人が一人とどまったが、英国は株式の過半数を握り、通航船舶数の四分の三を確保した。カイロの英女王代理は「代理人」「領事」という慎ましい肩書だったが、エジプトの真の主人だった。[†18]

英露グレート・ゲーム

ここで一世代昔に遡り、中東の東方で激しさを増した英露対立を検討してみよう。英国は一八五七年のセポイの反乱を粉砕した後、東インド会社を解散し、英領インド帝国を創設した。「副王」指揮のもと、インド亜大陸の直接支配と間接管理を混合したものだ。その結果、英国はペルシアのアフガニスタン侵出を全て阻む決意を更に固くした。アフガニスタンを中立であるべき緩衝国家と見なしたからだ。一八五六年のカージャール軍のヘラート占領は、一八三七年と同様に、ペルシア湾への英軍派遣に結びつき、英軍はこの時はブーシェフル港とホッラムシャフル港を占領した。この対決は両軍の同時撤退に加え、ペルシアによるアフガニスタンの独立承認で決着した。

ロシアはクリミア戦争の敗北により黒海への軍事展開を禁止されており、順を追って植民地化してきたカフカスの編入に専念していた。その後、勢力圏をカスピ海東岸へ、更には一八六五年にタシケントを制圧してトルキスタン総督府を置くなど中央アジアへと拡大した。英国の野心は一八七六年、議会で公然と示された。ビクトリア女王をインド皇帝と布告したのだ。その対ペルシア国境はバルーチスターンを属国としたことで安定した。インド帝国軍は英国植民地支配に不可欠になった。「アフリカ軍」[†19]がフランス植民地主義に不可欠になったように。インド帝国の派遣軍は一八八二年の英国のエジプト占領で決定的役割を担った。

帝政ロシアがセルビア、ブルガリアと同盟を結び、一八七七年にオスマン帝国に宣戦布告したことで、中東は英露対決の表舞台になった。オスマン帝国はたちまち劣勢に陥った。おぞましい大殺戮が起き、膨大な数の難民・避難民を出した。ロシアは一八七八年、軍をコンスタンティノープルの手前一〇キロで宿営させ、強い立場でベルリン会議[†20]に臨んだ。しかし欧州は協調し、英国に有利

†18 将来のクローマー伯爵、イブリン・ベアリングは一八八三年から一九〇七年までエジプトを支配した。統治にかかわった英国人は軍人三千人、文官数百人だけだった。

†19 実際にはアルジェリア仏軍を指す。猟歩兵・ズワーフ兵・外人部隊から成る欧州部隊に加え、歩兵・騎兵・メハリ兵から成る「先住民」部隊で構成した。

†20 ベルリン会議のオスマン帝国交渉者はコンスタンティノープル生まれのギリシア人外交官だった。

な形で戦後処理をした。英国は大宰相府のために「調停」した報償としてキプロスを占領した。ロシアの大ブルガリア構想が放棄され、ディズレーリ英首相はロシアの南下を阻止したと自慢できた。[†21] ドイツ帝国の宰相ビスマルクがベルリン会議の立役者で、帝政ロシアの大陸的拡張ではなく、英国の地中海への野心を後押しした（アルザス＝ロレーヌ問題から関心を逸らすために、フランスの地中海進出も支持した）。ロシアは一八七八年にカフカス地方南西部のオスマン領カルス、アルダハン、バトゥミを併合し、ムスリム住民の大規模追放を断行することで報復した。

グレート・ゲームは翌年、アフガニスタンで続いた。ロシアがけしかけたカブール暴動で英領事と衛兵が惨殺された。英国は報復作戦を成功裡に展開し、一八八〇年にアフガン国王を退位させ、いとこを即位させた。新国王は英遠征軍の撤退と引き換えに、英国が外交権を握ることを承認した。ロンドンはグレート・ゲームの大勝利を確実にするために、英領インド帝国北西国境に防御帯「部族地域」を設けた。この地域はカブールで力を失った支配層と同じパシュトゥーン人諸部族が住み着いていた。緩衝国家アフガニスタンは以後、遠く離れた英行政官の後見のもと、諸部族長の自主管理する国境地帯に囲まれることになる。こうした国の法律の及ばない地域の設置は一八九三年にインド－アフガニスタン国境線が画定した際にも是認された。パシュトゥーンの住む「極西」は、独立後のパキスタンで存続し、二十世紀末にはアル・カーイダ揺籃の地、現代ジハード主義の坩堝《るつぼ》になった。[†22]

中東という発明

エジプトに国家主権があるという虚構は一八八二年以降の英国による占領にもかかわらず維持さ

れ、エジプトが一八二一年から管理するスーダンにも通用した。[23]英政府は間もなくスーダンの千年王国思想信奉者らの反逆に対処しなければならなくなった。反逆はスーダン西部で始まり、首都ハルツームを脅かすようになった。首謀者は自らをイスラム暦十四世紀初めの出現が待ち望まれたマフディー[24]だと主張した。彼は一八八四年、ハルツームで英将軍指揮下のエジプト部隊を十か月にわたり攻囲した。英国の援軍の到着は遅きに失し、このマフディーの首都制圧を阻止できなかった。彼は反対勢力を粉砕した。一八八五年の帝国主義の敗北は大反響を呼んだ。一八四七年のアブデル・カーデルのフランスに対する降伏、一八五九年のシャミルのロシアに対する降伏と際立った違いを見せたからだ。このマフディーはハルツーム最大のモスクで祈禱を執り行い、首都をナイル川対岸のオムドゥルマンに遷した。その数か月後の彼の死が「マフディー派」の国家形成を妨げることはなかった。この国は英国の反撃の意欲に十数年間抵抗した。英軍は一八九八年、オムドゥルマンでスーダン人たちに機銃掃射を浴びせて虐殺した。この事件は若い中尉ウィンストン・チャーチルに強烈な印象を与えた。英遠征軍はその後、コンゴから移動してきたフランス分遣隊をハルツー

†21　その言い回し「ここまで。この先はなし」は有名になった。
†22　390－391頁参照。
†23　白ナイル川と青ナイル川の合流する戦略拠点にハルツームが一八二二年に建設されたのは、ムハンマド・アリーの命令によるものだった。
†24　イスラム暦十四世紀は西暦一八八三年に始まる。イスラム教の救世主信仰は世紀の初めが、救世主かつ審判者であるマフディー到来にふさわしいとする。

ム南方六百キロの白ナイル川流域のファショダ要塞から撤退させた。英国のアフリカ大陸支配の北から南に至る基軸が、ブラザビルからジブチまで西から東に連なるフランスの形跡を無効にしたといえる。スーダンは一八九九年に「英国‐エジプト共同統治」とされた。実際は英国一国に屈した。

インド帝国が安定し、アフリカ大構想が実現したことで、英国はアラビア半島海岸部を整然と侵攻していった。英軍はまず一八三九年、戦略的港を擁するアデンを占領し、アデンをインド統治の枠に組み込み、周辺の諸部族と次々と結ぶ「保護」合意の中心に据えた。次は恐れられてきた「海賊海岸」を一八五三年に平定し、「休戦海岸」に変えた。今日のアラブ首長国連邦の領土だ。英軍が一八六一年、貴重なクローブの産地ザンジバル島を支配したことで、オマーンのスルタンの権勢は衰えた。ロンドンはカタールのサーニー家とバーレーンのハリーファ家の対立を調停し、一八六八年に後者は前者の独立を認めた後、一八八〇年に英国の保護下に降った。英国は一連の条約を通じてペルシア湾南岸の支配を強めてゆく。一八九九年にクウェート首長国を保護下に置き、侵攻の仕上げとした。オスマン帝国にとっては甚だしい屈辱だった。帝国の属州の一つ、イラクのペルシア湾への通行路は、チグリス川とユーフラテス川の合流する「アラブ人らの沿岸」、シャッタル・アラブ川の狭隘《きょうあい》な河口だけになってしまった。大宰相府は「保護された」クウェートに対する激しい失地回復運動を展開した。こうした併合要求を二十世紀後半、イラクのアラブ民族主義勢力が再び掲げることになる。[†25]

帝国主義が絶頂期を迎え、将来の米海軍少将アルフレッド・マハンが「Middle East」（中東）という新規の概念を着想した。マハンは非常に影響力のあった米海軍大学校教授で、一八九八年に米国が太平洋の中央に位置する戦略的要衝ハワイ諸島を併合する際、重きをなした。マハンはその四年後、英保守系誌に寄稿し、世界覇権の鍵は「中東」支配にあると断言した。「中東」は彼の造語だった。そこは三大陸の交差する地で、スエズ運河とインド航路の交わる地でもある。要は欧州―アジア間の地上・海上の往来の基軸だ。この空間は当時「Orient」（東方）という包括的概念で捉えられていた。それ以前に長らく用いられた同義の「Levant」（レバント）に由来する。「東方」と「レバント」はいずれも「マグレブ」［訳註＝日の没する地］の対義語「マシュリク」［訳註＝日の昇る地］というアラブの概念に相応していた。ちなみにマグレブはアフリカ北西部を指すが、「Ponant」［訳註＝西方、Levantの対義語］と呼ばれたことはなかった。マハンは西半球から、「東方」が地政学的中心性を帯びて「中央」になると言明した。石油・天然ガス開発のはるか以前に中東を力の鉱脈と看破したわけだが、この中東観は厄介な現代性を維持している。

シオニズムの誕生

オスマン帝国領時代のパレスチナは地域的にも行政的にも固有の存在ではなかった。行政区画は三つのサンジャク／県に分割されていた（県はエアレト／州の下位区分だ）。その一つ、エルサレム県は一八七二年、東方問題の取り扱いの難しさのために、オスマン帝国直轄地になった。[†26] エルサレム行政職を誰も希望しなかった。地元教会と定期的に介入してくる欧州領事らの間の果てのない争いが理由だった。大宰相府は聖墳墓教会の鍵の管理問題で、キリスト教の多様な宗派のどれか一つ

†25 イラクは一九六一年、クウェートの国連加盟に反対した。サダム・フセインは一九九〇年、クウェートを併合した。356、399、402－404頁参照。

を選ぶ危険を避けるため、エルサレムのムスリム有力者の一人に鍵を託すことで解決した。エルサレム管轄区域はナザレにまで広がっていた。一八九二年にヤッファ港と聖地を結ぶ鉄道が敷設されたことで欧州の人々の間で大流行した巡礼の便宜を図るためだった。パレスチナの別の二つの県、アコーとナーブルスはダマスカス総督の所管だったが、一八八八年以降はベイルート総督の所管になった。一九〇六年にようやくネゲブ砂漠とシナイ砂漠の間に帝国の国境が引かれた。オスマン帝国領パレスチナと英国に屈したエジプトの間の国境だった。英国は国境がラファの市中を貫通するという要求を実現させた。エジプトの統治するシナイ半島の地中海沿岸出口を管理するためだった。ベドウィンは国境をまたいで遊牧生活を送ることが許された。誰の目にも国境は人為的だった。

　パレスチナ空間はエルサレム、アコー、ナーブルスの三都市を中心に形成され、一八八〇年の推計人口はムスリム四十万人、キリスト教徒四万人、ユダヤ教徒二万五千人だった。ユダヤ人の大半は離散ユダヤ人の財政支援を受け、タルムード研究に明け暮れていた。ラビ養成の中心地はエルサレム、サフェド、ヘブロンだった。いずれもユダヤ人が昔から暮らしてきた都市だ。この宗教的拠点に対抗して万国イスラエル連合がフランス式学校を一八六〇年に開設する。創設者はアドルフ・クレミューで、二〇年間主宰した。アルジェリアのユダヤ人に仏市民権を与える政令に自身の名を付した人物だ。万国イスラエル連合はラビ養成課程に対抗し、共和主義に同化する美徳を強調した。一八八一年に東欧・ロシアでポグロム［訳註＝ユダヤ人迫害］が起きたことで、ユダヤ人がパレスチナに初めて大量に移住した。これをヘブライ語で「アリヤー」といい、「昇ること」、あるいは約束の地への登攀《とうはん》を意味する。第一次アリヤーは一八九〇年まで続き、シオニズムはこの後に形成される。ウクライナ系移民を中核とするパレスチナの入植地リション・レジオンを拠点として一八八二年にホヴエヴェイ・ツィヨン集団が結成された。彼らは労働、ここでは農作業による贖罪《しょくざい》を説いた。彼らの取り組みはフランス人銀行家エドモン・ド・ロチルドの支援に依存していた。後にイスラエル国歌になる「ハティクヴァ」（「希望」）が創作されたのはこの第一次アリヤー時代だった。創始者たちはヘブライ語の学校を開いた。現代ヘブライ語を国語に定め、ラビ語の影響力から現代語を解き放つためだった。

「シオニズム」という言葉を最初に用いたのはウィーンの活動家ナータン・ビルンバウムだったが、「ユダヤ民族」のためにシオニズムを練り上げたのはブダペスト生まれのテオドール・ヘルツルで、民族・言語・領土という三要素を活用した。これはオーストリア＝ハンガリー帝国と「オスマン後」のバルカン諸国の多様な民族主義を形成した三要素である。彼は一八九六年、ドイツ語で著書『ユダヤ人の国』を書いた（『ユダヤ国家』とする翻訳が多いが）。彼はそれを土台に翌年、バーゼルでシオニスト運動の起点となる会議を主催し、「公法に基づいて、パレスチナにユダヤ民族のための郷土を創造する」と定めた。シオニスト作家イズレイル・ザングウィルは一九〇一年、パレスチナに人々が暮らしている現実を無視して、「土地のない民族に、民族のいない土地を」と主張した。パレスチナはヘブライ語で「エレツ・イスラエル」、つまり「イスラエルの地」として称揚された。運動の拠点はヘルツルのいたウィーンから、ウィルヘルム二世の庇護を期待してベルリンに移り、

†26　この首都との結合で行政区分はサンジャクからムタサッリファテに変わり、ムタサッリフ／総督が統治した。これは一八六一年からのレバノン山地、一八八八年からのユーフラテス川中流域のデリゾールの扱いと同様だ。

更にロンドンに移った。シオニストはロンドンでプロテスタント系千年王国思想派の好意を期待できたからだ。同派にとって、ユダヤ民族が「自分たち」の地に「帰還」することは予言成就の意味合いがあった。

シオニスト運動は一時期、一八九四年から英国の保護領だったウガンダに入植する構想に傾きかけたが、一九〇四年のヘルツルの死を経て、この選択肢は排除された。この年に始まった第二次アリヤーは一九〇九年、アラブの港湾都市ヤッファからユダヤ人地区として分離した「春の丘」、テルアビブの建設が画期的だった。戦闘的で勤勉なこのシオニストのイシューブ[†27]は地中海に臨み、パレスチナ内陸部のラビ養成神学校の近代主義に対抗した。こうした積極的政策によりテルアビブのユダヤ人口は一九一四年には七万五千人に上った。ムスリムは六十万人、キリスト教徒は四万人であり、ユダヤ人は人口のほぼ一〇分の一に相当した。しかし真の「約束の地」は米国だった。[†28]四十年の間にパレスチナの四十倍のユダヤ系移民を受け入れた。シオニストのパレスチナ入植は激しさを増す地元の抵抗と衝突し、シオニストはオスマン当局と無責任な不在地主の土地譲渡をめぐる結託を告発した。緊張の高まりは逆説的に、エルサレムではあまり感知されなかった。その人口は一九一四年までの半世紀の間に四倍の七十万人に達した。このうち半数は旧市街外周への移住だった。宗教的混在は多くの地区で、旧市街中心部でさえも常態だった。地区の自治は日々の現実であり、宗教上の帰属問題を部分的に乗り越えていた。

争奪戦

一八七一年に統一を果たしたドイツは、オスマン帝国の目には、仏英とは一線を画した国に映った。一八七八年のベルリン会議では「実直な仲介者」として振る舞った。オスマン帝国スルタンによる近代化・基盤整備政策を支持し、コンスタンティノープルとアンカラを結ぶ鉄道敷設事業に投資した。ドイツ人将校たちはオスマン軍の軍政・軍令部で要職に就いた。ドイツは自らに帝国的野心のないことを強調し、仏革命モデル、広義の自由主義に幻滅した支配層を当てにした。皇帝ウィルヘルム二世は一八九八年、中東を一か月間歴訪した。コンスタンティノープルで、欧州紙が残虐な独裁者と糾弾していた[†29]スルタン／カリフ［訳註＝アブデュルハミト二世の意］との友情を喧伝した。ダマスカスでサラディン廟の改修に出資した。エルサレムで聖墳墓教会近くに建設されたルター派の救い主教会の竣工式を執り行った。エルサレム旧市街への荘厳な入城のために城壁に穴が穿《うが》たれた。

その二年後、ドイツ人技師らはダマスカスの「ヒジャーズ鉄道」敷設に参加した。この鉄道は一九〇八年にメディナに延伸する。これと並行してドイツ人技師らはアナトリア半島からイラクに至るバグダッド鉄道敷設にも従事した。ドイツは中東で足場を固め、一九〇五年にモロッコをめぐってフランスに立ち向かった。ウィルヘルム二世はタンジールで反植民地主義の演説をぶち上げ、自身の野心はひた隠しにした。ただロンドンは独仏危機をめぐり、調印して日の浅い「英仏協商」に基づき、そしてパリが最後のエジプト権益を放棄することを条件に、フランスを支持した。米国の

---

†27　「定着」を原義とするヘブライ語で、イスラエル建国以前のパレスチナのユダヤ共同体を表す。

†28　一八八一年から一九二〇年にかけて約二百万人のユダヤ人が米国に移住した。大半は中欧・ロシアからの移民だった。この期間のパレスチナへの移住は約五万人だ。

†29　286頁参照。

仲介で一九〇六年にスペインのアルヘシラスで国際会議の舞台が整えられ、フランスの主要な主張が認められた。この結果、フランスは一九一二年にモロッコの大部分を保護領とした。残る一部はスペインが領有し、タンジールは国際管理下に置かれた。

植民地の雪だるま式拡大はイタリアで幕を閉じる。イタリアは統一から四〇年を経た一九一一年、リビア攻略に乗り出す。フランスの一八三〇年のアルジェ攻略時のように、首都上陸と征服は比較的容易で、[†30]干渉主義の流れに棹《さお》さした。オスマン軍司令部は機能不全に陥ったが、青年将校らが意を決し、間もなく地元諸部族による執拗な抵抗戦を組織してゆく。青年将校の一人、ムスタファ・ケマルはトゥブルクの戦いで異彩を放った。概してキレナイカ地方はトリポリタニア地方よりも抵抗戦が奏功した。ベンガジ［訳註＝キレナイカ地方の中心都市］は、兵士数万人の動員を余儀なくされた伊軍の占領を免れた。ローマは戦闘行為をイエメン沿岸まで広げた。それはオスマン軍に対抗していたサナアのイマームを利することになった。ローザンヌのウシー城で調印された講和条約でイタリアの勝利を大宰相府は認めた。一七七四年にロシアに対しクリミア半島を割譲した時のように、オスマン帝国カリフの特権は新たに権力を握ったイタリアによって形式的には維持された。しかしロードス島とその周辺諸島をコンスタンティノープルが取り戻すことは決してなかった。一世紀余りを経て、「新オスマン」構想を掲げるトルコのエルドアン大統領は国際的に認知されたトリポリ政府に味方してリビアに介入した。[†31]一九一一〜一九一二年にイタリアから与えられた屈辱を晴らすかのようだった。

第一次大戦前夜の情勢を要約してみよう。フランスは「仏領アルジェリア」の両脇にモロッコとチュニジアという二つの保護領を保有して北アフリカを占領していた。イタリアはキレナイカ地方を「平定」できなかったが、リビアを征服した。英国はエジプトを支配し（エジプトと共同統治の形でスーダンを支配し）、アデンを占領し、クウェートから「休戦海岸」、つまり現アラブ首長国連邦に至るペルシア湾南岸の首長諸国を「保護」していった。カフカスではロシアはトルキスタン、カスピ海東岸、カフカスという広大な領土を順次併合していった。カフカスではムスリム住民の多くを追放した。これは一連の植民地拡張の中で、征服した領土から「現地人」を大量に追放した唯一の事例だ。フランスのアルジェリア征服に伴う住民の大量移動は、フランスが併合した三つの「県」内部で展開した。オスマン帝国スルタンが中東で実権を行使できたのはシャーム、メソポタミア、ヒジャーズだけだった。アラビア半島中央はワッハーブ派が再興し、[†32]イエメンのイマームはイタリアのリビア侵略に乗じて自らの体制を固めていた。

英国とロシアは一九〇七年、ペルシアの南部を前者、北部を後者が勢力範囲とすることを決めた。英露ともにカージャール朝の崩壊は望まなかった。崩壊すれば紛争の連鎖をもたらし、英露のペルシア権益を損ないかねないと危惧したからだ。同様の論理は以後、オスマン帝国についても該当するようになった。露仏英はオスマン帝国の遺産を受け入れ、一方ドイツは未来を期した。金融帝国主義と国境画定の関係は石油・鉄道分野で一目瞭然となる。この二つは時として一体化する。ドイツ人投資家らはバグダッド鉄道建設に際し、鉄路の両側の幅二〇キロの帯状地域の鉱山・石油採掘権を獲得した。ただパリとベルリンはラタキアーホムス間の鉄路の南側、つまりベイルート周辺と

---

†30　一九一一年九月、イタリア航空機が史上初の空爆をトリポリ近郊のオアシスで行った。
†31　442頁参照。
†32　319－321頁参照。

ダマスカス周辺をフランスの経済影響区と認めることで合意した。英国は鉄道最終区間、バグダッドからペルシア湾に臨むバスラ港を結ぶ区間を自らが建設する確約を取りつけた。オスマン側が掌中にとどめたのはヒジャーズ地方の鉄道経営だけだった。ダマスカスからメディナへの巡礼に際し、象徴的にも兵站上からも管理の要となる区間で、巡礼はそこから隊商でメッカに向かった。

西方問題

中東の植民地拡張は、既に見てきたように、更に大きな構図に組み込まれている。構図は時計回りでいうと、カフカス、中央アジア、インド、東アフリカ、マグレブに広がっている。エジプト、シリア、イラク三極の力学は、数世紀にわたるオスマン帝国の支配で衰えたが、西洋の介入で一時的にせよ活性化した。ボナパルトの遠征はエジプトに数十年間、マムルーク朝時代（一二五〇～一五一七年）に匹敵する影響力を取り戻させた。エジプトはシリアに対する野心さえも抱き、一八三一年から一八四一年までシリアを占領した。その後、東方問題に直面し、中東力学ではなく欧州対応に迫られた。結局エジプトは一八八二年に英国に占領されて力を失い、ロンドンに対してレバントではなくアフリカに向かう足場としての役目を担った。これ以後、シリアとイラクの鉄道敷設図がそれぞれの勢力圏を定めることになる。パレスチナはヌールッディーンとサラディンの反十字軍の時代はシリア－エジプト間の対立の争点だったが、帝国主義の拡張に伴い、アングロサクソンの千年王国思想にとっても、シオニストの積極行動主義にとっても「約束の地」としての地位を獲得した。

英国の歴史家アーノルド・トインビーは一九二一年、アナトリア半島で幾つもの戦禍を目撃し、様々な当事者、最も相反する当事者でさえも、皆一様に自分たちの運命は欧州の幾つかの首都で下される決定に左右されると信じていたことに衝撃を受けた。自分たちを超越する西洋の定めがあるという共通認識は、中東の当事者たちの選択の余地と行動の自律性を相対化してしまった。その結果、当事者たちは自らが力を蓄えようとはせず、外国の介入を操って利益にあずかろうとするようになった。こうした見方が今日に至るまで中東での、かつ中東発の、一貫して奇妙な陰謀論の源となっている。あるキリスト教宗派の宣伝機関はレバノンのドゥルーズ派を英国の「陰謀」の単なる走狗と風刺し、アブデュルハミト二世は臣下のアルメニア人らを欧州の仕掛けた「第五列」と信じた。外国の介入に気を取られるあまり、帝国主義政治にありもしない一体性を見てしまうのだ。また中東諸勢力は地域の様々な不幸に明白な責任があるのに、責任を免れていると思い込んでしまうのだ。

トインビーは主流意見を反転させ、東方問題ではなく「西方問題」を語った。彼によれば、西方問題には西洋諸国の東方での対立、そして対立に伴う東方社会の「西洋化」というの二つの面がある。トインビーはこう考える。この西洋化は「近代」というより外来の国家の構築、そして同様に外来の民族自決権の確立を二本柱にしている——。民族主義の台頭はオスマン帝国の欧州領域でバルカン戦争の恐怖に結びついた。その台頭はオーストリア＝ハンガリーとロシアといういずれも多民族の二つの帝国が仕向けたものでもある。両帝国はそうすることでオスマン帝国の構成上の特徴である多民族性という基盤を切り崩した。次章は十九世紀の中東で「民族」の断片化が根底でどのように作用したのかを見てゆく。断片化は宗教的には、例によって「少数派」擁護を主張する外国の介入により、悪化した。ただ私たちは、中東社会がこうした共同体崩壊の解消策として、より良い未来に向かう道として作り上げた「共生」の初期形態を検討してゆく。

第六章　年表

1798年7月　ナポレオン・ボナパルトがエジプト遠征に着手
1799年2月　フランスがパレスチナに介入（～6月）
1801年5月　米艦隊がリビアに派遣される
1801年8月　アブダラ・ムヌーがエジプトで投降
1804年8月　米軍がリビアのトリポリを砲撃
1805年7月　ムハンマド・アリーのエジプト支配（～1848年3月）
1827年7月　仏英露がギリシア独立戦争をめぐる条約を締結
1829年1月　テヘランで反露暴動
1830年6月　仏軍がアルジェリアに上陸
1831年10月　エジプトがシリア遠征を開始
1835年1月　モハンマド・シャーがテヘランで戴冠
1839年1月　英軍がアデンに上陸
1840年2月　ダマスカスで反ユダヤ主義の台頭
1841年1月　エジプト軍がシリアから撤退
1847年12月　アルジェリアの首長アブデル・カーデルが降伏
1848年12月　「仏領アルジェリア」の公式併合
1852年2月　オスマン帝国がエルサレムの現状維持を規定
1853年10月　クリミア戦争（～1856年3月）
1859年8月　イマーム・シャミルがカフカスで降伏

1860年5月	パリで万国イスラエル連合設立
1860年6月	ダマスカスでキリスト教徒虐殺
1861年6月	レバノン山地に特別の地位を認める
1869年11月	スエズ運河の開通
1878年6月	ベルリン会議（〜7月）
1879年9月	カブールで反英蜂起
1881年5月	チュニジアを仏保護領に
1882年8月	英軍のエジプト上陸
1885年1月	ハルツームでマフディー軍が勝利
1897年8月	バーゼルで第一回シオニスト会議
1898年9月	英軍がハルツームを奪還
1898年10月	ヴィルヘルム二世がコンスタンティノープル、ダマスカス、エルサレムを歴訪
1899年1月	英国がクウェートを保護領に
1905年3月	ヴィルヘルム二世がタンジール訪問
1906年5月	英国とオスマン帝国がシナイ半島の国境線をめぐり合意
1907年8月	英露がペルシアを勢力範囲で分割する
1908年9月	「ヒジャーズ鉄道」がメディナに延伸
1909年4月	テルアビブの建設
1911年10月	イタリアがリビア侵略を開始
1912年3月	フランスがモロッコを保護領に
1912年10月	イタリアとオスマン帝国がリビアをめぐり講和条約を締結

第七章　改革・再生・革命（一七九八〜一九一四年）

本章は前章同様に一七九八年のフランスのエジプト遠征を起点とする。しかし今回は「長い十九世紀」を通じた中東の体制と社会に内在する力学を見てゆく。中東に広まった近代化プロセスには、時には外圧が追い風になったが、中東固有の論理があった。近代化は植民地主義の頑迷さによって、大概は制限され、あるいは粉砕された。一七九八〜一八〇一年のフランスの衝撃は深みのあるアラブ解放運動に結びつく。運動はやがて「再生」（ルネサンス）を意味する「ナフダ」と呼ばれる。欧州啓蒙思想のアラブ版であり、まずカイロの開明的独裁者らが担い、次にチュニスの先駆的立憲主義の太守らが推進した。従って、近代主義は欧州からオスマン帝国中枢に持ち込まれ、その後アラブの属州に波及したという外因説、幻想は払拭すべきだ。反対に、フランス革命の用語を使えば、「文明化」が中東で最初に起きたのはエジプトだった。自信のみなぎるエジプトを脅威として、オスマン帝国は一八三九年、「タンジマート」（原義は「制度化」に近い）、つまり改革の冒険に踏み出す。オスマン帝国憲法は一八七六年に制定されるが、イスラム世界初の憲法をチュニジアが制定した一五年後のことだった（チュニジアはエジプトより一世紀前にオスマン帝国に対し自立していた）。

とはいえ、近代主義はオスマン帝国が欧州から「輸入」してアラブ世界へ広めたという紋切型を否定するあまり、中東の啓蒙はアラブ世界が前衛的に実践したという、逆の極端に陥ってはならない。アラブ民族意識は時間をかけて少しずつ形成された。これはナフダの効果であり、同時にオスマン体制が臣民全体の利益を踏まえた多民族の仕組みを構築できなかったためでもある。加えて十九世紀初頭の苛烈な植民地拡張主義の時代を特徴づけたのは、攻撃的厳格主義に染まったアラブ蜂起だった。サウド家がアラビア半島中央に樹立したワッハーブ派の王国は[†1]、ペルシア湾南岸に拡大してカタールとバーレーンを相次いで征服し、一八〇一年にイラク南部で一連の対シーア派攻撃を始めた。カルバラーは二度略奪に遭い、ナジャフは度重なる攻囲の標的となり、「異端」のシーア派は度重なる虐殺・収奪に遭った。サウド家はその後、ヒジャーズ征服に乗り出し、一八〇三年にメッカを二か月にわたって占領し、預言者一族の墓所を破壊した。そして一八〇五年、今度はメディナで預言者ムハンマドの墓を荒らした。ワッハーブ派は、聖人の墓の巡礼は「偶像崇拝」であり容赦しないと主張し、自らの冒瀆行為を正当化した。この侵略者は厳格な宗教義務の順守を命じ、一日五度の礼拝を一度でも怠れば懲らしめ、喫煙も罰した[†2]。メッカ総督はオスマン帝国大宰相府の名においてヒジャーズを統治してきたが、サウド家の監督下にくだり、巡礼のあり方をサウド家の裁定に委ねた。ワッハーブ派軍隊はイラク南部だけでなく、オマーンとイエメン、更にはシリアへの侵攻も敢行し、一八一〇年にはダマスカス近郊に迫った。

オスマン帝国は座視することができなくなり、ただ自身には対処能力がないため、ムハンマド・

†1　222頁参照。
†2　オスマン帝国のウラマーは一六五二年に喫煙を合法化していた。

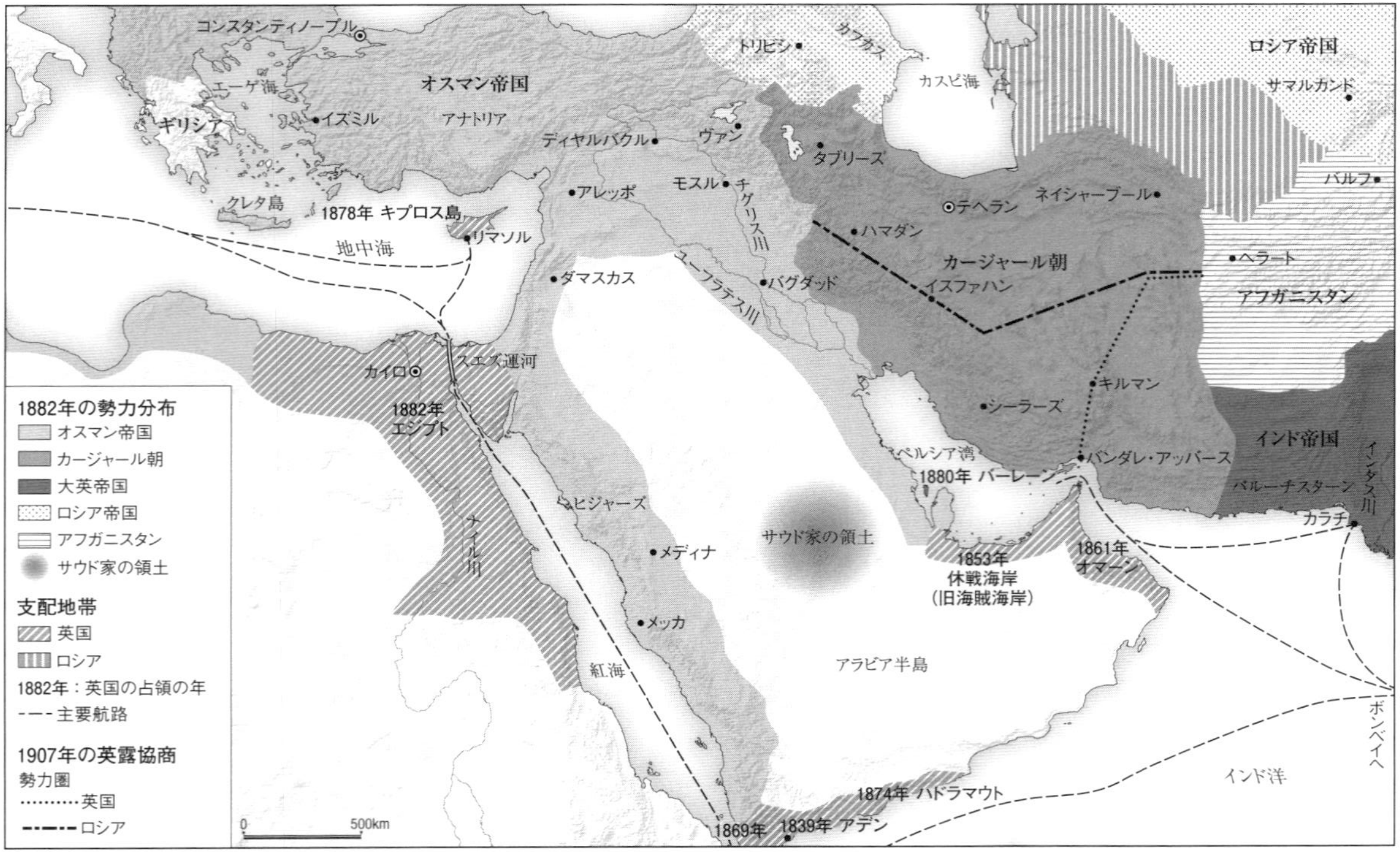
1882年の勢力分布
オスマン帝国
カージャール朝
大英帝国
ロシア帝国
アフガニスタン
サウド家の領土
支配地帯
英国
ロシア
1882年：英国の占領の年
主要航路
1907年の英露協商
勢力圏
英国
ロシア
0
500km
コンスタンティノープル
エーゲ海
キリシア
クレタ島
イズミル
オスマン帝国
アナトリア
1878年 キプロス島
リマソル
地中海
ディヤルバクル
ヴァン
アレッポ
モスル
チグリス川
ダマスカス
ユーフラテス川
バグダッド
トリビシ
カフカス
カスピ海
ロシア帝国
サマルカンド
バルフ
タブリーズ
テヘラン
ネイシャーブール
ハマダン
カージャール朝
イスファハン
ヘラート
アフガニスタン
キルマン
シーラーズ
インド帝国
インダス川
バンダレ・アッバース
バルーチスターン
カラチ
ペルシア湾
1880年 バーレーン
スエズ運河
カイロ
1882年
エジプト
ナイル川
ヒジャーズ
メディナ
メッカ
サウド家の領土
1853年
休戦海岸
(旧海賊海岸)
1861年
オマーン
アラビア半島
紅海
1874年 ハドラマウト
1869年
1839年 アデン
インド洋
ボンベイへ

図7-1　1882年の中東 ▶

図7-2 「アルメニア危機」からジェノサイドへ（1894-1916年）▼

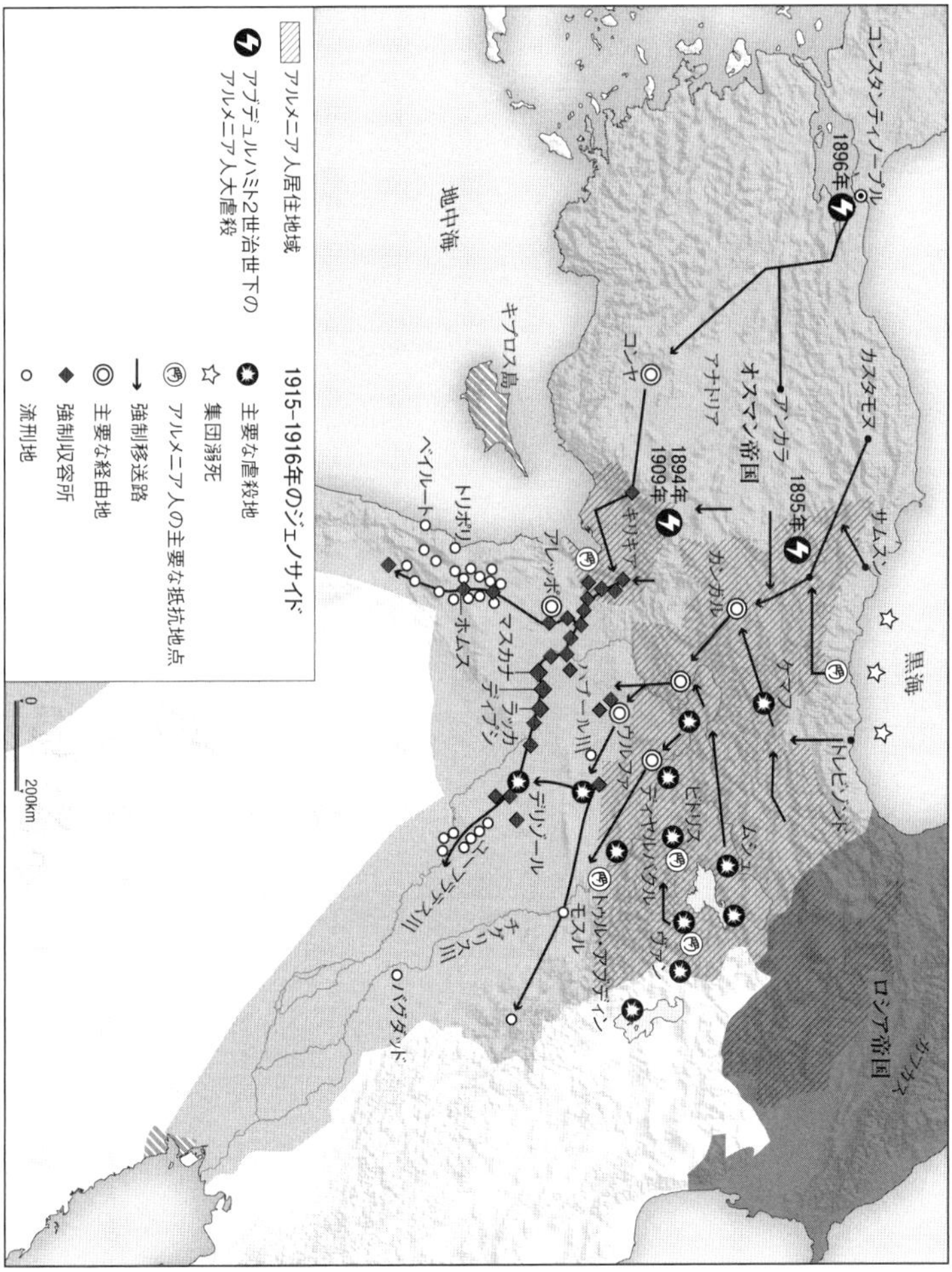

アリーを頼った。このエジプト総督は遠征軍を編成し、息子の一人トゥーソンを最高司令官に据えた。遠征軍は一八一一年にヒジャーズに上陸し、一年余り後に奪還した。[†3] ムハンマド・アリーは一八一三年、巡礼の隊商を自ら率い、象徴的行為としてメッカの鍵をオスマン帝国スルタンに贈った。ただジッダのパシャに昇進していたトゥーソンは一八一五年、アラビア半島中央部を依然として支配していたサウド家と和睦した。翌年トゥーソンが死亡し、兄のイブラヒムが後任に就くと戦闘は再開された。カイロは大宰相府から今度はワッハーブ派王国の排除を訓令され、王国の首都のオアシス都市ディルイーヤを攻囲し、一八一八年に破壊した。ワッハーブ派首領と一族はコンスタンティノープルに移送され、斬首された。このワッハーブ派の最初の神権政治は、「二大聖地の守護者」というオスマン帝国の立場に傷をつけた。[†4] 帝国の権威はアラビア半島に加えイラクとシリアでもかつてないほど揺らいだ。一方エジプトは法的にではなく実質的に全権を握った。以後、コンスタンティノープルがエジプトに懇願する度に、スルタンの面目はかろうじて保たれるのだが、ムハンマド・アリーの権勢は更に増すことになった。

エジプトの威光

ムハンマド・アリーは半世紀近くアラブ啓蒙時代最強の独裁体制を体現したが、恵まれた素地があったわけではない。オスマン帝国領マケドニアで生まれ、アルバニア傭兵隊副隊長として一八〇一年、スルタンのセリム三世の権威回復を任務としてエジプトに派遣された。彼は仏軍撤退後にエジプトで起きた権力闘争に乗じて各派を対抗させ、同時にエジプトに足場を築いた。ムハンマド・アリーは一八〇五年、エジプト人に選出された初の総督になった（任命権限は唯一スルタンにあった)。一八〇七年にはアレクサンドリアに上陸した英軍を撃退した。これは彼の在任中、最初で最後の外国による介入の企てだった。一八一一年、カイロの城塞で数百人のマムルークを不意打ちで虐殺し、自身のエジプト支配に異論を唱える者を全て排除した。徴収請負制を廃止し、現物徴収により潤沢な政府収入を確保した。政府はこれら農産品の販売・輸出を独占するために法制度を整えた。

ムハンマド・アリーが一八一三年、アラビア半島で率いた軍隊は徴兵・軍規ともにオスマン帝国のものだった。その一〇年後、軍籍登録制を導入し、エジプト農民を大量に登録したことで、兵員規模を早期に拡大できた。この「国民」軍モデルは規律の厳しさから強い反発を招いたとはいえ、国民と形成途上の国家の間に新たな関係を築き、士官学校・軍需産業・兵器廠の発展に結びついた。国家建設の意欲は民間に波及し、カイロ以上にアレクサンドリアで野心的な都市計画が練り上げられ、灌漑用水路が整備されて耕作地が拡大した。綿の生産は地元織物産業よりも、輸出先の英国工場制手工業の利益になったものの著しく増大した。この猛烈な近代化は一八二二年の公立印刷所の設立と併せて、エジプト人幹部養成集中カリキュラムと同時進行した。幹部養成は、国内はアラビア語で、国外留学は数年計画で実施された。イマームのリファア・タフターウィーは伝統的エリート教育をアズハル大学で受けた後、約四十人のエジプト人給費生の統率者として一八二六年から一八三一年までフランスに留学した。カイロに戻って翻訳学校を開設し、フランス人とアラブ人の共

†3　トゥーソンの参謀長は極めて残忍だったことから「ボナパルト」の異名をとった。
†4　197頁参照。

有する価値観を熱心に擁護する著『パリは黄金』を刊行した。

タンジマートの時代

ムハンマド・アリーが蒙昧主義のサウド家首長国を解体した後、自身の「文明化」事業で断固として手本にしたのはパリだった。「ナフダ」という言葉は次第に多様な「ルネサンス」の行程を指すアラビア語になった。多くのフランスの軍人と文民の顧問がエジプト文明化の冒険を志して着任し、最後の駐エジプト仏総督に倣い、[†5]躊躇せずにイスラムに改宗した。これとは全く別の思惑で、フランスの復古王政と七月王政時代の君主はカイロの支配者の野心を一貫して支持した。カイロの支配者は一八三〇年に感謝の印としてフランスにルクソールのオベリスク二基を贈った。一基はエジプトにとどまり、もう一基はその昔ルイ一六世が処刑されたパリのコンコルド広場に一八三六年に移されて建立された。フランスが一八三一年のエジプトのシリア遠征を支持したことは既に述べた。[†6]イブラヒム・パシャは一八一八年にワッハーブ派に勝利したことで自信を得ており、シリア遠征ではオロンテス川、ユーフラテス川渓谷の脅威となっていたベドウィンの襲撃を阻止し、撃退した。彼はシリアで「トルコ人」に対するアラブ民族の解放者であり、同時に平定者かつ近代化の旗手であろうとした。ムスリム、少数派それぞれの有力者で構成し、都市集会所で開かれる評議会は明らかに代表制だった。ただエジプト式の徴兵制・個別課税は導入されたものの、オスマン帝国の逆宣伝と英国の策動で打撃を受け、定着しなかった。イブラヒム・パシャの一八四一年のエジプト帰還は、シリア史の一時代を単なる逸脱として締め括った。一方、オスマン帝国はメッカとメディナの管轄権を完全に取り戻した。

オスマン帝国の歴代スルタンはカリフとしての正統性を一七七四年の国際条約[†7]で認められており、「東方問題」に最小限の代価で対処しようと腐心した。ロシアによる破壊工作を無力化することは、フランスではなく英国を選択するという賭けにつながり（英仏は中東で勢力争いを展開していた）、オーストリアの仲介を促すことにも通じた。しかし欧州列強はギリシア独立を一致して支持し、そのためオスマン帝国のエジプト依存の度合いが増した。セリム三世の軍近代化構想は野心的で、外国人と改宗者の軍事顧問を動員し、砲兵隊増強のために重工業をよりどころとし、軍学校の課程を定めたが、イェニチェリ[†8]の執拗な抵抗に遭い、一八〇七年にセリム三世は失脚してしまう。翌年即位したマフムト二世は長い年月、イェニチェリに注意深く対処しなければならなかったが、ようやく一八二六年に数万人のイェニチェリを虐殺した。[†9]この容赦のない粛清が、近代化構想でマフムト二世より一貫性があり、より早熟だったムハンマド・アリーによるマムルーク軍団の粛清の一五年後に起きたことは意味深い。いずれにせよマフムト二世の動きはギリシアの喪失とオスマン帝国艦隊の崩壊という二重の屈辱を回避するには遅きに失した。

†5　236頁参照。
†6　240頁参照。
†7　217頁参照。
†8　173－174頁参照。
†9　イェニチェリ排除は彼らと関係が深い神秘主義ベクタシュ教団の迫害を伴った。同教団は抑圧を受けてアレヴィー派に近づいた。秘教的教説と混合主義が共通していた。現代トルコではこの二つの宗派はアレヴィー派として融合している。

マフムト二世は一八三一年、軍改革の仕上げを行い、騎兵の封土制[†10]を廃止し職業軍人化した。一方で大宰相の権限のもとに文民官僚を配置する合理化に努め、他方でシェイヒュルイスラムを頂点とする宗教の組織化に専心した。しかしながら、こうした改革は当時エジプトがシリアで展開した積極的改革に比べると消極的に映った。イブラヒム・パシャによる一八三九年のアナトリア半島南東部での華々しい勝利の直後、マフムト二世が死亡し、十六歳の息子アブデュルメジトが即位した。この若いスルタンはギュルハネ勅令を発し、「タンジマート」と総称される改革の時代の扉を開いた。[†11]実効性を備えた省庁が誕生し、スルタンの自由裁量を制限する目的で閣議が新設された。徴税請負制は正式に廃止され、徴税は唯一オスマン帝国政府が実施することになった。徴兵制の原則が定まり、五年の兵役とその後の七年の予備役とされた。臣民は信仰の違いにかかわらず諸権利を有することが公式に保証された。主に商業上の紛争を扱う世俗の裁判所が設置された。これはイスラム教、キリスト教、ユダヤ教の宗教裁判所とは一線を画した。改革は欧州列強の強い要求に応じたものでもあった。やがて欧州で英国主導の反仏戦線が形成されると、ムハンマド・アリーは一八四一年、やむなく全ての部隊をエジプトに撤退させた。

アブデュルメジトは改革を選択した。シリアでオスマン帝国の権威が回復したことが追い風となった。ただタンジマートの導入は容易ではなく、属州によって困難の度合いが異なることが分かった。アナトリア半島中央部だけが多少とも関心を寄せて徴兵制に応じたが、ボスニアとアルバニアでは反抗が繰り返されて挫折した。シリアは抽選による徴兵で決着した。軍事封土制はオスマン行政が地方有力者に対し非力だった地域の多くで維持された。一八五〇年のアレッポ暴動のような地域暴動は、キリスト教徒優遇策を都市大衆と伝統的支配層がともに糾弾する事態になれば、いつでも起こり得た。確かに中東に住むキリスト教徒の増加は隣人のムスリムの人口停滞と対照を成した。これは布教環境の改善によりキリスト教徒の出生率が上昇し、死亡率が低下したからだ。キリスト教徒の移民流入は盛んになり、山間部の人口密度は上昇した。一方で、オスマン帝国へのムスリム移民の流入は、敗れた側の住民の多数が追放された、バルカンとカフカスの悲惨な戦争の結果だった。

タンジマートは一つの「民族」を土台として近代国家を構築することをめざした。「民族」は詰まるところ「オスマン」で、その懐に様々な共同体――東方問題の項目で言及した「ミレット」、「nation」†12――を包摂するはずだった。オスマン帝国の一八四四年の人口調査によると臣民は合計約三千二百万人で、このうちムスリムは千八百万人、キリスト教徒は千四百万人だった。カトリック教徒は百万人以下で、その三分の二は帝国の欧州部分に居住していた。ユダヤ教徒は一五万人でアジア部分の方が若干多かった。臣民の半数余りは中東に住み、その人口の五分の四がムスリムだった。従って改革の急所は全臣民を縛る法理に普遍性を持たせることにあったが、普遍性は地域の特殊性と既得権の名のもとに幾度となく抵抗に遭った。スルタンのアブデュルメジトは一八五六年、

†10　204頁参照。
†11　勅令は「皇帝令」、更には「行政命令」あるいは「勅許」とも呼ばれ、コンスタンティノープルの「薔薇宮殿」(ギュルハネ)で署名された。タンジマートはオスマン帝国構想ニザーム・ジェディード(「新秩序」)が源であり、その実現でもある。
†12　211頁参照。

臣下のキリスト教徒とユダヤ教徒の解放令[†13]を発し、それぞれの権利の平等を個人単位ではなくミレット単位で保証した。この結果、行政の全ての職が非ムスリムにも開放された。この大きな前進はクリミア戦争後に通知され、欧州協調のもとで戦争を終結させたパリ条約で法的に有効と認められた。この前進は一八五八年に制定された新たな土地法で補完された。土地法は土地の慣習的利用を否定し、オスマン行政とその私的大土地所有の調停を容易にした。刑法制定と民法承認は世俗的裁判の管轄権と判例を確固たるものにした。一方で宗教裁判は次第に個人の身分にかかわる訴訟に限られるようになった。

欧州列強は一八五六年のパリ講和の際、オスマン帝国のユダヤ教徒解放を黙殺した。欧州大陸でユダヤ教徒に平等の権利を保証している国はほとんどなかったからだ。その代わりに欧州列強はオスマン帝国による東方キリスト教徒に対する国家的差別の廃止、特に教会建築の許可を大げさに称賛した。ただ「少数派」擁護は外国の介入を正当化することになり、オスマン改革に対する帝国内部の反発を招き、一八六〇年にはレバノンとダマスカスでキリスト教徒が虐殺された。しかしオスマン帝国の全臣民に対する権利の平等は励行されることはなく、既に述べたように、欧州の圧力を受けて自立的地位を与えられたレバノン山地はこの危機の後、キリスト教宗派間を含む社会の分断が加速することになった[†14]。アブデュルアジーズ（アブデュルメジトの弟、マフムト二世の子）は一八六一年にスルタンに即位し、改革を継続、深化させた。一八六七年にオスマン皇帝として初めて欧州（パリ、ロンドン、ブリュッセル、ウィーン）を歴訪し、元首らと会談した。しかしオスマン帝国欧州領の解体の連鎖に歯止めはかけられず、一八六六年にクレタ島、一八七五年にボスニア、一八七六年にブルガリアで反乱が相次いだ。オスマン軍はアブデュルアジーズのロシアに対する弱腰を糾弾して廃位に追い込んだ。その直後、このスルタンの遺体が発見された。手首の血管が切られていたが、自殺か他殺かは不明だ。後継のムラト五世は即位後間もなく精神錯乱を理由に退位させられた。

こうした悲劇的状況のもとアブデュルハミト二世（アブデュルメジトの子、アブデュルアジーズの甥）が即位した。その父は一八三九年に権力を掌握すると直ちにタンジマート時代を開いたが、自身は憲法制定の冒険に乗り出した。チュニスの歴代総督は一七〇一年からオスマン帝国大宰相府に対して自立し、既に一八六一年にイスラム世界で初めて憲法を制定していた。ただこの憲法体験は、徴兵制に反対する農民反乱が起きたために、三年しか続かなかった。アブデュルハミト二世は憲法を制定することで二つの勢力に対し、自らの立場が強まると信じた。一つは独裁を好む勢力で、その帝政ロシア支持の影響で対露国境が弱体化していた。もう一つは自由主義を信奉する勢力で、英国のかなりの支援を受けていた。憲法は一〇人のウラマーと六人のキリスト教徒を含む二八人の制憲委員会が起草し、アブデュルハミト二世の治世開始四か月後に公布された。属州評議会に選出され、帝国の多様性を代表する議会[†15]が一八七七年に二度、召集された。いずれの議会も、対露戦争で劣勢に立った戦況を背景に、スルタンに対抗する場となった。アブデュルハミト二世は一八七八年

---

†13　解放令は「皇帝返書」の形をとった。
†14　246頁参照。
†15　最初の「代表者議会」はムスリム七一人、キリスト教徒四四人、ユダヤ教徒四人で構成。次の議会は一二〇人中ムスリムが七〇人だった。属州の多様性の反映だった。上院は違い、スルタンが勅選し、終身制だった。

初めに外患を強調して憲法を停止した。公布から一年も経過していなかった。

ナーセロッディーン・シャーのペルシア

ナーセロッディーン・シャー[16]は一八四八年から一八九六年まで例外的に長くカージャール朝の玉座にあり、ペルシア史上で非常に重要な役割を演じた。治世初期は積極的改革者アミール・カビール宰相の時代で、軍隊再編・大学新設・日刊紙発行が特徴だった。ペルシアは当時、自らを新たな預言の「門」（バーブ）と主張するバーブの救世主運動が流行していた。彼は自らをマフディーと宣言した後、イスラム教との縁を全て断ち、信奉者らにはシャリーアに公然と背くように勧めた。この挑発はシーア派聖職者を標的とする一連の暴力行為を招いた。聖職者らの働きかけにより、バーブは一八五〇年にタブリーズで処刑された。一八五二年にバーブ教徒によるシャー暗殺未遂事件が起こり、バーブ教徒に対する血塗られた弾圧が繰り広げられた。死を免れた残党はオスマン帝国領イラクに追放され、そこでもシーア派ウラマーの敵意にさらされた[17]。こうした騒乱の結果、高位聖職者らは改革への反対姿勢を先鋭化させた。カージャール朝君主はシーア派信仰にあって、隠れイマームの意志の唯一の解釈者となったアヤトラたち[18]に比べて自らの正統性が脆弱なことを承知していた。君主はアミール・カビールをアヤトラに対する生け贄として捧げ、一八五二年に処刑した。

ナーセロッディーンにはエジプトのムハンマド・アリーのような首尾一貫性も、タンジマート時代の歴代スルタンのような改革の野心もなかった。その半世紀の治世は不安定な一進一退の連続だった。聖職者らの怒りを鎮めるために近代化推進派閣僚を何人も更迭した。加えて、テヘランの宮廷政治への乱暴な干渉を特徴とした英露のグレート・ゲームがシャーの行動の幅を制限した。シャーは英露を競い合わせるのが精一杯だった。一八六一年から一八六五年にかけて電信が発達したことで、この多民族の巨大帝国は中央集権化の機会を得た。しかしシャーは一八七二年、国家開発の主要事業を英国のロイター男爵に委託することを決定し、鉄道敷設・税関設置・社会基盤事業で多大な利権を与えた。シャーは巨大投資をめぐる危険を外国企業に移したことで国の独立を守ったと主張したが、「不信心者」に屈したとする抗議の叫びが国中から沸き上がった。ウラマーが反ロイター運動を起こすと、不当競争に反発するバザール[†19]の商人階級も加わった。結局シャーは一八七三年に翻意したが、英国政府を後ろ盾とするロイターとの間で長引く訴訟を抱えることになった。シャーは一八七八年、自身だけに忠誠を誓うロシア人将校指揮下の警護隊で身辺を固めた。イスファハンを都としたサファビー朝君主がペルシア人ではなく、アルメニア人とジョージア人で構成する君主親衛隊に自身を警護させたのと同様だった[†20]。

　イラクの聖地のウラマーはカージャール朝の専制支配の及ばないオスマン領に居住していたため、徹底的にシャーに抵抗した。アヤトラのハサン・シーラージーは一八七〇年、ナジャフを訪れたナ

†16　ナーセル・アッディーンとも表記される。「宗教の（名のもとの）勝者」の意。

†17　バーブはアコーで埋葬された。その後継者バハー・アッラーは平和主義の道を選び、バハイ教を創始した。彼はハイファに追放され、埋葬された。

†18　225－226頁参照。

†19　ペルシア語のバザール／市場はアラビア語のスークと同義。バザーリは商人。

†20　207頁参照。

ーセロッディーン・シャーの応援を拒んだことで知られる。その結果、自らの「マルジャ」、つまり宗教上の「基準」としての立場を強めた。[21] こうした上位聖職者らの煽動に汎イスラム的次元を与えたのは不屈のペルシア人闘士ジャマールッディーン・アフガーニーだった。[22] カージャール朝支配者が一八九〇年に英企業に認めたたばこ専売権をめぐり、国外のシーア派が反対の声を上げて、国内のボイコット運動に勢いを与えた。抗議の先頭に立っていたバザール商人らは、アヤトラのシーラージーが一八九一年にイラクで発した「反たばこ」裁定に活気づいた。対英委譲に伴い解雇された地元たばこ産業労働者の運動に多くの同胞が合流した。もはや喫煙は隠れイマームへの侮辱と同一視されるようになっていたのだ。シャーは数週間後には社会の圧力に屈し、たばこの専売を廃止し、シーラージーは禁煙裁定を解除した。シャーの無残なまでの弱さの露呈は革命的破壊衝動を醸成し、ナーセロッディーンは一八九六年にアフガーニーの信奉者によって暗殺された。オスマン帝国はシャーの殺害に加担したと裁定された三人のイラク人アヤトラを引き渡すことを受け入れた。三人はタブリーズで処刑された。

ナフダの多様性

アラブの啓蒙の進展にアラビア語の活版印刷術は決定的な役割を演じた。印刷術の導入自体、ナフダ/ルネサンスの一環だった。これは実際、地中海の端から端まで遍在するアラブ知識人らがアラビア語で意見交換できる新しい形の公共空間の出現に結びついた。欧州への留学者・移住者との対話を通じ、交流は更に豊かになった。多様な思想が、国家による検閲の制約はあったものの、円滑に、かつ濃密に伝播した。伝播は宗教宗派の壁を越え、それをブトロス・ブスターニーは一八六〇年にベイルートで祖国（ワタン）として称揚した。この人物はマロン派からプロテスタントへの改宗者で、レバノン山地危機をめぐっては宗教共同体の運命論に反対していた。ギリシアカトリック教徒のサミとビシャラのタクラ兄弟は一八七六年、アレクサンドリアで最初のアラビア語日刊紙『アルアハラム』（「ピラミッド」）を創刊した。同紙は今日も発行されている。ギリシア正教徒のジュルジ・ザイダンはダーウィン進化論を擁護したことでレバノン大学を追放され、一八八二年にカイロに移住した。そこでイスラム教の登場する以前に遡ったアラブ文明史を物語風に描いた記念碑的大作を著した。こうしたキリスト教徒の知識人たちは預言者ムハンマドを意図的にアラブ民族主義の先駆者として描き、ウマイヤ朝カリフが民族主義を定着させたと見なした。

英国の一八八二年のエジプト占領で、副王による開明的独裁時代は終焉した。その頃、オスマン帝国のアブデュルハミト二世はタンジマート時代の幕を下ろした。ナフダは国家の後ろ盾を喪失したが、創造的自律性を獲得し、その発展は知識人の国外流出に伴って水平に広がり、各地を行き来した。エジプト人ムハンマド・アブドゥフはこうした事情の語り部といえる。アズハル大学に学び、『アルアハラム』紙に寄稿し、腐敗と戦い、イスラムと議会政治の両立を説いた。一八八二年にレバノンに追放され、二年後にパリでアフガーニーに合流し、二人でイスラム改革主義の論壇となる評論誌『断ちがたい絆』を創刊した。一八八八年にカイロに戻り、アズハル大学の近代化計画を策

†21　226頁参照。

†22　足跡を消すことに巧みなジャマールッディーンは、ペルシアのハマダン州の出身であることを隠すため、「アフガン人」を意味するアフガーニーの名を選んだ。

定し、更に合理論と教義学の両立をめざした神学の概論を著した。一八九九年にムフティー〔訳註＝イスラム法学の権威〕に昇り詰め、社会問題をめぐり当時としては大胆なファトワ（裁定）で名を知らしめた。パリでアブドゥフやアフガーニーと親交を結んでいた判事カーシム・アミーンがカイロで著書『女性解放』を出版したのも一八九九年だった。国家の主導ではなく社会の進歩に基づくフェミニズム宣言の書だった。

　こうしたナフダの活気の中で、今日なら「民族主義的」、あるいは「イスラム主義的[†23]」と形容され得る二つの考えが、それぞれ特有の傾向を帯びつつ、いずれもアラブ人の自覚と権利意識を肯定することに寄与した。考えの違いは優先順位ではなく、表現の仕方にかかわるものだった。「民族主義者」は欧州の帝国主義者に対し、「民族自決権」の体系と三要素、つまりアラブ民族は「国民」を構成し、自らの「言語」を話し、自らの主権を行使する「国土」を持つと主張して対決した。「イスラム主義者」はオスマン帝国がイスラム教を退廃させ、トルコ人がアラブ人からカリフの位を簒奪したと糾弾した。この戦闘的両派は原点回帰という共通する主張を掲げて並び立った。原点は「民族主義者」にとってはアラブ文明の源、「イスラム主義者」にとっては後世の相次ぐ逸脱を排した宗教の源だ。ナフダのこの二つの潮流は一人の人物の作品で合流することさえあった。アブドゥルラフマーン・カワーキビーだ。オスマン専制に対する断固とした批判者で、オスマン帝国は権力を乱用してアラブ人の権利を侵害しているとアラビア語で告発し、更に政教分離とカリフ公選制を新たな憲法原則とすべきだと力説した。

オスマン帝国憲法が一八七八年に停止されたことは四〇年続いたタンジマートの幕引きを意味した。アブデュルハミト二世は最も大胆な改革者として即位したが、その後の三〇年を自らの人格と同一化した「ハミト式」絶対主義の刻印を打った。流血好きと恐れられ、「赤色スルタン」という悪名も得た。しかし歴代スルタンが戦争に疲弊するのが常だったのに対し、彼の長期治世は一八九七〜一八九八年のクレタ危機を例外として、「不戦」の時代だった。タンジマートが帝国解体に歯止めをかけることに失敗したのに対し、アブデュルハミト二世の復古主義は帝国国境を安定させた。ただロシアの始めた一八七七〜一八七八年の露土戦争は、敗者側〔訳註＝オスマン帝国はバルカンの領土の大半を失った〕の臣民の大量追放によって不安を増大させた。オスマン帝国領内の人口動態は大変動をきたし、総人口の四分の三以上をムスリムが占めることになった。これは中東で前代未聞の比率だった。スルタンはこう確信した。欧州列強は躊躇せずにアナトリアを「バルカン化」し、ムスリム「国家」は完全に多様な侵略の標的になる——と。帝国の様々な共同体を一つのオスマン・ミレットに統合する構想はもはや論外となり、外部の一連の脅威に対抗してイスラム統一体を防衛することが喫緊の課題となった。

アブデュルハミト二世は以後、キリスト教徒を徴兵の対象とすることを拒否した。この結果、宗教少数派はタンジマート時代以前の人頭税の代わりに、兵役免除税を納めることになった。コンスタンティノープル、ヒジャーズ、イエメンのムスリムも兵役を免除された。慢性化していたクルド

---

†23　この二つの言葉は当時、今日のような意味では通用していなかった。ナフダの「イスラム主義者」は「改革主義者」あるいは「サラフィー主義者」を指した。「サラフィー」は「先覚者」の意で、初期のムスリム、つまり「敬虔な先覚者」を手本にする。

諸部族の騒乱は一八八〇年の反乱で頂点に達した。スルタンは当初こそ反徒をペルシアに敵対させることで鎮静化を図ったが、結局挟撃した。ただ反乱首謀者の処刑は自制し、一八八一年に首都に移送した。より一般的にはスルタンはアラブ、クルド、トルクメン諸部族の有力者らを中立化する政策を推進した。有力者の親族を「招き」、王宮の黄金の獄舎に住まわせた。一八九一年にコサックに範を得て、「ハミト式」クルド騎兵隊が創設され、クルド人の更なる同化をもたらした。一連の政策は翌年、預言者の生誕記念日に開校式が行われた「部族学校」開設で完成した。

アブデュルハミト二世が首都の高台にあるユルドゥズ宮殿を離れることはなかった。例外は二つ。一つは、近接する自身の名を冠したモスクの金曜礼拝に参列する時。もう一つは、イスラム暦の二大祝祭日[†24]に臣下の忠誠を確認する時だった。政権の三本柱は、内務にかかわる大宰相、軍務にかかわるセラスカー（戦争大臣）、宗務にかかわるシェイヒュルイスラム[†25]だった。金曜礼拝は帝国のどこでもスルタン／カリフの名で執り行われた。一八七八年以来、オーストリア＝ハンガリーの占領下にあったボスニアでもそうだった[†26]。とはいえハミト式「汎イスラム主義」と呼ぶのは行き過ぎだろう。これはフランス人記者が汎アラブ主義と汎ゲルマン主義に倣って一八八一年に造った言葉だ。カリフという象徴は対外拡張ではなく、国内結束の力学の中で形成されたものだ。君主のスンニ派信仰は戦闘的で、イラクのシーア派だけでなく、アナトリアのアレヴィー派、シリアのアラウィ派に対しても高圧的に改宗を迫る措置を強行した。しかし軍規の乱れた兵隊による略奪が高じるなか、間もなくこの措置は放棄された。一層暴力的だったのは一八九二年、イラクのヤジーディー教徒[†27]に対する「イスラム化」の企てで、モスル北方にある彼らの聖地ラリシュを破壊した。

アルメニア危機

オスマン帝国領内でアルメニア人の圧倒的多数がアナトリアとキリキアの平地に住んでいた。アブデュルハミト二世は、彼らは欧州のたくらむ「バルカン化」の手先、第五列に違いない、と次第に確信するに至った。一八七八年に露軍によってカフカスから追放されたチェルケス人の土地は絶えざる争いの火種だった。クルド人の忠誠は大概、アルメニア人農民を抑圧することで示された。アルメニア人はオスマン帝国とクルド人によって二重に徴税された。こうした組織的差別を受けて、離散アルメニア人らはロシアの人民主義［訳註＝ロシアのナロードニキ（人民主義者）が農村共同体に基づく社会主義の実現をめざした革命運動］に倣い、政党活動に乗り出す。まず一八八七年にジュネーブで社会民主主義フンチャク党が、次に一八九〇年にジョージアでアルメニア革命連盟、通称ダシナキ党が結成された。一八九四年に最初の「アルメニア危機」がアナトリア南東部で発生した。地元のクルド民兵がクルド人への「保護料」の支払い拒否を「蜂起」と見なし、鎮圧と称して虐殺を強行した。アルメニア人諸集団は防衛組織を作り、「フィダーイー」と名乗った。自らの信仰（フィダ）のために死を覚悟した戦士を意味する中世イスラム教

---

†24　二つのイード（祝日）はラマダン明けの日と大巡礼の終わりの日で、トルコ語ではバイラムと呼ばれる。

†25　アブデュルハミト二世は、叔父のアブデュルアジーズが一八七六年に退位した先例にとりつかれ、シェイヒュルイスラムに退位を正当化した裁定を打ち消す裁定（293頁参照）を下すよう強要した。

†26　一七七四年にクリミア半島を失った後にカリフ位を復活させたのと同様の象徴的補償だった。

†27　ヤジーディー教は秘教のためあまり知られていないが、独特の教義はイスラム教、キリスト教、マズダ教の混淆で、十二世紀以来メソポタミア北部のクルド人の間に浸透した。

に由来する言葉ではある。ただこの組織はむしろマケドニアの民族主義武装ゲリラに着想を得ていた。同ゲリラは小さな勢力だったが、テロ騒動を起こし、大きく報道されたことで過大に評価された。

アルメニアの二政党はコンスタンティノープルを拠点に、西側外交官と欧州世論の注意喚起に努めた。しかしこの積極的国際化戦略はアブデュルハミト二世の「内なる敵」をめぐる強迫観念を増大させることになった。一八九五年九月、フンチャク党が帝都で打ったデモは弾圧され、帝国諸州での虐殺へと飛び火した。一八九六年八月、ダシナキ党は帝都でオスマン銀行本店を占拠する賭けに出た。行員と顧客を人質に取ったまま爆破すると脅した。この過激テロの狙いは欧州が介入せざるを得ない極限状況を作ることにあった。結局、テロ首謀者は英国大使のヨットで出国したが、帝都中で紛れもないアルメニア人大虐殺が起きた。「赤色スルタン」に対する国際的な抗議の叫びが上がったが、[†28]殺戮はアナトリア各地で数週間にわたって繰り広げられた。アルメニア危機の死者総数は推計で数万人から二十万人とされ、三十万人説もある。曖昧なのは、信頼に足る資料がなく、多数の凍死者や餓死者もいたからだ。犠牲者数をめぐる争いは敵対する陣営の宣伝戦で激化するものだが、一連のバルカン紛争に際し既に激論が起きていた。今後も数値論争が決着することはあるまい。

欧州の敵意にさらされたアブデュルハミト二世はペルシアのモザッファロッディーン・シャーに近づいた。一八九六年に暗殺された父を継いで即位した人物だ。オスマン帝国スルタンは既に、王殺しを教唆したと糾弾されていたイラクのアヤトラらをテヘランに引き渡していた。[†29]加えてシーア派臣民をスンニ派に改宗させる政策さえも棚上げにし、その見返りとしてペルシアから「アルメニア武装組織を支持しない」との言質を取りつけた。水と油の二つの絶対主義がテロの脅威を経て一致する現象は今日も散見する。一方、今日的劇場型テロを中東に持ち込んだのは、欧州の前衛的キリスト教諸集団だったことに留意しよう。また、これらアルメニア系組織は、一九七〇年に初の同時ハイジャック事件を起こすことになるパレスチナ集団[†30]と同様に、極左だった。要は歴史的に見ると、中東それ自体、イスラム教それ自体がテロの温床として適した土壌というわけではなかったのだ。アブデュルハミト二世は一九〇五年、金曜礼拝後のモスク出口で発生し、二六人の死者を出した、当時の表現を用いれば「仕掛け爆弾」［訳註＝直訳は「地獄の機械」］の爆破事件を免れた。実行犯はアルメニアの大義に賛同したベルギー人無政府主義者で、スルタンに恩赦を与えられ、オスマン警察によっておそらく「送還」された。

　アブデュルハミト二世の治世が同時代の日本の明治天皇の治世と比較されることは稀だ。しかしこの二人の王権神授を唱える君主は、自国をそれほど西洋化しないで近代化するという決意を共有していた。両国とも、君主の神格化が培った高揚する国家主義勢力は、西洋列強の帝国主義の餌食となる事態に対する最も確実な盾として近代化を捉えた。オスマン帝国の鉄道敷設を中心とする社会基盤の発展は目を瞠《みは》るものがあり[†31]、それは農作物の顕著な増産をもたらした。主要輸出農産品は

†28　フランスの社会主義者ジャン・ジョレスは仏下院で「絶滅戦争」を告発した。
†29　280頁参照。
†30　362－363頁参照。
†31　二十世紀初頭、オスマン帝国には六千五百キロの鉄道網があり、年間千六百万人の利用客がいた。

キリキアの綿、シリアのたばこ、パレスチナの柑橘《かんきつ》類だった。二十世紀初頭のオスマン帝国は人口二千五百万人以下[†32]と過疎で、そのうち百万人がコンスタンティノープルに集中していた[†33]。ただカフカス系移民をダマスカスからメディナに至る巡礼の道に沿って定住させたことで、ヒジャーズ鉄道建設のはるか以前の時点で、オスマン政権のこの大動脈に対する遊牧民の脅威は取り除くことができた。以後、メッカはこの陸路、あるいはジッダ港を通じて、年間十万人から二十万人に上る巡礼者を受け入れた。スルタンは治世初期の破産宣言にもかかわらず、ある程度財政を立て直すことに成功した。そのためエジプト副王はオスマン帝国の庇護下に置かれた立場から脱することができなかった。いずれにせよアブデュルハミト二世の近代化は、例えば教育制度がそうだが、改革を断念することになった既存制度との二本立てだったことは否定できない。唯一、軍隊が真の近代化を実現した。そしてその軍隊がスルタン制にとどめを刺すことになる。

ペルシアの立憲主義

モザッファロッディーン・シャーは、既述のように、一八九六年に殺害された父を継いで即位し、オスマン帝国スルタンと絶対主義君主どうしで固い契りを結んだ。加えてシャーはその贅沢な出費の最大スポンサーであるロシアの多岐にわたる支援により、専制的傾向を強めた。人柄は出来が悪く、仏外交官らは「モベザフェーレッディーン」［訳註＝人名を仏語「厄介事」に掛けた駄洒落］と揶揄《やゆ》した。シャーは三度公式に訪問した欧州に魅せられて、ペルシア財務制度の再編を元税関史率いるベルギー顧問団に委託した。バザール商人の反抗とアヤトラの説教で醸成されたシャー体制に対する抵抗運動は、英国「専売」に反対して結集した以前の抵抗運動と同様、外国人に与えられた特約を糾弾した。自由主義勢力は一九〇五年、シャーの庇護者ロシアが日本軍に敗れて面目を失い、ゼネストとモスクワ蜂起で不安定化したことで活気づいた。一九〇六年一月、様々な反体制勢力が「裁きの場」の設置を求めて結集し、一部はモスクに立て籠もって抗議した。一九〇六年六月、テヘランでデモ隊が弾圧されると、聖職者千人が集団でコムに向けて出発した。シャーはシーア派聖職者集団の反逆に屈し、「国民議会」[†34]開設に応じた。国民議会は二十五歳以上の男性の秘密投票で選出された議員一五六人で構成され、同年秋に召集された。初議会は直ちに制憲作業に入り、外国との取り決めは全て議会の事前承認を必要とすると明記した。モザッファロッディーンは病床で憲法に署名し、間もなく死亡した。

その息子モハンマド・アリー・シャーは一九〇七年一月、立憲主義派の封じ込めを固く決意して即位した。頼りにしたのはアヤトラのファズロッラー・ヌーリーで、このアヤトラは新たな自由を全てシーア派の戒律で縛る算段だった。宗教指導層はペルシアでもイラクでも宗教優位を信奉する一派と立憲主義の原則を支持する一派に分裂していた。後者の指導者は大アヤトラ、シーラージーの弟子でアヤトラのアーホンド・ホラサーニー・ナジャフだった。一九〇七年十月に「基本法」の

†32　オスマン帝国に比べて当時のロシアは五倍、ドイツは三倍の人口規模だった。

†33　コンスタンティノープルに比べてカイロ、アレクサンドリア、イズミル、テヘランの人口はそれぞれ二分の一、三分の一、四分の一、五分の一だった。

†34　「nation」（国民）はペルシア語もトルコ語のように、millet（ミレット＝宗教自治体）の概念を反映している。「national」の訳語は「milli」（時に「melli」）。

形で憲法が修正され、シーア派を国教とし、法律の成立には五人のアヤトラの承認を必要とすると定めた。ただ一方で聖職者層に緊張が走り、他方で革命気運が再燃したため、五人委員会が開かれることはなかった。アゼルバイジャンの騒乱はカフカスのロシア革命勢力の流入によって拡大し、帝都にまで重い雰囲気が伝播し、シャーの廃位を求める叫び声が鳴り響いた。こうした状況下で、英国とロシアが一九〇七年八月、カージャール朝体制支援を確認しつつ、ペルシアでのそれぞれの勢力範囲を南と北に分割することで合意した。

モハンマド・アリー・シャーは反目し合う欧州二国の支持で自信を得て、強権を何度も発動し、一九〇八年六月には手駒のコサック警護隊に議会を占拠させるに至った。こうして「小暴政」時代が始まる。「小」と形容されたのは一年しか続かなかったからだ。とはいえ弾圧は残忍だった。それでも革命勢力はタブリーズで耐え抜き、一九〇九年一月にイスファハンを制圧し、同年五月にはテヘランに迫った。憲法復活の試みは遅きに失し、カージャール朝君主を救うことはできなかった。シャーは同年七月、ロシア大使館に逃げ込んだ。帝都は反徒が掌握し、アヤトラのヌーリーを公開の場で絞首刑に処した。十三歳の皇太子アフマド・シャーが即位し、ロシアと近い関係にある摂政が後見した。選挙が実施され、第二回国民議会が一九〇九年十一月に召集された。議会多数派は名士らで、間もなく帝国各州の緊張を背景として、革命派議員と対立した。国家財政再編を米国の派遣団に託したが、英露が反対し、奏功しなかった。英国はシーラーズとイスファハンに軍事介入し、ロシアは既にアゼルバイジャンを侵略しつつあったが、一九一一年十二月、テヘランで国民議会の無条件解散を命じた。

五年間の憲法体験が終わった。ただこの体験は一九七八～七九年のイスラム革命[†35]を含む、現代イランに強い影響を与えることになる。立憲主義派の願望は、外国の干渉から自国を解放するという民族主義派の意志に親密に結びついた。そこから一九七八年の大衆蜂起の反帝国主義的特徴が生まれた。蜂起で大衆が唱和したのは「シャーを倒せ」「米国を倒せ」という標語だった。一九七九年に君主制を打倒した勢力は、一九〇九年に「小暴政」に勝利した勢力と同様に、種々雑多な集団の連合だった。前者はカリスマのあるアヤトラ、ホメイニのもとに結集した。ホメイニは、カージャール朝に対峙したシーラージーとホラサーニーが行動したように、追放先のナジャフで暴君に対する反抗を説き続けた。ただホメイニはシャーを打倒するとすぐ、立憲主義派の遺産を回復する素振りを見せたが、それはひとえに宗教優位の主張に神学的正統性があることを訴えるためだった。イラン・イスラム共和国の憲法は国民投票で承認されたが、選挙を経た形式的支配制度に対し、ホメイニの至高の権威を確立した。一九七九年の革命は中東を長期的に揺るがすことになるが、一九〇六〜一一年のペルシアの体験が飛び火したのはイラクの聖地だけだった。

青年トルコ革命

一九〇八年にオスマン帝国を掌握する「青年トルコ」[†36]には二〇年の歴史があった。この名は、一八七六年憲法の復活をめざして闘ってきた様々な集団の総称だった。その国外の出版活動も国内の

†35　373－375頁参照。
†36　彼らがフランスから着想を得たことはトルコ語表記 Jön-Turk が仏語 Jeunes-Turcs と同音であることからもうかがえる。

地下活動も長らく反響を呼ぶことはなかった。一八九七年にはアブデュルハミト二世が青年トルコの指導者数人と交渉し忠誠を誓わせた。青年トルコは一九〇二年にパリで大会を開き、地方分権派を除名し、バルカンの悲劇に深く影響された「統一と進歩委員会」〔訳註＝以下、統一派と略称で表記〕を中核に据えた。統一派は一九〇七年のサロニカ（テッサロニキ）大会でオスマン帝国マケドニア駐屯軍内部の革命派将校らを加入させた。青年トルコは（一八九六年のオスマン銀行襲撃を首謀した）アルメニアのダシナキ党とオスマン独裁に対する共同戦線を組むことに合意した。アナトリアのオスマン部隊の賛同を得たことで一九〇八年七月の権力奪取への扉が開いた。反徒らは「国家とスルタン」の立憲的和解を要求して「非合法政府」に最後通牒を突きつけた。アブデュルハミト二世は仰々しくスルタンを引き合いに出す、この運動を受け入れるしかなかった。その要求はスルタンが三〇年の治世で積み上げた権力の大半を剝奪する便法だったのだが。

高揚感に満ちた権力の移行は「自由宣言」と名づけられた。スルタンは憲法の復活と帝国全域での議会選挙実施を承諾した。報道と集会の自由は保障され、文化と政治が活気づいた。統一派の構成員は、軍人の入会が義務づけられたこともあり、三千人から三十万人へと一〇〇倍に膨らんだ。オーストリア＝ハンガリーが一九〇八年十月にボスニア＝ヘルツェゴビナを併合したことで緊張が生じたが、議会選挙は予定通りその翌月に実施された。新議会（定数二八八）でトルコ人は半数をわずかに上回る一四七議席を獲得した。その他の内訳はアラブ人六〇議席、アルバニア人二七議席、ギリシア人二六議席、スラブ人一〇議席、ユダヤ人四議席だった。議会で統一派指導者アフメト・ルザは、下院で相対多数の自党の立場を強化するために地方名士らに妥協した。しかし宗教的進歩主義を信じるこの知識人は、軍人の策謀によって周縁に追いやられることになる。一九〇九年四月、コンスタンティノープル守備隊が統一派青年将校らを無神論者と断じて決起した。スルタンは傍観した。中央の分権派が地方の統一派に対抗したこの逆説的反逆を、スルタンが指図した証拠はない。ただその治世が困難続きの時代をくぐり抜けることはなかった。この時代に再びアルメニア人が虐殺の標的にされ、今回はキリキアで惨劇が起きた。

帝都は青年トルコがバルカンで動員した「行動軍」と少数派徴兵部隊が奪還した。シェイヒュルイスラムはアブデュルハミト二世の廃位を承認する裁定を下した。二世はサロニカに追放され、莫大な財産を没収された。そのいとこの一人で、全く精彩を欠くメフメト五世がスルタンに即位した。憲法は改正され、ようやく政府は議会に対し責任を負うことになった。しかし実権を握ったのは統一派だった。彼らは、自分たちが帝都から排除されると信じていただけに、一層権威主義的になっていた。もはや人権の祝賀ではなく、「秩序と規律」の称揚の時だった。分離主義と蒙昧主義に対する戦いを掲げる中央集権的軍国主義への移行は暴力的だった。徴兵されたキリスト教徒は以後、連隊に入隊することになり、キリスト教徒を含む少数派徴兵部隊は解散した。[†37] 統一派は次第に寛容さを失い、一党独裁型へと変容してゆく。一九一二年の議会選挙は数多くの事件が起きたが、統一派は定数二七五のうち二六九議席を獲得した。統一派で頭角を現したのはクルド系のズィヤ・ギョカルプだった。社会ダーウィン主義に転じた後の仏社会学者デュルケームの読解を通して、同派の主要理論家になった。ペルシア系進歩派は依然として階級闘争を標榜していたが、統一派は自らを

†37 士官学校は一九一〇年に少数派に門戸を開いたが、同年入学の士官三九四人のうちアルメニア人は四人、ギリシア人は三人、ユダヤ人は一人だった。

「抑圧を被ったトルコ人集団」と主張するに至り、報復への渇望を正当化した。

このような重苦しい傾向は国外の惨事で更に深まった。ムスタファ・ケマルが一九一一年に起きたイタリアのリビア侵略に際し、その勇猛さで傑出したことは既に言及した。[†38]イスマイル・エンベルは一九〇八年の革命と一九〇九年の統一派大躍進の中心人物の一人だが、このオスマン帝国北アフリカ領の瓦解に抵抗したが失敗した。帝国の命運を決したのは一九一二〜一九一三年の二度のバルカン戦争だった。その背景で二十万人から四十万人のムスリムがまだ残る帝国領へと移動を余儀なくされた。一九一二年十月〜一九一三年五月の第一次バルカン戦争はセルビア、モンテネグロ、ギリシア、ブルガリアが軍事同盟を結び、オスマン帝国欧州領をほぼ消滅させた。一九一三年六月〜七月の第二次は、ブルガリアが同盟相手だった三か国と対立したことで、パシャの称号を受けていたエンベルは一四五三年までオスマン帝都だったエディルネ[†39]を奪還し、象徴的ながら欧州に再び根を下ろすことができた。青年トルコ最強硬派の台頭は二つの段階を踏んだ。まず一九一三年一月、戦争大臣がエディルネ陥落を阻止できなかったとして暗殺された。次に同年六月、今度は首相がその報復で暗殺された。この血塗られた混乱に乗じて、三頭政治が事実上の専制支配を開始した。戦争大臣エンベル、海軍大臣ジェマル、内務大臣タラートによる「三人のパシャ」体制だった。三人の指導者には反聖職者主義の傾向があったが、スルタンの実権は全て奪っていたので、カリフの威光を便宜的に利用した。軍国主義者であり悲観論者である三人の世界観は軍事力、そしてトルコ民族、否、疑わしい「トルコ人種」の賛美に基づいていた。三人は祖国を真の戦時経済下に置き、エーゲ海沿岸に住む二十万人近いギリシア人を国外に追いやった。三人の汎トゥラン主義［訳註＝トルコ民族主義の一潮流］は汎ゲルマン主義に呼応して発展した。そのことでベルリンとの絆は一層強まった。

中東式共生

「長い十九世紀」はオスマン帝国が漸進的に、かつ容赦なく欧州大陸から撃退される過程だった。この過程は、タンジマートが阻むことに骨折り、アブデュルハミト二世の絶対主義がひと世代は押し止めることに成功したが、青年トルコ革命後に完了した（革命は欧州領マケドニア駐屯軍を起点としたのだが）。バルカンのムスリム人口の四分の一が相次ぐ紛争のうちに横死し、三分の一は逃げ出してスルタンの権威の及ぶ地に避難したと見られている。こうした推計は常に異説を伴うものだが、人間的惨事の重大さを示している。惨事は、並行して起きたロシアの拡張によってカフカスから追い出されたムスリムの大量流入で、更に深刻化した。法外の人口大移動が緊張を高めるのは必至で、まず一八九四年から一八九六年までの、次に一九〇九年の二度に及ぶアルメニア人大虐殺に帰結した。更に惨事が加わる。まずアブデュルハミト二世の治世下で、次に青年トルコ支配下で反対派クルド人勢力の遅ればせの同化策が実施され、クルド人の暴力をキリスト教徒農民に向かわせたのだ。多数の共同体で構成される「オスマン国家」構想は放棄され、内向きな「ムスリム国家」に転換し、三人のパシャがそれを取り返しのつかないほどにトルコ化してゆく。

アナトリアの流血の排除力学とそれ以外の中東での「共生」の出現は際立つ対照を示した。こうした共存は理想化すべきではないが、差異の管理法として示唆に富むことを強調したい。ミレット

†38 260頁参照。
†39 173頁参照。

という伝統的制度は自前の裁判権を備え、ユダヤ共同体の場合は地方運営型だった。キリスト教会に倣って[†40]多少とも中央集権的であり、欧州列強はミレット制が安全弁になると判断し、カピチュレーションの枠組みで活用した。ただミレットはエジプトによるシリア占領時代とタンジマート時代には土台から覆された。オスマン帝国が国家による共同体制度中枢への介入を強化する代償として、時には急進的「自由主義派」を利することになろうとも、国家によるムスリムと非ムスリム間の差別を漸進的に廃止したからだ。概して東方キリスト教徒はアブデュルハミト二世時代に、帝国の全臣民間の平等という原則には反する、キリスト教徒に対する兵役の事実上の免除に満足していたのだが。

イスラム教少数派についてスンニ派を国教とするオスマン体制はあらゆる公的認知を拒否した。少数派は常に抑圧の標的だった。正統教義の強制のためではなく、特定の反体制派の封じ込めのためではあったが。この権利の否定は多くの場合、兵役免除を伴った。そのことは十九世紀を通じて、イラク南部諸部族のシーア派への集団改宗の流れを加速した。ナジャフとカルバラーでウラマーの熱心な勧誘対象は、定住化しつつあった遊牧民だった。その結果、一つの部族連合がスンニ派集団とシーア派集団を抱え込むことになり、そこでは慣習上の掟が宗教上の正義より優先された。ムスリムの一つの宗派から別の宗派への移動は柔軟で、一八六一年にレバノン山地で欧州の圧力のもとで導入された宗派性の硬直ぶり[†41]と際立った対照を見せた。つまりレバノン山地で代表者らはムスリムとキリスト教徒の間の均衡を厳格に尊重するだけではなく、それぞれの宗教を他の宗教と峻別し、それはキリスト教の様々な宗派だけではなく、スンニ派にもドゥルーズ派にもシーア派にも適用された。このイスラム教少数派が表舞台に立つという希有な事例は、英国がドゥルーズ派の領主らに与えた保護に由来する。英国のこの振る舞いは、歴史的にマロン派を支持してきたフランスを睨んだ示威行為の一環だった。

ナフダというアラブ啓蒙主義は「ワタン」（民族／祖国）を「ミレット」（民族／共同体）に対比させた。ブトロス・ブスターニーはレバノン山地紛争を「内戦」と見なし、一八六三年にはベイルートに「祖国学校」（ワタニーヤ）を開設した。オスマン帝国で近代教育制度が確立されるはるか以前のことだった。その約一五年後、クリスティーヌ・カルダヒが「祖国女学校」を設置したのはアレクサンドリアだった。ベイルートとアレクサンドリアという二つの港町は世俗的、かつ精鋭主義的民族主義の恵まれた実験場になった。帝国臣民の大多数が読み書きのできない時代だったが、民族主義はアラビア語の新聞・雑誌、そして国外移住者との交流を通じて育まれた。ナフダの解放力学は英国占領下のエジプトとオスマン帝国のアラブ属州に拡散した。ダマスカスのムハンマド・クルド・アリーは、クルド人の父親とチェルケス人の母親を持つ、最も辛辣なアラブ言論人の一人で、オスマン帝国の検閲のためにシリアとエジプトの間を何度も往復しなければならなかった。ジャミル・シドキ・ザハウィはバグダッドのクルド人イスラム法学者の子で、女性差別とワッハーブ派の蒙昧主義、そしてアブデュルハミト二世の専横をアラビア語の詩と散文で痛罵《つうば》した。†42 ここでもアラ

†40 ミレットの先駆はオスマン帝国がコンスタンティノープルの東方正教会とアルメニア正教会の総主教区と結んだ保護関係（181頁参照）で、コプト教徒・マロン教徒・アッシリアキリスト教徒との関係とは異なり、成功した。
†41 248頁参照。
†42 一九〇五年にバグダッドで出版された詩集『暴君へ』が有名。

ブ「祖国」への帰属意識で重要だったのは民族的宿命ではなく、愛国的関与だった。ただこの知的高揚は、伝統的イスラム社会から引き継いだエリート（ハーサ）と大衆（アンマ）の二分法によれば、[†43]エリートに限られた現象だった（オスマン帝国の名士らはこの二分法を否認した）。

一九〇八年の青年トルコ革命は「自由・平等・正義」を標語に掲げ、アラブ言論界に前代未聞の展開をもたらすことになる。革命はエルサレムではアラブ人、アルメニア人、トルコ人、ギリシア人、ユダヤ人が一体となった示威行進で祝賀され、彼らに対し神殿の丘が例外的に開放された。帝都の議会では名士と革命派の混在するアラブ人議員六〇人が多元的帝国というオスマン構想に賛同した。それだけに六〇人は、統一派が早くも一九〇九年に態度を硬化させたことに失望した。統一派は翌年、全州の行政機関でトルコ語だけを公用語とするよう命じた。しかし一九一一年にイタリアがリビアを侵略すると、つまり青年トルコがアラブの地の防衛に無能であることが分かると、帝都のアラブ愛国者らはこぞって反対勢力に合流した。パレスチナではユダヤ人移民の増加で社会的圧力が強まり、その共犯者と見なされた統一派に対する不平不満が高じた。「アラブ会議」が一九一三年六月にパリで開かれ、シリアとエジプトの代表団が参加した。両代表団ともムスリムとキリスト教徒で構成されたが、宗教宗派は強調されなかった。会議は中央政府の決定に対するアラブ人の一層の協力と属州に対する早期分権化を同時に提唱した。その中で「オスマン帝国領内のアルメニア人の改革要求」に対する支持を明示した。

「長い十九世紀」は中東に五つの異なる空間が存在した。第一はエジプトで、その権威主義的近代化事業は一八三一年から一八四一年までの一時期はシリアにも広がったが、一八八二年の英国による植民地化に抵抗できなかった。第二はアナトリアで、対露戦争とバルカン紛争の悪影響を被って動揺し、一八九四年以降はアルメニア危機が進行した。第三はシリアとイラクで、ナフダによって新生オスマンの夢を見続けた。第四はペルシアで、歴代君主のぎくしゃくした展開に流され、一九〇六年から一九一一年までは革命に揺れた。最後はアラビアで、サウド家の神権政治は一度目は一八一八年に粉砕され、二度目は一八九一年に頓挫したが、[†44]ワッハーブ派が一九〇二年にリヤドを奪還したことで再び活気づいた。最後の出来事は当時の人々には些末に見えただろうが、だいぶ後になって初めてその広がりが明らかになる。[†45]つまり耳目を集め、行動に駆り立てる民族主義の台頭であり、アナトリアの「バルカン化」の危険は極めて深刻だった。本章は様々な集団的自覚が、祖国の肯定と共同体の要求の間の絶えざる緊張を背景に、困難をくぐって形成されたことを見てきた。パリのアラブ会議は、汎トゥラン主義に傾斜してゆく青年トルコと民族の権利要求を強めるアラブ世界[†46]の究極的和解の試みだった。第一次大戦はその決裂を決定的にし、中東は全く新しい時代に突入する。

---

†43　100－101頁参照。
†44　サウド家は一八四三年、リヤドを拠点にワッハーブ派の首長国を再興したが、オスマン帝国に支援された敵対する一族によって一八九一年にリヤドから追放され、やむなくクウェートに逃れた。
†45　319－321頁参照。
†46　一九一三年八月に設立された秘密結社「契約」は、すぐにオスマン軍のアラブ人将校の大半の支持を得た。指導者はリビアの反イタリア闘争の英雄で旧統一派だった。

第七章　年表

1803年5月	ワッハーブ派が初めてメッカを占領
1807年5月	スルタンのセリム三世がイェニチェリに打倒される
1811年3月	カイロでマムルークらが虐殺される
1818年9月	ワッハーブ派の最初の首長国が崩壊
1821年3月	ギリシア独立戦争始まる
1826年5月	リファア・タフターウィーとエジプト人留学生44人がパリ到着
1826年6月	コンスタンティノープルでイェニチェリらが虐殺される
1839年7月	アブデュルメジト一世がスルタンに（〜1861年6月）
1839年11月	オスマン帝国でタンジマートが始まる
1848年9月	ペルシアでナーセロッディーンがシャーに（〜1896年5月）
1852年1月	テヘランで改革派首相が処刑される
1856年2月	オスマン帝国の少数派解放令
1861年4月	チュニジア憲法公布（1864年4月停止）
1876年8月	アブデュルハミト二世がスルタンに（〜1909年4月）
1876年12月	オスマン憲法公布（1878年2月停止）
1881年7月	オスマン軍がクルド人反乱を制圧
1891年12月	ペルシアで反たばこファトワ
1894年8月	アルメニア人大虐殺（〜1896年12月）
1896年8月	アルメニア人がオスマン銀行を襲撃

1902年1月　ワッハーブ派がリヤドを掌握
1905年7月　スルタン暗殺未遂事件
1906年12月　ペルシア憲法制定（1907年10月に修正）
1908年6月　テヘランでコサック警護隊が議会を占拠
1908年7月　青年トルコがコンスタンティノープルで権力掌握
1908年11月　第一回オスマン議会選挙
1909年4月　コンスタンティノープルで反革命の失敗
1909年7月　ペルシアで革命派の圧力でシャーが退位
1911年12月　ペルシア議会解散
1912年10月　第一次バルカン戦争（～1913年5月）、オスマン軍が敗走
1913年6月　パリでアラブ会議
1913年6月　第二次バルカン戦争でオスマン帝国がエディルネを奪還

第八章　委任統治の時代

（一九一四～一九四九年）

一九一四年八月二日、ドイツがロシアに宣戦布告した翌日、オスマン帝国の三人のパシャはベルリンと秘密裡に同盟を結んだ。三人はその流れで特務機関[†1]を作った。宣伝・抑圧組織だが、権限は曖昧で権力は法外だった。九月九日のカピチュレーション廃止で、オスマン帝国と英仏露三国協商の溝は更に深くなった。オスマン艦隊は十月二十九日、ロシア艦隊を黒海で攻撃した。ロシアはその三日後、オスマン帝国に宣戦布告し、翌日、フランスと英国が続いた。スルタンは十一月十四日、カリフとして仏英露三か国にジハードを布告した。この布告はドイツ人東洋学者らが起草し、シェイヒュルイスラムが通告し、トルコ語版、アラビア語版、ウルドゥー語版を特務機関と独宣伝機関が広範囲に配布した。[†2] しかし特にアラブ世界で布告はほとんど反響を呼ばなかった。アラブ民族意識の確立がムスリム連帯の配慮に取って代わっていたからだ。英国は保全措置として三十年余り占領してきたエジプトを正式に保護領とした。副王を退位させ、そのおじを「スルタン」の称号を与えて即位させた。英軍はダマスカスのジェマル・パシャが命じたオスマン軍による攻撃に耐え、一九一五年二月、ドイツ人顧問らの統率するオスマン軍第四軍団をスエズ運河で阻んで反撃に転じ、シナイ半島から排除した。

英国から派遣された部隊は「インド軍」の他、カナダとオーストラリアとニュージーランドで徴集された部隊によって補充された。連合国は一九一五年四月二十五日、[†3]ゲリボル半島に上陸し、帝都コンスタンティノープルに照準を定めた。帝都は九か月後、両陣営で計一四万人の兵士の死の末に延命した。ムスタファ・ケマルは中佐の階級章をつけてダーダネルス海峡の戦いに加わり、勇敢さと有能さを示して際立った名声を得た。一方、インド軍は一九一四年十一月にイラク南端に上陸して以来、作戦の成功を重ねた。バスラ制圧後、一九一五年十月に戦略上の要衝クートを占領した。バグダッドに連なるチグリス川左岸の防御拠点だ。しかし英軍はバグダッドへの進軍を阻まれ、クートへの撤退を余儀なくされた。[†4]そこで五か月間、攻囲にさらされ、一九一六年四月に投降した。連合国にとって深刻な痛手で、既にダーダネルス海峡防衛で自信を得ていたドイツ゠トルコ同盟は自分たちが中東の支配者であると信じたほどだった。ジェマル・パシャはダマスカスとベイルートで、一九一三年のパリ会議参加者を含む二〇人のアラブ民族主義者を絞首刑に処した。

†1　トルコ語は Teshkilat-i Mahsusa。
†2　歴史家らはこの行動を通俗的に「ドイツ製ジハード」と表現した。
†3　四月二十五日は以後、ANZAC（オーストラリア・ニュージーランド軍）記念日となる。一九一五年四月二十六日、イタリアが英仏との秘密条約に基づいて参戦し、後にトルコ領の地中海側の一部の割譲を受ける。
†4　雌雄を決したのは一九一五年十一月の旧ササン朝首都クテシフォン（30頁参照）をめぐる攻防戦だった。

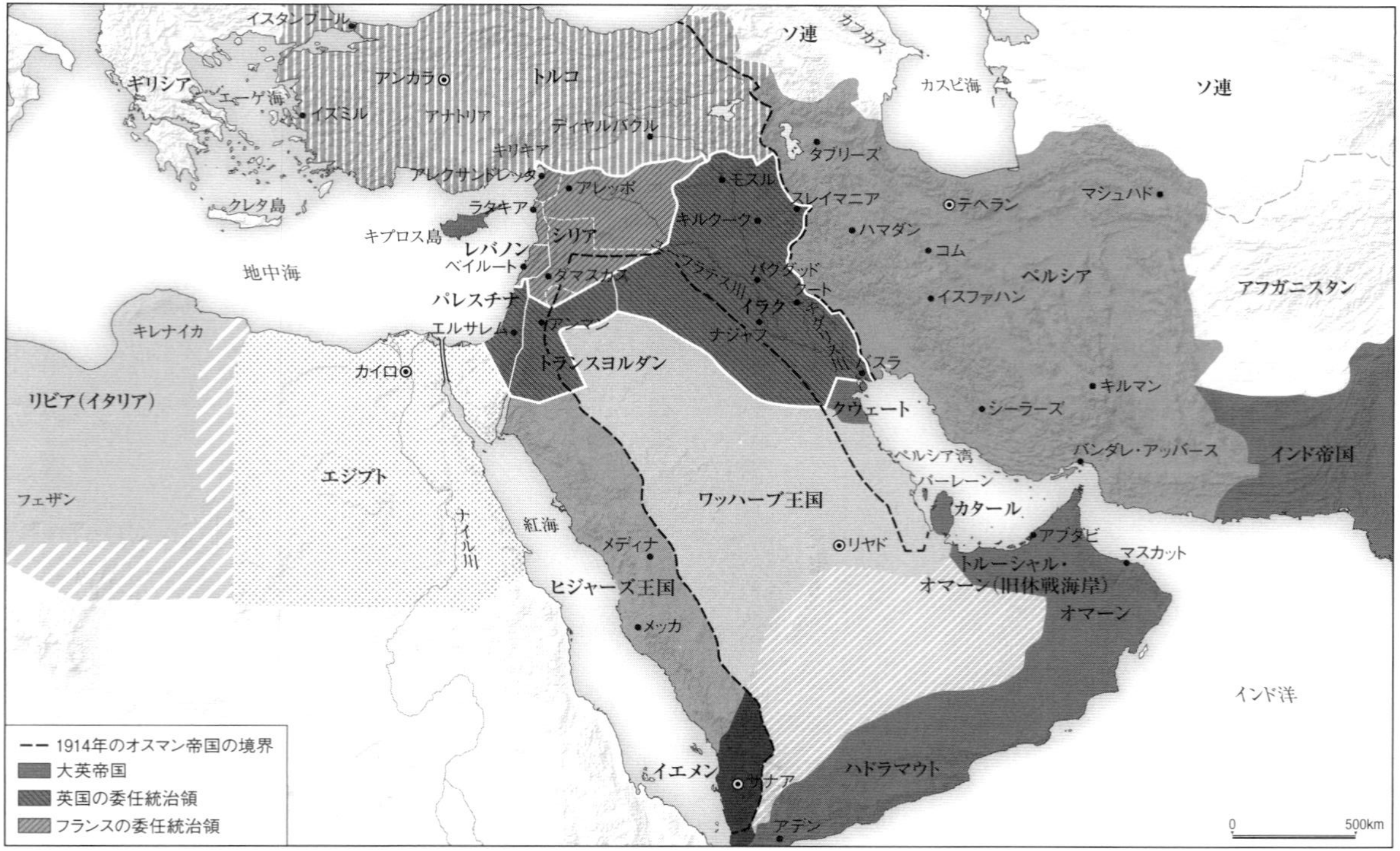
イスタンブール
ギリシア
エーゲ海
イスミル
アンカラ
トルコ
アナトリア
ディヤルバクル
キリキア
アレクサンドレッタ
アレッポ
モスル
クレタ島
ラタキア
キプロス島
シリア
レバノン
ベイルート
ダマスカス
地中海
パレスチナ
エルサレム
キレナイカ
リビア（イタリア）
フェザン
カイロ
エジプト
ナイル川
トランスヨルダン
キルクーク
バグダッド
イラク
ナジャフ
スレイマニア
バスラ
クウェート
ソ連
カフカス
カスピ海
タブリーズ
テヘラン
ハマダン
コム
イスファハン
ペルシア
マシュハド
アフガニスタン
キルマン
シーラーズ
バンダレ・アッバース
インド帝国
ペルシア湾
バーレーン
カタール
ワッハーブ王国
リヤド
紅海
メディナ
ヒジャーズ王国
メッカ
アブダビ
トルーシャル・
オマーン（旧休戦海岸）
マスカット
オマーン
インド洋
イエメン
サナア
ハドラマウト
アデン
1914年のオスマン帝国の境界
大英帝国
英国の委任統治領
フランスの委任統治領
0
500km

図8-1　1923年の中東 ▶
図8-2　サウジアラビアの形成（1902-1932年）▼

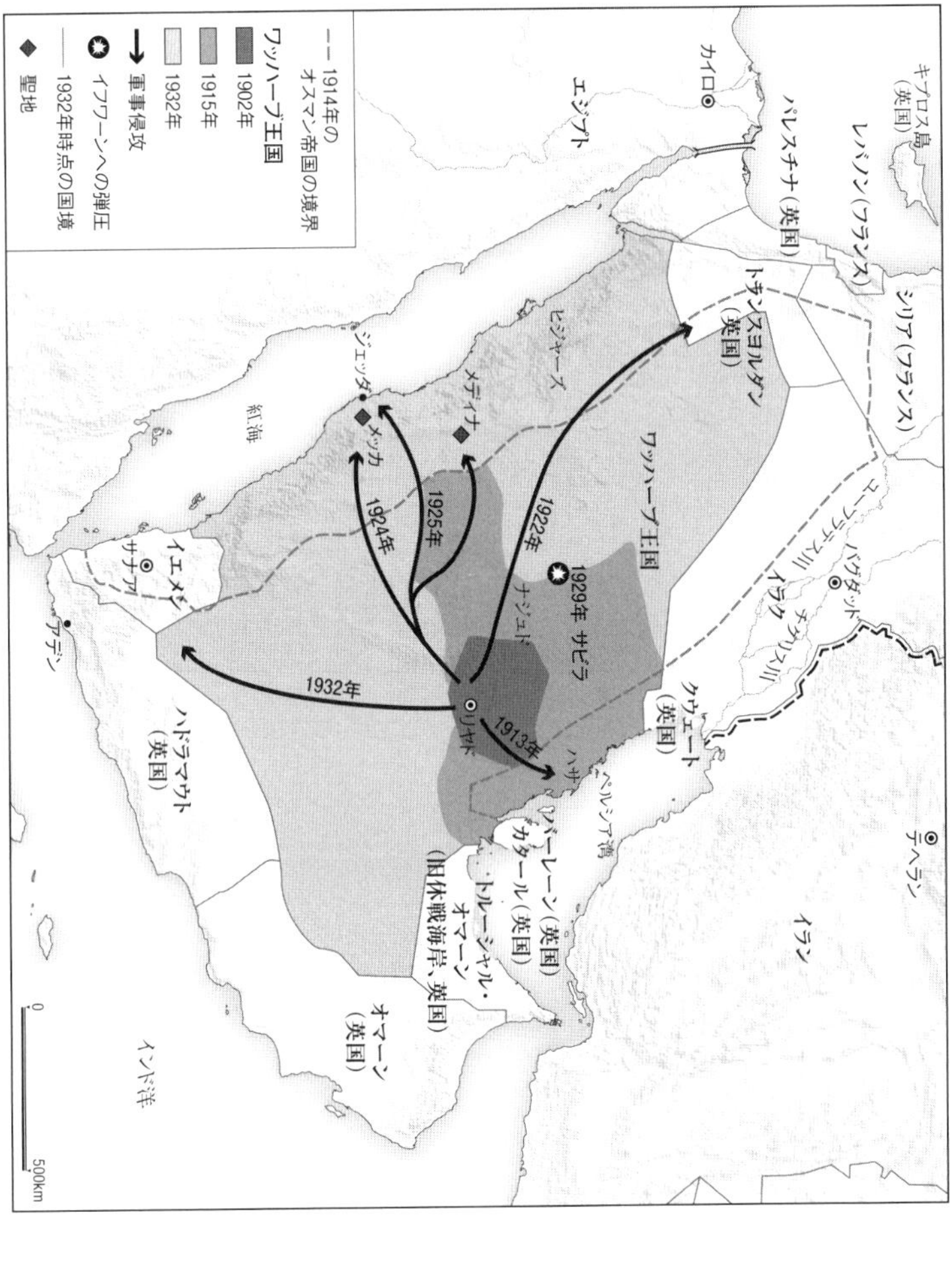

「アラブ反乱」

こうした状況で駐カイロ英高等弁務官ヘンリー・マクマホンとオスマン帝国メッカ知事でシャリーフのフサインは、連合国側にくみしたアラブ軍の参戦をめぐって交渉した。フサインはダマスカスのアラブ民族主義勢力の委任を受け、自身が預言者ムハンマドに連なるハーシム家[†5]の出自でもあることから新生アラブのカリフになる野心を抱いていた。伝統に基づく首領が逆説的に、今日なら「民族主義」「イスラム主義」と形容されるナフダの体現者になったわけだ。このシャリーフの反乱にはヒジャーズを短期間に奪取し、アラブで最初に「解放された」地とする計画があった。フサインはダマスカスを拠点として中東全域を視野に収めた「アラブ王国」の樹立を強く求めた。マクマホンは、一応「アラブ」を内陸、「レバント」を沿岸と区別しながらも、結局この要求を受け入れた。シャリーフはこの往復書簡での交渉を踏まえて一九一六年六月、「アラブ反乱」を起こした。実際には、それは「革命」（サウラ）、以後繰り返される一連の「アラブ革命」の先駆けだった。しかし当時の報道と後世の史書はそれらを単なる「反乱」と矮小化《わいしょうか》した。アラブ人が得意とするのは反乱であり、真の革命は全く不可能――と断じるかのように。

しかしそれは紛れもなく革命の進行だった。フサイン支持勢力は彼の息子ファイサルの指揮のもとヒジャーズを攻略し、メディナのトルコ駐屯地を攻囲した。地域のベドウィンに旧オスマン軍将校らとアラブ王国構想に熱狂した志願兵たちが合流した。連合国による物資支援は極めて限られていたが、彼らはダマスカスに向かう鉄路沿いに反乱を展開していった。トマス・エドワード・ロレンス［訳註＝英国の考古学者。通称「アラビアのロレンス」。第一次大戦で英陸軍情報将校としてアラブ独立運動に関与した］の才能のおかげで、一人の欧州人が古くからの襲撃術をアラブに持ち込んだという神話がまことしやかに伝播した。アラブに譲渡された軍備がわずかだったことを考慮すると、連合国の戦争遂行に対するアラブの貢献は大きかった。フサインは一九一六年十一月に自らを「アラブ王」と宣言したが、英仏は「ヒジャーズ王」という称号しか認めなかった。それは当然だった。欧州二大国はアラブ反乱の始まる前に中東分割の秘密協定を結んでいたからだ。その「サイクス＝ピコ協定」[†6]は次の内容だった。フランスはキリキア、レバノン、シリア沿岸を直接統治地帯（「青色地帯」）、ダマスカスとアレッポからモスルに至る地帯を「勢力圏」とする。英国はバグダッドとバスラを直接統治地帯（「赤色地帯」）、ヨルダンからキルクークに至る地帯を「勢力圏」とする。パレスチナは国際管理地帯（「茶色地帯」）とする。これはパレスチナにかかわるフランスによるカトリック教徒の「保護」要求とロシアによる正教徒の「保護」要求を相殺するための措置である──。英軍はイラク侵略を再開し、一九一七年三月にバグダッドを占領したことで、フランスに認められた「赤色地帯」直接統治に乗り出した。

米国の一九一七年四月の第一次大戦参戦は中東に軍事的には影響しなかったが、ウッドロー・ウィルソン大統領が熱烈に支持する民族自決権を、当代の課題として提示することになった。英軍が依然としてガザ周辺で足踏みしていた七月、ファイサル・フサインはアカバ港を奪取した。アラブ反徒らはヨルダン川を渡り、エドムンド・アレンビー英将軍の遠征軍に加勢した。アレンビーは十一月にガザを攻略し、ようやく全パレスチナに作戦を展開できた。その頃、英政府が「バルフォア

†5　「ハーシム家」はムハンマドの曽祖父ハーシム（44頁参照）に由来する。「シャリーフ」の称号はこの預言者の家系であることを示す。
†6　交渉にあたった英外交官マーク・サイクスと仏外交官ジョルジュ・ピコの名から。

宣言」、つまりアーサー・バルフォア英外相がシオニストに向けて記した書簡を発表した。「パレスチナの地でのユダヤ人の郷土建設」を支持すると約束し、その条件として「非ユダヤ共同体の市民権と信教の自由」の尊重を挙げた。シオニスト運動にとって歴史的勝利だった。自分たちの結成時の英帝国主義への賭けが[†7]二〇年後に的中したのだ。数千人規模のユダヤ人志願兵が英国旗のもとにパレスチナで戦闘に加わることになった。[†8]一方、アラブ民族はパレスチナの「非ユダヤ共同体」に矮小化され、民族自決権を剝奪されるという手痛い打撃を被った。モスクワのボリシェビキ革命を経てサイクス＝ピコ密約の内容が暴露され、状況は更に悪化した。英国のアラブ王国をめぐる二重の裏切りにもかかわらず、シャリーフであるフサインの信奉者らにとって、自分たちの解放闘争を遂行する以外の選択肢はなかった。時が来れば、米国が自分たちの願いを支援してくれるに違いないと期待しながら。

アルメニア人大虐殺

オスマン帝国の参戦から二か月後の一九一五年一月、露軍はカフカス戦線でエンベル・パシャの第三軍に壊滅的打撃を与えた。オスマン軍の死者は数万人に及び、両軍の軍規違反行為は地域住民を恐怖に陥れた。エンベルはアルメニア人徴集兵の武装解除を命じた。彼らは収容所に送られ、大部分は殺害された。トルコ宣伝機関はアブデュルハミト二世が抱いたアルメニア人を「内なる敵」と見なす妄執[†9]を改めて持ち出した。アッシリア人も宗派を問わずに「内なる敵」に含めた。一八九四～一八九六年のアルメニア危機はオスマン帝国の犯罪的容認と国家意志に由来したが、今回はタラート・パシャ内相が統一派指導部に責任を負わせた体系的抹殺計画だった。連合国に首都を攻撃されてしまうという脅えに、人口の大半をアルメニア人の占めるキリキアで相応の作戦が展開されるかもしれないという恐れが重なった。連合国のゲリボル上陸前夜の一九一五年四月二十四日、帝都警察が数百人のアルメニア人を一斉検挙した。政府機関が主にクルド民兵組織を伴い、アナトリア東部とキリキアで実行した一連の殺戮の前兆だった。[†10]仏英露三か国は五月二十四日、オスマン帝国を「人道に対する罪」で告発した。「無抵抗のアルメニア住民」を被害者とし、直接的・間接的共犯者全員の「個人としての責任」にも言及した。これに対しトルコ当局は翌々日、アルメニア人の「強制移送法」を成立させて応酬した。同法は翌月、更に強化された。殲滅《せんめつ》の主犯の特務機関は自らの犯罪の痕跡を何の苦もなく消去した。特務機関の活動は国家秘密であり、ためらいを示す少数の官吏には守秘を強制した。

レイプと略奪を伴う殺戮がようやく収束すると、生き延びたアルメニア人、アッシリア人はシリアに強制移送された。移送は時に鉄路だったが、大抵は飢えと渇きと衰弱に加えて盗賊の襲撃で命を落とす、真の「死の行進」だった。同様に悲惨な環境下でのウルファとモスルへの小規模の強制

†7　257頁参照。
†8　カリスマのあるゼエブ・ジャボチンスキーが動員したこのユダヤ軍団は、米国と英国とパレスチナのイシューブでそれぞれ同規模で徴収された兵士で編成された。
†9　286頁参照。
†10　エンベル・パシャの義兄弟であるヴァン知事は一九一五年四月に起きたアルメニア人約五万人の大量殺害の責任者だった。一方、オスマン刑務所から釈放された数千人の犯罪者が特務機関の民兵組織に配置された。

移送もあった。ジェマル・パシャは連合国によるシリア沿岸封鎖と自軍のシナイ半島からの撤退に直面し、抑留者をアレッポに集めた後、ユーフラテス渓谷に移送した。渓谷のマスカナとディプシとラッカに強制収容所が建設された。生ける屍《しかばね》状態だった数万人が飢餓と疾患で一九一六年四月までに死亡した。デリゾールの南でユーフラテス川に流れ込むハブール川沿いでも同様の死の情景が幾度も繰り返された。一九一六年秋にも虐殺の起きたデリゾールで、トルコ人司令官はカトリック教会を売春宿に変えてアルメニア人奴隷を使役した。性暴力は日常化し、罰せられなかった。時に住民がアルメニア人を救った。救出は危険の度合いからアナトリアよりもシリアの方が件数が多く、生き延びた人々の大半は改宗し、別人になった。

一般的にアルメニア人大虐殺の死者総数は百五十万人と推計されている。アルメニアの資料はそれを裏付ける。虐殺前のアルメニア人の人口は推計二百万人で、虐殺後の生存者は五十万人だった。この悲劇をおぞましい大戦と比べて相対化する人々でも、少なくとも六十万人から八十五万人の死者が出たと認めている。一方、アッシリア人虐殺はシリア語で「セイフォ」(「剣」)と呼ばれ、その研究はそれ程多くないが、六二万人だった人口のうち二五万人が犠牲になったと推定されている。死者数の詮索は置くとして、これらキリスト教徒人口を殲滅しようとする意図は明白だった。オスマン司法は一九一九年七月、国外に逃亡した三人のパシャに欠席裁判で死刑判決を下すことになる。タラートは一九二一年三月にベルリンで、生き延びたアルメニア人に暗殺された。このアルメニア人は最終的に無罪となった。その裁判を傍聴したポーランド人法律家ラファエル・レムキンは一九四三年に「ジェノサイド」という用語を造り、後のニュルンベルク裁判で法的に有効と認められ、国連も従った。つまりアルメニア人大虐殺がジェノサイドと判断されるのは、ようやくひと世代余り後のことだ。一九一九年に判決を下したオスマントルコはその歴史的責任を負うことができたはずだった。しかしムスタファ・ケマルは一九二三年、有罪判決を受けた統一派幹部らに恩赦を与え、それを土台に近代トルコを再構築した。その結果、アルメニア人とトルコ共和国の間で記憶をめぐる対立が今日まで続いている。その象徴は、一九一五年四月二十四日をアルメニア人大虐殺の始まった日として追悼する人々がいる一方で、一九一五年四月二十五日を連合国の侵略にトルコが叙事詩にふさわしい抵抗を示した日として祝賀する人々がいることだ。

あらゆる戦争の和平

英軍のアレンビー将軍については、一九一七年十一月にガザの戦いに勝ち、ジェマル・パシャをパレスチナから放逐しようとしたところまで言及した。将軍はその翌月、エルサレムに厳かに入城し、聖地で話される全ての言語で戒厳を宣告し、オスマン帝国領だった地にOETA[†11]の枠で軍政を敷いた。それによって英政府がフランス人、アラブ人、シオニストと交わした相矛盾する約束の履行を無期限に延期することができた。ダマスカスは一九一八年九月に陥落し、アレンビーはファイサルとその支持者らの戦勝パレードを容認した。彼らの協力は実際、トルコの降伏に結びつくアレッポの戦いを左右した。ムドロス休戦協定が十月三十一日に発効し、中東の第一次大戦は欧州戦線

---

†11 OETAはOccupied Enemy Territory Administration(占領下敵地行政)の略。OETA南部=英占領下のパレスチナ、OETA北部=仏占領下のレバノンとシリア沿岸部、OETA東部=英部隊駐留下のファイサルが統治したシリア内陸部とトランスヨルダン——の三区域に分割された。

終結の一一日前に終わった。大シリアは戦争で疲弊した。欧州の海上封鎖に起因し、一九一五年の大発生したサバクトビバッタ襲来によって深刻化した飢餓で、市民三十万人が死亡した。大シリア人口の一〇分の一、レバノン山地人口の三分の一が戦争の犠牲になったと推計される。イラクも戦争で大打撃を被った。しかし最も甚だしい犠牲を払ったのはアナトリアで、アルメニア人とアッシリア人の大虐殺よりも深刻だった。

欧州は今日に至るまで、中東が第一次大戦で負い、パリ講和会議の禍々《まがまが》しい遺産で悪化した中東の精神的外傷の重大さを正しく把握できていない。一九一九年一月に開催された講和会議はファイサルにヒジャーズ代表の資格しか与えず、アラブ民族主義者として発言する正当性を全否定した。ただ「シリア総会」が一九一九年六月に開かれ、選出・選任された八四人の委員はシリア連邦にパレスチナとレバノンを含めるよう訴えた。一方、ウィルソン米大統領は国内の孤立主義の台頭で弱体化し、彼の国際連盟構想は上院に否認された。従って世界的使命を帯びた、この史上初の国際機構はその最も熱烈な擁護者を欠いたまま設立された結果、帝国主義の英仏両国が勝手に振る舞い、民族自決権を葬ってしまった。国際連盟は一九二〇年一月にロンドンで初会合を開き、その後、本部をジュネーブに移した。その二か月後、ダマスカスの議会はファイサルを立憲君主とするシリアの独立を宣言した。植民地主義諸国はそれを無視し、一九二〇年四月のサンレモ会議で国際連盟がフランスにレバノンを含むシリアの統治を、英国にパレスチナとイラクの統治を「委任」することを決めた。現代中東の国境について、一九一六年のサイクス＝ピコ協定[†12]に由来するという誤謬が横行しているが、正しくはその四年後のサンレモで、ようやく画定したのだ。

植民地大国のこうした強制は、暴動に揺らいだばかりのエルサレムを抱えるパレスチナという火に油を注いだ。一九二〇年五月、民衆の反乱に軍部の決起が続き、体制が崩壊したのはイラクだった。英国がこの新たな革命（サウラ）をようやく抑え込むのは何か月も後のことで、推計一万人のアラブ人が死亡した。七月、仏軍はベイルートを出発し、ダマスカスに向かう途上でアラブ民族主義者らを弾圧し、その後シリア全域に展開した。九月、「大レバノン」が宣言された。ベイルートとレバノン山地の他、ムスリムが多数を占める地域[†13]が領域だった。委任統治するフランスはシリアの残る領土を四つの「州」に切り分けた。ダマスカスとアレッポと「ドゥルーズ州」と「アラウィ州」である。フランスはアラウィ派が植民地支配の仲介役を担うことを当てにした。レバノンでマロン派が積極的に演じた役割だった。「アレクサンドレッタ県」という、人口の三分の一以上をトルコ系が占めたアンティオキア地方は広く自治が認められた。ムスタファ・ケマルがこの特別な地位を交渉で認めさせたが、その見返りとしてアレッポと北部シリアでの抗仏ゲリラ闘争を放棄した。

共同体相互の対立は自然発生的でも因習的でもオスマン時代の遺産でもなく、明らかに植民地支配によって醸成され、激化した。フランスがレバノンで設けた、宗派ごとに役割を割り当てる制度は次第に硬直してゆく。フランスはシリアでは多数派でアラブ民族主義に傾倒するスンニ派の勢いを削ぐ役割をキリスト教徒ではなく、イスラム教少数派に期待した。英国はダマスカスの失脚した

†12　この協定はその内容通りに実行されることはなかった。パレスチナはサイクス＝ピコでは国際管理だったが、サンレモ会議では英委任統治で決着した。

†13　シーア派が多数派のベカー高原と南部レバノン、スンニ派が圧倒的多数を占めるトリポリとその後背地が該当する。

廃王ファイサルを復帰させて一九二一年八月にイラク国王に据えた。この策謀は住民投票で九六％がファイサル戴冠を支持したことで承認された。スンニ派とシーア派が反植民地闘争で連携したのに対し、英国は全てスンニ派の旧オスマン軍将校を中心にイラク国家を再構築した。イラクの編成はバグダッドのスンニ派アラブ人がバスラ区域（シーア派が多数派）とモスル区域（クルド人が多数派）を支配する構造のため、常に緊張をはらんでいた。こうした中東再編は一九二二年、英国のパレスチナ委任統治にバルフォア宣言を盛り込むことで一段落するが、これに対しアラブの有力者と民衆は委任統治廃止を求めて動き出す。英国は委任統治領からヨルダン－イラク間の緩衝地帯であるトランスヨルダン首長国を切り離し、ファイサルの兄弟のひとり、アブドゥッラーに国王を託した。[15]

この一九二二年、英国はアラブ世界初となる脱植民地化＝独立をエジプトに認めた。この独立は、旧宗主国が不当に維持したスエズ運河・軍事・外国人権益保障をめぐる特権によって、厳しく制限された（外国人権益保障は少数派保障と深く結びついていた）。独立は、一九一九年三月にアラブ民族主義者がパリ会議に派遣しようとした代表団（ワフド）が逮捕されたことに端を発する、三年間に及ぶ反英保護領闘争の帰結だった。逮捕という屈辱が真の民衆蜂起を引き起こした。反徒は過剰に武装した占領者に非暴力で立ち向かった。市民的不服従が――ガンジーは市民的不服従ではインド大衆を動員できなかったが[16]――エジプトでは入念なデモと平和裡の行進という対英排斥運動の手本となった。運動には女性も象徴的ながら史上初めて参加した。三日月と十字を配した旗が民族の団結の証としてそこかしこで振られ、一方で一人のコプト教修道士がアズハル大学で初めて意見陳述した。抗議の波は、千人の犠牲者を出しながらも、三か月続いた。この一九一九年革命の非暴力戦略・宗教の垣根を越えた積極関与・女性参加は、二〇一一年のムバラク独裁に反抗した革命（サウラ）[17]で再現されることになる。アレンビーは駐カイロ高等弁務官になっていたが、エジプト安定化の選択肢は保護領の放棄以外なかった。ただ一九二二年の独立条約は英国に対エジプト介入の大きな権限を認める内容だった。スルタンのファドが憲法の枠組みで「エジプト王」の称号を得た。現実政治は以後、王宮と民族主義者[18]、そして常に介入の機会をうかがう英国の三者間で営まれることになる。

セーブルからローザンヌへ

一九二〇年四月のサンレモ会議で欧州列強は中東アラブ世界だけでなく、オスマン・トルコの運

†14　国際連盟は一九二五年、トルコの訴えに対し、旧オスマン帝国属州モスルのイラク併合を認めた。モスルは、歴史的にクルド人の都市だったアルビルやスレイマニアとは異なり、アラブ人が人口多数派だった。

†15　英委任統治領パレスチナからのトランスヨルダン分離について、シオニスト運動はバルフォア宣言を盛り込むことと引き換えに受け入れた。しかしヨルダン川東岸地区も要求する、ヤボチンスキーを支持する「修正主義派」は反対した。

†16　一九一九年四月のアムリッツァル虐殺事件がガンジーの非暴力運動の勢いを削いだ。ガンジーは翌年、改めて非暴力運動に取り組み、この時は奏功した。

†17　428頁参照。

†18　民族主義者政党はワフド党と名乗った。一九一九年の「代表団」（ワフド）に呼応する。

命をも決した。会議を踏まえて四か月後にセーブルで調印された条約によって、オスマン帝国領はギリシア、フランス、イタリア三か国で分割され、ギリシアはイズミル地方、フランスはキリキア地方、イタリアはドデカネス諸島を領有した。クルド自治区がアナトリア南東部に設けられ、そこでアッシリア人の権利は擁護されることになった。クルド自治区は住民が国際連盟に申し立てれば、クルディスタンとして早期に独立することもできた。エレバンを本拠にダシナキ党が管理するアルメニアは条約の当事者で、調停を通じて対トルコ国境を画定する必要があった。コンスタンティノープル、ダーダネルス海峡、ボスポラス海峡は非武装化され、カピチュレーションが復活した。この不当な条約に対し、ダーダネルス海峡防衛で栄光に包まれたムスタファ・ケマルがアンカラを拠点に反旗を翻し、「大国民会議」で最高指導者の称号を与えられた。[†19] ケマルは数か月のうちにアルメニア軍を敗走させ、ソ連と和睦を結んだ（ソ連はアルメニア共和国を併合することになる）。ケマルは東方戦線の安定を追い風にイタリアとフランスと交渉したうえで、侵略者ギリシアの排除に努め、一九二二年九月に撤退させた。イズミルの大火は、エーゲ海沿岸のギリシア人二十万～三十万人の追放劇を背景に、「アジアのギリシア」の終焉を象徴した。結局、カリフ位は維持されたが、スルタン制は廃止された。[†20]

ケマルは民族解放闘争・分離派粉砕・反オスマン革命を主導した。その成功は一九二三年七月、セーブル条約に代わるローザンヌ条約によって是認された。トルコが自国領土全域で十全の主権を持つことが全署名国に認められた。ギリシアとの住民の交換によりアナトリアは民族的に均質化した。戦争の十年を経て国家は崩壊し荒廃し、とりわけ民族・宗教の多様性というオスマン帝国の財産が捨て去られた。トルコ国家はアルメニア人大虐殺を否認することになるが、[†21] それは戦後トルコの民族意識の再構築の過程で形成された。クルド人の独立の願いは、セーブル条約の暗澹《あんたん》たる運命と重なり合い、条約同様に容赦なく廃棄されることになる。トルコは一九二三年十月、アンカラを首都、ケマルを大統領として共和国を宣言し、コンスタンティノープルはイスタンブールと改名された。もはやカリフ制廃止を阻むものは何もなく、一九二四年三月に撤廃された。

ムスタファ・ケマルの世俗主義は「ライクリッキ」（laiklik）［訳註＝世俗主義を意味する仏語「ライシテ」（laïcité）が語源］という造語でトルコに輸入されたものだが、フランス式の国家とカトリック教会の政教分離とは対極にあった。それは国政に資するイスラム教はスンニ派ハナフィー学派の教義と主張し、オスマン帝国の実践を引き継ぎ、宗教的少数派（アレヴィー派、アラウィ派、シーア派）に対する不公平な処遇を継承した。アタチュルク[†22]の称号を得ることになるケマルは反体制の芽をどんなに些細なものでも断固として摘んだ。「宗教的反動」（イルティカ）に対する戦いの名のもとに一九二五年を通じて、一党体制を築き、クルド反乱を鎮圧し、神秘主義教団を禁じ、帽子以外のかぶり物を認めなかった。この最後の禁止は些末であるどころか、抗議の波を引き起こした。近代国家が個人の領域に干渉したからだ。

†19　一九〇八年の青年トルコ革命時（292頁参照）と同様、武装蜂起はスルタン／カリフの名を持ちだして、その政府を打倒した。

†20　最後のスルタン、メフメト五世は追放され、カリフ位はいとこのアブデュルメジト二世が継承した。

†21　ケマルは一九二三年三月に大赦を発令し、一九一九年にアルメニア人大虐殺の被告を欠席裁判で有罪とした判決を無効にした。

†22　「トルコ人の父」（アタチュルク）という称号が一九三四年、トルコ議会の満場一致の議決でケマルに与えられた。

教育は公教育に一元化され、司法は欧州式の民法・刑法に基づくことにした。一九二八年に日曜が休日とされ、トルコ語表記はアラビア文字からラテン文字に替えられた。一九二九年に女性が選挙権を獲得した。これは英国の直後であり、フランスに一五年先んじた。ケマルの近代化が先駆的だったのは中東に限らなかった。

アラビアのサウジ化

中東をめぐる今日の議論の悪癖は、ムスリムはカリフ位の死に打ちひしがれた「孤児」であり、一九二四年以来この喪失の埋め合わせに執着してきたと決めつけることだ。実際は、トルコ議会によるカリフ位廃止は国家の内政上の主権行為であり、世俗的であって、宗教的ではなかった。オスマン帝国カリフ位は一九一四年の時点で、ジハードの名のもとでさえも連合国に対してムスリムを動員する実力がなかったことを露呈していた。アラブ世界ではカリフ位は一二五八年から一五一七年までの間、マムルーク朝体制の象徴的な権威付けでしかなかった。[†23] 確かにフランスと英国はそれぞれの植民地のムスリム人口の支持をつなぎ留めるために、自分たちのお気に入りをカリフ位に就ける努力はした。モロッコのスルタンはフランスの勧めで自身を預言者の子孫であると標榜したが、中東政治の舞台では全く脇役でしかなかった。英国が特別扱いしたエジプト国王は、憲法上の地位とマケドニア系の出自が足かせとなった。ヒジャーズ王、シャリーフのフサインは、自身の主導した一九一六年のアラブ反乱の「民族主義」の夢は委任統治下で打ち砕かれたが、「イスラム主義」の野心は実現の好機が到来したと信じた。フサインは一九二四年三月、アタチュルクがオスマン帝国のカリフ制を廃止した直後、自身の「カリフ」即位を宣言した。フサインはその四か月後、カリフの立場を固めるために、巡礼を利用してメッカでイスラム会議を召集した。彼は息子の一人をバグダッドの玉座、もう一人をアンマンの玉座に据えており、三人目にヒジャーズ王を譲位した。

ハーシム家の家長のこうした策謀は、不倶戴天の敵の首領アブドゥルアジーズ・イブン・サウドの反撃に遭う。イブン・サウドは一九〇二年からリヤドを支配し、ワッハーブ派の三度目となる神権政治を実践していた。前二回[†24]とは異なり、三度目は空間的・時間的に存在を刻印することになる。イブン・サウドは「兄弟」の意の「イフワーン」突撃部隊に最も狂信的なベドウィンを配属した。彼はイフワーンの戦功により一九一三年、東部沿岸部のシーア派が多数を占めるハサ地方を奪取した。英国は一九一五年、ナジド地方とハサ地方に対するイブン・サウドの統治権を認めた。ただ反オスマン戦争への協力は求めなかった。英国はワッハーブ派厳格主義者がメッカとメディナを治めるハーシム家を深く憎んでいることを承知していた（彼らはハーシム家によって巡礼を何度も禁じられてきた）。イブン・サウドは、第一次大戦中は力を蓄え、その後、自らの非妥協的首長国を強化した。ダマスカスの「アラブ王国」をフランスが破壊し、ハーシム家を英国が従属させると、イブン・サウドはシャリーフのフサインに対する優位を更に強め、遂にカリフをめぐるフサインの野心を粉砕する決断をするに至った。

イブン・サウドは一九二四年十月にメッカを奪取し、翌年には長期攻囲の末に戦略的要衝の港湾都市ジッダを征服した。彼は「ヒジャーズ王」の称号に「ナジドのスルタン」の称号を加え、その

---

† 23　167頁参照。
† 24　267－270、299頁参照。

後、その称号は欧州列強とソ連に承認された。シャリーフのフサインはキプロス島への亡命を強いられた。トランスヨルダン王である息子のもとへ身を落ち着けることは英国に禁じられたからだ。トランスヨルダンはワッハーブ派の度重なる襲撃の目標になっていた。イブン・サウドは啓蒙に反するような道徳の順守を宗教警察に監視させたが、一層厳格な道徳を求めるイフワーンと対立するに至った。イフワーンはジハードによる領土拡張の継続を唱え、対イラク開戦を主張した。イブン・サウドは彼らの反逆を一九二九年三月、英空軍の協力を決め手として粉砕し、足元の過激派問題を克服した。[†25]それはアッバース朝、ファーティマ朝、サファビー朝がそれぞれ創始期に行った足場固めの手法と同様だった。イブン・ハルドゥーンの三要素理論はこれら輝かしい先例に合致したが、イブン・サウドの台頭も解明できる。その家族「集団」はワッハーブ派の「説教」に触発されて、アラビア半島を今日も支配し続ける「権力」を樹立した。「権力」はナジドという「周縁」からイスラム信仰が最も盛んな「中心」へと拡大された。一九三二年九月の「サウジアラビア王国」［訳註＝「サウド家の」「アラビア王国」の意］の建国宣言は国家財産を独占する新たな世襲体制を公式に表明したものだ。「サウジ人」という臣民の呼称は君臨する家の名に由来する。[†26]

イブン・サウドの王国とその時代錯誤の教義はダマスカスのアラブ王国、次にメッカの新カリフ領という、ハーシム家の仕損じた事業の瓦礫の山の上に築かれた。アラブ啓蒙が英仏両国の裏切りに遭い、イスラム教の象徴的中心地に最も反動的な教義に染まる一派が根を張る事態を招いた。西洋植民地帝国はこの退行現象の悪影響が長期に及ぶことを全く予想しなかった。西洋は人種差別によってとは言わないまでも、庇護者気取りの偏見によってアラブ人が自らの運命を引き受けることを禁じた。植民地帝国が第一次大戦後、アラブの同盟国を対等の立場で遇することを拒んだことが、オスマン帝国に対して中立を貫いたメッカとメディナをワッハーブ派の手に引き渡すことに結びついたのだ。サウド家は石油という地球の恵みを享受する以前に、[†27]イスラム教で最も神聖な二つの聖地を支配したことで、並外れた威光を手に入れた。加えてイブン・サウドはヒジャーズのハーシム家王国を破壊したことで、自身の王国以上に植民地化されなかった唯一の「オスマン後」のアラブ国家を排除した。[†28]一九三二年初秋、サウジアラビア建国とイラク独立が重なるが、それは残酷な偶然の一致だった。後者の独立はその一〇年前のエジプト独立と同様、英国に制御されていたからだ。イブン・サウドとその後継者らは植民地支配を全く経験しない遺産の上に二大聖地の守護者の地位[†29]を確立してゆく。

ペルシアからイランへ

カージャール朝は第一次大戦中、公式には中立を保った。しかし部族的混迷・飢餓・疫病という

---

†25　それぞれ72、105、198頁。
†26　ちなみにヨルダンの正式名称「ヨルダンハーシム王国」の臣民はヨルダン人と呼ばれ、「ハーシム人」ではない。
†27　367頁参照。
†28　イエメンのイマーム統治圏の事例は自給自足体制のために極めて特殊だ。イエメン南部は一世紀にわたり英国の支配下にあった。
†29　このオスマン帝国から引き継いだ地位（197頁参照）をサウジアラビア国王が公式に引き受けたのは一九八六年のことだった。

国難を背景として、トルコ対ロシア、ドイツ対英国、連合国対ソ連の各戦争に伴う度重なる軍事介入と災禍を免れることはできなかった。アフマド・シャーは一九〇九年、立憲革命の混乱のただなか、[30]幼くして即位した。テヘランに一九一五年までとどまったが、それはひとえに英国が更なる王朝の解体を回避することに躍起となり、圧力をかけたからだった。カージャール朝君主は「中立」を理由にパリ講和会議への参加を拒まれ、一九一九年に英国に対し法外な特権を与えてしまう。英国の交渉人はペルシアの交渉相手に、更にはシャーに気前よく金を与え、英国に有利な講和文書を仕上げた。ペルシアでは愛国的憤怒が沸き上がり、講和条約の無効を主張した。アゼルバイジャンはこの時も帝国列強に対する異議申し立ての先頭に立ち、「自由の国」を意味するアザディスタンの名のもとで反逆した。混乱は甚だしく、テヘラン住民は一九二一年二月のコサック部隊のペルシア人指揮官レザー・ハーンによるクーデターをほとんど安堵の気持ちで受け止めた。

この新たな権力者はアフマド・シャーを丁重に処遇し、一九一五年以来初となる国会を召集した。ソ連に対してはイラン北部からの赤軍撤退を了承させた。その際、英国の敵意を招き寄せることもなかった。国内各地の謀反の温床を一つ一つ取り除いてゆき、国家再建者という自己像を浸透させた。戦争相だったレザー・ハーンは一九二三年十月、アフマド・シャーによって首相に任命された。これを機にアフマド・シャーは南仏コートダジュールに滞在する。レザー・ハーンは一時期は、トルコのムスタファ・ケマルのように共和国を樹立し、初代大統領に就く構想を抱いていたが、アヤトラらの断固とした反対に遭い、断念した。彼はコムでアヤトラらと会談し、君主制の原則維持で一致した。彼は好意の証として、シーア派聖職者が背教者と糾弾するバハイ教徒[31]に対する戦いに乗り出す。国会によるカージャール朝君主の廃位と憲法制定議会選出の軌道が敷かれた。一九二五年十二月、憲法制定議会はレザーをハーンからシャーに格上げし、レザー・シャーを元首とする新たなパフラヴィー（パーレビ）朝[†32]の創設を議決した。

パフラヴィー朝はペルシア暦を採用して始動した。一年を「ノウルーズ」、つまり春分から始める太陽暦で、紀元元年は六二二年、預言者のヒジュラの年である[†33]。レザー・シャーはペルシアがトルコとエジプトに比べて大きく遅れていることを自覚し、強権的近代化という積極的政策に着手する。砂糖と茶の専売、カピチュレーションの廃止、中央銀行の創設によって、南北縦貫鉄道敷設と道路網建設を含む一大インフラ整備の財源を捻出することが可能になった。遊牧部族に酷く乱暴に強制した定住化には、農村社会の安定化と同時に、反乱の未然防止の狙いがあった。この帝国的急進的中央集権体制は、分離主義の動向に揺れてきた国にあって手荒になることは避けられず、領土再編と選抜式官職登用、そして当然ながら徴兵制度に注力した（徴兵は軍役二年、その後の予備役期間が二〇年以上続く）。レザー・シャーは旧コサック部隊指揮官ではあるが、軍隊改革よりも公教育改革に有能であることが判明する。改革は一九二八年、私立学校と外国人学校に対象を拡大した。

レザー・シャーはシーア派聖職者に対し極めて優位に立っていた。ナジャフのアヤトラらは英国

†30　290頁参照。
†31　278頁参照。
†32　レザー・ハーンが「英雄的」を意味するこの姓を選んだ。ササン朝の「中期ペルシア語」と呼ばれる「パフラヴィー語」も反映している。
†33　46頁参照。

のイラク委任統治に同意せざるを得なかったために、カージャール朝ペルシアの出来事に介入する資格を失っていた。コムの聖職者団は一九二七年、男性に背広とケピ帽という洋装が強制された際に反対運動を組織できなかった。この重大な意味を持つ敗北は、司法制度の近代化によって聖職者の存在意義が減じることで更に深刻になった。民法と刑事訴訟法は次第にシャリーアを典拠としなくなり、イスラム学者らは裁判と公証の分野で徐々に力を失ってゆく。聖職者はシーア派信者から直接、一〇分の一税を徴収する特権を保有し続けていたが、[†34] レザー・シャーがこの慣行をケマル流の強引さで行政の任務に改めることは論外だった。一方、国王の権力は強大になり、一九三五年にイラン（アーリア人の国）と改名したこの国のイスラム以前の文化遺産の栄光が絶えず言及されるようになった。この年、マシュハドの聖域でデモが殺戮によって鎮圧された。レザー・シャーはこの冒瀆を捉えてベール着用の全面禁止を命じた（こうした措置はケマルでさえ尻込みした）。ただこの一方的決定はイランの女性解放ではなく、国家の絶対性の表明を意味した。

フランス式宗教性

フランス第三共和政は国内では政教分離を公言していたが、中東では大いに攻撃的な宗教性を発揮した。それは英国が植民地支配を確立するために実践した「分割統治」ではなく、宗教ごとに共同体を作れば、宗教共同体は自ずから敵対するというイデオロギーだった。フランスは一九二〇年にシリアから大レバノンを切り取ると、今度はシリアをそれぞれの支配集団に対応させた「国々」に切り分けた。これは宗教的火遊びで、フランスに跳ね返ることになる。一九二五年七月に「ドゥルーズ国」の中心地で反乱が起き、「ダマスカス国」に波及し、シリア全土に広がった。十月のダマスカス空爆はこの革命（サウラ）を阻止できなかった。革命派「国民評議会」は、国民は出自にかかわらず皆平等だと主張し、シリア独立を要求した。フランスはこの国民的反乱を「暴動」、あるいは「ドゥルーズ派の暴動」と過小に戯画化し、愛国主義の側面を隠蔽した。仏植民地軍はモロッコから呼び寄せた部隊を組み込み、更には少数派住民の間から補充部隊を徴集した。チェルケス人をドゥルーズ派に敵対させ、次に「特殊部隊」の名のもとにアラウィ派、クルド人、アルメニア人を徴集した。ダマスカスに戒厳令を敷き、近郊で体系的に掃討作戦を展開した。仏当局は一九二六年一月、混乱のさなかに選挙実施という芝居を打つ。国際連盟を欺くためだった。[†35] 反乱は更に数か月続いたが、最後は圧倒的な兵力差に屈した。

フランスはシリアで軍事的泥沼に陥ったことで、委任統治下の「優等生」大レバノンには一層の配慮をした。一九二六年五月制定の憲法でレバノン共和国が成立し、「共同体間の公平な代表権」の原則を政権だけでなく行政機関にも定めた。「宗教共同体別比例制」投票は民主投票と宗教別配分を組み合わせた内容で、一八六一年にオスマン帝国下のレバノン山地に対しフランスの教唆で考案された制度[†36]を大レバノンに拡大して適用するものだった。一方、シリアでは国民主義派が軍事的には敗北したが、選挙をすれば勝利した。仏委任統治当局は投票結果の受け入れを拒み、シリア憲

†34 226頁参照。
†35 バッシャール・アサドは二〇一四年と二〇一六年、同様の選挙芝居に専念した。国際連合で自らの正統性を示すためだった。
†36 248頁参照。

法制定議会を解散し、一九三〇年に「シリア国」の「基本法」を無理やり公布した。アラウィ派とドゥルーズ派の二つの「政府」が共存する内容だった。これに対し国民主義者らは一九三二年以降、三つ星を配した旗を掲げて応酬した。二つの星はダマスカスとアレッポの象徴で、三つ目は地域や宗派の違いを越えた統一シリアを象徴した。この三つ星の旗は二〇一一年の「アラブの春」でシリア革命派が掲げることになる。アサド政権の旗に対抗すると同時に、アサド政権の共同体暴動に絡む暗躍に対し、革命派の国民統合要求を明示するためだった。

　一九三六年一月のシリアのゼネストは一〇年間の政治的袋小路からの脱出を可能にし、フランス＝シリア間の条約交渉に結びついた。フランスで人民戦線が台頭し、シリア統一を支持する政治家が政権に就いた。こうした背景で九月、二五年間有効とするフランス＝シリア同盟条約が仏外務省で調印された。シリア議会は間もなく条約を批准し、交渉責任者ハーシム・アル・アターシーを共和国大統領に選んだ。しかしフランスでレオン・ブルム人民戦線内閣が崩壊し、右翼・保守派と植民地主義団体による批准反対運動が勢いづいた。結局、批准は不首尾に終わり、フランスとシリア、更にはフランスとアラブの間で安定した関係が築かれる歴史的好機が失われてしまった。それに代わり、フランスは欧州でナチスの危機が高まるなか、親ドイツ的なトルコを中立化することが最優先課題であると判断した。一九三八年七月にトルコと条約を結び、アレクサンドレッタ県［訳註＝旧アンティオキア］へのトルコ軍の配備を認めた。フランスは同県のトルコ支持派が見せかけの選挙で多数派を形成することを保証した。これはアタチュルクの最後の戦いとなった。彼は四か月後に死去し、右腕だった元首相イスメト・イノニュが後継大統領に就任した。一九三九年六月、アレクサンドレッタ県はハタイ県と名を変え、公式にトルコに併合された。数万に及ぶアラブ人とアルメニア人が新たな国境線を越えてシリア側に逃げ出した。フランスは一九三六年から一九三七年のブルム内閣を例外として、シリアを分割するだけでは飽き足らず、国際連盟に託された領土を、委任統治権を乱用して切り離したのだ。

パレスチナという不可能性

英国はパレスチナ委任統治の当初から克服しがたい内部矛盾に苦慮した。イラクとシリアとレバノンの委任統治は植民地主義の欺瞞《ぎまん》の反映だったとはいえ、いずれ国民が形成され独立に至る道筋があった。これに対し、英国はパレスチナの地に「ユダヤ人の民族的郷土」が樹立されることを支持する一方で、人口の九〇%を占めるアラブ人の民族的権利を認めはしなかった。従って、少数派ユダヤ人の権利を保障する統一パレスチナ構想は除外され、それに代わる二つの暗黙の選択肢があった。一つはユダヤとアラブ両民族で作る一つの国、もう一つはユダヤとアラブの二つの国だった。この罠をパレスチナ人は拒否し、委任統治をボイコットしたが、ユダヤ人は喜んで受け入れた。英当局はエルサレムを拠点にパレスチナ行政を中央集権化していたが、それを宗教分野にも適用することで、こうしたアラブの妨害を回避した。エルサレムに大ムフティー［訳註＝ムフティーはイスラム法学の権威者］の職を新設し、地方のムフティーに対する監督権限を与えた。そして野心的なハーッジ・フサイニーに大ムフティー職を託した。次に英当局は大ムフティーをイスラム最高評議会議長に据えた。この評議会はパレスチナに多数ある宗教施設の管理を任務とした。評議会選挙はアラブ政策の真価を問うものになり、親フサイニー派が多数を占め、反対派は少数にとどまった。英政府はこのように意図的にパレスチナ問題を「イスラム化」し、民族自決をめぐる責任を棚上げにした。

フサイニーは一九二三年に入るとモスク広場のための国際募金キャンペーンを開始し、アラブではなくイスラムの連帯を企図した。この国際化はイラクとサウジアラビアの君主間の対立を助長することになった。フサイニーがファイサルにイブン・サウドを対抗させたからだ。一九二八年九月、嘆きの壁でユダヤ教の贖罪《しょくざい》の大祭日の祈りが執り行われると、「聖地をめぐるオスマン時代の現状維持合意[†37]に違反している」とアラブ人が糾弾し、騒動になった。シオニスト会議は一九二九年七月、パレスチナにユダヤ機関を設置し、現状維持合意に束縛されることを拒否した。その翌月、エルサレムで発生した暴動がヘブロンとガザに拡大し、何世紀も存在してきたユダヤ共同体が追い払われた。暴動の犠牲者はアラブ人とユダヤ人で同程度だったが、精神的痛手はユダヤ人の方が大きかった。その結果、シオニストの中で「二つの民族、一つの国家」という解決策の支持者は（そもそもパレスチナのユダヤ共同体の少数派だったが）、「ユダヤ人だけの一つの国家」の信奉者の背後に控えて目立たなくなった。こうした宗教的分極化に伴い、反シオニズム運動で先駆的役割を演じたパレスチナのキリスト教徒は疎外されてゆく[†38]。

英国はパレスチナを拠点に真の「ムスリム政策」を引き続き実践した。政策はこの植民地大国の利益、特にインドでの利益にかなった。こうした事情から大ムフティーは一九三一年十二月にエルサレムで数百人が参加する「イスラム会議」を召集できた（イブン・サウドはメッカで同様の会議の召集に失敗した）。英国は自分たちの堂々とした厚情とフランスのシリアでの蛮行を対比できると見込んだ。ファシストのイタリアがリビア東部キレナイカでアラブゲリラを過酷に弾圧した事件を持ち出すまでもなかった。イタリアはベドウィン人口の半数を強制収容所に監禁し、数万人の民間人を死亡させた。イタリアはリビア侵攻から二〇年後、甚大な犠牲を払わせたうえで「平定」を宣言した。エルサレムのイスラム会議に参加したエジプト代表はイタリアがリビアで犯した権力の乱用を告発し、アラブ世界に対伊ボイコットを力強く訴えた。

アドルフ・ヒトラーが一九三三年に権力を掌握すると、ドイツのユダヤ人が大量に出国し、パレスチナに向かった。[†39] パレスチナはユダヤ人を無条件で受け入れる唯一の地だった。パレスチナのユダヤ人口はその後三年間で倍増し、委任統治領総人口の三割近くに達した。この前例のない移民圧力が一九三六年から一九三九年の革命（サウラ）――ここでも「アラブ暴動」と誤訳されるが――の引き金となった。アラブ高等委員会［訳註＝パレスチナで一九三六年に創設されたアラブ民族主義の政治連合組織］は一九三六年四月、ゼネストを宣言した。委員会は大ムフティーのフサイニーが議長を務めてはいたが、パレスチナ各派が参加していた。英当局はゼネストを激しく弾圧し、連帯責任を問い制裁を科した。一方、ゼネストは、ユダヤ共同体が自給自足をめざすユダヤ経済原則に従い、移民の新たな波を受け入れることを容易にした。アラブ諸国君主らは一九三六年十月、英国の要請に応じ、抗議行動の中止を促した。アラブ高等委員会は内部対立を深めながらも、アラブ人の甚大な犠牲に鑑みてゼネスト中断を決めた。ただ前代未聞のゲリラ戦が拡大の一途をたどる。ゲリラは仲間の徴《しるし》としてパレスチナ農民の伝統的

---

†37　244頁参照。

†38　一九三一年時点のエルサレムのアラブ人人口はキリスト教徒とムスリムが半々で、共に二万人、ユダヤ人人口は五万だった。

†39　一九三三年にユダヤ機関とドイツ外務省の間で協定が結ばれ、五万人以上のユダヤ人のパレスチナ移住が許可された。

頭巾クーフィーヤを着用した。英国は約二千人のゲリラに対し、二万人規模の増援部隊を急派した。

一九三七年七月にパレスチナをユダヤ国家とアラブ国家に分割する英国案が発表されると、反乱が再燃する。英国は対アイルランド反乱鎮圧部隊の退役軍人を動員し、ユダヤ人の補充兵数千人を編入した。シオニズム運動は自らの漸進主義的戦略が成功を重ねるのを見た。一方、その軍事組織ハガナー（「防衛」）は英国の協力で増強された。反主流派の修正主義派[†40]で、対アラブ無差別テロで際立っていたイルグン（「組織」）だけが「イスラエルの地」の分割を一切拒否した。弾圧はアラブ民族主義ゲリラの徴募を容易にした。ゲリラは一九三八年十月、エルサレムの旧市街を一時的ながら奪取することに成功した。しかし結局、英国は組織的軍事行動で局地戦を重ね、アラブ人の反攻を抑え込んだ。装備と編制ではるかに勝る敵軍に対し、ゲリラは戦う前に敗北していたといえる。

パレスチナに秩序が回復すると、英国は一九三九年三月に「白書」を採択する。分割案を見直し、ユダヤ人移民の向こう五年間の流入数に上限を設け、一〇年後のパレスチナ独立を約束する内容だった。シオニストらは裏切られたと感じ、フサイニーはレバノンに亡命していたが、やはり批判的だった。概してアラブ民族主義指導者の多くは処刑・投獄・追放で壊滅状態にあり、白書を受けて動員をかけることは不可能だった。現実には、アラブ人は民族・国民運動が粉砕された時点で、つまり第二次世界大戦より以前に、パレスチナを失ってしまったのだ。

クルド人の決起

オスマン帝国の旗のもとにトルコ人とクルド人が協力し合うというアブデュルハミト二世の幻想は、既に見てきたように、アルメニア人大虐殺[†41]の時も含めて、青年トルコによって維持された。加えてクルド人知識層は統一派イデオロギー、あるいはアラブのナフダ[†42]に決定的な貢献をすることができた。そしてクルド地方は、部族の威信と神秘主義のカリスマを併せ持つ、伝統的エリートの支配下にとどまった。これら全ての要素が重なり合って、クルド民族主義が遅まきながら出現し、一九一八年にイスタンブールにクルディスタン復興委員会が樹立された。復興委員会はパリ講和会議でアルメニア代表団と、トルコ東部諸州を大アルメニアと将来のクルディスタンに分割する案をめぐり交渉した。英国は――英国のイラク北部モスルに対する権限をフランスは自国がモスルの石油開発に参加することを条件に認めていた――イラク北部をめぐるクルド人の権利主張がトルコに逸《そ》れてゆくことを願った。一九二〇年のセーブル条約が旧オスマン帝国領でのクルディスタン独立を考慮に入れたのは、この文脈だった[†43]。

　ダマスカスのアラブ王国は、国際連盟に委任されたシリア統治権を盾にするフランス占領軍に一掃された。ただ民族主義ゲリラはムスタファ・ケマルの支援を受けて、シリア北部で存続した。ケマルはゲリラの存続を、フランスのアナトリア南部に対する権利主張を減殺させる最良の手段と見なした。この反植民地主義の抵抗運動を率いたのはアレッポ地方のクルド人有力者イブラヒム・ハナノだった。彼にとってはシリア国民主義が民族的・言語的帰属よりも重要だった。フランスがト

†40　315頁の註15参照。
†41　308－311頁参照。
†42　293、297頁参照。
†43　316頁参照。

ルコ南部キリキアを放棄したことの見返りに、ケマルが一九二一年にシリア反乱への支援を停止すると、反乱は間もなく勢いを失った。ハナノは仏軍に捕らえられ、一九二二年に死刑判決を受ける。だが絶大な人気に鑑みて恩赦が与えられた。彼は一九三五年の死までシリアの無条件独立を要求し続け、一徹な国民主義の象徴になった。彼にちなみ「ハナノ地区」と命名されたアレッポの新興地区は二〇一二年、アサド政権に対するアラブとクルドの抵抗運動の牙城の一つになった。その一帯は二〇一六年、トルコからロシアに明け渡されることになる。[†44] トルコはシリア国民主義に対する裏切りを一世紀ぶりに繰り返したのだ。

クルド国家樹立の展望は一九二〇年にセーブルで開けたが、一九二二年から一九二五年の間に幾つかの反乱が粉砕されて、霧消した。イランでは一人のクルド人の頭目が国内混乱に乗じて北西部地方を四年間支配したが、レザー・ハーンに制圧された。イラクではスレイマニアに「クルディスタン王国」が樹立され一年以上存続したが、英軍の攻撃を受けて崩壊した。トルコではムスタファ・ケマルが一九二三年にセーブル条約の廃止を獲得し、それに代わるローザンヌ条約はクルド民族の自決権には言及しなかった。ケマルは一九二五年、ディヤルバクルのクルド人大蜂起を鎮圧した。反逆はいずれも抑え込まれ、クルド人の真の連帯が国境を越えて形成されることはなかった。クルド人活動家たちは自分たちの夢見るクルディスタンが「北」（トルコ）と「南」（イラク）と「東」（イラン）と「西」（シリア）[†45]に分割されていることを嘆いた。イラン北西部マハーバードで「クルディスタン共和国」が宣言されるのは一九四六年、ソ連の全面的支援を受けた時だ。イラクから数千人のクルド人が援軍に駆けつけた。この志願兵はそこで「ペシュメルガ」、つまり「死に立ち向かう人々」と呼称され、以後、それがクルド戦士の総称となる。ただこの現代の分離独立の初体験は数か月後には頓挫した。

第二次世界大戦

一九三九年九月の第二次世界大戦勃発時、英国は中東を支配する大国だった。エジプト全土はその三年前に結んだ条約に従い、英軍の裁量に委ねられた。英国は一九四〇年六月、シリアとレバノンの委任統治権限がビシー政府［訳註＝対独降伏後、仏中部ビシーに成立した仏政府。独占領軍の監視下にあった］に移行することを容認した。一方、一九四〇年秋のリビアを拠点にしたイタリア軍のエジプト東部侵攻に対しては、英軍は反撃に出た。伊ファシスト軍は敗走し、エジプトから撤退し、一九四一年二月にはキレナイカから追い出された。その二か月後にバグダッドで親ナチスのクーデターが起きたが英軍に鎮圧され、旧委任統治国がイラクを再占領することになった。独空軍がシリアの空港を利用すると、英国と「自由フランス委員会」［訳註＝フランスの対独降伏後、仏陸軍少将ドゴールがロンドンで樹立した亡命政府］は一九四一年六月、共同作戦を展開した。自由フランスはダマスカスとベイルートでビシー政府に取って代わった。この一九四一年六月、ヒトラー軍がソ連を侵略すると、自由フランスは連合国陣営に迎え入れられた。イラン縦貫鉄道は赤軍のペルシア湾に至る主要補給線になった。「中立」を隠れ蓑《みの》にしたレザー・シャーのドイツ贔屓《びいき》を英国はもはや見逃さず、レザー・シャーを退位させ、息子モハンマド・レザーを後継に据えた。イランは北部をソ連、南部を英国が占領することになった。

†44　438頁参照。
†45　クルド独立派は二〇一三年、シリア北東部に「ロジャヴァ（西）」の名で自治政府樹立を宣言した。

シオニズム運動指導層は英国のパレスチナ白書を拒否しながらも、枢軸国には敢然と敵対した。パレスチナのユダヤ共同体の労働党指導者ダヴィド・ベングリオンは一九四一年夏、シリアでの英軍とドゴール派の共同作戦に、ハガナーを参加させた。[†46] 修正主義派のイルグンも反ファシズム戦線に加わった。その結果、英国を主要な敵と見なすレヒが分裂した。アラブ側は、一九三九年以来バグダッドを拠点とする大ムフティーのフサイニーが親ナチスのイラク軍事政権を積極的に支えた。フサイニーは英国がイラクを再び征服すると、やむなくドイツに亡命する。一九四一年十一月、総統ヒトラーに招かれ、第三帝国のためにムスリムに対する宣伝と徴兵を組織する任務を与えられる。しかしこの第二の「ドイツ製ジハード」は、独政府がオスマン帝国カリフによる連合国に対するジハードの布告に期待した一九一四年の時と同様に、有効ではなかった。[†47] フサイニーがムスリムを駆り立ててナチス親衛隊に入隊させることができたのはボスニアだけだった。彼の努力は、ナチス宣伝機関の尽力にもかかわらず、アラブ世界で奏功しなかった。パレスチナでさえ、英国側にくみする志願兵はユダヤ人とアラブ人がほぼ同数だった。

独政府はリビアでのイタリア軍の不首尾を目の当たりにして、独アフリカ軍団をリビアに急派し、一九四二年六月に英軍をキレナイカから撃退した。アレクサンドリアが危うくなり、カイロは恐慌をきたした。[†48] しかし英軍は主導権を回復し、十一月にはエル・アラメインの戦いで独軍を打ち破る。その直後、米軍が北アフリカに上陸し、米軍宣伝機関は米兵の戦いをアラビア語で自由のための「ジハード」と表現した。フランクリン・ルーズベルト米大統領は米国こそ欧州植民地主義に代わる解決策であり、民族自決の擁護者であると主張した。米国の動きは、一九一四年にシリアとレバノンの独立を形ばかり検討して戦後の課題に先送りしていたシャルル・ドゴールには、なおさら強い圧力になった。一九四三年夏、シリアとレバノンで選挙が実施され、フランス委任統治の解消を要求する民族主義勢力が大勝した。仏当局はその秋、民族主義運動の抑圧に努めたが、結局英米の圧力に屈することになる。

ドゴールの蛮行にシリアとレバノンは一致して反発し、一九二〇年の委任統治の規定に抗い、協力して独立交渉に臨むことにした。ベイルートで不文の「国民協約」が作られ、「共和国」大統領はマロン派、首相はスンニ派に託し、ムスリムがシリア沿岸部の失地回復を断念する見返りに、キリスト教徒はレバノンのアラブ性を認めることを約束する――という内容だった。協約は愛国主義を強調してはいるが、結局、政治・行政の宗派主義に行き着くことになる。[†49] シリアとレバノンは国家主権を認められ、一九四五年三月にカイロで設立された「アラブ連盟」に加わる。加盟国の中で共和国は両国だけで、他はファルーク王のエジプト、イブン・サウド王のサウジアラビア、そして

†46　レヒはヘブライ語の「イスラエル解放戦士団」の略語。しかし英国宣伝機関は創設者の名から「シュテルン・ギャング」と烙印を押した。

†47　302頁参照。

†48　後にエジプト大統領となるアンワル・サダトは当時、民族主義者の青年将校で、独アフリカ軍団のためにスパイ行為をしたかどで有罪判決を受けた。彼は軍団が英国のエジプト支配を終わらせることに期待した。

†49　国民協約は一九三二年の国勢調査に基づいて合意された。キリスト教徒がレバノン在住人口の半数をわずかに超えていた。以後、国勢調査は実施されていない。宗派主義が根を張り、人口統計でさえ政治化している。

ハーシム家の二つの君主国、つまり摂政アブドゥルイラーフのイラク、そのおじアブドゥッラー首長のトランスヨルダンが加盟した。[†50]この六か国は翌月、国際連合設立会議に出席した。ドゴールはこの新情勢の重要性を認めず、一九四五年五月にダマスカスを空爆し民族主義の高まりを抑えつけようと試みた。彼は再び英米両国に非難された。フランスが一九四六年にシリアとレバノンから全軍を撤退しなければならなくなったのに対し、英国は独立した国々に配備した主要部隊の駐留を継続した。

米国は当時、中東で声望が高かった。誰もがその軍事力に驚き、その反植民地主義の姿勢に魅了された。ルーズベルトはアルフレッド・マハンが一九〇二年の論文で主張した「世界覇権の鍵は「中東」支配にある」という説[†51]をたぶん信じていなかった。とはいえ、中東の石油は米国の繁栄と対ソ戦にとって重要であると判断した。そのため一九四五年二月、英首相チャーチルとソ連首相スターリンとのヤルタ会談を終えるや否やエジプトに飛び、秘密裡にイブン・サウドと会った。会談で、米国がサウジアラビアを防衛する見返りに、サウジアラビアは米国に石油を供給するという非公式協定が合意された。ルーズベルトは翌月死去し、副大統領ハリー・トルーマンが大統領府の主人になる。この新しい国家元首はまずミズーリ州、次に連邦の民主党執行部の階段を昇り詰めた。ユダヤ人有権者の共感を養うことに腐心し、南部の民主党員のプロテスタント的聖書絶対主義に敏感に反応し、米国への新たな移民流入を国民全体が拒否していることにも配慮した。トルーマンはこうした政治屋的気配りから、シオニストの求めるパレスチナへのユダヤ人移住再開を支持した。おぞましいホロコーストの発覚により、道義的償いは喫緊の課題でもあった。一九四五年に米国の中東政策の二本柱が定まった。一つはサウジアラビアとの軍事・石油協定、もう一つは外交ではなく内政上の事情に基づくシオニズムへの支持である。

イスラエル建国

一九四五年以来、パレスチナはイルグン、あるいはレヒの仕業とされる一連の反英テロに揺れた。一方、通常はテロへの関与が取り沙汰されるハガナーは公式にはユダヤ人移民の不法移送に専念していた。欧州のホロコーストの生存者らの計り知れない苦悩は、「二度と起きてはならない」ための唯一の回答はユダヤ人国家の樹立だ――というシオニストの主張に重みを与えた。トルーマンは一九四六年、世界大戦で疲弊した英国に対する働きかけを強めた。英国は一九四七年二月、パレスチナ問題解決を国連に付託することを決めた。アラブ人はパレスチナ人口の三分の二に達する過半数を占めていることの自信から、即時独立を要求した。国連はパレスチナをアラブ国家とユダヤ国家に分割する案を練り上げた。ユダヤ国家にパレスチナの領土の半分以上を割り当て、エルサレムは国際的地位を認める――という内容だ。アラブ側はこの案を拒否し、ユダヤ側はイルグンとレヒを除き、受諾した。スターリンはパレスチナのユダヤ人活動家はマルクス主義者に近い進歩主義者で中東の英国式秩序に対抗する最良の味方と判断した。スターリンの目には、アラブ諸国は英国式秩序の表れでしかなかった。ソ連が一転して分割案に同意したことは、冷戦当初に米国との意外な

†50 ファルークは一九三六年、父ファードの死に際し、王を継いだ。イマームのヤヒヤー王のイエメンは一九四五年五月にアラブ連盟に加盟した。
†51 254－255頁参照。

一致があったことを示している。パレスチナ分割案は一九四七年十一月、国連総会で決定に必要な「三分の二の多数」を得て、承認された。

しかし分割計画が実現に向けて動き出すことは全くなかった。直ちにシオニスト義勇兵とアラブ人集団との間で戦闘が始まったからだ。前者はパレスチナに点在するユダヤ共同体の飛び地を結びつけることに執着し、後者は拙劣に組織され、武装の程度も劣っていた。トランスヨルダンのアブドゥッラーはシオニストの指導者らとパレスチナ分割をめぐって秘密裡に交渉した。アラブ国家に割り当てられた領土をアブドゥッラーが占有・併合する内容だった。一九四八年三月から四月にかけてパレスチナ人の抵抗運動は特にエルサレムで崩壊し、全住民の集団脱出を招いた。英国委任統治の期限切れ前日の五月十四日、ベングリオンがテルアビブでイスラエル建国を宣言した。米国とソ連は直ちに承認した。パレスチナのユダヤ対アラブの内戦は国際化し、第一次中東戦争に発展した。アラブ諸国の急派した兵士は計二万人で、[52]冬場から戦闘を続ける数千人の副次的民兵を加えても、新設のイスラエル軍[53]の三万人から三万五千人規模の兵力に数で及ばなかった。アラブ軍が動員直後だったのに対し、イスラエル軍は重火器が不足し、数か月前から続く過酷な戦闘で疲弊していた。ただイスラエル軍の指揮・命令系統が統一されていたのに対し、アラブ軍はそれを決定的に欠いていた。実際、トランスヨルダンは、領土分割の対象から除外されたエルサレムを除いて、イスラエルとの戦闘を拒否した。

国連パレスチナ調停官フォルケ・ベルナドッテは一九四八年六月、交渉で休戦に導いたが、戦闘再開は阻めなかった。彼はパレスチナ分割案の救済とアラブ難民の帰還支援に取り組んだ。難民は既に数十万人に及んでいた。彼がエルサレムで九月、レヒに暗殺されると、武力だけが物をいうようになり、従ってイスラエルが勝利した。[†54] 国連は一九四九年一月からのイスラエルとアラブ諸国の一連の休戦の仲介だけを任務とした。その夏のローザンヌ会議は中東に無期限停戦を実現するという和平解決には至らなかった。パレスチナは消失し、イスラエルがパレスチナの七七％を吸収し、トランスヨルダンは二二％、つまり東エルサレムとヨルダン川西岸地区を併合した。アブドゥッラーはヨルダン川の東西両岸を「統合」し、自らを「ヨルダン」国王と宣言した。「ガザ地区」はエジプトの管理下となり、パレスチナの一％のその土地に委任統治時代のアラブ人口の四分の一が集まった。これはパレスチナのアラブ人にとってまさに「ナクバ」、つまり「破滅」である。彼らの大半はもはや難民でしかなくなった。[†55] 国連は難民を対象に特別機関を設立したが、郷土への帰還を保証する権限はなかった。

---

†52　国別推計はエジプト一万人、トランスヨルダン四千五百人、シリア・イラク・サウジアラビア各千五百人、レバノン千人。

†53　名称は「ツァハル」（イスラエル国防軍を意味するヘブライ語の頭字語）。ハガナーを軸とする混成部隊。

†54　戦争でパレスチナ委任統治領の人口の一％が死亡した。この比率はイスラエル人・パレスチナ人双方に該当したが、前者は大半が軍人、後者は圧倒的多数が民間人だった。

†55　パレスチナのアラブ人口は一九四八年時点、推計で一三〇万人だった。この人口は一年後、四つに分類される。イスラエルにとどまった一六万人、ガザ地区に暮らす八万人、東エルサレムとヨルダン川西岸地区で「ヨルダン人」となった三〇万人、少なくとも七五万人の難民――。難民はガザ地区とヨルダン、シリア、レバノン、その他に離散した。最後の二つの数字には異説がある。

イスラエルは一九四九年一月、最初の選挙を実施した。紛争の継続を理由に単一選挙区・比例代表制が採用された。ベングリオンは自身の労働党と連立政党を合わせて、議員定数一二〇のクネセト（国会）で安定多数の九〇議席を獲得した。イルグンの元指揮官メナヘム・ベギン率いる修正主義派陣営は非主流派になった。国会は名誉職といえる大統領にハイム・ワイズマンを選出した。バルフォア宣言の黒衣《くろご》で、ユダヤ機関の創設者だ。首相は行政権を毅然と行使したが、ユダヤ教の公式な地位をめぐる紛糾を避けるために、憲法制定問題を棚上げにする選択をした。この点を曖昧にしたまま、なりゆきの合意のうえで、ユダヤ教であり民主主義であると自己規定する国家のもとに、敬虔な信者と世俗主義者が集まった。アラブ系イスラエル人を排除して、[†56] 男性に三〇か月、女性に二四か月の兵役を課す兵役法が武装ユダヤ国家という枠組みを作った。「不在者財産」法は、国連の分割案以来「不在」となっているパレスチナ人の財産をシオニスト団体に移転することを合法化した。「帰還」法は「ユダヤ人は全てイスラエルに移住する権利を有する」と規定した。その結果、前代未聞のアリヤー［訳註＝イスラエルへのユダヤ人大移動］が起こり、イスラエル人口は三年間で倍増した。一九四八年までのシオニスト運動が主に欧州のアシュケナジム［訳註＝ドイツ・東欧系の離散ユダヤ人］の間で参加を募ったものだったのに対して、この新しい動きはセファルディム［訳註＝ドイツ・東欧系以外の離散ユダヤ人の総称］の大規模共同体で起き、特にイエメンの場合、ピストン空輸が実行された。新国家の社会主義的傾向の制度が、大量流入する移民の積極的受け入れを可能にした。

アラブ指導層の失敗

中東は第一次大戦で大打撃を被ったが、第二次大戦の被害ははるかに少なかった。中東人口は十九世紀後半に始まった人口増加が加速し、二十世紀前半に倍増した。エジプトとトルコの総人口は約二億人に達し、カイロの人口はイスタンブールの二倍の二百万人で、その比重は大きかった。ベイルートとアレクサンドリアの港湾が整備され、新市街としてカイロのヘリオポリスとダマスカスのアブルマネが開発されるなど、中心都市は飛躍的に発展したが、中東人口の四分の三は農村人口だった。新興の中流階級が、建設途上の国家機関や急成長する自由業と植民地主義の要請で作り出されたグローバル事業†57に進出していった。「都市の中の田舎」は従来なかった形の職人や労働者を養い、それに伴い社会闘争が生まれた。オスマン帝国解体後も支配層が不動産・中堅企業・大企業を牛耳るなか、国軍は最貧層にとって絶好の出世の就職先となった。

アラブ指導者たちが一九四九年にパレスチナ人を見捨てたことは、まず植民地大国に対して、次にシオニストの侵奪に直面して、自分たちの民族自決権を守ることに失敗した証だった。こうした指導者らに対し、ボリシェビキを手本に創設された団体が異議申し立てを行ってから二〇年たっていた。ハサン・アルバンナーが一九二八年に創設したムスリム同胞団である。この団体はイスラム主義を主張するものの、「最高指導者」は共産党「書記長」と同じ権限を持ち、「諮問評議会」は共産党「政治局」に匹敵する。加えて両者は中央委員会・大衆組織・非民主的「中央集権制」を共有

†56　ドゥルーズ派だけが徴兵制に従った。ベドウィンの兵籍登録は奨励されたが、個人の判断によるとされた。アラブ系イスラエル人が過半数暮らす地域には一九六六年まで戒厳令が敷かれた。
†57　一例は、一九三五年に開通した、イラクのキルクーク油田から石油をパレスチナのハイファ港とリビアのトリポリ港に輸送する石油パイプライン事業。

する。ムスリム同胞団は英帝国主義に対する、ワフド党を始めとする議会政党の妥協を糾弾した。[†58]同胞団は一九三五年から一九三六年にかけて、エジプトで当局と事を構えずに大衆を動員するための格好の大義をパレスチナ問題に見いだした。同胞団は団員数十万人を擁し、シリアとヨルダンに支部を拡大し、一九四八年には反イスラエルの準軍事部門を設けた。同胞団はパレスチナでの「ジハード」に敗北した責任は国王ファルークにあると公然と主張し、首相を暗殺すると、報復としてアルバンナーが殺害された。同胞団は以後、「冒瀆的」体制の銃弾に倒れた象徴的「殉教者」を頂くことになる。

急進的民族主義を標榜する多くの組織がムスリム同胞団と同様、レーニン主義的組織構造に加えて、自由主義秩序への激しい敵意を共有した。これらの組織も武装クーデターを視野に入れて秘密の準軍事部門を設置し、強化した。一例はイラクの民族同胞党で、その創始者の一人が一九四一年に親ナチスのクーデターを率いた。シリア社会民族党はレバノンに拠点を置き、レバノン、シリア、イラク、ヨルダン、パレスチナで構成する「大シリア」統合を訴えた。この党は汎アラブ主義とレバノン独立に反対し、一九四九年にベイルートでクーデター未遂事件を起こす。その罪で党首が処刑されると、その報復として一九五一年にレバノン首相を殺害した。バース党（バースは復興の意）は一九四七年にダマスカスで創設され、モロッコからペルシア湾岸に至る「民族統一」の名のもとに、「普遍的使命」の担い手として「アラブ社会主義」を掲げた。これら「進歩主義的」団体は、スターリンがイスラエルを支持したためにアラブ世界で共産党の人気が凋落《ちょうらく》した状況に乗じた。彼らは伝統的支配層を標的とする階級闘争を仕掛けた。ムスリム同胞団もこの潮流を見逃さず、シリア支部は「イスラム社会主義」を標榜した。これら団体は皆、汎アラブの連帯、あるいは「大シリア」の連帯、あるいはイスラム教の連帯の名のもとに国境の正当性を否定した。ただ植民地大国の庇護からの解放が実現したのは国境の内部だった。

確かに解放は骨が折れ、ぎくしゃくし、不完全だった。解放は、大抵は人為的で、常に恣意的な領土の枠組みの中で実現された。そうした領土の枠組みで真の市民性が誕生する度、既成の共同体主義が抑止してきた。しかしアラブ指導者たちは、彼らの歴史的失敗を酷評されはするが、極めて制約の多い環境にあって、多元的制度を培い、報道は相対的に自由で、選挙戦は実際に争われ、議会は複数の政党で構成された。茶坊主集団の議会が「国家の救世主」に対し、トルコではカリフ制の廃止、イランではカージャール朝の廃止を唯々諾々と追認する一方で、フランスはシリアで、英国はエジプトで、民意に対する裏切りを拒む節操のあるアラブの議員らと衝突した。アラブ多元主義の遺産は二十世紀後半、独裁者らによって体系的に隠蔽されてしまう（独裁者は失墜した政権の「腐敗」をいち早く告発し、自らの卑劣さを覆い隠すものだ）。偽の良識人らは二〇一一年、歴史的現実を無視して、聞き古された楽句を合唱することになる。議会主義の経験のないアラブ世界は独裁の暗闇から抜け出せない——と。独裁による断絶という暴力を理解したいのであれば、自由主義の過去の再評価が重要になる。それではアラブの独立が「乗っ取り」に遭う時代に入ろう。

---

†58　315頁の註18参照。

第八章　年表

1914年8月2日	オスマン帝国とドイツが秘密同盟を結ぶ
1914年11月14日	オスマン帝国が連合国に対しジハードを宣言
1914年12月18日	英国がエジプトを委任統治下に
1915年4月24日	コンスタンティノープルでアルメニア人の大虐殺始まる
1915年7月	フサインとマクマホンが書簡のやりとりを開始（～1916年1月）
1916年5月16日	英仏が「サイクス＝ピコ」協定で合意
1916年6月10日	ヒジャーズで「アラブ反乱」始まる
1917年11月2日	パレスチナをめぐるバルフォア宣言
1917年12月9日	英軍がエルサレムを占領
1918年10月31日	ムドロス休戦協定
1919年1月18日	パリ講和会議始まる
1919年3月9日	エジプトで反英「革命」始まる
1920年4月19日	中東をめぐるサンレモ会議（～4月26日）
1920年5月	イラクで反英蜂起が起きる（～10月）
1920年7月24日	仏軍がシリア国民主義派に勝利
1920年8月10日	トルコを解体するセーブル条約の締結
1920年9月1日	大レバノンが宣言される
1921年2月21日	レザー・シャーがテヘランでクーデターを実行
1921年8月23日	ファイサルが初代イラク国王に

1922年2月28日　エジプトが形式的に独立
1923年7月24日　セーブル条約を廃したローザンヌ条約の締結
1924年3月3日　トルコ議会がカリフ制を廃止
1924年10月13日　イブン・サウドがメッカを奪取
1925年10月18日　仏軍がダマスカスを空爆（〜20日）
1925年12月12日　パフラヴィー朝がカージャール朝に取って代わる
1925年12月16日　国際連盟がモスルのイラク併合を承認
1926年5月23日　レバノン憲法の制定
1929年8月23日　パレスチナで共同体間の暴動（〜29日）
1932年9月22日　サウジアラビア王国の成立
1932年10月3日　イラクが形式的に独立
1934年11月24日　ムスタファ・ケマルが「アタチュルク」に
1936年4月19日　パレスチナでアラブ人がゼネストを実施
1936年9月9日　フランス－シリア条約がパリで調印される
1939年3月17日　英国がパレスチナをめぐる「白書」を作成
1941年6月21日　英軍とドゴール派部隊がダマスカスを征服
1941年9月16日　レザー・シャーを廃位、息子が即位する
1942年11月3日　英軍がエル・アラメインの戦いに勝利
1943年11月22日　レバノンが独立
1945年2月14日　ルーズベルトがイブン・サウドと首脳会談を行う
1945年3月22日　カイロでアラブ連盟が創設される

1946年4月17日　仏軍がシリアからの撤退を完了
1947年11月29日　国連がパレスチナ分割計画を発表
1948年5月14日　イスラエル建国宣言
1948年9月17日　フォルケ・ベルナドッテがエルサレムで暗殺される
1949年1月25日　イスラエルが第一回議会選挙を実施
1949年9月15日　国連のローザンヌ会議が失敗に終わる

第九章　冷戦とイスラエル‐アラブ紛争
（一九四九～一九九〇年）

中東は一九四九年、イスラエルとアラブ諸国が戦争でも平和でもない状況に入った。この年、第一次中東戦争の敗北で酷評されたシリア軍参謀総長がダマスカスで権力を奪取した。アラブ軍の先の対イラク介入が君主制という枠組みの維持に結びついたシリアで、彼は軍事独裁体制を敷いた。このクーデターに続き、数か月間に二度クーデターが起き、最終的に実権を握ったアディブ・シシャクリー将軍が二年間、議会制度を復活させた。シシャクリーは一九五一年、シリア独立後四度目となるクーデターを強行し、憲法を停止し、政党を禁止した。国民投票のために設立された「アラブ解放運動」が唯一の合法政党になる。その国民投票でシシャクリーは九九・七％の得票で信任され、大統領に就いた。[†1] 一九五二年一月、スエズ運河で英軍が多数のエジプト警察官を虐殺したことが引き金となって「カイロ火災」が起き、欧州系と見なされた商店・映画館・ホテルが略奪に遭った。ムスリム同胞団はこの暴動をめぐって積極的に動き、ガマル・アブデル・ナセルを頭目として

---

†1　この満場一致型の国民投票は英国が中東に導入した。英国は一九二一年、九六％の国民投票の賛成によりファイサルをイラク国王に「選出」させた。314頁参照。

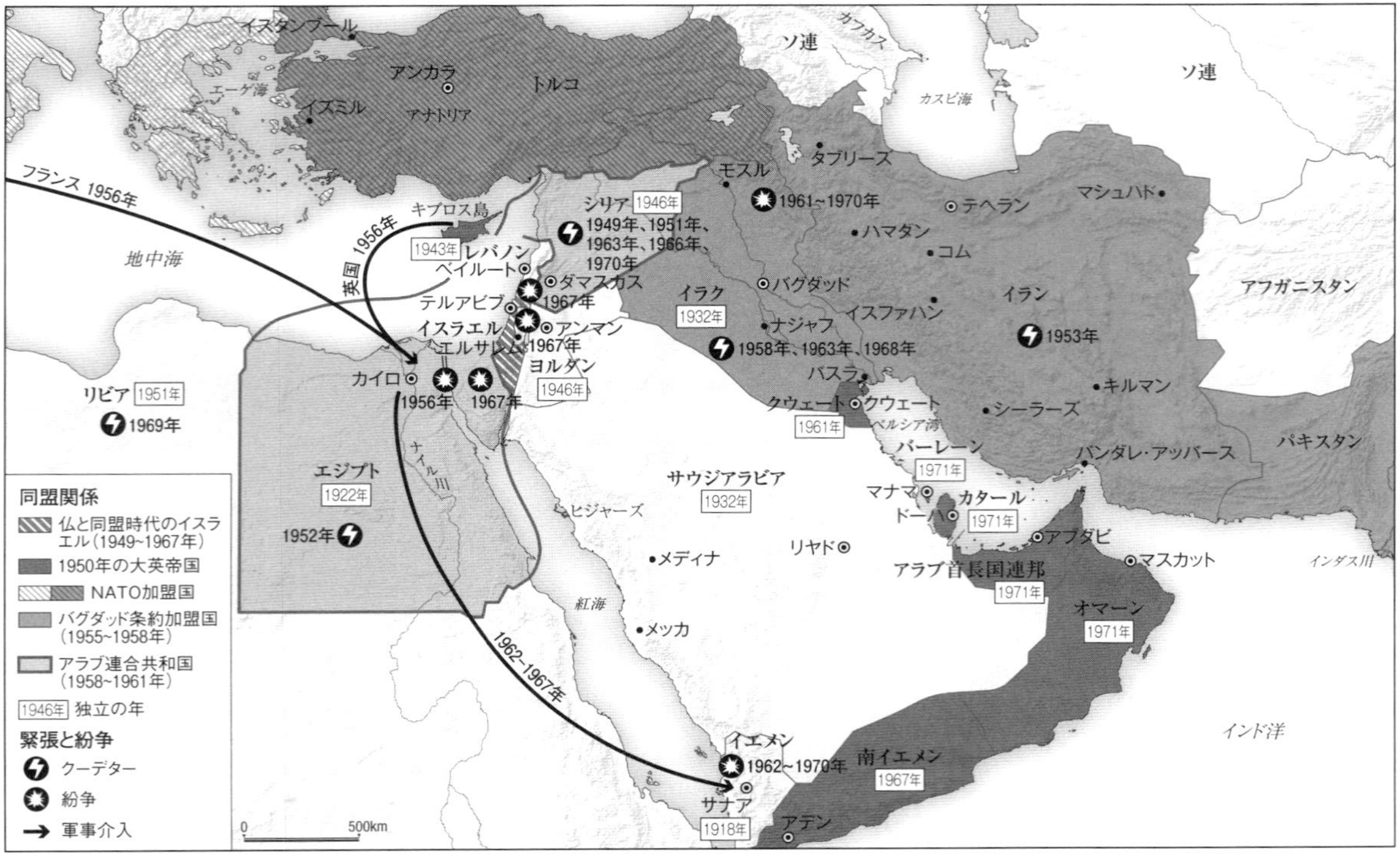

同盟関係
仏と同盟時代のイスラエル（1949~1967年）
1950年の大英帝国
NATO加盟国
バグダッド条約加盟国（1955~1958年）
アラブ連合共和国（1958~1961年）
1946年 独立の年
緊張と紛争
クーデター
紛争
軍事介入
イスタンブール
アンカラ
トルコ
エーゲ海
イズミル
アナトリア
ソ連
カフカス
カスピ海
タブリーズ
モスル
1961~1970年
マシュハド
テヘラン
ハマダン
コム
フランス 1956年
キプロス島
1943年
英国 1956年
シリア 1946年
1949年、1951年、1963年、1966年、1970年
レバノン
ベイルート
ダマスカス
1967年
テルアビブ
イスラエル
エルサレム
アンマン
1967年
ヨルダン
1946年
地中海
イラク
1932年
バグダッド
ナジャフ
イスファハン
1958年、1963年、1968年
バスラ
イラン
1953年
キルマン
アフガニスタン
カイロ
1956年
1967年
リビア 1951年
1969年
クウェート
クウェート
1961年
ペルシア湾
シーラーズ
パキスタン
バーレーン
1971年
バンダレ・アッバース
ナイル川
エジプト
1922年
1952年
サウジアラビア
1932年
ヒジャーズ
マナマ
ドーハ
カタール
1971年
アブダビ
リヤド
メディナ
マスカット
インダス川
アラブ首長国連邦
1971年
紅海
オマーン
1971年
メッカ
1962~1967年
インド洋
イエメン
1962~1970年
南イエメン
1967年
サナア
1918年
アデン
0
500km

図9-1　1949年から1971年の中東 ▶

図9-2　1967年の「6日戦争」▼

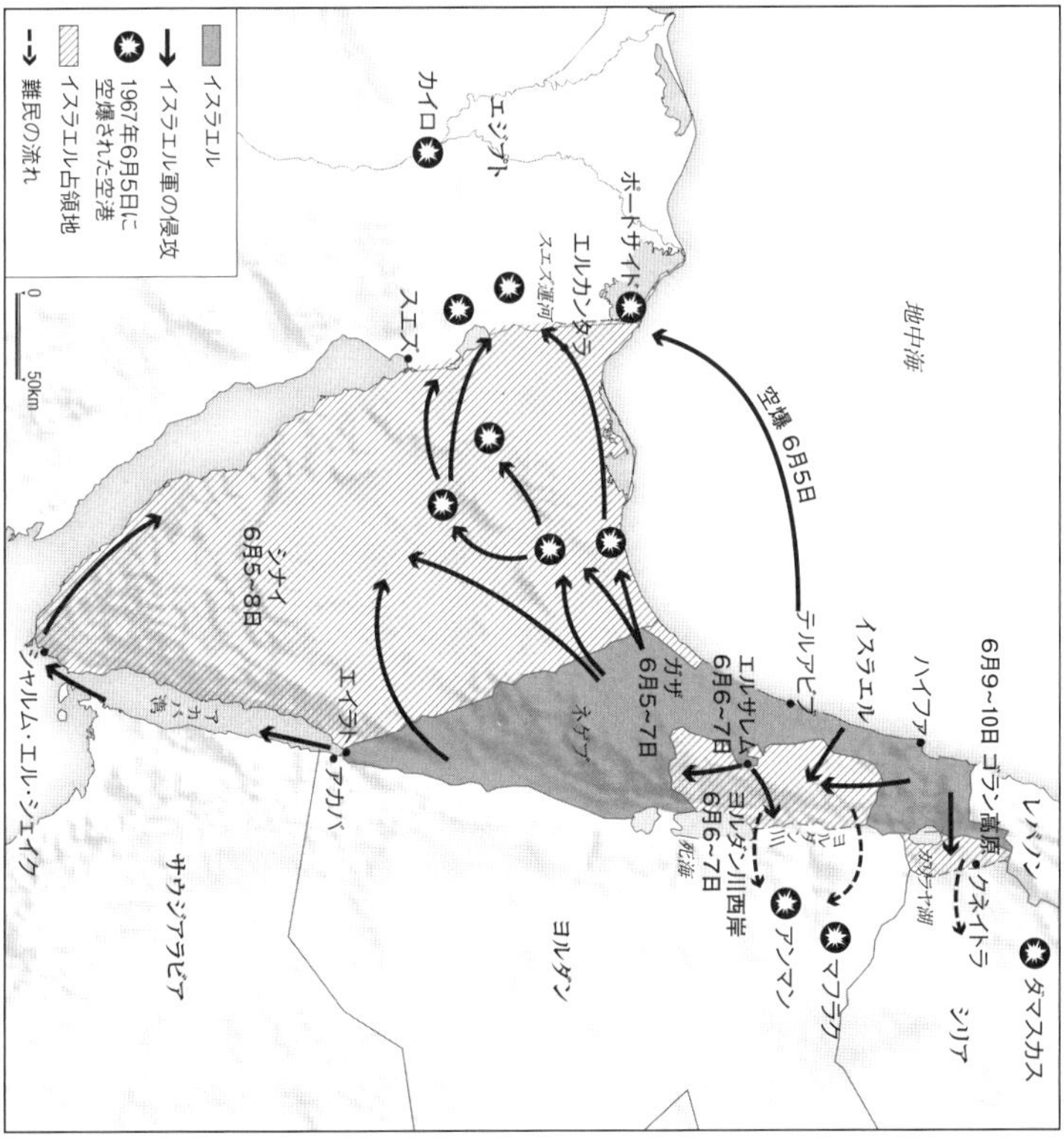

陰謀を企てる将校団と交渉を始めた。ナセル自身、ムスリム同胞団の元団員だった。この「自由将校団」は六か月後、ファルーク国王を打倒・追放し、「祝福された革命」を宣言する。[†2] クーデターを実行した七月二十三日は祝日となり、今日に至る。

ナセルと仲間たちは人望の厚かったムハンマド・ナギブを除き、将軍らを投獄した。ナギブは自由将校団の保証人として首相に就いた。真の権力はナセルが主宰する革命指導評議会が握った。ナギブは議会主義を志向し、ムスリム同胞団に支持された。同胞団は自分たちが選挙に勝つと確信していた。ナギブとナセル両陣営の対立・抗争が続き、政治団体の解散を経て、一九五三年六月、ナギブが新生共和国の大統領に就任した。この国家元首は一九五四年四月、複数政党制の復活に失敗する。革命指導評議会を母体とする解放連合が唯一の合法政党であり続け、労働組合は全て禁じられた。その六か月後にムスリム同胞団の犯行とされるナセル暗殺未遂事件が起き、イスラム主義者二万人が逮捕され、ナギブは自宅軟禁処分とされた。反対派を「帝国主義」「シオニズム」「反動」連合、つまり失墜した旧王制支持派と糾弾する、メディアを動員したキャンペーンが展開された。一九五六年六月、ナセルを共和国大統領に頂く新憲法が国民投票で九九・八%の支持を得たことで、クーデターから独裁への移行が完成した。

アラブ諸国の独立の半世紀は一九二二年のエジプトの形式的解放で始まり、一九七一年の英国の最後の保護領だった湾岸四か国の国連加盟で終わる。[†3] この独立期のうち一九四九年から一九六九年までの二〇年の特徴は軍事政権による「乗っ取り」にある。国家主権が確立され、憲法に則して樹立された政権を軍部は「反動」という落とし穴に投げ捨てたのだ。乗っ取りは一九四九年にシリアで起きたクーデターの嵐で始まり、エジプトとイラクに波及し、一九六九年のリビアの国王イドリース放逐で完了する。[†4]トリポリのクーデター実行者はエジプトに倣って革命指導評議会を設置し、ナセルの熱心な模倣者だったムアンマル・カダフィ大佐を議長に据えた。カダフィは後年、役人ではなく軍人を職業に選んだのはクーデターに参加することを視野に入れていたからだと述懐した。こうした権力へのむき出しの渇望が憲法秩序の破壊を通じた一連の陰謀の動力源となる。ダーウィン流の淘汰は、至る所で軍政中枢の分裂を伴う権力闘争を繰り返した挙げ句、最も冷酷なクーデター実行者を出現させることになる。

アラブ政治の軍事化はパレスチナの恥辱と対イスラエル紛争を養分として進行した。この二つの事象の観点に立って、この時代は歴史的に総括できる。ただ「革命的」将校らはイスラエルに敗北したものの、彼らの権力の独裁性が弱まることはなく、それどころか、敗北はある一派が他の一派を排斥する口実にされたことを忘れてはならない。[†5]最も平和的なものも含めて、異議申し立ては全て国家反逆として弾圧された。反対派は自由主義者も進歩主義者もイスラム主義者も皆、独裁党を

†2　権力掌握を宣言したのはアンワル・サダトだった。彼は一九四二年にナチスのスパイとされて有罪判決を下されていた。335頁の註48参照。
†3　アラブ首長国連盟、カタール、バーレーン、オマーンの四か国。
†4　イドリースは一九五一年に連合王国としてリビアが独立した時の中心人物だったが、一九六三年にこの立憲君主国をトリポリを拠点として中央集権化した。彼は一九五五年、アラブ指導者として初めて石油資源に対する国家主権原則を適用した。
†5　一九六七年の「六日戦争」にエジプトは敗北したが（361頁参照）、ナセルは敗北を理由として主要な政敵だった参謀長を更迭できた。

利するために汚名を着せられ、様々な政治警察によって排除されていった。秘密警察はアラビア語で「ムハバラート」[†6]と総称されるが、実際は複雑に分化していて、時の独裁者に対抗する勢力になり得ない仕組みになっている。国民は政権支持が満場一致であることを示すために国家宣伝機関にうんざりするほど動員された。独裁者は「選挙」で一〇〇%近い得票率を獲得した。

民族主義と反共

一九三八年にアタチュルクを継いだトルコのイノニュ大統領は第二次大戦中、中立政策を維持した。対独宣戦布告はようやく一九四五年二月のことで、それは国際連合設立会議に参加するためであり、とりわけトルコを衛星国化しようとするソ連の野心に対し、米国の後ろ盾を得るためだった。トルーマンは冷戦当初からトルコ支援を強化し、一九五一年には北大西洋条約機構（NATO）にギリシアとともに受け入れた。この西側陣営への参加は政治の開放を条件とした。その結果、アタチュルクの国家と党の一体化に抗った反対派の集う民主党が結成された。民主党は一九五〇年の選挙で過半数の議席を獲得し、党首アドナン・メンデレスが首相に就いた。イノニュは野党勢力の頭領になった。近代トルコの父に対する誹謗《ひぼう》を罪とする「アタチュルク擁護法」を制定した（同法は現在も有効）。ただそれだけでは、経済自由化とイスラム教団復興を目の当たりにしたアタチュルク派の不安を鎮静するには十分ではなかった。反ソ・反共で共闘することが矛盾解消の唯一の道だった。トルコがハーシム家支配のイラクと帝国イランと関係を強化したのはそのためだった。トルコ、イラク、イラン三か国は、ソ連がマハーバードを首都として短命に終わった「クルディスタン共和国」[†7]の残党を受け入れ、クルド分離主義を支持する唯一の国であることから、ソ連を敵視した。

一九四一年に英国がパフラヴィー朝の玉座に据えたモハンマド・レザーはスターリンの強烈な圧力に長期間さらされ続けた。赤軍がようやくイランから撤退するのは一九四六年のことだった。英国はソ連撤退で支配的立場を強め、石油分野で一切の譲歩を拒んだ。イランの外貨建て資産は、英国が通貨ポンドを切り下げ、イランに対し石油収入の公平分割を拒否した結果、暴落した。ちなみに米国はサウジアラビアに対しては石油収入の公平分割を受け入れた。[†8] 一九二五年のイラン新王朝創始を拒否した希有な議員の一人、ムハンマド・モサデグは反英闘争の権化となった。愛国熱が高揚するなか、彼は一九五一年に議会で首相に選出され、石油・天然ガスを国有化した。これに対し英米両国は報復措置としてイラン産石油ボイコットを決め、イランを深刻な景気後退へと陥れた。国際司法裁判所は一九五二年七月、イランに有利な裁定をしたが、英国主導の対イラン消耗戦の停止には結びつかず、イランは裁定の三か月後、対英断交に出た。米共和党タカ派のドワイト・アイゼンハワー大統領が以後、イラン問題を取り扱うことになる。中央情報局(CIA)テヘラン支部

†6　「情報機関」の意。
†7　332頁参照。
†8　ARAMCO、アラビア‐アメリカ石油会社はルーズベルトとイブン・サウドの秘密会談(336頁参照)の直前、一九四四年に設立された。一方、APOC、アングロ＝ペルシア石油会社は一九〇九年に設立され、一九三五年にAIOC、アングロ＝イラニアン石油会社にかわり、一九五五年にBP、ブリティッシュペトロリアムになった。

が社会不安を煽る組織的作戦に取り組み、†9 モサデグを「ソ連の操り人形」「イスラムの敵」と誹謗する情報を拡散した。一九五三年八月にモサデグを打倒するクーデターが起きる。その時、シャーはクーデター支持と受けとめられることを嫌い、国外に逃れていた。ＣＩＡは作戦が大成功したと評価し、これを模範として翌年、中米でグアテマラの民主政権を崩壊させた。モハンマド・レザー・シャーはテヘランに戻るとすぐ戒厳令を敷き、反共闘争の名のもとに自由主義者を含む反対派を弾圧した。シャーは三〇年前の父親同様に一九五五年、バハイ教掃討作戦†10に乗り出す。シーア派聖職者からパフラヴィー朝支持を取りつけるためだった。同じく一九五五年、イランはイラク、トルコ、パキスタンの集う、反ソの「バグダッド条約機構」に加わった。

ナセルは台頭する第三世界の「顔」で、バグダッド条約機構に代わる民族主義的解決策の体現者を自任していた。とはいえアスワン周辺のナイル川の巨大ダム建設の資金調達のために米国に近づいた。ところが米国の拒否に遭い、一九五六年七月、スエズ運河を国有化した。ナセルは評判をとった演説でこう宣言した。「貧困は恥ではない。人民を搾取《さくしゅ》することこそが恥なのだ」。この五年前のモサデグの石油・天然ガス国有化はイラン国外の反響は限られていたが、ナセルは国有資産管理と不遇な人々の社会保障を一括りの問題としたことで、「地上の呪われし者たち」の擁護者へと変貌した。アラブ世界でのナセル人気の高まりを受けて、イスラエル、英国、フランスの三か国は秘密裡にナセル打倒で手を結んだ。十月二十九日、イスラエル軍がエジプトのシナイ半島に侵攻し、「銃士作戦」†11を展開した。英仏は交戦二か国を仲裁するふりをしつつスエズ運河の占領を進めた。ナセル軍は侵略者に対し連戦連敗した。しかし銃士の勝利は間もなく政治の敗北へと暗転する。

米大統領アイゼンハワーは冷戦の渦中に出現したこの「強権政策」に激怒した。というのもソ連はこのスエズ動乱に乗じ、ハンガリーの反ソ蜂起を弾圧したからだ。米国は英仏に対しスエズ運河からの撤退を強要し、イスラエルにはシナイ半島とガザ地区からの無条件撤退を実行させた。国連の「青ヘル隊」（平和維持部隊）[†12]がイスラエルとエジプトの国境地帯に配備された。二つの旧植民地帝国はこの歴史的屈辱から異なる教訓を引き出した。英国は「スエズの東側」からの漸進的撤退に着手し、それに伴いクウェートが一九六一年、南イエメンが一九六七年、アラブ首長国連邦とカタール、バーレーン、オマーンが一九七一年に独立する。反対にフランスは核兵器開発に着手し、その技術を秘密裡にイスラエルに移転し、イスラエルの主要軍事同盟国にとどまった。アラブ諸国はレバノンを除き、対仏外交を断絶した。ナセルは自身が打倒したと強弁した、この「帝国主義」の潰走で面目を保ち、「現代のサラディン」としてのオーラは抗しがたく輝いて見えた。

アラブ連合共和国

シリアの強権勢力は、一九五四年のシシャクリー政権崩壊を経て復活した議会主義の継続を拒ん

†9　この「エイジャックス作戦」をめぐるCIA文書は二〇〇〇年以降、機密扱いを解かれている。
†10　322頁参照。
†11　フランスのギ・モレ社会主義政権は、一九五四年にアルジェリアで発生した独立蜂起について、ナセルを打倒すれば収束するとにらんでいた。
†12　国連初の平和維持部隊で、急場しのぎで米軍装備を援用し、米軍の緑ヘルを便宜的に青に塗り替えた。青ヘルは以後、平和維持作戦の象徴になる。

だ。彼らはバース党の主導で独立シリアを自沈させ、シリアをナセルに託すことを選んだ。こうして一九五八年二月、エジプトとシリアで構成するアラブ連合共和国が誕生した。国旗の星はエジプトとシリアを表現して二つ。シリア独立時の三つ星の国旗[†13]は廃止された。この「連合」でシリアは単なる「北部州」となり、エジプト人執政官が派遣された。こうした文脈から、一九五八年七月のイラク王制打倒を世界はナセル発案による行動と受けとめた。ただクーデターの首領アブドルカリム・カセム准将は、ナセル流の汎アラブ主義者ではなく国民主義者であることが判明する。彼はアラブ連合共和国への参加を拒否し、エジプトの野心を阻むために進歩主義勢力を頼りとした。一方、一九五二年のエジプトのクーデターは国王と側近を国外に追放したが、イラクのそれは国王と側近を虐殺した。この新生共和国誕生時の集団殺害はイラク現代史を前例のない暴力の連鎖に陥れた。いずれにせよ、バグダッド条約機構は終焉し、米国が懸命に支えるトルコとイランの二国間協定がそれに代わった。

アラブ連合共和国の信奉者らは一九五九年三月、モスル奪取を企図して反乱を起こしたが、共産主義派民兵と親カセム派民兵の手を借りた軍によって間もなく粉砕された。留意すべきは、これら民兵はシーア派とクルド人だったのに対し、ナセル主義者は大半がスンニ派だったことだ。今日スンニ派とシーア派の衝突、アラブ人とクルド人の衝突が大殺戮に至っているが、当時の状況から分別を欠いて一歩踏み出したといえよう。当時はイデオロギーの対立が共同体の断絶よりも激しかった(後者は前者を深刻化させたとはいえ)。イラクはシリアを支配下に置くエジプトの覇権に抵抗したが、カセムとナセルの敵対関係は本書が言及してきた中東の政治力学三要素に照らして読み解くことができる。カセムは一九五九年十月、バース党特命行動隊[†14]による暗殺未遂事件を免れ、行動隊はダマスカスに逃れた。このバグダッドの領袖は二か月後、一九四八年にパレスチナの遺産を分け合った「三悪党」としてイスラエルとヨルダンとエジプトを同列に置いて糾弾した。イラクが一九六一年、独立間もないクウェートに侵攻の脅しをかけると、エジプトはこの首長国の防衛目的で急派された汎アラブ軍に加わった。ナセルとカセムの反目は深刻だったが、米国はアラブ民族・国民主義をめぐり正反対の立場の二人に等しく不信の目を向けた。米国は中東を舞台とする対ソ抗争にあって、サウジアラビアへの傾斜、それを通じて政治的イスラムへの傾斜を次第に増してゆくようになる。

アラブ冷戦

ムスリム同胞団は一九五四年以来エジプトで弾圧の対象にされたが、アラブ連合共和国のシリアでも同様の目に遭った。自由に活動できるのはヨルダンだけになった（同胞団はこのハーシム家王国によるヨルダン川西岸地区の併合を支持していた）。同胞団はこの後、サウジアラビアに数千人規模で移住した。サウド家は彼らに政治的庇護だけでなく、「イスラム主義」の教育と国造りの制度構築を担う機会を与えた。アラブ独立の路線変更はナフダとその継承者らを不吉な二者択一に追い詰めた。一つは軍事独裁下の民族主義、もう一つはサウジのワッハーブ主義と亡命ムスリム同胞団の混

†13 この二つ星国旗をシリアのアサド政権は用い続けている。三つ星国旗は二〇一一年の「アラブの春」で革命勢力が掲げた。
†14 行動隊には青年サダム・フセインが加わり、サダムの軍人伝説に寄与した。

成イスラム主義だった。十九世紀のアラブ・ルネサンスに活力を与えた二つの思潮の間の実り豊かな対話は終わった。[15]民主主義の展望は閉ざされ、軍事化する民族主義とサウジ化するイスラム主義の二極化が進行し、真の「アラブ冷戦」[16]へと堕してゆくことになる。

アラブ冷戦の二人の守護者はエジプトのナセルとサウジアラビアのファイサルだ。[17]緒戦はアラブ連合共和国が仲違いし、シリアが主権を回復したことで、サウジが優位に立った。エジプトによる「北部州」の事実上の占領は過酷だったため、シリア民衆は主権回復に安堵した。ヨルダンのフセイン国王はその親サウジ路線によって立場を強めた。ナセルはその一年後、自身の追随者の一人が北イエメンで共和国を樹立したことで、雪辱を果たす。クーデターで放逐されたイマーム（王）は傷を負っただけで、サウジアラビアに逃れ、王党派部族の抵抗運動を組織した。エジプトは北イエメン新政権を支援するために部隊を派遣した。部隊は六万人規模にまで膨らんだ。しかし王党派ゲリラは熟知する起伏の激しい地形を利用して、派遣部隊に甚大な被害を与えた。エジプト空軍が反撃に出て、サウジ領内の王党派後方基地を空爆した。これに対し米国が一九六三年六月、米戦闘機部隊をサウジに展開した。[18]その存在を前に、エジプトが再度空襲に出ることはなかった。

シリアとイラクは一九六三年、再び軍事クーデターに揺れたが、ナセルとファイサルの力関係には影響しなかった。ダマスカスを三月に掌握したバース党系軍部はアラブ連合共和国の二つ星の国旗を復活させた。ただ彼らの野心は、その一か月前に兄弟党がカセム政権の打倒に参画したイラクに向いていた。ところがイラクのバース党は十一月に政権から排除されてしまう。[19]バグダッドは政変の度に凄惨な粛清が行われた。ナセルは一九六四年五月、アラブ世界の激動に際し、パレスチナ問題を主導するためにパレスチナ解放機構（ＰＬＯ）を設立した。その議長をサウジの元国連大使に託した。この人物は親エジプト派で、パレスチナ出身だった。これにファイサルが異を唱え、ヤセル・アラファトと彼の率いるパレスチナ民族解放運動（ファタハ）を推した。ファタハ傘下のフィダーイー[†20]（パレスチナゲリラ）は一九六五年一月、「武装闘争」を開始した。その潜入工作は、イスラエルに「テロ」と呼ばれたが、限定的だった。一方、エジプト宣伝機関はファタハをムスリム同胞団や他の「帝国主義の手先」と同列に置いて非難した。パレスチナ人は一九四九年以降アラブの表舞台を退場していたが、ナセルのPLOとファイサルのファタハという二重の政治利用に伴い、再登場した。一九六六年二月、ダマスカスで再びクーデターが起き、バース党は内部抗争に陥った。「人民戦争」を信奉する極左が混乱に乗じて台頭し、パレスチナゲリラに前代未聞の便宜を与えた。イスラエルはパレスチナ人潜入の責任はシリア当局にあると批判し、イスラエル－シリア国境周辺

†15　282頁参照。
†16　米歴史家マルコム・カーの命名。カーは一九八四年にベイルートでヒズボラ（381頁参照）に暗殺された。
†17　ファイサルがサウジアラビア国王に即位したのは一九六四年十一月だが、それ以前に父と兄、サウド家の多くの特権を既に横取りしていた。
†18　米戦闘機の展開は半年後に中止されるが、その特徴はサウジがユダヤ教徒の米兵の入国を拒んだことだ。そのため米国は兵士の信仰の特定を拒否することで応じた。
†19　イラクはカセム政権崩壊によりクウェート独立を承認した。クウェートはその二年前に独立を宣言し、汎アラブ軍に守られていた。
†20　中世イスラム世界で使われた言葉だが、十九世紀末にアルメニア民兵組織（285頁参照）が最高の犠牲を含む、戦いの信条の意味で用いた。

で緊張が高まった。

ナセルはファイサルへの対抗心に取りつかれ、シリアの脆弱さのうちにダマスカス奪還の好機だけを見た。一九六六年十一月、エジプトとシリアの防衛協定が発表された。エジプトの独裁者は自軍の兵力の三分の一が化学兵器の使用頻度を高めたにもかかわらず、紛争勃発四年後のイエメンに釘付けになっていることを承知していた。ただナセルにはイスラエルと事を構える気はなく、アラブ世界での自らの権威を示すために弁舌を振るっただけだった。彼は一九六七年四月に発生したイスラエル－シリア間の空軍の衝突に対処せず、そのためにシリアとサウジの報道機関でナセル批判が醸成された。ナセルは批判の高まりを受けて五月十五日、一〇年前のスエズ動乱以来、対イスラエル国境に配備されてきた平和維持部隊の撤退を国連に迫った。五月二十二日にアカバ湾封鎖を命じ、イスラエルのエイラト港を事実上封鎖した。ナセルは五月二十六日、エジプト、あるいはシリアが攻撃を被った場合の「イスラエル破壊」を予告した。この大言壮語は効果を上げ、ヨルダン国王フセインは五月三十日にカイロを訪れ、自軍をエジプトの指揮下に差し出した。ナセルはアラブ冷戦に遂に勝利したと確信したものだ。

七日目

イスラエル労働党のレヴィ・エシュコルは一九六三年、ベングリオンの後継首相に就任した。彼は国防をほぼ参謀総長イツハク・ラビンに任せた。イスラエルは一九六七年五月、ナセルの執拗な挑発に対して自制を貫き、ホロコーストの再現を懸念する西側世論に広く支持された。ヨルダンがエジプト－シリア陣営にくみしたことに対し、イスラエルで挙国一致内閣が樹立され、「タカ派」

のモシェ・ダヤンが国防相を引き受けた。将軍らは自分たちの計画である予防戦争をエシュコルに認めさせ、六月五日早朝、奇襲に出た。エジプト空軍機は駐機中に破壊され、次にヨルダン空軍も同じ目に遭った。対シリア波状空爆が行われ、戦争初日にしてアラブ軍の制空権は奪われた。六月七日、エルサレム旧市街が征服された。モシェ・ダヤンと幕僚らは嘆きの壁[†21]を訪れ、アルアクサ・モスク広場に足を運んだ。ヨルダン軍はヨルダン川東岸に撤退し、ヨルダン川に架かる橋を次々と爆破した。エジプト軍の崩壊は明白で、イスラエル軍は六月八日、スエズ運河に到達した。この「六日戦争」はシリア軍に対する破壊的攻撃で終結した。

イスラエルはヨルダン川西岸地区とガザ地区だけでなく、エジプト領シナイ半島とシリア領ゴラン高原も占領した。イスラエルは東エルサレムを聖都の「市町村」合併の枠で事実上併合し、イスラム第三の聖地[†22]を管理することになった。大量のパレスチナ難民がヨルダンを通過して、一九四八年に第一波の難民が収容されたキャンプに行き着いた。一九四八年にパレスチナ人を襲った「ナクバ」、つまり「厄難」に続き、今度は全てアラブ人がその衝撃を耐え忍ぶ「ナクサ」、つまり「敗北」である。エジプト宣伝機関は破局に立ち往生し、米国がナクサに直接関与したと非難した。米国系施設はアラブ中の首都で暴徒の標的となった。アラブ諸国は米国と国交を断絶した。フランスと断交した一九五六年の再現だった。当時、米国はナセルを支援したとして称賛されたものだった

---

†21　北東アフリカ出身のムスリムが歴史的に居住する「マグレブ地区」は六月十一日に取り壊され、「嘆きの壁」（ヘブライ語でコテル「壁」と呼ぶ）を望む現状の景観が整備された。
†22　アルアクサ・モスク広場の宗教上の管理だけは引き続きヨルダンの管轄とした。

が。ソ連とルーマニアを除く、「社会主義」衛星諸国はイスラエルと断交した。中東は従来にも増して激しく二極化した。一方に米国と同盟を結ぶイスラエル、もう一方にソ連圏を後ろ盾とするアラブ諸国──。エジプトが一九六七年五月にサウジアラビアを打倒したと信じて危機を見誤ったのに対し、イスラエルは対アラブ冷戦に実際に勝利した。ナセルは間もなくファイサルに譲歩し、イエメンからエジプト軍を撤退させる。[†23] アラブ冷戦はこうしてエジプトの敗北で終わる。

カイロとダマスカスの独裁政権はどちらも軍国主義を十分に浸透させていたため、政権基盤を不安視する必要がなかった。その親衛隊は体制維持を最優先し、戦場の軍事行動は二の次だった。ただナセルの、あるいはバース党の汎アラブ主義は魅力の多くを失った。パレスチナゲリラの革命（サウラ）は新たな地平に入り、アラブ人は称賛した。それはアラブ人の全く手に負えない問題になったからでもあった。ファタハは一九六八年三月、イスラエルの攻撃に対し、ヨルダン軍の支援を受けて、ヨルダン渓谷の陣地を死守した。このヨルダンの地での衝突は「解放戦争」の緒戦として美化され、パレスチナゲリラはアラブの名誉の体現者になった。ナセルは改めて新たな状況に順応する必要があった。彼は一九六九年二月、アラファトとその軍事組織がPLOを主導することを認め、十一月にはレバノンに圧力をかけて、パレスチナゲリラがレバノン領から自由に活動を展開できるようにした。

しかし国連はパレスチナ人を難民支援の対象として見るだけで、国民の権利を持つ民族とは見ていなかった。[†24] 以来PLOは外交上の駆け引きの犠牲になることを恐れ、外交そのものに信を置かなくなった。PLOはパレスチナ出身者が国民の半数を占めるヨルダンに努力を集中し、難民キャンプとヨルダン渓谷に基地を構築した。ファタハは左派がパレスチナ解放人民戦線（PFLP）に次第に浸食されるようになった。PFLPは反イスラエル闘争とアラブ革命の連動を主張していた。一九七〇年八月に米国の仲介で、スエズ運河をめぐるイスラエルとエジプトの「消耗戦」が終結した。パレスチナ過激派はヨルダンのフセイン国王がそれと同じ結論に至ることを恐れた。PFLPは九月、西側の旅客機数機を乗っ取り、ヨルダンの空港に着陸させ、報道陣の前で機体を爆破した。[†25]中東に大仰なテロが出現した。進行中の紛争と直接かかわりのない民間の標的を襲い、民間の標的を紛争と混ぜ合わせて世界に喧伝するというテロだ。一八九六年のアルメニアゲリラによるオスマン銀行占拠事件[†26]の意図のない模倣ともいえる。マルクス主義的な自称「前衛」が、派手な一撃により危機の国際化を狙ったものだった。テロリストの猪突猛進は常に、彼らが殉じると主張する大義に背くものになる。

この「黒い九月」を通じ、PLOはPFLPによって、フセイン国王に忠実な部隊に対する敗北必至の戦いに引きずり込まれた。パレスチナゲリラはシリア軍機甲部隊の加勢がなければ生き延びなかっただろう。ただ国境を越えた機甲部隊をめぐりシリアのハーフェズ・アル・アサド国防相が

†23　北イエメン内戦は一九七〇年の妥協に至るまで続いた。この妥協でファイサルは保守主義であることを条件にサヌアを首都とする「アラブ共和国」を承認した。ソ連が南イエメンを衛星国にすることを防ぐためだった。

†24　この問題をめぐる一九六七年十一月の国連安保理決議二四二はイスラエルに「最近の戦争の占領地からの撤退」を求めたものの、「難民問題の公正な解決」としか言及していない。

†25　PFLPは乗員・乗客の一部を解放した後、五五人の人質を取った。

†26　286頁参照。

上空援護を拒んだため、機甲部隊はヨルダン空軍機の爆撃の餌食になった。アサドは自軍の一部を犠牲にしてまでも、バース党の政敵を排除することを選んだ。その策謀は二か月後のクーデターの成功に結びつき、アサドは三〇年に及ぶシリア独裁を始動させた。PLOはアラブ世界で悲劇的に孤立した。アラブ諸国がPLOに潜在する不安定化の要素を一致して封印しようとしたからだ。ナセルは死の間際に、フセイン国王に有利となる停戦実現に向けて最後の力を振り絞った。パレスチナゲリラはヨルダン北西部に撤退を余儀なくされ、その後シリアに追放され、更にレバノンへと追いやられた。アラブ諸国間の抗争に助長されてパレスチナ各派の対抗が激化し、テロが連鎖する土壌が形成された。「黒い九月」を名乗る集団が一九七二年九月、ミュンヘン五輪で凄惨なイスラエル選手人質事件を起こした。イスラエルはレバノンのパレスチナ難民キャンプ襲撃を手始めに報復を開始した。その殺戮の度合いは常にも増して苛烈だった。

イスラエルは一九六七年の勝利によってアラブの広大な領域で頭抜けた存在になり、モハンマド・レザーのイランとの提携を安定させ、軍主導のトルコとの提携も若干強化した。[27]イスラエルが支配的立場を確立し核兵器も保有したことで、イスラエル指導者らと秘密会談を重ねてきたフセイン国王による関係改善の試みが実を結ぶ余地はなくなった。ナセルの後継者アンワル・サダトはソ連人顧問数千人を追放したが、イスラエルが非妥協的な対エジプト政策を改めることはなかった。イスラエルは軍事的優越に酔い、東エルサレムとヨルダン川西岸地区は旧約聖書の「エレツ・イスラエル」（イスラエルの地）[28]に帰属すると主張した。ヨルダン川西岸地区への入植は限定的で、安全保障上の意味合いが強かったが、ユダヤ人が一九二九年に排除されたヘブロン[29]には初めて救世主思想に則した入植が実施された。加えてアラブ独立と対イスラエル紛争の余波が起き、中東から徐々にセファルディムの共同体が消滅してゆく。この「東方」ユダヤ人らはイスラエル国内で増加し続けるが、アシュケナジムを主流とする労働党主導の社会にあって、不遇をかこつようになる。彼らは母体の共同体を喪失し、自分たちの新しい国とも、近隣のアラブ諸国とも折り合えないのではないかと案じるようになる。

オイルショック

サダトとアサドはともに一九七〇年秋、権力を掌握し、旧来の過誤を「修正」する政策を断行して政敵らを排除してゆく。二人はそれぞれファイサルと経済自由化・左翼弾圧・親米姿勢を基調とした固い協力関係を結んだ。以後、急進主義はイラクのアフマド・ハサン・アル・バクル将軍が唱えることになる。バクルは一九六八年にバース党政権を樹立し、遠戚のサダム・フセインを補佐官にしていた。イラクは一九七二年、イランがその二〇年前に企図して頓挫した石油産業の国有化を実行し、戦闘的第三世界主義の先兵として振る舞う。バクルとサダムは、かつてカセムがアラブ連合共和国に抵抗したように、サダトとアサドの連合に対し、イラクの自立姿勢を誇示した。アラブ

---

†27　トルコで一九六〇年と一九七一年に起きた二つのクーデターは、アタチュルク流の「秩序」回復の企てとされた。
†28　「イスラエルの地」を意味するヘブライ語は時として「大イスラエル」、つまり委任統治時代のパレスチナ全域を意味する。
†29　328頁参照。

の独裁体制どうしの策謀の応酬にあって、同じ政党に属していることはダマスカスとバグダッドを接近させるどころか、汎アラブ主義を唱える二つのバース党政権の間の溝を深めるだけだった。いずれも自らに唯一正統性があると言い張り、シリアのバース党はイラクに、イラクのバース党はシリアに非公認の支部を設けた。付言すると、ともに非宗教性を主張するバース党ではあるが、異なる宗派間の反目も潜在した。

既に述べたように、一九五九年にスンニ派の都市モスルで起きた反乱がシーア派とクルド人を主体とする民兵に弾圧された[†30]。イラクのバース党は反カセム・反共を掲げ、多くのスンニ派活動家を惹きつけた。これら活動家は闘争と策謀の一〇年を経てバクルのもとに結集した。シリアでは一九六三年のクーデター以前も以後もバース党将校らは主にイスラム教少数派で、相次ぐ弾圧をくぐり抜け、身内のような結束を強めてきた。アラウィ派のアサドは独裁の過程で、まずドゥルーズ派とイスマーイール派の政敵を排除し、次に一九七〇年、同じアラウィ派の将軍らと対決して勝利した。ダマスカスでもバグダッドでも、本質的に反民主主義的な陰謀の力学が働き、アサドとバクルはそれぞれ大統領に就くと、前者はアラウィ派の、後者はスンニ派の側近を重用した。矛盾は二つのバース党の相克で深刻化したが、アサドとサダトの関係を乱すことはなかった。この二人にはイデオロギーの違いによる対立はなく、共通の利害で結びついていった。

エジプトとシリアの二人の独裁者は自らの「修正」政権を強固にするために、一九六七年の屈辱を払拭することを望んだ。二人はシナイ半島とゴラン高原に対する合同攻勢を計画する。イスラエルに対して両地域からの撤退を扱う交渉に応じさせる狙いだった。一九七三年十月六日の奇襲作戦はイスラエルの虚をついたが[†31]、イスラエルは激しく反撃し、一〇日後にはスエズ運河東岸に橋頭《きょうとう》堡《ほ》を築き、同時にダマスカス近郊に迫った。この戦況の逆転で決定的だったのは米国がイスラエル軍支援で空輸を行ったことだ。サウジアラビアのファイサル国王は米国をイスラエルの共戦国と見なし、十月二十日、報復策として対米石油禁輸を宣言した。これに他のアラブの産油諸国が追随した結果、原油価格は数週間で四倍に急騰した。イスラエルは、禁輸のわずか二日後の十月二十二日に採択された国連安保理の停戦決議に従った。

オイルショックは湾岸君主諸国に莫大な富をもたらした。この旧英委任統治領は二年前の独立時には世界に蔑ろにされたが、今や世界がおもねる存在になった。アラブ首長国連邦とクウェート、サウジアラビアは中東全域から数百万人の移住者を招き寄せた。移住に伴う外貨移転は間もなくエジプト、イエメン、ヨルダンの経済に深刻な影響を与える。移住者らは社会的成功に満足し、それまで無縁だった社会的・宗教的実践を出身国に移出した。身なり・家庭・祈りをめぐる「イスラム的」言動が見よう見まねで湾岸に広がってゆく。サウジアラビアは石油の恵みの相当な額を国際的に改宗を勧誘する機関とその組織網に注ぎ込んだ。その結果、ワッハーブ派説教師団とムスリム同胞団がイスラム主義を柱に統合され、比類のない勢いで拡散した。中東のイスラム原理主義の浸透をめぐり一九六七年の敗北が原因であるという説、あたかも汎アラブ主義の残した空隙を原理主義

---

†30 356頁参照。

†31 イスラエル軍の配備は贖罪の日「ヨム・キプール」の休日のために整っていなかった。断食の月に起きたこの戦争をイスラエルは「キプール戦争」、アラブ諸国は「ラマダン戦争」と呼ぶが、歴史家は「十月戦争」と呼ぶ。

が機械的に埋めたかのような物言いがあまりにも普及しているが、一九七三年のオイルショックこそが原理主義の大波の年として記憶されるべきなのだ。化石燃料の恩恵を得たサウド家は自らの名を冠した国家経営の世襲的性格を強めた。君臨する一族を信奉する人々のうち狂信的支持者らは、この驚くほどの富はサウド家の美徳の証であると見なした。

　アラブ冷戦期にアラファトをナセルから守ったファイサル国王は一九七三年、このPLO議長に顕著な支援を与えた。国王の目には、議長はパレスチナ問題の極左的偏向を阻む最善の盾と映った。サウジアラビアは寛大に振る舞い、湾岸に移住するパレスチナ人を移送し、PLOのためにクウェート社会に対し一〇分の一税の徴収もした。[†32] アラファトは自らPLOの財務を管理し、財政力をテコにしてパレスチナゲリラによるテロの激化を抑制した。アラファトは一九七四年六月、PLOに「解放された全ての領土」に対する一つの「パレスチナ権力」という原則を認めさせた。パレスチナ解放人民戦線は反対し、「全パレスチナの解放」に執着する諸派で「拒否戦線」を結成した。アラファトは政治的に分裂し地域的に散在する組織の中枢にあって、合意破りの危険を冒した。賭けは成功し、パレスチナは十月、アラブ連盟に正式加盟し、ヨルダンは面子《メンツ》を失った。アラファトは翌月、国連総会に招かれ、パレスチナの大義は新生独立諸国の原則的支持を得る。PLOは以来、解放運動では希有なことだが、財政基盤と外交支援を享受することになる。アラファトはレバノンに設立した新しい「国家の中の国家」を確たるものにし、パレスチナ人の大義を訴えて世界中を回った。ただ彼は対アラブ・対世界の活動に没頭するあまり、イスラエル占領下にある自らの同胞が日々経験している現実を次第に把握しづらくなっていった。

パクス・アメリカーナ

米国の中東政策は一九七三年十月、大きな試練に直面した。米国の親イスラエル姿勢の結果、対アラブ関係が危うくなり、オイルショックを招いた。共和党のリチャード・ニクソン大統領は外交担当補佐官ヘンリー・キッシンジャーに単純な原則の実践を指示した。つまり、中東ではどんな戦争もソ連が勝利をもたらすことがあってはならず、どんな和平も米国抜きでは実現してはならない――。十月戦争（第四次中東戦争）は米国の空輸の結果、イスラエルはソ連に支援されたアラブ軍の優勢を覆すことができた。これが米国の庇護のもとに築かれる「パクス・アメリカーナ」の土台だった。アサドとサダトはそれぞれの政権の存続を保障する手立てを期待して、ともに米国の後ろ盾を求めた。一九七三年十二月のジュネーブ国連和平会議をシリアが拒否したことで、キッシンジャーがイスラエルとエジプト、そしてイスラエルとシリアを取り持つシャトル外交に乗り出すことになった。シャトル外交は一九七四年初頭、イスラエルが占領を続けていたシナイ半島とゴラン高原からそれぞれ撤退するという、二つの合意に結実した。アラブ諸国の対米石油禁輸は五か月後に解除された。

キッシンジャーはエジプトとシリアの共同戦線に楔《くさび》を打ち込む一方で、米国とサウジアラビアの関係を修復することに成功した。イスラエルに求めたのは「些細な譲歩」だけだった。ソ連は中東に大きく注力してきたが、米国のもたらしたイスラエルとシリアの合意を国連の場で支持せざるを

---

†32　PLO主流派のファタハが一九五九年に設立されたのはクウェートだった。

得なかった。アサドはゴラン高原被占領地をめぐる対イスラエル停戦合意を四半世紀にわたり順守することになる。PLOの一九七四年の外交活動はこうした力学の埒外にあったが、既に見たように、若干の成功を収めた。そのためアラファトは一九七五年四月にレバノンで内戦が勃発した時、自らの武装組織を関与させることに躊躇した。レバノンのキリスト教右派ファランへ党はパレスチナのレバノン「占領」を告発したが、奏功しなかった。ファランへ党は進歩派とムスリム民兵の集うレバノン国民運動を敵視し、長期間戦ってきた。衝突はレバノン中心部で特に激しく、双方の民兵・義勇兵は敵方の市民を無差別に襲撃した。宗派的帰属の記された身分証明書を根拠とする誘拐が横行した。

一九七六年一月になってファランへ党がパレスチナ人の多く住むベイルート貧民街で虐殺事件を起こすと、PLOが介入し、サイダ北部のマロン派集落で集団殺害を犯した。こうした殺戮の応酬の結果、レバノンの民兵組織の間で宗派的亀裂が生まれ、首都は「キリスト教徒」の東部と「パレスチナ-イスラム-進歩派」の西部に分断された。PLOの介入の結果、レバノン国民運動は反転攻勢に出た。これを受けてアサドが一九七六年六月、レバノン侵攻に打って出る。レバノンが親パレスチナ路線に転換することになれば、自身がイスラエルと結んだゴラン高原の取り決めが無効になると恐れたからだ。アサドはファランへ党の指導者を介した、レバノンのマロン派大統領の救援要請を大義名分とした。イスラエルはシリア軍がPLOとレバノン国民運動を敵として介入することを認めたが、サイダ以南への展開は拒み、パレスチナゲリラのレバノン南部の実効支配を放任した。サウジアラビアはハリドが一年前にファイサルの後継国王に即位しており[†33]、アサドがアラファトに勝利したことを支持した。シリア軍はレバノンに平和をもたらす「アラブ抑止部隊」として迎えられた。シリア軍のレバノン占領は三〇年近く続くことになる。

米国は民主党のジミー・カーターが一九七七年一月に大統領に就いた。バプテスト派信者で、「アブラハムの息子たち」を和解させるという大志を抱いていた。彼はイスラエルが「防衛可能な国境」を持つ権利とパレスチナ人が「祖国」を持つ権利をそれぞれ認めていた。しかしその平和主義的関与は五月、イスラエルで一九四八年の独立以来政権与党だった労働党が選挙で敗北したことで躓《つまず》いてしまう。新首相ベギンは修正主義の歴史的重要人物であり、彼にとってヨルダンを放棄したことはシオニズムの痛ましい譲歩だった。[34] 彼の率いる右翼連合リクードはガザ地区と、彼らが「ユダヤ－サマリア地区」と呼ぶヨルダン川西岸地区への入植を再開し、「エレツ・イスラエル」、つまり「イスラエルの地」の不可分性を宣言した。サダトは十一月、自身がエルサレムに出向くことで難局を打開し得ると信じ、イスラエル議会（クネセト）で感情を込めた演説を行って和平を勧告した。だがベギンは聞く耳を持たなかった。アラファトはサダトのイスラエル訪問に同行することを思いとどまり、軍事札を切ることで中東政治の表舞台に復帰する。ファタハが一九七八年三月にイスラエルで重大なテロを起こすと、イスラエル軍がレバノン南部を占領する。カーターは同軍の撤退を求めて、実現させた。[35]

カーターはPLOを中東和平交渉から排除した。注力したのはイスラエルとエジプトの和平だっ

---

†33　ファイサルは一九七五年三月、リヤドで甥の一人に殺害された。荒唐無稽な陰謀論が飛び交ったが、精神障害者の犯行だった。

†34　315頁の註15参照。

た。一九七八年九月、ベギンとサダトをワシントン北方の大統領山荘キャンプデービッドに招いた。首脳会談は外部との接触を断ち、一三日間続いた。合意が二つ生まれた。一つは、イスラエル－エジプト間の平和条約に向けた枠組み合意で、シナイ半島のイスラエル植民地の解体とこのエジプト領土からの三年以内のイスラエルの撤退を内容とした。もう一つは、「中東和平」を扱った合意で、ヨルダン川西岸地区とガザ地区の暫定自治に向けてヨルダンと「パレスチナ民族の代表者」を参画させる内容だった。ベギンは「ユダヤ－サマリア地区」をめぐる一切の妥協を拒んだ。このためヨルダンのフセイン国王はカーターの圧力にもかかわらず、中東和平プロセスに賛同しなかった。PLOはプロセスを非難した。パレスチナをめぐるキャンプデービッド合意は直ちに頓挫し、カーターの抱いた中東全体の和平構想も崩壊した。一九七九年三月に結ばれたイスラエル－エジプト平和条約は二人の署名者にノーベル平和賞をもたらしたが、エジプトはアラブ世界から排斥された。米国の例外的な対エジプト経済・軍事援助では補えない打撃だった。アラブ連盟は本部をカイロからチュニスに移した。ヨルダン川西岸地区とガザ地区ではイスラエル機関がPLO支持基盤を破壊するためにイスラム主義組織に手を貸した。リビアではカダフィが「大衆制」とでも訳せる、「ジャマーヒリーヤ」で絶対権力を確実にした。この体制は全体主義的傾向を帯び、あらゆる中間団体の排除をめざした。

イスラム革命

「諸王の王、アーリア人の太陽」と自称したモハンマド・レザーは一九七一年、アケメネス朝成立二五〇〇年を祝う豪勢な祭典をペルセポリスで執り行った。イランの政治警察サバクは米中央情報局（ＣＩＡ）によって編成されたものだが、祭典に際し反体制諸派の動きを封じ込めた。一方でシーア派の聖職者らは、国を挙げたイスラム伝来以前の歴史の称揚を沈黙して耐えた。シャーは石油の高騰により、社会の安定を金で買うことができた。同時に、米国に促され、「湾岸の憲兵」たらんとする自らの野心にふさわしい軍事力を手中に収めた。シャーは一九七一年、ホルムズ海峡の入り口にある戦略上重要な三つの小島を占領[†36]する一方で、歴代シャーが領有権を主張してきたバーレーンの独立は承認した。一九七三年にはオマーンに直接介入した。南イエメンの支援を受けたマルクス主義者らの反乱に際し、オマーンのスルタン制を守るためだった。一九七四年はイラクのクルド人蜂起を支援したが、翌年には見放した。この翻意は、チグリス川とユーフラテス川の合流後の河川、シャッタル・アラブ川河口の国境線をめぐる係争[†37]でイラクがイランに譲歩をしたことの見返りだった。

モハンマド・レザーはサダトと非常に近しく、サダトの対イスラエル和平交渉を支援した。イスラエルはイランの主要な友邦でもあった。シャーは宗教界の反対派については、その急先鋒に立つ

†35　ただイスラエル軍は対レバノン国境周辺に「安全保障地帯」を設け、レバノン人補充兵ら民兵組織に管理させることで、支配を続けた。
†36　イランが三島を占領したのはアラブ首長国連邦が国連に加盟する数日前のことだった。アラブ首長国連邦は以後、三島返還を要求し続けている。
†37　イラン‐イラク国境線は、一九七五年以前は河口の東岸に引かれたが、以後は河口の中央線に引かれて画定された。

アヤトラのホメイニを既に一九六四年に国外追放に処したことで、無力化したと判断していた。国王体制の腐敗・対米服従・対イスラエル譲歩をめぐる、あの気難しい聖職者の国外からの糾弾には、何ら痛痒《つうよう》を感じなかった。ホメイニは当時、イラクの聖地ナジャフで「宗教的審判者による統治」(「ヴェラーヤテ・ファギーフ」)という神権政治構想を練っていた。静寂主義というシーア派の伝統を破って、自らがこの最高権限を担う役目を果たす決意を固めていた。自身が隠れイマームの名代として国王の違反行為を罰すること[†38]はもはや重要ではなく、権力を奪取し行使することこそが肝要なのだった。こうした見地は前例がなかったが、第三世界論の喧《かまびす》しい時代にあって、このことを大方の観察者・活動家は見落とした。イラク支配層は、ホメイニを隣りの強敵イランに圧力をかける、格好の道具と見なしていた。

一九七七年、「テヘランの春」が勢いを得た。カーター政権の意向に応じて、国王体制の対応が例外的に生ぬるかったためだ。シャーの過剰な自尊心を制御する、自由主義的・進歩主義的な異議申し立ての場が設けられたかのようだった。しかし一九七八年一月、秘密警察サバクがホメイニをおとしめる誹謗中傷を拡散させると、コムで暴動が発生し、警察に徹底的に弾圧される。その四〇日後の犠牲者追悼デモ[†39]も抑圧されると、四〇日周期で組織されるデモが次第に先鋭化し、遂に軍による血塗られた介入という刻印を残す九月八日の「暗黒の金曜日」に行き着く。イラクのバース党政権はこうした混乱がイラク人口の多数を占めるシーア派に飛び火することを恐れ、フランスにホメイニの受け入れを要請した。ホメイニはナジャフを去り、パリ郊外のノフル・ル・シャトーに移った。ホメイニは以後「イマーム」を自称し、その煽情的説教を録音したカセットテープがイラン全土に流通した。十二月に行われたイマームのフサインの殉教を悼む儀式は、二日連続して百万人以上がテヘラン市街地を埋め、軍は機甲部隊を市街地から撤退させた。石油部門の抗議デモにより、石油輸出が停止した。バザール商人らはそれまでまちまちの行動だったが、抗議デモに合流し、国は麻痺した。

モハンマド・レザーは一九七九年一月、イランを出国し、エジプトに向かった。その二週間後、エールフランス特別機で亡命先から帰還するホメイニを数百万人の群衆が出迎えた。二月十一日、親衛隊の最後の抵抗がパフラヴィー朝の崩壊を阻止すべくもなく、史上初の「イスラム革命」が成就した。反帝国主義的連呼、「打倒、米国!」が鳴り響き、慌ただしい脱出劇が演じられたイスラエル大使館はアラファトの手に渡り、パレスチナ大使館になった。反シャー連合はホメイニを後見役としか見なしていなかったが、ホメイニこそが新体制の創始者だと悟ることになる。このイマームは国民投票を実施し、「イスラム共和国」を九八%の賛成で承認させた。アラブの独裁者が信任を問う国民投票の結果とは違い、この賛成票の数字は信頼に足るものだ。ホメイニは親衛隊に倣った「革命防衛隊」、そしてイスラム共和党、更に聖職者の統率する極めつきの信奉者らの「委員会」ネットワークを設置した。革命裁判所は特にクルド地域で死刑を乱発した。クルドゲリラはシャーに対して反乱を起こしたものの、革命政権には一定の自治を要求しただけだったのだが。

米国が一九七九年十一月、失脚したシャーの亡命を受け入れると、それを口実にしてテヘランの

†38 226頁参照。

†39 四〇日後の追悼はシーア派で広く行われている。ムハンマドの孫フサインの死後四〇日にあたる日には毎年追悼の儀式が執り行われる(63-64頁参照)。

米国大使館が占拠され、大使館員ら数十人は四四四日にわたって人質となる。ホメイニはこの事件を受けて、一九五三年のモサデグ政権打倒はＣＩＡの仕業だったと蒸し返す一方で、反対派全てを米国という「大悪魔」と結託する輩だと批判した。十二月にイスラム共和国憲法が国民投票で承認された。その賛成票は前回の国民投票に比べてはるかに疑わしい数字だった。[†40]憲法はホメイニのナジャフ時代の構想に沿った内容で、選挙による正統性を持つ大統領と議会が、隠れイマームに由来する神学的正統性を持つ「革命指導者」に服従するという、二層の正統性からなる体制だ。この体制を大半のアヤトラは数世紀にわたるシーア派教義からの逸脱だと告発したが、異議申し立てはコムとタブリーズで直ちに抑え込まれた。一方ホメイニに忠誠を誓う聖職者らは様々な宗教団体を通じて特権を享受した。その最たるものは慈善団体「聖なる戸口」で、聖地マシュハドを影響下に置くことになる。法に基づく、あるいは事実上の国有化が大規模に展開され、産業分野で四〇％だった国有企業の割合は七〇％に増加した。

湾岸戦争

貪欲な野心を持つイラクのサダム・フセインは副大統領職に甘んじることができずに一九七九年七月、バクル大統領を追い落とした。サダムは軍歴は一切なかったが、自ら将軍を名乗っていた。以後、国家元首と首相を兼務し、情報機関の統轄は近親者に託した。バース党の政敵の何人かをシリアと内通していると批判し、自ら暗殺した。自身に忠誠を誓う共和国防衛隊を創設した。特に対処すべきは、ナジャフのアヤトラ、バキル・サドルが唱導し、イラン革命で勢いを得たシーア派の異議申し立てだった。サドルはイラク亡命時代のホメイニを受け入れ、イラン新憲法の起草にも関与した。サダムは一九八〇年四月、サドルを絞首刑に処した。その結果、サドルは殉教者となり、反体制運動はがぜん勢いを増す。バグダッドの支配者は、イランを叩けば、イスラム共和国を揺るがす様々な対立に乗じることができるうえ、イラクの反体制シーア派という火種を消すことができると期待した。サダムは一九八〇年九月、テレビ演説を行い、バクルとシャーの間で結ばれた国境線合意を破棄した。サダム軍がイランに侵攻すると、イラン南西部のアラビア語圏も含めて反イラク感情で結束した、執拗で激しい抵抗に遭う。サダムはホメイニ打倒をもくろんだが、実際にはイスラム共和国がペルシア民族主義の権化として立ち直る好機を与えてしまった。

中東情勢はエジプトの中立化とイランのシャー体制の崩壊が二つのバース党の主導権争いを激化させてきたが、イラン‐イラク戦争の勃発で勢力地図は大きく様変わりする。シリアのアサド政権は、サダムに対する反感とイスラエルに対する「抵抗」の名目で、イスラム共和国にくみすることを決めた。一方、他のアラブ諸国とPLOはバグダッドの側に立ち、産油諸国は戦費の多くを支給した。イラクは、アラブ軍がペルシア軍を打ち負かし、イスラム教がマズダ教に勝利した六三七年のカーディシーヤの戦い[†41]の再現を唱えてイランに侵攻した。イランの宣伝戦も同様に仰々しく、サダムを六八〇年にフサイン［訳註＝ムハンマドの孫、シーア派指導者］を処刑させたカリフになぞらえた。こうしたイスラム教一世紀の歴史的事件への言及は、スンニ派とシーア派の対立は自然発生的なものではなく、イラクとイランという二つの独裁体制が戦争を通じて体系的に作り上げたものであることを逆説的に

†40　353－354頁参照。
†41　50頁参照。

物語っている。挙国体制はイスラム共和国ではペルシア民族主義の名のもとに形成されて国を救ったが、イラクでも程度の差こそあれ機能し、歩兵は大半がシーア派だが、サダムに忠実で、士気は盛んだった。

アサドは内政上の理由から、アラブ世界を無視して、ホメイニと手を組むことを決めた。彼は一九七九年から政治的・組合運動的異議申し立ての波に直面し、一方でムスリム同胞団の軍事組織がテロを繰り返していた。このイスラム主義の反徒らは、十四世紀にイブン・タイミーヤがアラウィ派に発した破門宣告[†42]を持ち出した。イブン・タイミーヤがアラウィ派を十字軍の協力者と断罪したように、イスラム主義者はアラウィ派をイスラエルの協力者と非難した。こうした糾弾は反アラウィ派テロを醸成し、アサドは出自のアラウィ派共同体の掌握に本腰を入れることになる。既にレバノンとイラクで成り行きを見たように、宗教分極化の力学は雪だるま式に膨らむ。バース党政府軍によるスンニ派住民の無差別虐殺は一九八二年三月のハマー大殺戮[†43]で頂点に達した。サダムがシリアのイスラム同胞団を支援したのに対し、アサドはイラクの反体制派に力を貸し、ホメイニと歴史的手打ちを行った。ただアサド政権は俗説とは異なり、「シーア派」をかたって行動したことはない。第一にアラウィ派はシーア派ではなく[†44]、第二にこの「残忍国家[†45]」が一つの宗教構造に収束することはなかった。

レバノン侵略

イスラエルのベギン首相とアリエル・シャロン国防相はシャー体制の崩壊に虚をつかれたが、サダムがアラブ最強軍を東方に展開したことに満足した。イスラエルはイラクの侵攻に際し、秘密裡にイスラム共和国に軍事支援を提案した。テヘランは「小悪魔」［訳註＝イスラエルの意］敵視政策にもかかわらず、進んで援助を受け入れた。イスラエルの援助はイランがシャー時代に購入した米国製軍需品の交換用部品として不可欠だった。[†46] イラン産石油の対イスラエル輸出は複雑な迂回路をたどり、それに伴い周辺に住むユダヤ人の三分の二が移住した。一九八一年六月、イスラエル空軍はサダムの核開発の中心施設、オシラク原子炉を爆撃した。[†47] 空襲はサウジアラビア領空を通過する飛行距離一六〇〇キロメートルの作戦で、イスラエルは中東唯一の核保有国という立場を維持した。その三か月後のサダト暗殺の衝撃は間もなく、上エジプトで蜂起したイスラム主義勢力の弾圧と後継者ホスニ・ムバラクの大統領就任で緩和される。これを受けてイスラエルは一九八二年四月、平和条約に従ってシナイ半島からの撤退を完了した。エジプトの中立化に伴い、イスラエルは北部国境周辺で

†42　171頁参照。
†43　このシリア西部の都市は大殺戮のひと月前、イスラム主義者の支配下に置かれた。アサド政権は少なくとも一万人以上の住民を殺害した。
†44　ハーフェズ・アル・アサドはレバノン占領時、アラウィ派をシーア派と区別して行政上認知させた。
†45　一九八六年にヒズボラに誘拐されて死亡した仏社会学者ミシェル・スーラの表現。彼はイブン・ハルドゥーンの三要素を適用し、シリアの「中心」が海辺の「周縁」を出自とし、バース党の党是を「説教」するアサド「集団」に征服されたと指摘した。
†46　一九八一年にソ連のアルメニアで大型輸送機が墜落したことで、イスラエルの対イラン空輸の規模の大きさが明るみに出た。
†47　一九八〇年九月のオシラク原子炉に対するイランの空襲は失敗していた。

シリアとPLOを自在に攻撃することができた。

イランの米大使館人質事件はカーター大統領の任期最終年の汚点となり、大統領官邸の主人は共和党のロナルド・レーガンに代わった。新大統領は新冷戦論者で、アサドとアラファトを単にソ連の傀儡《かいらい》と見なした。従って一九八二年六月のイスラエルのレバノン侵攻を支援した。この侵攻はイスラエル北部を脅かす「テロリスト」を一掃するためで、国境越え四〇キロまでとした当初の設定を早々に越えた。実のところベギンとシャロンはレバノンの提携相手、ファランヘ党のバシール・ジェマイエルをベイルートの政権に就ける腹だった。この人物はPLOとシリアに激しい敵意を抱いていた。アサドは停戦に応じ、侵略軍はベイルートに到達した。イスラエル軍は東ベイルートで解放者として迎えられ、西ベイルートとその五十万人の住民を攻囲した。このアラブの首都封鎖をアラブ諸国の全ての政権と軍隊が座視するなか、アラファトは抵抗運動指導者として行動した。攻囲は人口密集地への徹底的空爆が際立ち、二か月半続いた。ベギンはPLOの降伏を強要し、シャロンはPLO指導者らの抹殺に動いた。一九八二年三月に仏大統領として初めてイスラエルを訪問したフランソワ・ミッテランは、大殺戮を避けるための努力を惜しまなかった。

一九八二年八月末、アラファトとその数千人の戦闘員の退去が仏米伊三か国で構成する「多国籍軍」の管理下で実施された。しかし九月中旬、状況は暗転した。バシール・ジェマイエルは大統領に選出されて間もなく、ダマスカスの指令によるテロで命を落とす。イスラエル軍は西ベイルートを占領し、キリスト教民兵集団によるサブラーとシャティーラ両難民キャンプへの侵入を容認した。その結果、パレスチナ民間人の大虐殺が二日間に及んで繰り広げられた。この残虐行為が発覚すると、多国籍軍がベイルートに再配備され、テルアビブでは大規模抗議デモが起きた。シャロンは悲劇の責任を問われて国防相を辞した。アミン・ジェマイエルは暗殺された兄に代わってレバノン大統領に抜擢された。弟ジェマイエルは一九八三年五月以降、レーガンに対イスラエル平和条約に調印するよう強要されたが、あまりに一方的な条項であるため、シリアを後ろ盾として抵抗運動を起こした。

アサドは自身が一九七六年にベイルートで着手したPLO掃討作戦をベギンが仕上げるのを傍観した（ちなみにイスラエルは一年前にアサドの影響力を削いだと確信していた）。その上でアサドはレーガンに対して冷戦の論法で切り返し、ソ連からシリアの兵力の再建にとどまらず、増強に資する多額の援助を獲得した。そしてアサドは同盟相手のホメイニという切り札を使い、シリアとイランの情報機関の指導のもと、レバノンに「神の党」（ヒズボラ）を創設した。ヒズボラの自爆テロは勢力地図を変えることになる。[†48] 一九八二年十一月のティールのイスラエル軍司令部襲撃事件（死者七六人）、一九八三年四月のベイルートの米国大使館襲撃事件（死者六三人）、同年十月の多国籍軍の米仏部隊兵舎襲撃事件（海兵隊員二四一人と空挺降下部隊員五八人が死亡）とテロが繰り返された。一九八四年二月、親シリア民兵組織が西ベイルートを支配すると米軍は慌ただしく出国した。仏軍は一か月待機し、国連との部隊の交代をめぐる交渉で合意を見いだせぬまま、撤退した。レバノンはシリアの要請で対イスラエル和平条約を破棄した。イスラエルはレバノン南部の占領を続け、PLOの脅威は取り除いたものの、ヒズボラの「イスラム主義の抵抗」に直面することになった。

---

†48　ヒズボラは一九八二年にレバノンで創設されたが、公に創設を宣言したのは三年後だった。テロによる殺戮の責任を回避するためだった。

イランの急変

一九八〇年九月のイラク軍の対イラン侵攻はすぐに足踏みした。三か月間で征服した領土はイラン全土の一%、都市は港湾都市ホッラムシャフル一つだけだった。そのためサダムはイランのペシュメルガ〔訳註＝反政府クルドゲリラ〕を支援することを選んだ。ペシュメルガはホメイニが一九七九年に命じた弾圧に対する報復に乗り出し、一九八一年春にはクルド地域を「解放」した。その夏、おそらくバグダッドで計画されたテロで、イランの大統領と首相らが殺害された。革命防衛隊政治委員だったホッジャトルエスラーム[†49]のアリ・ハメネイが同年十月、大統領に就いた。「最高指導者」ホメイニに対する絶対的忠誠が大抜擢の理由だった（既にこの絶対的忠誠のためにハメネイを狙った暗殺未遂事件が起きていた）。翌月、反撃作戦「アル・クドゥス」（「エルサレム」）は初めて突撃歩兵部隊を動員した。歩兵らは自分たちの領土だけでなく、聖地をも解放すると信じて熱狂した。二つの戦争当事国の宣伝機関はそれぞれ敵国の「シオニズム」を非難した。一方、アサドは一九八二年四月、対イラク国境を閉鎖し、自国を通過する石油パイプラインを止める決断をする。サダムの受けた打撃は大きく、ヨルダンのアカバ港はイラクの輸送拠点となり、イラクに必需品を補給するピストン輸送の基地になった。

イラン革命防衛隊は一九八二年五月、ペシュメルガをクルド地域から撃退し、ホッラムシャフルを解放した。サダムは六月、イランから全部隊を撤退させ、停戦を一方的に宣言した。サウジアラビアはこの和平の動きを捉えて、イランに戦災復興費五〇〇億ドルの提供を申し出た。ベイルートがイスラエルに攻囲されている折、サウジの鎮静化の振る舞いは、イスラムの連帯という要請のもとに、公に説明できた。しかしホメイニはサダムを罰し、その政権を倒す決意だったため、この申し出を固辞した。彼は七月、イラク第二の都市バスラの奪取を掲げ、自軍をイラクに侵攻させた。この侵略はイラクで愛国的連帯の反応を引き起こした。それは一九八〇年秋にイラン国民を一致団結させた反応ほど激しくはないが、比較し得るものだった。反対にホメイニはアラブの「侵略者」に直面して形成された国民団結の大いなる勢いを損なってしまった。国連はイラクが開戦した時は鈍い反応だったが、今度は戦争を長引かせた責任はイランにあると批判した。ソ連はイランに対する重要な軍事協力を中断し、イラクに対する支援を強化した。イラン共産党はそれまで政権による弾圧を免れてきたが、ソ連の離反の犠牲になった。それは中東の共産主義運動の終焉だった。共産主義運動は既にかなり衰弱してはいたが、最悪の独裁者に妥協することで延命してきたのだった。一方、親イランのヒズボラはレバノンの進歩派に的を絞った宣伝戦で、イスラエルの占領に唯一抵抗しているのは自分たちだと訴えた。

当時アラブ世界はシリアを除き、イラクの背後に整列しつつ、イラン来襲の強迫観念にとりつかれていた。ムバラクはエジプトの外交的孤立を解消するために、アラブの連帯を利用した。アラブ諸国はイラク軍の「顧問」を前線で務める将校を交代で派遣していたのだ。北イエメンに一九七八年から君臨するアリー・アブドッラー・サーレハ大統領は諸部族から徴募した「志願兵」数千人をイラクに派遣した。サウジアラビアとアラブ首長国連邦はサダムの戦争遂行に巨額の財政支援を行

†49　シーア派聖職者でアヤトラに次ぐ位。

い、それぞれの同盟国に対し最先端の軍事技術をイラクに引き渡すよう強要した。米国はそれに応じたが、イラクに最も肩入れしたのはミッテランのフランスだった。イランはシリアの諜報機関と結託して、ベイルートで大規模テロを実行し、米仏に報復した。イラン軍の攻勢が滞るとホメイニは一九八三年夏、二年前のサダムの策謀の裏返しのように、イラクのクルド人勢力の蜂起に手を貸す戦術に出たが、効果は限定的だった。イランのクルド人は既にイラクの同胞に見捨てられていたが、今度は彼らと敵対する事態に陥った。イラクの二つのクルド政党は袂《たもと》を分かった。クルディスタン民主党はイランの陣容に組み込まれ、クルディスタン愛国同盟は自らの中立をめぐってサダムと交渉した。[50]

サダムの毒ガス

イラン-イラク戦争の前線は千二百キロメートルにも広がっていた。ホメイニが一九八四年二月、大攻勢を命じたのは前線最南部の沼沢地だった。サダムは化学兵器を初めて使用し[51]、沼沢地で敵兵を感電死させるための高圧電線を設置することで、ようやく防戦した。イスラム共和国は「殉教者」崇拝を情緒的に称揚し、殉教者の犠牲で赤く染まった水の流れる「血の泉」をテヘランに造営し、十二歳以上を対象に「志願兵」(バシジ)を徴募した。彼らは首から天国への「鍵」をつるし、前線に送られた。数十万のイラン人が精神の服従と徴兵の危険を免れるために、大概はトルコ経由で逃げ出した。中流階級の一団の国外流出を受けて、体制は「不遇な人々」を持ち上げるポピュリズムの言説を先鋭化させた。一方、イラクはサダムが常軌を逸した個人崇拝体制を敷いた。ただ対イラン戦争が国内に及ぼす打撃を最小限に抑えるよう配慮し、軍人の忠誠心は定期的に粛清を行うことで確保した。十分な装備を誇る共和国防衛隊がサダム体制の脊柱《せきちゅう》となった。そしてイラクはトルコに接近したことで利益を得た。トルコ軍はイラク北端までクルディスタン労働者党のゲリラを追撃する許可を得た。クルディスタン労働者党は伝統的支配者階級に対し非妥協的に戦うマルクス主義の新勢力で、分裂したクルド人勢力の構図を更に複雑にした。

　ホメイニは一九八五年三月、再び沼沢地作戦に打って出た。イラン兵は今度は防毒マスクと鎮痙《ちんけい》剤《ざい》注射を携行したが、再度化学兵器を使用したイラクの共和国防衛隊と政府軍に迎撃された。時に肉弾戦を交えた激烈な戦闘は、第一次大戦の欧州戦線のダンテ風地獄絵図を想起させた。「都市戦争」も起きた。イランもイラクも相手の複数の中心都市に向けて弾道ミサイルを闇雲に発射した。イラクは勝手にイラン領空全域を飛行禁止空域に決めて、テヘランにまで無差別空爆を行った。一九八五年六月、国連の調停で休戦協定が結ばれたが、対象は都市戦争に限定され、沼沢地とクルド地域の戦線で戦闘は続いた。その二か月後、アリ・ハメネイは八八%の得票率で大統領に再選された。実の妹がイラクに逃げ出したという不祥事はイラン宣伝機関がもみ消しに成功した。イランは一九八六年二月、シャッタル・アラブ川河口のイラク領ファオ半島を占領した。この軍事突破に対

---

†50　クルディスタン民主党の指導者はマスード・バルザニで、彼の父は一九六一～一九七〇年と一九七四～一九七五年の二度、イラク政府に対し蜂起した。ジャラル・タラバニのクルディスタン愛国同盟は一九七五年、シャーがクルドゲリラを見捨てた後、クルディスタン民主党から分離した。

†51　タブンの空中散布とイペリット弾の砲撃だった。中東で既にエジプト軍が一九六五～一九六六年にイエメンで毒ガスを単発的に使っていた。360頁参照。

し、サウジアラビアが石油増産で対抗すると、石油価格は暴落した。イラクはイランと違って、石油収入の突然の減少を友邦湾岸諸国の施しで相殺できた。レーガン政権はこうした石油暴落という「逆オイルショック」がミハイル・ゴルバチョフのソ連の弱体化につながるとして奨励した。

イランはイラクのクルド二政党を仲介して和解を実現した。両党はイラク北部でペシュメルガと革命防衛隊の統合作戦を実施した。サダムは一九八七年春、アラブ化の強制と住民の追放を伴う焦土戦術で応酬した。イランは一九八八年三月、新たに攻勢に出て、イラク北部のクルド都市ハラブジャを制圧した。サダムはハラブジャ攻撃を命じ、ナパーム弾の絨毯《じゅうたん》爆撃を浴びせ、毒ガスを散布した。住民数千人が大殺戮の犠牲になった。イラン軍の進軍は止まった。四月、共和国防衛隊はファオ半島の奪還に成功した。[†52]サダムは感謝の祈りを捧げるメッカ巡礼を実施し、大きく報道させた。イラクは順次、被占領地からイラン軍を追い払うことに成功した。遂にホメイニは七月、彼自身の表現によれば、停戦という「毒を飲む」ことを承諾した。翌月、停戦が発効した。両国とも荒廃し疲弊した。死者数はそれぞれの人口に比例してイラクが約二十万人、イランは約五十万人だった。都市戦争と一九八七〜一九八八年のイラクのクルド人虐殺にもかかわらず、死者の大半は兵士だった。サダムは一九八〇年に自らが反故にした対イラン国境線を承認する羽目に陥ったが、虚勢を張った。ホメイニは一九八九年六月、「最高指導者」をハメネイに託し、死去した。その際ハメネイはアヤトラに昇格した。

イスラム共和国の継続性は宗教的正統性ではなく政治的忠誠で保証された。この逆説は神権政治に着想を得たこの国を語る時、十分に強調されていない。ハメネイは「アヤトラ」に抜擢されたが、実のところシーア派信者の「模倣すべき基準」であるマルジャの資格[†53]さえ得ていなかった。ホメイニは宗教のカリスマと政治権力という二つの正統性を兼ね備えたが、後継者は違った。しかしイラクとイランで崇敬されたアヤトラたちが死去したことを受けて、ハメネイは一九九四年、「マルジャ」の資格を要求した。この強引さに対する反発はイラン国内で非常に強く、以後ハメネイがマルジャの資格に言及するのは国外のシーア派信者に対してだけになる。レバノンのヒズボラがハメネイを政治的・宗教的最高指導者に頂いて大規模の民兵を外国に派遣するのは、こうした経緯からだ。しかしイラクでもイランでも、最も崇敬されてきたのはナジャフのアヤトラである。ナジャフのアヤトラの優越はシーア派聖職者団の意志に基づくもので、大多数の信者に支持されている。それはイスラム共和国の原理に全く反する、政治と宗教を分離する意志なのだ。シーア派聖職者団の核心にあるこうした緊張は、宗教宗派を一括りにして論じることの無意味さを改めて証明している。

第一次インティファーダ

レヒ（イスラエル解放戦士団）[†54]の軍事指導者だったイツハク・シャミルは一九八三年、ベギンの後継者としてリクード党首、そしてイスラエル首相に就いた。翌年、労働党と連立して挙国一致内閣を樹立し、シモン・ペレスと交代で主導した。イツハク・ラビンは国防相の職を握った。レバノン南部の「鉄拳」政策はヒズボラ主導の抵抗運動の台頭を阻止できなかった。ＰＬＯはアラブ連盟

†52　この一九八八年四月、イラン海軍はペルシア湾の自由航行確保を掲げた米軍による手酷い攻撃に遭う。
†53　226頁参照。
†54　334頁参照。

本部の移動に伴い、拠点をチュニスに移した。その拠点は一九八五年十月、イスラエル空軍機に急襲された。アラファトは難を免れ、パレスチナの大義を訴える外交活動を再開した。一方、ヨルダン川西岸地区とガザ地区で、閉塞感が次第に増す占領と植民地化に一刻も早く終止符を打とうという、焦燥感に駆られた新世代が出現した。PLO内部にも新世代は現れ、亡命指導部はパレスチナ「内部」[†55]の現実感覚を失っていると批判した。一九八七年十二月、反イスラエル蜂起がガザ地区の難民キャンプで発生し、間もなく被占領地全域に広がった。混乱の結果、東エルサレムで、一九六七年以前にイスラエルとヨルダンの境界線だった「グリーンライン」が復活した。

「インティファーダ」、つまり蜂起の始まりだった。その武装闘争の拒否は一九三六年のパレスチナのゼネスト、あるいは一九一九年の英国占領に対するエジプト民衆の非暴力「革命」への回帰だった。[†56]本書はアラブの多数の民衆が独裁者によって血塗られた紛争に引きずり込まれてゆくのを何度も見てきたが、今回の「投石革命」は、「パレスチナの解放」を一九六七年時点の占領地に限定してきたPLOの歴史的責任を問うものでもあった。ヨルダンのフセイン国王は一九八八年七月、新たな情勢を受け入れて、ヨルダン川西岸地区をめぐる領有権の主張を全て取り下げた。次の一歩は十一月、アルジェで踏み出された。PLOが民族評議会を招集したのだ。パレスチナ解放人民戦線の反対を退け、国連決議を踏まえて、イスラエル国家を承認したうえでパレスチナ国家を宣言した。その翌月、ようやく米国はPLOと対話の場を持つことを受容した。ただこの外交上の進展はチュニスの米国大使級に限定された。一方、シャミルは「テロリスト」に対する一切の妥協を拒んだ。この拒絶はパレスチナのイスラム主義者らを利することになった。彼らはイスラエルに仕向けられて「ハマス」(「イスラム抵抗運動」のアラビア語の頭字語)を設立していた。ハマスはシリアとイランに支援され、「全パレスチナの解放」という要求を我が物とした。これはＰＬＯが放棄した要求であり、この要求は以後イスラム主義勢力のものとなる。

アフガニスタンの未知数

こうした激動が中東を揺るがしていた頃、アフガニスタンという中東の果てに出現した一つのアラブ過激派軍団の動向に誰も関心を払わなかった。一九七九年の末、アフガニスタンで共産党を引き裂く対立が生じ、赤軍の直接介入を招いた。ソ連の目的は南方国境の先にカブールを首都とする唯一の「民主共和国」を維持することだった。侵略者ソ連軍は当初、中心都市と戦略的要衝だけを支配したが、激しい暴動が全土に広がったため、深入りすることになった。ジハードを掲げたアフガン蜂起は、一世紀半続いてきたイスラム主義を帯びた民族の抵抗の系譜に連なる。つまりアルジェリアのアブデル・カーデル、カフカスのシャミルに連なる伝統だ。[†57] 戦闘集団は地域に深く根を張っていたため、苛烈な侵略にも耐えることができたが、地域への関与のために全国規模で団結することができなかった。アフガン人千五百万人のうち約二百万人はイラン、約三百万人はパキスタンに逃れた。パキスタンでアフガン難民キャンプは大抵「部族地域」に設けられた。部族地域は無法地帯で、既にインド帝国時代にアフガンの争乱に対する防波堤として形成された。[†58] その仕組みを独

†55 「内部」はアラビア語のローマ字表記で dakhil、亡命という「外部」kharij の対義語。
†56 314、329頁参照。
†57 242頁参照。

立後のパキスタンが更新し、アフガンの失地回復運動[59]に対する部族の盾とした。

サウジアラビアはアフガニスタンに、自らの野心のアラブ的限界を乗り越え、イラン革命の「輸出」を阻む、理想的なイスラムの大義を見いだした。イランは国境を接するヘラート州の反徒、そしてシーア派が多数を占める中央高原の反徒への援助に専念した。パキスタンで権力を握るイスラム主義の将軍たちは、この冷戦の新たな局面で米国の戦略的パートナーに格上げされた。サウジアラビアの諜報機関はCIAと、反ソ集団への資金調達を折半することで合意した。向こう一〇年の間に数十億ドルが主に部族地域に投入されることになる。部族地域にはワッハーブ派説教師らが潜入していた。こうした文脈でパキスタンに一九八四年、アラブ人の志願者らをジハードのためにアフガンに赴かせる「サービス局」が設立された。この事務所はムスリム同胞団から否認された二人の元団員が運営した。その一人はパレスチナ系ヨルダン人の長老アブダラ・アザムで、世界中のムスリムは皆アフガニスタンに来て戦う絶対的義務があるとする「グローバルジハード」論を展開した。これは、ジハードは防衛的であれ攻撃的であれ、常に特定の住民・領土に結びついている――という千四百年間続いてきたスンニ派神学[60]との断絶だった。もう一人は彼の補佐官ウサマ・ビンラーデンで、サウジアラビアの公共事業を手がける最富裕の企業家の息子だった。ビンラーディンは俗説とは異なり、CIAの援助を一切必要としなかった。サウジ資産は十分にあった。これに対しアザムはサービス局の徴募のための世界行脚を米国の地にまで広げた。

数千人のアラブ人志願者がパキスタンの部族地域に集まってきた。国境を越えてアフガニスタンで実際に戦うのは、ごくわずかだった。ビンラーディン自身、赤軍との戦闘に参加したのは一九八六年の一〇日間だけだった。しかしビンラーディンは、ホメイニが一九七八年に革命メッセージを録音したカセットテープを拡散させたように、ビデオカセットという媒体を用いて自らの軍功伝説を作り上げた。総体的にはアラブ戦闘員らの戦争への貢献は取るに足らなかった。ソ連の占領によるアフガン人の犠牲者が数十万人だったのに対し、アラブ戦闘員の死者は数十人だった。ただ部族地域はアラブ過激派の真の温床となった。そこでの軍事訓練はアフガンジハードのためというよりも、出身国に戻って暴力的破壊活動をするために行われた。ソ連が一九八八年五月にアフガンからの撤退を開始すると、サービス局は無用になった。ビンラーディンは指南役アザムのもとを離れ、グローバルジハードに特化した、自身の「ジハード主義」組織を創設した。それが「基地」を意味するアル・カーイダだ。イラン－イラク戦争の停戦の日にパキスタンで極秘裡に始動した。ビンラーディンはサウジアラビアに帰国すると英雄として迎えられた。サウジ諜報機関は当時アル・カーイダの存在を知らずに、共産主義の南イエメン体制の不安定化作戦のためにアル・カーイダ信奉者を動員していた。

†58　252頁参照。

†59　アフガニスタンは一九四九年以来、対パキスタン国境線に異議を唱えてきた。その国境は英国が一八九三年に引いたものだ。アフガニスタン東部の部族とパキスタン北西辺境の部族は同じパシュトゥン人であり、人口で相対多数のためにカブールで権力を歴史的に握ってきた。

†60　82－83頁参照。

合従連衡

中東は一九四五年以来、合従連衡を繰り返してきた地だ（公然の戦争を隠れ蓑にした、口外できない紛争は除外する）。例えばトランスヨルダンは一九四八年、表向きはユダヤ国家と交戦中だったが、イスラエルと合意のうえでパレスチナの地を分割した。反シオニズムを標榜するシリアは一九七六年、レバノンを拠点とするPLOを打倒するためにイスラエルと和平を結んだ。ナセルはイエメンを舞台とした対サウジアラビア戦争を最優先するあまり一九六七年、現実を見失い、真剣に準備をしないまま対イスラエル戦争に突入した。アラブ民族主義の様々な陣営は共通の敵を見定めて統一戦線を組んで対抗することはせず、いがみ合いを続けてきた。二つのバース党政権の場合、矛盾は更に甚だしく、サダムがシリアのムスリム同胞団を支援したのに対し、アサドはアラブの連帯を破ってまでホメイニと手を組むほどだった。イスラエルも自らの国是に照らして首尾一貫しているわけではなかった。パレスチナ陣営を分断するためにイスラム主義勢力を支援し、シャーの時代のイランと結んでいた提携関係を革命後のイランとも秘密裡に結び直した。

「敵の敵は味方」という紋切型が通用するのは、中東の輻輳《ふくそう》する紛争の場合、全ての当事者が自らの最優先の目標を特定している場合に限られる。付言すると、「国家理由」と「体制理由」が余りにも頻繁に混同されている。国家理由とは国際関係にかかわるウェストファリア体制の根本理念だ。体制理由とは支配者一味の利益を国益であるかのように粉飾する権威主義体制の指針だ。イスラエルは民主的ユダヤ国家として設立・実践され、最善の利益の名のもとに行動する能力で際立つが、それは少数派アラブ人を愛国力学から排除することと引き換えに成立している。トルコの軍指導者は自身がケマル・アタチュルクの遺産と一体の国家理由を体現していると言い張り、国家理由を掲げて一九六〇年、一九七一年、一九八〇年の三度クーデターを起こした（クーデター後は毎度、難産の末に政党制が復活した）。イラン・イスラム共和国は、まずイラクによる侵略が出現させた挙国体制によって、次は対イラク戦争の「革命的」継続によって存続してきた。「革命的」継続は国家には悲惨だったが体制には有益だった。

ナフダの申し子のエリートたちの挫折は、アラブ世界には真の国家理由が成立し得ないこと、まして全体の利益を考慮した政治を実践し得ないことを実証した。至るところで体制が、沈黙に追いやった国家の名を騙《かた》り、自らの優先事項を押しつけるのだ。エジプトとイラクとリビアで独立を交渉で獲得した王朝がクーデターで打倒されると、その後の王制は世襲による正統性を強調するようになり、サウジアラビアとヨルダンと湾岸首長国に君臨する王家は文字通り王家中心の国造りをした。それに対し独裁的共和制は農地改革・国有化・社会基盤整備、更に教育と保健衛生への投資に努めることで抑圧的でない正統性を定着させようと四苦八苦した。「大衆」の地位は向上したが、市民権の獲得は禁じられた。大衆は時の「体制理由」の人質だった。レバノンの多宗派共和制は特異な事例ではあるが、呉越同舟《ごえつどうしゅう》の宗派共同体の「それぞれの体制理由」が引き金となり、内戦の地獄に堕ちた。この点で一九七六年のシリアに対するＰＬＯの敗北は、レバノン左翼とその世俗化構想の敗北だった。

イスラエルにイブン・ハルドゥーンの三要素を因習を打破して適用してみよう。シオニズムの「説教」を使命とするユダヤ「集団」が世界の周縁からやって来て、パレスチナという「中心」を征服した。入植地の植民地化、更に米国に代表される離散ユダヤ共同体の支援という事情のために、三要素の適用は無理筋とする反論もあろう。一方、中東アラブ世界は一九四八年の「ナクバ」（厄難）と一九六七年の「ナクサ」（敗北）の大打撃を受けて分裂し、ベイルートを戦場とする代理戦争を除外しても、エジプト対サウジアラビア、エジプト対イラク、シリア対イラクの紛争に次ぐ紛争の連鎖で疲弊した。民族主義の「説教」は虚ろに響き、政党＝国家という理念は中身を失い、支配「集団」は出自の共同体以外の全ての連帯を徐々に失ってゆく。こうしてバース党の仮面は剥がれ落ち、ダマスカスではアラウィ派一味が多数派のスンニ派を支配し、バグダッドではスンニ派一味が多数派のシーア派を支配するという素顔が露呈した。共和派独裁者らは「体制理由」だけに突き動かされて宗派力学を増長させた。宗派力学の歯止めとなり得るのは真の民族解放だけだ。

サウジアラビアはこうした矛盾とは無縁だ。国造りは文字通り「サウド家」という君臨する一族のものであり、国教ワッハーブ派が排除したのは東岸の少数派シーア派だけだった。一九七三年のオイルショックは中東とその東方の原理主義勢力の説教に途方もない財源を与えた。一方、一九七九年のホメイニの勝利は、サウジアラビア流のイスラム主義モデルに代わる、革命型の選択肢があることを印象づけた。イラン・イスラム共和国はその普遍的使命の主張とは裏腹に、シーア派の特異性を憲法条項に書き込み、シーア派共同体だけに向けた革命の「輸出」に専念することになる。イスラム主義の伸長は全く画一的ではなく、かつて民族主義が伸長した時のように、中東に新たな亀裂を生じさせることになる。スンニ派とシーア派の対立は永遠不変の定めでは決してないが、神権政治を帯びたリヤドとテヘランの二つの政権の対立によって、従来になく際立つことになった。独裁政治が、民族主義であってもイスラム主義であっても、間違いなく中東の宗派的分極化の主因である。しかし打算的な臆面のなさというよりも帝国の無分別により、中東に解体と断片化を決定的にもたらしたのは米国である。これは今日まで続いている。

第九章　年表

1949年3月30日	シリアでクーデターが発生（年内に更に二度クーデターがある）
1951年4月29日	モハンマド・モサデグがイラン首相に就任
1951年10月22日	トルコがNATOに加盟
1951年12月24日	リビア「連合王国」の独立
1952年7月23日	エジプトで「自由将校団」がクーデターを実行
1953年8月19日	イランのモサデグ体制に対しCIAがクーデターを実行
1955年2月24日	反ソ「バグダッド条約」の締結
1956年7月26日	ナセルがスエズ運河を国有化する
1956年10月29日	英軍、仏軍、イスラエル軍がエジプトに侵攻
1958年2月2日	エジプトとシリアがアラブ連合共和国を結成
1958年7月14日	イラク王国が崩壊する
1961年9月28日	シリアがアラブ連合共和国を離脱
1962年9月26日	サナアを首都とするイエメン・アラブ共和国が成立
1963年3月8日	バース党がシリアで政権を奪取
1963年6月21日	レヴィ・エシュコルがイスラエル首相に就任
1964年11月2日	ファイサルがサウジアラビア国王を即位
1965年1月1日	ファタハがイスラエルに対し初のテロを実行
1967年6月5日	イスラエル対アラブの「六日戦争」勃発（～10日）
1967年11月30日	アデンを首都とするイエメン人民共和国が成立

1968年7月17日　バース党がイラクで政権を奪取
1969年2月4日　ヤセル・アラファトがPLO指導者に
1969年9月1日　リビアでムアンマル・カダフィがクーデターを実行
1970年9月6日　ヨルダンの「黒い九月」危機（～27日）
1970年9月28日　ナセルが死去、サダトが後継に
1970年11月17日　シリアでハーフェズ・アル・アサドが実権を掌握
1972年6月1日　イラクが石油を国有化する
1973年10月6日　イスラエル対アラブのキプール・ラマダン戦争（～24日）
1973年10月20日　サウジアラビアが対米石油禁輸を実施
1973年12月21日　中東和平ジュネーブ会議
1975年4月13日　レバノンで「内戦」が勃発
1976年6月17日　シリアがレバノンに軍事介入
1977年5月17日　イスラエル選挙でリクードが勝利
1977年11月19日　サダト大統領がエルサレムを訪問
1978年9月5日　米キャンプデービッドでイスラエル－エジプト首脳会談が実現
1979年2月11日　イランでイスラム革命
1979年3月26日　イスラエルとエジプトが平和条約をワシントンで締結
1979年7月16日　サダム・フセインがイラクの絶対的権力者に
1979年11月4日　在イラン米国大使館占拠事件が発生
1979年12月27日　ソ連がアフガニスタンに侵攻
1980年9月22日　イラクがイランに侵攻

1981年10月6日　カイロでサダト暗殺事件が発生
1982年6月6日　イスラエルがレバノンに侵攻
1982年7月13日　イランがイラクに反撃を開始
1982年9月16日　サブラー＝シャティーラ虐殺事件（〜18日）
1983年4月18日　ベイルートの米国大使館テロ事件が発生
1984年8月15日　トルコでクルディスタン労働者党がゲリラ活動を開始
1987年12月9日　パレスチナで第一次インティファーダが始まる
1988年3月16日　イラクのクルド勢力に対する化学兵器攻撃
1988年5月15日　ソ連がアフガニスタンから撤退を開始
1988年8月20日　イランとイラクが停戦に合意
1988年11月15日　アルジェでパレスチナ国家宣言
1989年6月3日　ホメイニの死

第十章　米国の中東の生と死
（一九九〇～二〇二〇年）

マハンが一九〇二年に「中東」を世界覇権の鍵として概念化した時[†1]、その主張は当時支配的な海洋大国だった英国を念頭に置いていた。米国の中東政策の二本柱が定まるのは、ルーズベルトが対サウジアラビア協約を結び、トルーマンがシオニスト陣営にくみする一九四五年のことだった。中東はアイゼンハワーが一九五六年、仏英両植民地帝国の終焉を加速させた舞台だった。一九六七年のイスラエルの軍事的勝利とサウジアラビアの対エジプト「アラブ冷戦」の勝利は、米国の優位性を確実にした。米国が一九七三年にエジプトと（エジプトほどではないが）シリアを盟主ソ連から引き離す交渉に着手して、ベトナムの失敗の埋め合わせをしたのも中東だった。しかしオイルショックは米国が、その最も近しい同盟国も含めた中東の乱気流による被害を受けやすいことも示した。ベギンのイスラエルもファイサルのサウジアラビアも米国の駒ではない。前者は一九七八年のカーターの中東を対象とした「パクス・アメリカーナ（米国による平和）」構想を台無しにし、一九八二年にはレーガンをレバノン危難に引きずり込んだ。米国は二年後、屈辱をかみしめてレバノンから撤収した。ただ米国が一九九〇年、ソ連衰退を視野に入れ、「新世界秩序」の土台としたのも中東だった。

砂漠の嵐

レーガン大統領の副大統領だったジョージ・ハーバート・ブッシュは一九八九年、後任大統領に就任した。歴代共和党政権が注力してきた新冷戦は米国の勝利で決着した。ソ連は軍拡競争と石油暴落という「逆」オイルショックで疲弊し、アフガニスタンから赤軍を撤退させた。イラン‐イラク戦争は、ワシントンの観点では、両国を弱体化し、それぞれの自国モデルの輸出にかける気持ちを萎えさせた。とはいえ湾岸諸国に財政支援されてきたサダムは信用貸しで戦争を続け、イラク復興にかかわる巨費を湾岸諸国に払わせる腹だった。バグダッドと、金払いを次第に渋るようになった出資国との緊張は高まった。シャッタル・アラブ川の国境線が戦前の状態に戻り、イラクがペルシア湾に臨む唯一の出口である河口を半分しか使えなくなったことで、緊張は更に高まった。サダムは対イラン停戦合意で行動を縛られたため、隣国クウェートに対し同国を経由したペルシア湾へのアクセス拡大を強く求めた。サダムはオスマン帝国のクウェート領有の理屈を改めて持ち出し、一九六一年のクウェート独立に反対したイラクの立場[†2]に立ち返った。

一九九〇年八月二日、イラク軍はクウェートに侵攻し、数時間でクウェート軍を打ちのめした。ブッシュはこの武力行使に対して国際社会を動員し、サダムがサウジアラビアに侵攻を拡大することを牽制した。米軍は八月六日、サウジアラビア東岸の油田地帯のただなかに「砂漠の盾」作戦基

†1　254－255頁参照。
†2　255頁の註25と357頁参照。

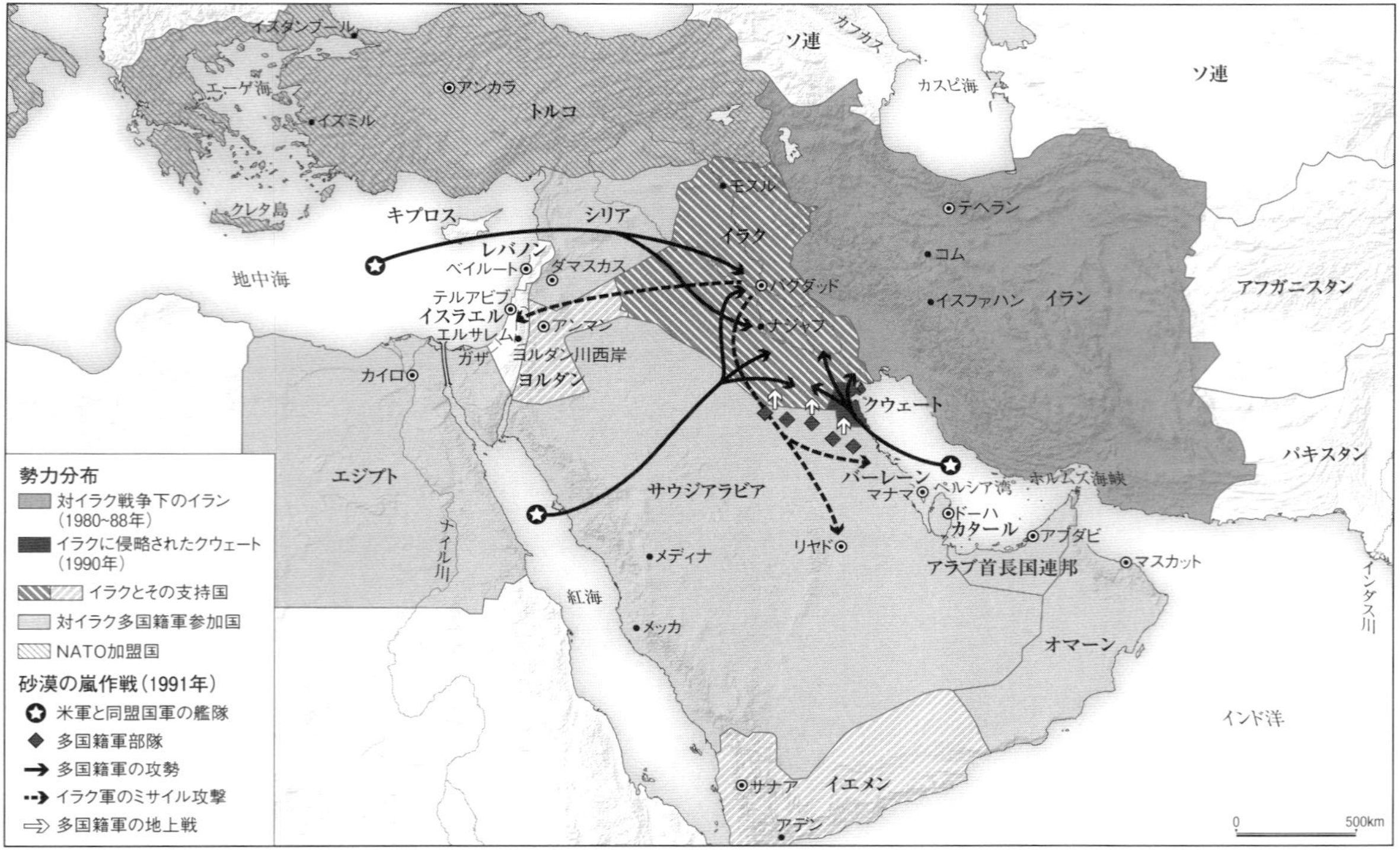
イスタンブール
エーゲ海
アンカラ
イズミル
トルコ
クレタ島
キプロス
シリア
ソ連
カフカス
カスピ海
ソ連
モスル
テヘラン
イラク
コム
レバノン
ベイルート
ダマスカス
地中海
バグダッド
テルアビブ
イスラエル
アンマン
ナジャフ
エルサレム
ヨルダン川西岸
ガザ
カイロ
ヨルダン
イスファハン
イラン
アフガニスタン
クウェート
パキスタン
エジプト
バーレーン
マナマ
ペルシア湾
ホルムズ海峡
サウジアラビア
ドーハ
カタール
アブダビ
ナイル川
メディナ
リヤド
マスカット
アラブ首長国連邦
インダス川
紅海
メッカ
オマーン
インド洋
サナア
イエメン
アデン
0
500km
勢力分布
対イラク戦争下のイラン（1980~88年）
イラクに侵略されたクウェート（1990年）
イラクとその支持国
対イラク多国籍軍参加国
NATO加盟国
砂漠の嵐作戦（1991年）
米軍と同盟国軍の艦隊
多国籍軍部隊
多国籍軍の攻勢
イラク軍のミサイル攻撃
多国籍軍の地上戦

図10－1　1990－91年の中東 ▶
図10－2　シリア危機（2011－2021年）▼

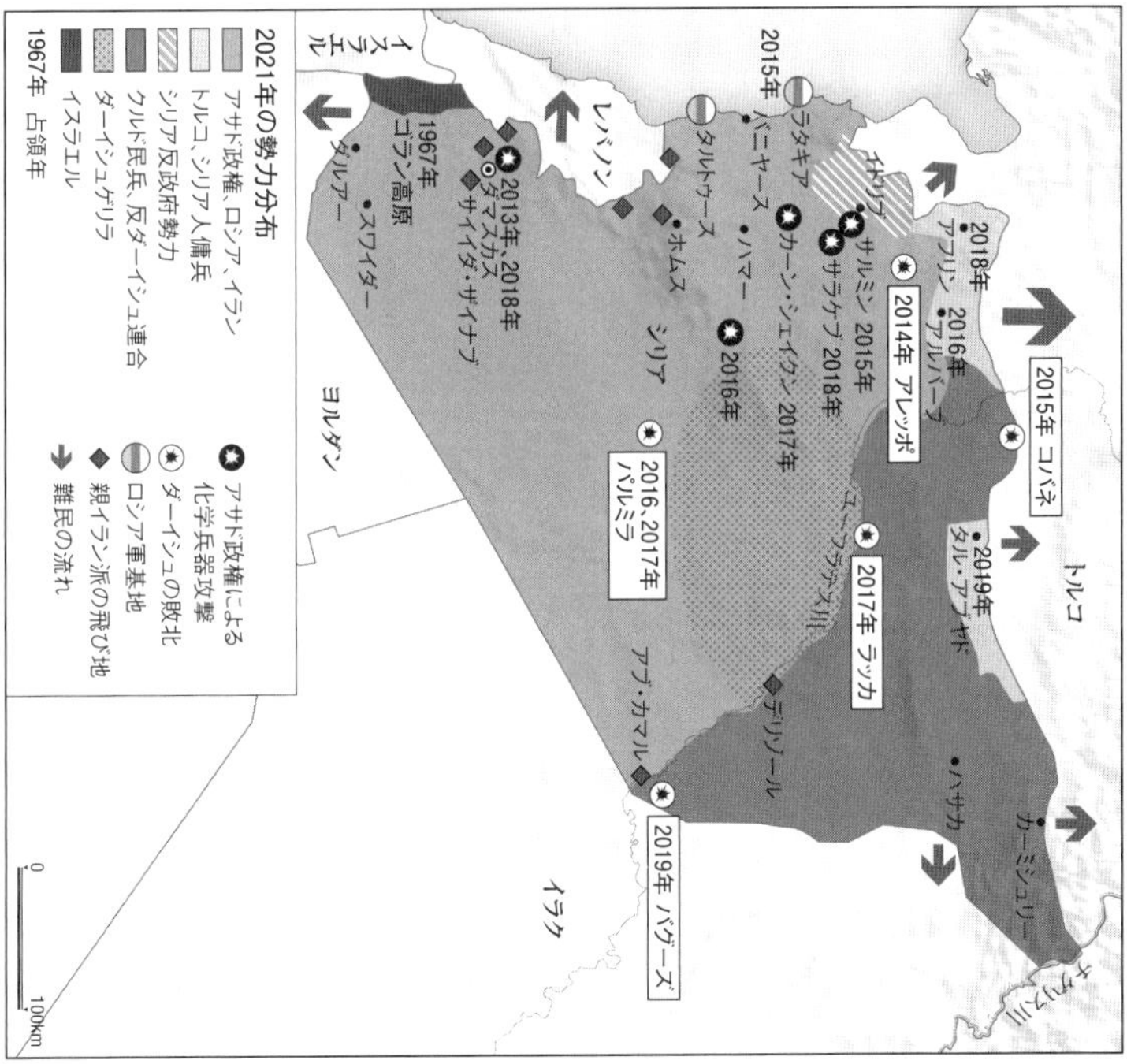

地を設営した。これに対しサダムは二日後、クウェートの純然たる併合を布告した。イラクは国境を閉鎖し、欧米人数千人を人質に取り、恣意的に少人数ずつ人質を順次解放した。アラブ世界の各地でデモが起き、湾岸産油君主諸国を西側帝国主義と同一視し、更にはイスラエルと同一視して、サダムを現代のサラディンと称賛した。イラクは、イスラエルがアラブの全占領地から撤退しない限り、クウェートから撤退しないと強弁した。イラン-イラク戦争の際にイラクにくみしたヨルダンとイエメンは今回もイラクを支持した。ＰＬＯはヨルダン川西岸地区とガザ地区のインティファーダが袋小路に陥るなか、この新たな民族主義の高まりに鼓舞された。

サダムをたたえる熱はムスリム同胞団にも波及した。同胞団は支持基盤の民衆から孤立しないために、自らの後ろ盾のサウジアラビアに歯向かう危険さえ冒した。サウジは報復として、このイスラム主義教団を要職から追放し、教義を字義通りに信奉する一派を起用した。それは「サラフィー主義」の一派の勝利だった。同派は、政治的積極行動主義の表れであるような「偶像崇拝」の代わりに、時の権力に対する確かな忠実さを備えていた。以後、サラフィー主義とその厳格な道徳秩序がサウジアラビアの布教組織網を支配し、ムスリム同胞団に代わって巨額の財源を我が物にすることになる。しかし、ごく少数はイラク支持派にも米軍展開の容認派にも、くみすることを拒否した。パキスタンに追放されるまで自宅軟禁に置かれたビンラーディンが、このジハード主義徹底抗戦派の権化になる。世界がサウジアラビアとクウェートの国境を見守っている時、ムスリム同胞団の活動主義とサラフィー主義者の追従的態度とジハード派の過激主義は三つ巴《どもえ》の対立状態だった。サウジアラビアと同様にワッハーブ派のカタールはその後、多くの歳月をかけてムスリム同胞団の庇護者になる。サウジアラビアの影から抜け出し、国際舞台で自らの態度を示すための手段だった。

一九九〇年の夏の終わりはサダムに対抗する動員の潮時だった。米国は多国籍軍を整然と編成した。アラブ諸国の参加は軍事的効果こそ乏しいが政治的には必要不可欠だった。ムバラクのエジプトは、イラン－イラク戦争時にサダムの「顧問役」を務めたエジプト軍将校らを今度はサウジアラビアに派遣した。[†3]アサドのシリアは、レバノン愛国派のベイルートの最後の砦を粉砕することを米国が黙認するという条件で、多国籍軍に参加した。シリアは一四年間のレバノン占領の成果を手にすることになった。ダマスカスの支配者も拡張主義者ではあったが、バグダッドのバース党の支配者に比べて忍耐強く、挑戦的でないように巧みに振る舞った。米外交は数か月の裏工作を経て一九九〇年十一月二十九日、安保理決議六七八の採択に漕ぎ着けた。決議はイラクに対し一九九一年一月十五日までのクウェートからの撤退を求め、撤退しない場合の武力行使を容認した。その日、五十万人規模の米軍がサウジアラビアに集結した三四か国の多国籍軍を従えて、同規模のイラク軍と対峙した。こうした均衡は机上の空論でしかなかった。米国は安保理の授権を得て、思うままに戦争を遂行できた。

一九九一年一月十六日、ブッシュはイラクの軍事・民間施設を攻撃目標とする五週間に及ぶ集中爆撃を始めた。「砂漠の嵐」作戦である。[†4]米国の軍事技術の優位は圧倒的で、世界中が米軍兵器の派手な破壊力をCNNの生放送で目の当たりにした。[†5]サダムは戦争の拡大を狙い、イスラエルにミサイルを四〇発打ち込み、イスラエルは化学兵器攻撃を恐れた。ミサイルが搭載していたのは通常

†3　383頁参照。
†4　米大統領は一九九一年一月十六日夕、作戦を開始した。時差のため中東では十七日未明だった。

弾頭で、イスラエル人の死者は三人にとどまった。ブッシュはミサイル迎撃システムを配備し、イスラエルには報復を一切禁じた。地上攻撃は二月二十四日に開始され、百時間で終わった。米国はクウェート解放にあたりアラブ部隊を最前列に押し立てた。米軍の最も楽観的な作戦担当者でさえも驚くほど、抵抗はなかった。共和国防衛隊はサダムと首都を守ったものの、政府軍は実質的に総崩れとなった。米軍が作戦を通じて失った兵士は一五四人だけだったが、イラク軍は少なくとも百倍の犠牲者を出した。イラク側は死者を軍民合わせて数万人と推計したが、論外とはいえない。こうした曖昧さは当時のイラクの混沌を反映している。混乱は戦争に加え、クウェート解放に伴い、反サダム蜂起が広範に起きたことで深まるばかりだった。

新秩序

一九九一年三月二日、バスラで反乱が起き、聖地のナジャフとカルバラーに広がり、バグダッドのシーア派地区に達した。イラク軍の脱走兵数千人は反政府ゲリラに姿を変えた。イラク兵士に数週間にわたり命令不服従を呼びかけてきた米国が、自分たちに力を貸してくれると信じたからだ。三月五日、今度はクルド地域が蜂起した。イラク政権は停戦を求め、米国の条件を全て受け入れた。国内の戦線に全兵力を投じるためだった。ブッシュ政権はイランが混乱に乗ずることを恐れ、イラク政権がヘリコプターを運用し、蜂起した都市にナパーム弾を使用することを黙認した。シーア派の反乱を鎮圧したサダムが北部クルド地域に兵力を差し向けると、クルド人らは群れをなしてトルコに逃げ出した。米英仏はようやく四月六日、北緯三六度以北のイラク領を飛行禁止空域に定め、クルド人が出国することなく、その区域に避難できるようにした。[†6] 結局サダムは国民数万人を虐殺し、シーア派の聖地を破壊することで難局を乗り切った。この虐殺は、外国メディアがクウェート解放で危機は収束したと見なすなか、極秘で繰り広げられた。サダム政権は国際社会の過酷な経済制裁と食糧全般の配給制を逆手に取り、政権に頼るしか術のない国民に対する支配を強めた。

ブッシュは既に一九九〇年九月時点で、クウェートの主権回復は「新国際秩序」樹立に向けた第一歩に過ぎないと宣言していた。民衆は、欧州ではベルリンの壁崩壊と社会主義圏の瓦解に際し、その貢献をたたえられたが、中東の新秩序形成には居場所が全く与えられなかった。そのためにイラクの民衆は一九九一年三月、サダムの野蛮さの餌食になり、過酷な体験をする。直ちに民主主義を実現するのではなく、さしあたりは複数政党制のイラクを構築しようとする歴史的機会は失われた。ただ米政権の戦略家らにとってはどうでもよいことだった。唯一重要なのは、国家と同一視できる体制の維持だった。米国の術策は功利的かつ暴力的で、至上命令のサウジアラビア防衛を中心に据えて、エジプトとシリアを競争に駆り立てる一方、イスラエルは爆撃に対して初めて報復を自制して、耐えなければならなかった。中東再編は地域の三極構造を解体した。再編に伴い、イラクは経済制裁で隔離され、イランは隣国のバース党の挑戦からようやく解放されて、大いに満足した。

†5　この米ニュース専門テレビ局は多国籍軍の取材許可に加え、バグダッドに西側で唯一の特派員を派遣した。

†6　クルディスタン民主党とクルディスタン愛国同盟がこの事実上のイラク内のクルド自治区を運営した。ただ一九九六年から一九九八年の間、両党は反目し、地域を二分割した。民主党はアルビルを、愛国同盟はスレイマニアを本拠地とした。

トルコはそのＮＡＴＯでの戦略的役割がソ連の脅威とともに消失するどころか、その南東のイラク領土に緩衝地帯を設置することが認められた。

こうした帝国流の大事業はその一貫性によって注目された。無力のソ連は米国の構想を追認するしかなかった。ただ「新秩序」は中東の旧来の仕組みの再生利用にとどまり、旧式が復活するや否や、独裁と暴力性が増した。新秩序はまさしくサウジアラビア体制の聖域化を土台とした。その体制は最も時代に逆行し、非妥協的なサラフィー主義で硬直していた。五十万人規模の西洋の軍の駐留は自動的にワッハーブ派王国の変容に結びつくと考える善良な人々は間違っている。米国と同盟国は軍事関与の費用負担を受け入れたことで、君主制産油国に対し、庇護者というよりも受益者になった。実際、米国と同盟国は産油諸国の厚遇と契約を得るために先を争っていた。湾岸諸国にいた多数のヨルダン系、パレスチナ系、イエメン系移民らは、出身国（地）の為政者がサダムに味方した咎《とが》を負い、外貨送金を禁じられ、出身国（地）へ送還された。その穴を埋めたのは、より従順とされるインド人、パキスタン人、バングラデシュ人、フィリピン人だった。アラブの最貧困層と最富裕層の溝は更に深まった。ただこの危機の最悪の遺産はサラフィー主義という退行だろう。そして脅威にさらされたサウジアラビアを救うために無条件で軍事介入した欧米諸国は、その退行に大きく加担したといえる。

中東和平プロセス

ブッシュは一九九一年十月、中東和平会議をマドリードで招集した。中東で米国覇権を確立するのが狙いだった。ゴルバチョフは名目的な共同議長職を担った。ソ連消滅の直前だった。国連と欧州共同体（加盟一二か国。欧州連合の前身）はオブザーバー資格しか与えられなかった。米外交当局はイスラエル、シリア、レバノンとそれぞれの参加条件を折衝した。またヨルダンとパレスチナ代表団の編成にも気を配った。代表団にはPLOを含めず、シャミル（イスラエル首相）の要求を受け入れて東エルサレム住民とパレスチナ難民も排除した。会議は二日後に散会し、引き続きワシントンでイスラエルにアラブ側との二国間交渉の場を持たせた。「和平プロセス」の起点である。終点の期限は設けられなかったが、その展開そのものが米国の覇権を保証した。ただ米国が衝突を緩和する策として「建設的曖昧さ」を選択したことで、事態は複雑になった。

パレスチナ人のインティファーダが続いたことでイスラエル国内に占領地、特にガザ地区からの撤退を支持する「和平派」が出現した。一九九二年六月、労働党が一九七三年以来初めて議会選挙に勝利した。ラビンが首相に就任し、和平に向けて「多数派ユダヤ人」であると自任することができた。[†7] ただラビンの目には米国の調停はPLOを除外していることもあり、困難に陥っているように映った。ラビンは成果を求め、ノルウェーを介して秘密裡にアラファトとの交渉経路を設けた。一九九三年九月に結ばれた「オスロ合意」はイスラエルとPLOの相互承認という意義があった。合意によると「パレスチナ自治政府」がイスラエルから順次引き渡される領土を支配することになる。イスラエルの右翼勢力はラビンを「テロリスト」と手を組んだと非難した。アラファトも、エルサレム・国境・入植・難民にかかわる問題の解決を五年の移行期の後に先送りしたことで、陣営

---

†7　ラビン政権はクネセト（議会）でいわゆる「アラブ」諸政党の協力を得ずに多数派を形成した。アラブ諸政党は人口の二〇%を占めるアラブ人の声を吸い上げた。

内で大きな批判にさらされた。しかしこの外交的達成は国際社会が大歓迎したため、米国はオスロ合意に直接関与しなかったものの、合意の調印式をホワイトハウスで執り行った。八か月前に米大統領職をブッシュから引き継いだ民主党のビル・クリントンが不合理ながら「仲裁人」を自任した。

現実には、米外交は自らが関与しなかったオスロ合意の進展を請け負った。その結果、一九九四年五月、緊張と不満が高じ、イスラエル軍の撤退対象はガザ地区の三分の二、ヨルダン川西岸地区は唯一エリコに限定された。その二か月後、アラファトはガザ地区に帰還した際、群衆に歓呼で迎えられたとはいえ、イスラエルのその後の撤退は毎回、パレスチナ自治政府のテロとの戦いの首尾に応じて実行された。アラファトの手下によるハマスとパレスチナ解放人民戦線の弾圧は、パレスチナ社会に強い軋轢を生じさせた。ヨルダンのフセイン国王は膠着《こうちゃく》する事態を踏まえて、独自にラビンとの秘密交渉に乗り出した。一九九四年十月にイスラエルとヨルダンの間で調印された平和条約は再び、米国の関与によらない、二国間交渉の成果だった。その後、和平プロセスは一九九五年九月、ようやくワシントンでヨルダン川西岸地区をめぐる合意にたどり着いた。西岸地区はパレスチナ自治政府の管轄するA区（三％）、イスラエルの独占支配するC区（七二％）、パレスチナ自治政府がイスラエル治安部隊と共存するB区（二五％）に三分割された。パレスチナ人住民の大半は自治政府に全面的、あるいは部分的に管理された。

PLO陣営で新たな抗議の声が上がった。アラファトは自治政府を対イスラエル協力の手先に変えるためにパレスチナの地をやすやすと放棄した、と非難された。告発運動はイスラエルで更に激しかった。ラビンはシャミルの後任のリクード党首ベンヤミン・ネタニヤフの司会する会合で、ナチ親衛隊と酷評された。ラビンは一九九五年十一月、テルアビブで開かれた平和集会を退席する際に暗殺された。犯人は救世主思想の入植者らとかかわりのある、一人のユダヤ人過激派だった。ペレスが労働党政権の後継首相に就いた。アラファトは一九九六年一月、得票率八七％でパレスチナ自治政府議長に選出された。この選挙は国際監視下で実施され、アラブ政権の茶番の選挙とは一線を画した。アラファトは以後、議長職に加えてＰＬＯ指導者とファタハ指導者を兼務し、三つの次元で正統性を主張した。一方、ペレスはハマスによる相次ぐ自爆テロで社会が悲嘆に暮れるなか、選挙でネタニヤフと対決しなければならなかった。五月、このリクード党の党首が僅差で勝利した。ネタニヤフは自らが糾弾するオスロ合意をイスラエル政府首班として葬り去ることに専心した。

和平プロセスの崩壊

クリントンはペレス再選に全てを賭けていたため、ネタニヤフとは冷淡な関係に終始した。ネタニヤフは自身の人生の半分を過ごした米国事情に詳しく、上下両院で多数派の共和党との絆の強化に気を配った。彼は米国の右派勢力の中の「キリスト教シオニスト」――ユダヤ人がヨルダン川西岸地区を含むユダヤの地に「帰還」することは預言の実現を意味すると信じる原理主義者たち――の支持を確実にした。一九九六年九月、エルサレムのアルアクサ・モスク広場周辺の考古学的発掘調査がイスラエル人とパレスチナ人の暴力的衝突を招いた。その一年後、アンマンで起きた奇想天外なハマス幹部暗殺未遂事件[†8]はネタニヤフにとって屈辱的な展開になり、このイスラム主義組織の創設者の解放を余儀なくされ、創設者は間もなくガザに帰還した。ハマスの台頭はアラファトの威信をおとしめ、彼の専制的統治はパレスチナ自治政府の正統性・有用性を損なった。総体的に和平プロセスは二つの民族にとって魅力を失った。イスラエルにとっては、件数が多いわけではないが、執拗なハマスのテロが原因だった。パレスチナにとっては、イスラエルによる隔離とユダヤ人入植問題の深刻化が原因だった。この民意の離反をめぐり、クリントン政権の責任は重大だった。クリントンが唯一仲介した一九九七年一月の合意はヨルダン川西岸のヘブロンを二分割したことで、[†9]イスラエルとパレスチナの対立図に不和地域を更に一つ追加したからだ。

米政権は一九九九年五月、ネタニヤフが選挙に敗れ、労働党のエフード・バラク元参謀総長が首相に就任した時、行動する余地を取り戻したと考えた。リクードの党首はシャロンに代わった。クネセト（議会）はイスラエル史上、最も甚だしく四分五裂したためバラクは七党連立に頼らざるを得なかった。新政権は対PLO交渉をめぐり、シリアとの折衝を重視した。しかしクリントン政権の「建設的曖昧さ」は冷徹なシリアのアサドに対して非生産的であることが判明する。二〇〇〇年三月にジュネーブで行われた米国－シリア首脳会議はゴラン高原に残る一部の係争地のために失敗した（イスラエルはゴラン高原からの撤退を九九％受け入れていた）。バラクはこの失敗を受けて二か月後、レバノンからのイスラエル軍の一方的撤退を決めた。ヒズボラは二二年に及んだイスラエルによる占領[†10]の終了を自分たちの「イスラム抵抗運動」の勝利として祝った。それがハーフェズ・アル・アサドの最後の戦いとなった。アサドは二〇〇〇年六月、ダマスカスで没した。息子バッシャール・アサドは絶対権力とともに「共和国大統領」「バース党書記長」「軍総司令官」の地位を継承した。アラブの共和国で初めて独裁体制が世襲された。

クリントンは二〇〇〇年七月、バラクとアラファトをキャンプデービッドに招いた。一九七八年のカーターのベギンとサダトに対する調停の成功を再現する心積もりだった。しかしこの三首脳会談は前回に比べて明らかに準備不足だった。米大統領は二期目、つまり最終任期の最終盤にあった。

包括的解決をめざす「クリントン指針」が示されるまで、更に何か月もかかった。指針は、ガザ地区とほぼ全てのヨルダン川西岸地区を領土とする非武装のパレスチナ国家を樹立し、エルサレムをイスラエルとパレスチナ両国の首都とし、イスラエルが入植地街区を併合するために領土を交換し、パレスチナ国家への難民の「帰還する権利」を制限する——という内容だった。キャンプデービッドでは、この二国家解決の輪郭は依然としてぼやけていた。クリントンの「建設的」ではない曖昧さの結果、三首脳会談は失敗した。バラクはパレスチナ人に示された最も寛大な提案をアラファトが拒否したと咎めた。ただ提案はキャンプデービッドの時点では明示されず、明文化されたのは五か月後だった。[†11] 一方、PLOはハマスの激しい圧力に屈した。ハマスにとり、イスラエルのレバノン撤退が証明したのは、外交手段の無益さであり、「イスラム抵抗運動」の効力だった。

シャロンとリクードの代表団が二〇〇〇年九月にアルアクサ・モスク広場を訪問し、怒りに火を

†8　モサド工作員はハマス政治局長を暗殺するために遅効性の毒を注射したが、ヨルダン当局に捕らえられた。ヨルダン当局は工作員解放の条件として解毒剤提供の他、イスラエルで拘束されていた政治局長を含むパレスチナ人とヨルダン人計七四人の解放を求めた。その一人がハマス創設者だった。

†9　アラブ人が依然として多数派のヘブロンの一区域で、千人規模のイスラエル部隊が数百のユダヤ人入植地の防衛にあたった。この区域以外の区域と住民はパレスチナ自治政府に帰属した。

†10　イスラエルは一九八二年にレバノンに侵攻する以前の一九七八年から南レバノンに「安全保障地帯」(373頁の註35参照)を設け、支配してきた。

†11　二国家解決のクリントン指針は二〇〇〇年十二月、大統領官邸でイスラエルとパレスチナの代表団に示された。指針は交渉の余地なしとされ、数日後、バラクとアラファトが受け入れた。

点《っ》けた。パレスチナ人の暴動はイスラエルのアラブ人地区にまで広がり、容赦のない弾圧に遭った。エルサレムの神聖さをたたえて「アルアクサ」と冠される、第二次インティファーダの始まりだった。一九八七年の平和的反抗とは一線を画し、イスラム主義を帯びた武装闘争だった。実際、各派が自爆テロに身を投じた。この激化は、イスラエルが一九六七年の占領開始後、初めてヨルダン川西岸とガザ地区を空爆し砲撃したことに呼応したものだった。こうした過激化はクリントンがようやく厳正に対処し始めた和平交渉の意義を失わせた。十一月の米大統領選で得票数では上回った民主党の副大統領アル・ゴアは数週間の係争の末、敗北を認めた。クリントンの前任者の息子で、共和党のジョージ・ウォーカー・ブッシュが二〇〇一年一月、大統領に就任した。その直後、イスラエルでシャロンが選挙戦に大勝して政権を手にした。中東和平プロセスは終焉を迎えた。

グローバル戦争

ビンラーディンはサウジアラビアから一九九一年に追放され、その三年後に国籍を剝奪された。そこでスーダンを拠点にアル・カーイダの組織網を広げてゆく。スーダンのイスラム主義の軍事独裁政権はビンラーディンを一九九六年まで受け入れた。その後ビンラーディンはアフガニスタンに移り、「神学生」を意味するタリバンの庇護下に身を置いた。この超保守的武装組織は赤軍撤退と一九九二年の共産主義政権崩壊後の大混乱のさなかに「イスラム首長国」を樹立した。ビンラーディンは米国に対し「グローバル・ジハード」を宣言する。米国がサウジアラビアの「占領」を続ける限り、世界の至るところで米国人と米国権益を襲撃するというのだ。ビンラーディンは一九九八年八月、ケニアとタンザニアの米大使館に対する二重の自爆テロを命じた（米国人一二人を含む二二四人が犠牲になった)。[†12]クリントンは報復としてアフガニスタンのアル・カーイダ基地をミサイル攻撃した。ビンラーディンは難を逃れた。タリバンは自分たちへの攻撃と捉え、ジハード主義者との提携を強化した。一九九九年六月、米連邦捜査局(FBI)はビンラーディンを最悪の凶悪犯として指名手配し、その首に五〇〇万ドルの賞金を懸けた。米国の宣伝活動によりアル・カーイダの悪名は世界に知れ渡り、その訓練基地は次第に多くの志願者を受け入れるようになった。ビンラーディンは米国の地で実行する無比の規模のテロ作戦計画を立てる。

二〇〇一年九月十一日、アル・カーイダに乗っ取られた二機の旅客機がニューヨークの世界貿易センターのツインタワーに激突し、第三の旅客機はワシントンの米国防総省の一部施設を破壊した。第四の旅客機は航行中に乗客たちの犠牲的抵抗で墜落したが、攻撃目標は連邦議会議事堂と大統領官邸だった。同時テロで三千人近くが殺害された。ビンラーディンは犯行声明を自制した。米国の不可避の報復に対し、「抵抗運動」の指導者として立ち向かうためだった。国連は、米国がビンラーディンの引き渡しを拒むタリバンに突きつけた最後通牒を支持した。米国は十月、イスラム首長国に対する攻撃を開始し、約四十か国が様々な形で作戦に加わった。ジハード主義者らは、敵軍は早晩、かつて赤軍がそうだったように、アフガニスタンの地で立ち往生すると信じていた。一方、ブッシュ政権はタリバンに対抗するアフガン武装勢力「北部同盟」による地上戦を巧みに支援した。米軍の空襲・砲撃・情報による支援は決定的に重要だったが、イスラム首長国を打倒した主役は侵

†12 この殺戮は「砂漠の盾」作戦、つまりビンラーディンの主張する、米国によるサウジアラビア「占領」開始八年に合わせて強行された。

略者ではなく、まさにアフガン人だった。アル・カーイダの戦闘員の三分の二は殺害、あるいは投獄された。ビンラーディンはパキスタンに逃げた。

ジョージ・W・ブッシュはこの明白な勝利に満足することなく、「対テロ世界戦争」に乗り出す。大国アメリカは対決を「グローバル化」したことでジハード主義者らの罠に落ちたのだ。まさにアル・カーイダは対決を全地球に拡大することを望んでいた。アラブの独裁者らは進んで対米協力を申し出た。米国の覚えを良くするとともに、国内の反体制派に「テロリスト」の烙印を押すためだった。冷戦時代、アラブの独裁者らは「反動」・シオニズム・帝国主義に対する戦いの名のもとに反体制派を粛清したが、「グローバル戦争」時代の彼らの後継者は「対テロ」の名のもとに反体制派に対する弾圧の苛烈さを正当化した。イスラエルでシャロンはアラファトをビンラーディンと同一視し、第二次インティファーダを一層激しく抑圧した。イスラエル軍は二〇〇二年三月、ヨルダン川西岸地区全域を再び占領した。アラファトはヨルダン川西岸地区ラマッラの議長府に監禁され、外に出るのは二年半後になる。自治は崩壊し、パレスチナ国家の夢は潰えた。

ブッシュ政権の理論家らは自分たちの優位を更に活用した。彼らは「新保守主義者」［訳註＝略称で「ネオコン」］と不正確に総称されたが、バグダッドの政権転覆（レジーム・チェンジ）を足掛かりとする中東の革命的再編を説いた。彼らの理屈はこうだ。サダムが失墜すればイラクが民主化する。この好循環は他のアラブ諸国に伝播してゆく。最終的にはアラブとイスラエルの和平に結びつく。なぜなら民主主義国家どうしの戦争はあり得ないからだ――。新保守主義者らの押しつけがましい偏見は、「反キリスト」であるムスリムを打倒する決意を持つ、キリスト教シオニストらの救世主を待望する熱情によって度を強めた。ジョージ・ブッシュは二〇〇二年一月、イラクとイランと北朝鮮を一括して「悪の枢軸」と厳かに告発した。情報操作は奏功し、米国民の過半数がサダムを九・一一の黒幕と見なすようになった。同時テロ一周年の翌日、ブッシュは国連でイラクは世界平和に対する脅威だと告発した。米国務長官は二〇〇三年二月、国連安保理でサダムは「大量破壊兵器」を保有し、アル・カーイダと共闘していると言明した。仏外相の「平和的武装解除」を求める弁舌は熱烈に拍手喝采されたが、米国の主戦論の暴走に歯止めをかけるには遅きに失した。

イラク占領

二〇〇三年三月二十日、無数のミサイルが雨霰《あめあられ》とバグダッドを襲った。圧倒的な力の差を誇示して敵を麻痺させる「衝撃と畏怖」作戦だった。一五万人規模の米軍はわずか三週間でイラク南部を征服し、首都に到達した。バグダッドで四月九日、サダム像が引き倒された。アラブ版「ベルリンの壁崩壊」を演出したものだった。ただイラクは無秩序に陥った。兵器庫は様々な民兵集団の強奪に遭う。バグダッドのイラク国立博物館や多くの遺跡が略奪対象となった。占領軍は治安回復の責任を担うことを拒み、石油省を含む数か所の戦略拠点だけを警固した。米国の総督[†13]が最初に下した二つの決定はイラク軍の解体とバース党員の公職追放だった。数万人の軍人が解雇され、自身の武器を所持したまま帰郷した。独裁下でバース党入党を強制された多数の役人は公務から排除された。イラクの国家機関が瞬く間に崩壊した。ブッシュは五月一日、ペルシア湾を遊弋《ゆうよく》してきた空母

---

†13　正式名称は「連合国暫定当局行政官」。

に乗艦して、「任務は完了した」[14]と表明した。しかし問題の「大量破壊兵器」の痕跡は全く見つからなかった。

在イラク米軍は雑多な多国籍軍の軍人約二万人の支援を受けていた。しかし一九九〇年と二〇〇一年の多国籍軍が米国を中心に団結したのに対し、二〇〇三年の多国籍軍は特に欧州を分裂させた。英国、スペイン、イタリアが参戦した一方、フランスとドイツは反対した。イラク侵略をめぐる欧州の政府間の不一致は、欧州世論の大反対と対照をなした。占領当局は司令部をバグダッドの「グリーンゾーン」に置いた。サダム一派が国を支配した本拠地である。占領当局はサダム時代と同じ刑務所を使い、捕虜を虐待し、その画像[15]が流出して醜聞になった。結局、抑圧対象の集団が戦前のバース党に対する反対派から戦後の「テロリスト」に代わっただけだった。「テロリスト」の大半はスンニ派だ。シーア派民兵とクルド民兵は米軍の側にくみしたため、こうした宗派的偏りを目立たせた。一方、総督はサダムに歯向かったことで貫禄を付けた旧亡命者らを側近にした。ただ彼らは経済制裁下で育った世代について全く無知だった。

二〇〇四年四月、米国は無分別にもシーア派蜂起とスンニ派ゲリラに同時に立ち向かった。後者は真の愛国者、サダム時代懐古派、多様な宗派のイスラム主義者など雑多な集合だった。米国はヨルダン人のジハード主義者ザルカウィの役割を誇張した。イラク人が抵抗の主体であることを隠蔽するためだった。ところがこの情報操作でザルカウィの戦士としての威信が高まり、そのテロ要員募集と資金調達の能力も高めてしまった。前者については、ムクタダ・サドルがイスラム主義を強調し、占領者に反抗する「マフディー軍」[16]を結成した。この人物は、サダムの命令で一九八〇年に絞首刑に処せられたバキル・サドルの甥の息子で、やはり独裁者によって処刑されたアヤトラの息子である。米国はこの蜂起については「反徒はバース党の残党」と非難することはできなかった。米国は二〇〇四年六月、イラク議会選挙実施を任務とする暫定政府を慌ただしく発足させた。ただ米軍は二か月後にムクタダ・サドルをナジャフのアリー廟で攻囲するまで、イラク支配を続けた。この聖地での凄惨な衝突の後、マフディー軍の首領は信奉者とともにバグダッド郊外のシーア派地区に隠遁することを受け入れた。一方、ザルカウィはビンラーディンによってアル・カーイダのイラク支部長に任じられた。

米国のイラク侵略に伴い、アフガニスタンの周縁に閉じ籠もっていたジハード主義者らが中東の中心に足場を築く機会を得た。アル・カーイダの物言いによれば「十字軍の侵略」に対する中東の抵抗運動が、今度は欧州で米欧に対するテロの再燃を促し、二〇〇四年三月にマドリード、二〇〇五年七月にロンドンでテロが起きた。イラクでスンニ派が二〇〇五年一月の制憲議会選挙をボイコットしたことで、連邦制の色合いのある憲法制定に道が開かれた。それは北部に油田を保有するクルド地方、南部に油田を保有するシーア派地方に好都合だった。新憲法はスンニ派の圧倒的多数が否認し、宗派間の溝を更に深めた。米国はイラクの泥沼から抜け出すことを急ぎ、三者協約を土台

†14　二〇〇三年のイラク侵略戦争を米欧は普通「第二次湾岸戦争」と呼ぶ。第一次は一九九一年のクウェート解放戦争だった。ただ歴史的には一九八〇～一九八八年のイラン‐イラク戦争が三度の「湾岸戦争」の初回だった。

†15　二〇〇四年春、アブグレイブ刑務所で米国人看守の撮影した拷問画像が暴露された。

†16　376頁参照。

として国家を再編した。それは一九二〇年から一九三二年の英委任統治時代の要素とフランスがレバノンで制定した宗派別権力分散の要素の混交だった。実権を持つ首相はシーア派、大統領はクルド勢力、議会議長はスンニ派に配分した。ただクルド人はクルド語をアラビア語と同じ地位に引き上げ、アルビルに高度な自治権を持つ「地方政府」を設立した。スンニ派は中央権力から排除されたが、クルド人に対するような埋め合わせは一切なかった。

更に深刻だったのは、新体制が強力な民兵組織を背景とする陣営を優遇したことだ。これは治安を偏重する米国の意向だった。民兵の理屈に従い、宗派力学が重視された結果、最大武力を持つ首領の立場は強まり、武装集団を持たない少数派は差別的扱いに甘んじた。キリスト教徒は冷遇され、国外流出が続き、数年で人口は半減した。クルド系だがヤジーディー教徒も冷遇された。トルクメン人は自分たちの権利を擁護し、活動家を武装させるようにトルコ政府に助けを求めた。つまりブッシュ政権は非道な仕掛けを発動させたのだ。それが二〇〇六年のシーア派民兵とスンニ派民兵による内戦に帰結する。かつて多宗派が共存したバグダッドは、同一宗派で均一化した街区と他の街区の境界には壁が築かれ、スンニ派とキリスト教徒が集団で国外に脱出した。武装化に伴い、真のマフィアと化した徒党が国中で略奪をはたらいた。イランはイラクの崩壊に乗じ、自らの拠点網を広げ、国益を追求した。

抵抗の枢軸

ブッシュはイラン・イスラム共和国にサダムの首[†17]だけでなく、その体制の解体という贈り物をした。その結果、イランは一六三九年にオスマン帝国とサファビー朝の間で引かれて以来[†18]、アラブ人とペルシア人を隔ててきた国境線から解放された。それはホメイニが一九八二年から一九八八年まで続けたおぞましい対イラク戦争で獲得できなかったものであり、ハメネイは米国にバース党という敵の抹殺を任せ、自らは一発の発砲もしないで手に入れたのだ。この激変に伴い、シーア派聖職者内部の力の均衡が崩れた。イラクのナジャフとカルバラーのアヤトラは二世紀の間[†19]、聖職位階制で優位を確立し、イランの成り行きを左右するような影響力を保ってきた。二〇〇三年の断絶で力関係はホメイニ体制のイラン、そしてコムのアヤトラの優位へと一変した。コムのアヤトラたちはナジャフに干渉し、自分たちの極めて特異なシーア派教義を押しつけた。湾岸君主諸国は当初はサダム打倒を歓迎したが、イランがアラブの地に乱入したことに驚愕し、イラクのスンニ派ゲリラを支援するようになった。バッシャール・アル・アサドは米国をイラクの泥沼に陥らせ、シリアに対する軍事介入の芽を摘むために、スンニ派ゲリラを支援した。敵味方の入れ替わりの激しい中東で、アラビア半島の米国のお気に入りの国々は自国国境周辺の反米蜂起に資金提供までした。イスラム共和国の友邦国シリアは、イラクでイラン政府の仲介者たちを標的とする、スンニ派の暴力に手を貸した。

イラク、そして中東でイランが勢力を増したことで、ハメネイにとって核開発計画の緊急度は減

---

†17　この失脚した独裁者は二〇〇三年十二月、クルド武装勢力に捕らえられ、その三年後、シーア派の怨嗟のなかで、甚だ疑わしい裁判を経て絞首刑に処せられた。

†18　208頁参照。

†19　225－226頁参照。

じた。イスラム共和国は一九八七年から一九九二年にかけてパキスタン、中国、ロシアと核分野の協力協定を結んでいた。しかしイランが最初に遠心分離器を入手したのはドバイに拠点を置くマフィア組織経由だった。二〇〇三年十月、仏英独三か国の調停によりイランはウラン濃縮事業を中断することに応じた。一年後、中断期間の長期化を視野に入れた正式合意が結ばれた。この意義のある成り行きは二〇〇五年夏、イラン大統領にアフマディネジャドが選出されたことで頓挫する。イスラム共和国で初めて聖職者ではない大統領が出現した。アフマディネジャドは主に対イラク戦争時代に革命防衛隊で経歴を積んだ。この新大統領はマフディー再臨が間近であると信じる救世主待望論者だった。彼は国際社会に対して挑発を繰り返し、イスラエルを破壊すると公然と脅迫した。こうした危うい言動にもかかわらず、ブッシュ政権は二〇〇七年十二月、イランは核開発を再開していないはずだと判断した。

二〇〇〇年にシリアの絶対権力を父親から引き継いだバッシャール・アル・アサドは仏大統領ジャック・シラクの外交的支持を当てにできた。フランスはシリアがレバノンを保護領にしていることをもはや問題にしなかった。むしろシリア政府に協力して保護領のあり方を改善する腹だった。この新しい状況から多大な利益を得たのは、シラクに親しく、サウジアラビアと親密な関係を持つレバノン首相ラフィク・ハリリだった。しかしアサドは米軍のイラク占領を踏まえて、レバノン支配を強化し直した。ハリリは二〇〇四年に首相の座を追われ、二〇〇五年二月にヒズボラの犯行とされるテロで絶命した。翌月、極めて大規模なデモがレバノンを揺さぶり、親シリア派と反シリア派に国を二分した。アサドはシリア軍の撤退を決め、二九年間に及んだ占領を終えた。ただ反シリア派要人の相次ぐ暗殺は、シリアの支配が以前ほど直接的ではなくなったものの、以前と同様に暴力的であることを示した。二〇〇五年のこの「杉の革命」は、レバノンでスンニ派とシーア派の溝を深め、キリスト教徒を敵対する二つの陣営に分断し、レバノン軍よりも強力な兵力を持つヒズボラの優位を確立した。

イスラム共和国は、米国の中東政策に反抗する、イランとシリアとレバノンの三か国で構成する「抵抗の枢軸」の結成を宣言した。一方、アラブの独裁者らは、勢いづく「シーア派三日月地帯」を厳しく非難した。この脅威への対処で、自分たちの後ろ盾の米国を動かす狙いがあった（米国にはイランがイラクに勢力を拡張したことに対する責任があった）。ハマスは気難しいスンニ派だが、シーア派のヒズボラと作る「イスラムの抵抗」共同体の名のもとに、この「枢軸」に加わった。アラファトの死[†20]を受けて二〇〇五年、インティファーダの軍事化に異を唱えるマフムード・アッバースがPLOとパレスチナ自治政府の指導者になった。ただシャロンはガザ地区からのイスラエル軍撤退をめぐりアッバースと調整をはかることを拒否した。それはイスラム主義武装集団の思う壺だった。ハマスは二〇〇六年一月のパレスチナ立法評議会選挙に勝利し、六月、ガザ地区で対イスラエル戦争に突入する。ヒズボラは「イスラムの抵抗」の連帯を唱え、イスラエル北方で第二の戦線を開く。レバノンの破壊を招く「三三日戦争」の始まりだった。ただ戦争はユダヤ国家にとっても過酷だった[†21]。ヒズボラは「神の勝利」を主張し、イランのアフマディネジャドとその宣伝機関の称賛を受けた。ハマスは二〇〇七年六月、ガザ地区を武力で掌握し、PLOを排除した。「パレスチナ

---

†20　このPLO首領は二〇〇二年以降パレスチナ議長府に軟禁されているうちに重病に陥り、二〇〇四年十月に軟禁を解かれ、パリ郊外の病院で永眠した。

自治政府」がヨルダン川西岸地区ラマッラとガザ地区に併存し、対立することになり[†22]、二国家解決は更に危うくなった。この事態はイスラエルの「タカ派」と「抵抗の枢軸」信奉者の双方にとって都合が良かった。

中東アラブ世界の解体は、シリアのアンティオキア地方を一九三九年に併合して以来[†23]、低姿勢だったトルコの復活で顕著になった。イスラム・保守主義の公正発展党（AKP）[†24]が二〇〇二年の議会選挙に勝ち、党首レジェップ・タイップ・エルドアンが翌年首相に就任して、トルコの「戦略的奥行き」を中東に見いだした。そこで全ての隣国と互恵関係を築くことを優先し、そのために米国のイラク侵略に際してトルコが後方基地として利用されることを拒否した。米国防総省はNATO同盟国トルコに疑念を抱くようになるが、エルドアンは国家主権を示威したことで以後、アフマディネジャド、そして特にアサドと関係を深めてゆく。アサドと二〇〇七年に結んだ自由通行協定は国境周辺のトルコのガジアンテップ県とシリアのアレッポ県の双方に大きな利益をもたらした。トルコ政府はイラク北部クルド自治政府に、クルディスタン労働者党（PKK）[†25]に対するトルコ軍の掃討作戦を容認してもらう見返りに石油を中心とする交易を保証した。ムスリム同胞団出身の少数派を内部に抱える公正発展党は、サウジアラビアで禁止され、アラブ首長国連邦で追跡されている同胞団の様々な分派の集う拠点になった。エルドアンは二〇〇八年、それまで米国以外の調停を一切拒否してきたイスラエルとシリア間の秘密交渉を仲介するまでになった。

カイロ演説

父ブッシュ時代に確立された米国の中東覇権は、既にクリントン時代、中東和平プロセスの悲惨な対処によって傷ついていた。ただ父の偉業を台無しにしたのは、イラク侵略に惑乱する新保守主義者らの言いなりになった子ブッシュだった。数千人の米兵の命を奪ったこの冒険に費やされた数千億ドルは、全知かつ権謀術数の米国という陰謀論的な見方を無効にするのに十分な額だったろう。現実は中東の社会にとってはもちろん、米国の国益にとっても災厄だった。ロシアはソ連壊滅以来、中東で副次的な存在になっていたが、ウラジーミル・プーチンが登場し、根気よく、かつ整然と復活の道を歩み出した。イランや同盟諸国との関係を育み、その他の国々に対しても軍事・石油分野での協力を惜しまなかった。米国の一九九一年の「新秩序」の支柱はサウジアラビア防衛だったが、子ブッシュはイラクをイランの多様な影響力にさらし、中東にジハード主義者の脅威を呼び込み、†26

†21 イスラエルの民間人の犠牲者は約百二十人で、レバノンの民間人の犠牲者の一〇分の一だった。イスラエル軍人の死者は民間人の死者数と同程度だった。ヒズボラがイスラエル北部に発射した数百発のミサイルによる犠牲だった。

†22 ハマスは二〇〇六年一月の選挙に勝利して以来、唯一正統な「パレスチナ自治政府」を自任している。

†23 326頁参照。

†24 AKPは公正発展党のトルコ語の頭字語。

†25 イラクのアルビルで権力を握るクルディスタン民主党はマルクス主義のクルディスタン労働者党と歴史的に敵対してきた。クルディスタン労働者党内のトルコ人ゲリラ組織はイラク極北の山岳地帯に移住した。既にサダム・フセインはトルコがイラク国内でクルディスタン労働者党を攻撃することを許容していた。

†26 アル・カーイダのサウジ支部は、二〇〇三年から二〇〇五年にかけて、一連の凄惨なテロをサウジアラビアで実行した。

イスラエルとアラブの和平プロセスを葬り去ったことで、サウジアラビアとの関係を長期的に不安定にした。サウジアラビア皇太子（この三年後に国王に即位する）が発案し、アラブ連盟が受け入れた「アブドッラー提案」はイスラエルに対し、イスラエルが一九六七年以来占領してきた全ての領土から撤退すれば、全てのアラブ諸国が実のある和平に応じると呼びかけた。全面的撤退には全面的和解を――という言い回しは時代が違っていれば魅力的だったろうが、ジョージ・W・ブッシュは何らの関心も示さなかった。[27]

バラク・オバマは既に二〇〇二年秋の時点で、イラク侵略は米国の敵を利するだけでしかない、と反対していた。オバマはこの明敏さのために民主党で孤立したが、この明敏さのために二〇〇八年の大統領選に大勝した。オバマ人気の力学は、米軍の撤退とエネルギー依存の軽減による中東からの離脱を促した。米大統領は二〇〇九年六月、「米国とイスラム世界」の和解を主題にした歴史的演説をカイロで行った。オバマはアラブ世界にではなく、一つの宗教の「十億人を超える信者」に訴えることを選び、その宗教の価値観は米国のそれと一致していると強調した。その上でムスリムと米国人はアル・カーイダの「暴力的過激主義」に対し、一緒に戦うべきだと説いた。オバマは米国とイスラエルの関係を「揺るぎない」と形容する一方で、パレスチナ人の現況を「容認しがたい」とし、パレスチナ国家への希求を「正当」とした。スエズ動乱[28]から半世紀後に中東アラブ世界での米国人気は再び最高潮に達した。反米感情は中東でも中東以外でも、条件反射というわけではなく、米国の特定の政策に対する遺恨によって培われるものだ。

オバマは大統領就任早々、イラン核問題をめぐる欧州の調停を支持することでイランに対し和解の姿勢を示した。二〇〇九年六月、不正まみれの大統領選でアフマディネジャドが再選を果たすと、イスラム共和国で前例のない抗議の大波が起きた。「緑の運動」であり、国中で数十万人がデモに繰り出し、警察と革命防衛隊の苛烈な弾圧に遭った。政権は先端技術を用い、携帯電話とソーシャルネットワーキングサービス（SNS）を制御した（携帯電話とSNSは以後、世界中で抗議を増幅する空間になる）。オバマは政権交代を唱えた前任者とは一線を画し、目立った行動は控えた。九月に新たなウラン濃縮施設建設が発覚するとオバマは欧州首脳と協調し、数か月後、制裁強化を国連で承認させた。米政府はイランが遠心分離器を連接はしていないが、軍事利用可能な能力の獲得に努めていると確信した。

ネタニヤフは二〇〇九年三月、一〇年ぶりにイスラエル政府首班に返り咲いた。「対テロ世界戦争」と第二次インティファーダの弾圧とハマスのガザ地区支配を受けて、ネタニヤフは二国家解決への拒否感を更に強くした。この点でオバマに対し譲歩のふりをしたのは、イスラエルがユダヤ国家であることをパレスチナ人に承認させるという前代未聞の要求を突きつけるためだった。イスラエルが一九七九年にエジプト、一九九四年にヨルダンと結んだ平和条約ではこれは要求しなかった。ネタニヤフは二〇〇九年十一月、今度も米政権の圧力を受けて、入植を一〇か月間「凍結」すると表明したが、それは東エルサレムと既存入植地の「自然な」発展を問題にさせないためだった。イスラエル首相は首尾よく二枚の捨て札を切った後、キリスト教シオニスト陣営がオバマ攻撃を展開

---

†27　シリア領のゴラン高原に加えて、パレスチナ領の東エルサレム、ヨルダン川西岸地区、ガザ地区を指す。

†28　354－355頁参照。

した二〇一〇年の米連邦議会選での共和党の躍進を、一九九六年の時と同様に、巧みに利用した。二人の国家指導者の力関係は一変した。米大統領は国連演説でパレスチナ国家樹立を支持したものの、パレスチナの国連加盟[†29]には反対した。

オバマは対テロ戦争の対象をアル・カーイダに定め直して成功を収める。イラクで民族主義ゲリラとの戦闘を停止したことで、スンニ派の間でジハード主義者に対抗する民兵を募ることができた。アフガニスタン国境周辺の部族地域とイエメンで、米軍はドローン攻撃によりアル・カーイダ幹部らを殺害した。ビンラーディンは二〇一一年五月、パキスタンにヘリで侵入した米部隊の急襲で死亡した。オバマはニューヨークとワシントンの同時テロの一〇年後に「正義は成された」と宣言できた。米大統領はイラクからの早期撤退を明言し、この不幸な戦争に幕を引く決意を示した。ただオバマはイラクのヌーリ・マリキ首相に法外な権力を与えてしまった。シーア派のマリキの党派心の強さが少数派のスンニ派に対する敵意として表れた。アル・カーイダ掃討で非常に効果的だった民兵組織は解体された。イラクのジハード主義者らは自信を取り戻し、その首領アブバクル・アル・バグダディはビンラーディンの後継者に忠誠を誓うことを拒否した。こうして秘かに「イラクのイスラム国」が対シリア国境沿いに形成された。サダム体制の旧軍人らはそこで旧ザルカウィ派と交わり、テロ体験や武器情報を持ち寄った。[†30]

ナフダへの回帰

アラブ民衆は一九九〇年以来、米国の中東政策の死角にいた。ヨルダン川西岸地区とガザ地区の「投石革命」は、プロセス状態から進展することのない和平に対する幻滅に帰着しただけで、第二次インティファーダは過激派の武装闘争が激化し、民衆の活力は枯渇した。米国はイラクで、一九九一年は蜂起した民衆がサダムの残忍な仕打ちに遭うのを座視し、二〇〇三年はサダムという野蛮こそ排除したものの民衆を暴虐な武装集団に委ねた。加えてバグダッドの政権交代が引き起こした荒廃と民衆の集団脱出は、アラブの独裁者らの自己宣伝に使われた。彼らは自身の統治が終われば必ず大混乱が生じると喧伝した。独裁者らは従来「対テロ世界戦」を口実に抑圧を強化してきたが、今度は反体制派を、どれほど愛国的であっても、米国の企てる政権転覆の工作員と決めつけた。ブッシュ政権は民主制への移行という原則自体は、外国による占領と武装集団による無秩序と対比することで維持できた。オバマのカイロ演説はこの締めつけを若干緩めたが、中東に長期的な激変をもたらすのはアラブ社会の根本的な変容だった。

民主的蜂起と呼ぶより「アラブの春」の方が世間での通りがよいだろう。ただこれは解放運動の開花を見た一季節の出来事ではなく、民族自決権を求めるアラブ民衆の長い戦いの一環なのだ。この戦いは十九世紀のナフダで始まり、二度の歴史的敗北を喫した。最初は一九二〇年から一九四八年までの委任統治の強制。次は一九六九年までに各国の独立が独裁者に乗っ取られたこと。エジプト、イエメン、リビアの独裁者は世襲制を志向した。シリアで二〇〇〇年に絶対権力がハーフェズ・アル・アサドから息子バッシャールに継承されたことが手本だった。しかし二十世紀末に生まれたアラブ新世代には祖父母世代の抱く「国家の救世主」に対する賛美はなく、オイルショック後

---

†29 パレスチナは二〇一二年十一月、国連の非加盟オブザーバー国家という慎ましい地位を得た。
†30 イラクのジハード主義者らの間では「残酷術」という題の手引が流布していた。

に父母世代の多くが浸ったイスラム道徳主義もなかった。欧州で二世紀かかった人口転換をアラブ世界は四十年間で完了した。より良い教育を受け、より批評的で、兄弟姉妹が一人か二人の家庭で育った若者が出現した。

「政権転覆が民意だ」[†31]という標語を唱えて街頭に繰り出したのはこういう若い大人の男女で、その多くは親になっていた。抗議の波は二〇一〇年末にチュニジアで起こり、二十年間権力を握ってきた独裁者ベンアリはサウジアラビアに逃げ出さざるを得なかった。チュニジア革命の成功は労働組合運動の活力、軍の抗議デモ鎮圧拒否、一世紀半にわたる立憲主義[†32]の伝統という三つの要因がある。その伝統を背景に政党は新共和国を樹立すべく結集し、以後三年かけて新たな国体をめぐる激しい折衝が行われることになる。中東アラブの独裁体制は市民社会を宗派ごとに分断し、筋金入りの親衛隊を頼みとして存続してきた。独裁体制はまた、反対派陣営でイスラム主義集団が支配的立場にある状況に付け入り、同集団が国内外で引き起こす恐怖と忌避感情を巧みに利用した。そして更に独裁体制は原油価格が史上最高値を更新する市況にも便乗し、詐取により、あるいは国外投資により、収益を独占した[†33]。

エジプトのムバラクに対する革命（サウラ）は、その非暴力的側面が一九一九年の反英「革命」[†34]を想起させたが、クーデターに帰着した。確かに独裁者は二〇一一年二月、三十年の支配の末に打倒された。だが権力を掌握したのは軍事革命政権で、ムスリム同胞団と手を結び民衆運動を封じ込めた。その直後、リビアではベンガジで反乱が起き、軍に亀裂が生じ、トリポリタニア地域が体制派に、キレナイカ地域が反徒側について対立[†35]した。翌月、イエメンでも数週間続いた平和的デモが容赦なく鎮圧された後、三二年間権力を握ってきたアリ・アブドッラー・サーレハ[†36]をめぐって軍が支持派と反対派に割れた。バーレーンで民衆の抗議デモはスンニ派の王家が多数派のシーア派を支配するという構造は問題にせず、新憲法を求めた。サウジアラビアとアラブ首長国連邦はイランによるシーア派支持の主張を口実にしてバーレーンに軍事介入し、抗議デモを封じ込めた。サウジアラビア当局は一千億ドルを投入してあらゆる反逆の芽を摘んだ。サウジアラビアとアラブ首長国連邦が危惧したのはイランという外患だけではなかった。反革命のこの二大金満国はトルコとカタールの支援を受けるムスリム同胞団の伸長も恐れた。繰り返しになるが、宗教の色眼鏡は事実をゆがめてしまうものだ。カタールとサウジアラビアは共にワッハーブ派を受容するとはいえ、カタールはムスリム同胞団を支持し、サウジアラビアはサラフィー主義者を支持する。これは共に政治的思惑からなのである。

---

†31 この標語のパレスチナ版は、PLOのヨルダン川西岸地区とハマスのガザ地区に分裂した状況を踏まえて「民意は分裂終了を望む」だった。

†32 277頁参照。

†33 ロシアとイランは石油収入の一部をシリアに、サウジアラビアとアラブ首長国連邦はエジプトに投資した。

†34 314－315頁参照。

†35 反徒が集結したのは民族独立旗のもとだった。これは一九六九年にカダフィに打倒された王制の国旗だった。シリアでも革命勢力は独立旗を掲げた。これは一九六三年に政権を奪取したバース党が取り換える前の国旗だった。

†36 サーレハは一九七八年から北イエメンの大統領を務め、一九九〇年に南北イエメンが統合しイエメン共和国が誕生した際に国家元首に就いた。北イエメンの首都サナアが共和国の首都になった。

シリア革命

「アラブの春」のさなかに、二〇一一年三月に入ると民衆が犠牲になり始めた。民衆はエジプトの軍事クーデター、バーレーンの反革命、リビアの内戦、イエメンの潜在的内戦の犠牲になった。この暗転する情勢のもと、シリアで平和的抗議デモが起き、アサドは直ちにこの「テロリスト」の排除を命令した。アサドの極度に抑圧的な選択はロシアとイランに支持された（イランはこの二年前、「緑の運動」を素早く弾圧していた）。シリア反体制派は民主化移行の旗印のもとに地域連合体として組織されていた。反対派は地域に根を張った横並び構造のために、苛烈な弾圧に抵抗できた。数々の地域自警団は政府軍からの脱走兵で次第に膨れ上がり、「自由シリア軍」（FSA）を標榜して結集した。ただ司令部をトルコに設けた自由シリア軍は、指揮系統も兵站構造も持たなかった。オバマはリビアにNATOの枠組みで関与し、二〇一一年八月に反徒が首都トリポリを奪取する手助けをしたが、新たな作戦を展開する意欲は全くなかった。ネタニヤフはアサド政権がゴラン高原をめぐり平穏を維持すると確信するや否や、米国に自制を求めた。エルドアンのトルコの南部国境を越えたシリア領内に「安全保障地帯」を設定するという、一九九一年にイラク領内に設定した緩衝地帯[†37]を先例とする構想は米国に拒否された。トルコに流入する難民の波は（二〇年前はこうした中立化によって抑止されたが）、レバノンとヨルダンに流入する波よりも激しかった。

アサドは軍事作戦を拡大した。ロシアとイランの無条件の支援を受け、アサドは軍用機と重砲と装甲車両の分野を独擅場にできた。加えてヒズボラが都市戦でシリア政府軍を支援し、やがて政府軍が消耗すると、代わって戦闘を遂行した。破壊は体系的に行われ、「反政府勢力」と見なせば住民を追い出し、懲罰を科した。スンニ派市民の虐殺は宗派別「報復」の悪循環[†38]に結びつき、政権は少数派の「擁護者」然として振る舞うことができた。革命勢力はオバマが国際的正当性を認めることを拒否したことで不利益を被った（オバマはリビアの反体制派には二〇一一年三月時点で正当性を認めた）。外交的承認の欠如に加え、自由シリア軍「本部」に対する支持は限定的だった。米国は同盟国がこのゲリラ組織に地対空ミサイルを供与することを全面的に否定した。その結果、反政府派諸集団は個別に武器調達ルートを開拓し、その過程で分裂・競合していった。この傾向はトルコとカタールの対立、サウジアラビアとアラブ首長国連邦の対立によって一層強まることになった。

エジプト軍事政権は行政権力を完全に掌握しつつ、二〇一一年末の議会選挙でムスリム同胞団が勝利するのを静観した。反ムバラク蜂起に加わった多様な集団は将軍らとイスラム主義者らの間の第三の道で団結することができなかった。この二極化は二〇一二年六月、ムスリム同胞団の候補ムハンマド・ムルシーが五一・七％の得票率で大統領選に勝利した時、頂点に達した。ムルシーは軍の主立った幹部を左遷し、脇役のアブドゥルファッターハ・シシ将軍を国防相に任命したことで軍の障害を取り除いたと思い込んだ。ところが新国防相はムルシーの偏向し混乱した政策に付け入りながら、辛抱強く軍による権力奪還の準備をした。軍に守られ、煽動された反イスラム主義デモの波が起き、二〇一三年二月、ムルシーはシシに打倒された。二〇一一年二月と同様、真の民衆蜂起

†37　406頁参照。
†38　この殺戮の力学は一九七六年一月のレバノン内戦の力学を想起させる。370頁参照。

は古典的クーデターによって乗っ取られ、賛成一色となる国民投票の儀式[39]を待つばかりだった。暴動続きの不安定とイスラム主義の不寛容として総括されることになる、二年半の異議申し立て期間の終了だった。一九五二年の王制転覆から一九五四年のナセルの権力独占に至る筋道[40]と驚くほど似ている。サウジアラビアとアラブ首長国連邦は直ちにクーデター実行者に報いるためにエジプトに二〇〇億ドルの直接投資を約束した。ムスリム同胞団に肩入れしていたトルコとカタールは衝撃を受けた。

オバマの過ち

シリア革命勢力は政府軍に武力で大きく劣りながらも二〇一二年七月、ダマスカス郊外とアレッポ東部の占領に成功した。アサド政権は北東部のクルド人の多く住む一帯を捨て石としてＰＫＫのペシュメルガに譲った。このクルドゲリラはトルコ政府との停戦合意に従ってトルコからシリアに移住してきた。オバマはシリア反政府勢力に勝利の手段を与えることを拒否した。彼はアサド政権に対し化学兵器の使用は「レッドライン」（越えてはならない一線）であると警告しただけだった。つまり古典的な砲弾と「樽」爆弾[41]を用いた爆撃は容認したわけだ。その結果、内戦は膠着《こうちゃく》状態が長引き、人的被害が甚大になる一方、ダマスカスの支配者は殺戮と住民の追放を国の「浄化」の好機と捉えた。オバマはイラン核問題をめぐる交渉再開を最優先した。それが中東に持続的平和をもたらすと期待したからだ。そのためオバマはプーチンが最低限のコストでシリアに疑似「冷戦」を仕掛けるのを許容した。

二〇一三年六月、イスラム共和国大統領に改革派ハッサン・ロウハニが選出され、オバマはイラン核問題の進展に希望を抱いた。七月、シシのクーデターはこのアラブ最大人口の国での革命路線の失敗を実証した。ネタニヤフはイスラエル周辺国で自身が望んでいたように独裁体制が復活したことに一安心した。八月、アサド政権は反徒の支配するダマスカス郊外に神経剤サリンを用いた空爆を行い[†42]、革命勢力の前線を突破したと考えた。これは四半世紀前にサダムがクルド地域の都市ハラブジャを毒ガス攻撃したのと同じ術策だった[†43]。この軍事的奸計は不意に中断した。革命勢力が反撃に転じたからだ。彼らはオバマが自ら口にした「レッドライン」違反に罰を下すと信じた。しかし米大統領は仏軍との同時急襲作戦を計画したものの[†44]、プーチンとの対話を優先する決断をした。米露の調停でシリア政権は化学兵器製造・加工施設の廃棄に合意した。アサドはその履行のためとはいえ、表舞台に復帰した[†45]。

---

†39 陸軍元帥に昇級していたシシは二〇一四年五月、九七％の得票率で大統領に「選出」された。

†40 347、350頁参照。

†41 TNT火薬と散弾の詰まった「樽」を航空機が低空から投下する。

†42 空爆で市民を中心に約千四百人が殺害された。古典的兵器と化学兵器が併用され、化学兵器の犠牲者は約千人だった。

†43 384頁参照。

†44 最も憎むべき戦争犯罪を実行したアサドに対し、もはや処罰は免れないと通告するための精密爆撃が検討された。これは二〇一一年のNATOのリビア空爆とは、いわんや二〇〇三年の米国のイラク侵略とは本質的に異なる。

†45 このシリアの独裁者は合意を破り、化学兵器を保持し、反徒の支配する地帯を定期的にサリンと塩素ガスを使用して爆撃した。

オバマの変節は極めて重大だった。米国がアラブ民族の権利を否認してきた長い伝統に連なるとはいえ、今回は一つの断絶を示した。米国の公の誓約に中身がないことを露呈したからだ。米政権の約束が重みを失い、露中両国の度重なる拒否権行使によってシリア政策で機能不全に陥った国連安保理も信用を失墜させた。国際法は特に人道分野で体系的に破られるのが常態になり、シリアの惨禍の結果、中東の日常となった。ロシア政府がダマスカス郊外の化学兵器による殺戮という現実を疑問視したことで、歴史的事実を否認する新たな波が起きた。より深刻なことに、ジハード主義者らはこの醜聞を根拠に国際システムを断固糾弾し、自分らがそれに代わる実効的な選択肢だと強調した。この数か月前に宣言された彼らの「イラク－シリアのイスラム国」、アラビア語の頭字語で「ダーイシュ」は、至るところで被害に遭うムスリムの「防衛」を唱え、欧州でゲリラの徴募を強化した。

反アサドゲリラは二〇一四年一月、今度は反ダーイシュの「第二革命」に着手し、シリアのアレッポと北西部からダーイシュを排除した。一方、アサド政権はジハード主義者の脅威から解放された地域に対する攻撃を強めた。ＰＫＫのシリア支部がロジャバ自治区[†46]を創設し、ダーイシュとは事実上の停戦協定を結び、自治区内でのアサドの情報機関の工作を放置した。ダーイシュ指導者バグダディは六月、一転して国境を越えてイラク側に侵入し、モスルに電撃攻撃を仕掛けた。イラク軍は敗走し、モスルをジハード主義者に明け渡し、バグダッドへの道を開いた。ナジャフの最も崇敬されるアヤトラはダーイシュの侵攻を阻むシーア派武装組織の中枢に「大衆動員」を訴えた。バグダディは七月、モスルで自身を「カリフ」と宣言し、その野心を正当化するために自身は預言者の末裔にあたると詐称した。その信奉者らはシリアとイラクのクルディスタン地域に脅威を与え、少数派ヤジーディー教徒を激しく攻撃し、その女性教徒を奴隷にした。

オバマがイラクのダーイシュ掃討を命じたのは二〇一四年八月のことで、モスルのイラク軍敗走から既に二か月が経過していた。九月にはクルディスタンの飛び地防衛のためにシリアに掃討作戦を拡大する。米大統領は中東での新たな軍事関与を躊躇したが、それだけでは（ダーイシュが最大限の利益を引き出す）この酷い遅延を説明できない。オバマはシリアで「レッドライン」を断念したことの重大性を理解しなかったように、ダーイシュの脅威の重大性を見抜くのに手間取ったのだ（ダーイシュはアル・カーイダと違って、米国よりも欧州を標的とした）。[†47] オバマは機動性を切り札とするこのジハード主義ゲリラ組織に対し、長期戦を選択した。米軍の空爆をイラクでは政府軍とシーア派民兵が、シリアではクルド人武装勢力が、それぞれ地上戦で援護した。その結果、ダーイシュは四面楚歌《しめんそか》となったスンニ派の擁護者を自任することができ、徴募と資金調達が容易になった。オバマはブッシュ父子が一九九〇年と二〇〇三年に実行したような米国主導の反ダーイシュ有志連合を七〇か国で構成した。[†48] しかしこの有志連合がダーイシュの手に数日で落ちたモスルを奪還するのに三年もかかった。その間、フランス、ベルギー、英国、ドイツ、スウェーデンなどの国々が、欧

†46　ロジャバはクルド語でクルディスタンの「西」を意味し、地理上はシリア北東部に該当する（332頁参照）。
†47　ダーイシュが欧州で最初に実行したテロは二〇一四年五月、ブリュッセルのユダヤ博物館が標的だった。
†48　米軍指揮下の有志連合のうち重要な貢献をしたのは仏英両国だけだった。

州を狙った相次ぐテロ攻撃に遭った。

プーチンの時

二〇一五年七月、イラン核問題で多国間合意が形成され、[†49]オバマは中東戦略に自信を得た。しかしテヘランで合意の責任を背負ったのは二年前に大統領に選出されたロウハニだけで、一九八九年以来最高指導者として神権政治の正統性を享受するハメネイは米国を執拗に糾弾していた。革命防衛隊はシリアで既に内戦に深く関与していたが、イラクでは「大衆動員」の民兵の形で、ダーイシュに対する戦いの名のもとに、影響力を確立した。米国の中東政策の伝統的二本柱、イスラエルとサウジアラビアはいずれもイラン核合意に厳しく反対していた。ネタニヤフは米国で、連邦議会上下両院合同会議で演説までして、猛烈な反対キャンペーンを展開したが、オバマ政権の動きを阻むことはできなかった。サウジアラビアのサルマン国王は世界最年少の国防相だった息子ムハンマド[†50]が合意を激しく非難するのを放任した。このムハンマド・ビン・サルマンとアラブ首長国連邦皇太子ムハンマド・ビン・ザーイド[†51]は二〇一五年三月、イエメンに大規模な軍事介入を行った。二人はイランがフーシ派を通じてこの国を衛星国家にしていると告発した。フーシ派はイエメン北端を出自とするゲリラで、元大統領サーレハ[†52]に結びついていた。ウィーンでイラン核合意が調印されたまさにその時、サウジアラビア空軍と同盟国軍は港湾都市アデンを制圧した（アデンでは国際社会に認知されたイエメン政府が政府機能の再開に着手していた）。

オバマは中東の融和力学に実直に賭けたが、二〇一五年九月にロシアがシリア紛争に直接介入したことで、邪魔が入った。プーチンが強攻策に出たのは、イランに促されたからだ。イランはアサド政権がゲリラ勢力の攻勢にさらされて危うくなっていることを憂慮した。ゲリラ勢力はトルコに手厚く支援されていた。露大統領はマハンを読まなくても、中東で自国の存在を主張すれば全世界にロシアの力を周知できると承知していた。プーチンは国連総会の演説で体制を国家と同一視して体制の主権を称揚したうえで、対シリア介入を発表した。ロシア版「対テロ世界戦」だった。ブッシュがかつてそうしたように、「テロリスト」と同定すれば、反対派がどのような思想信条であっても弾圧できるのだ。露政府は既にシリアで海軍基地使用権を獲得し、ラタキアに治外法権の空軍基地を整備した。露空軍は反アサド勢力に対する空襲に特化し、シリア東部のダーイシュ掃討作戦は米軍主導の有志連合に委ねた。プーチンのシリア戦争は穏当な経費で賄われた。主要な軍事的損害は外部委託先の傭兵を抱える「民間」企業が負った。[†53]

トルコはシリアでロシアの反撃に遭って孤立し、米国がPKKと結んだ反ジハード同盟にも脅威を感じた。加えて二〇一六年七月、二百人以上の死者を出したクーデター未遂事件が起き、トルコ

†49　ウィーンで合意文書に調印したのはイラン、米国、ロシア、フランス、英国、中国、ドイツ、EUだった。
†50　ムハンマド・ビン・サルマンは二〇一五年一月、二十九歳で国防相に就いた。
†51　その親しさから二人は（氏名の頭文字から）それぞれMBS、MBZと呼ばれることが多い。
†52　サーレハは二〇一二年、サウジアラビアの圧力を受けて権力を副大統領ハディに譲った。その後、フーシ派と手を組み、同派が二〇一四年にサナアを制圧し、更に全土を支配するのを認めた。
†53　米国は既に二〇〇三年から二〇一一年までのイラク占領で、同様に外部委託を用いたが、数万人規模の正規軍を地上に配備した。

政権の基盤を揺るがした。エルドアンは逆境にあってプーチンの力強い支援を受け、以後シリア政策でプーチンと協力することを決断する。トルコは、露軍の航空支援を受けたアサド軍と親イラン武装勢力の猛襲にさらされた、アレッポの反政府勢力を見捨てた。[†54] モスクワとアンカラとテヘランの三者間プロセスが始動し、残る反政府勢力の支配地を一つずつ無力化していった。降伏が続出し、残党はシリア北西部の対トルコ国境にある孤立地帯イドリブに逃れた。露軍はシリア人どうしの「和解」を名目にしてアサド体制の復権を監督した。ネタニヤフはイスラエル北部国境周辺のイランの活動を封じるためにプーチンを頼った。欧州外交はシリア危機で発言に重みを持たせるために、モスクワに擦《す》り寄った。プーチンは中東全域で、かつての米国指導者のように、華々しく迎えられた。もはや中東の実力者はプーチンであり、オバマではなかった。オバマは二〇一七年一月、大統領職をドナルド・トランプに引き継いだ。

清算人トランプ

米国の新国家元首は多国間主義の破壊に一貫して力を注いだが、同時に米国の内政の原理を中東に持ち込んだ。対イスラエル支援はそれ自体よりも、米国で共和党大統領がキリスト教徒シオニストの支持を維持するために価値があった。サウジアラビアとの盟約は米国が世界最大の石油産出国になったため、もはや石油の輸入に基礎を置くものではなく、石油価格を保証する役割を土台とするものに変わった。トランプは自身が調停すれば、イランを敵役としてイスラエルとサウジアラビアを持続的に接近させられると確信した。トランプは二〇一七年五月、両国を相次いで訪問した。トランプは六月、サウジアラビアとアラブ首長国連邦とエジプトの三国が、カタールに対しイランとムスリム同胞団との絶縁を迫って、国境封鎖に出たことを放置した。トランプは十二月、エルサレムをイスラエルの首都と公式に認めた。彼なりのバルフォア宣言一〇〇年の祝い方だったともいえる。バルフォア宣言はトランプと同様に「アラブ」という言葉を用いず、パレスチナ人の信教の自由は認めつつ、民族としての権利を否認していた。[†55] 二〇一八年五月、トランプはイラン核合意の破棄を通告し、在イスラエル米国大使館をテルアビブからエルサレムに移した。その式典は米大統領の絶対的信奉者で、キリスト教徒シオニストの重鎮である米国の二人の牧師に祝福された。

トランプは二〇一七年七月、モスル奪還をダーイシュに対する華々しい勝利として称賛したが、まさにその時、親イラン武装勢力がこの歴史的スンニ派の都市に根を下ろしつつあった。シリアに残るダーイシュの最後の牙城を制圧するのに更に二年間の軍事作戦が必要だった。トランプは友軍だったクルド勢力に何の保障もせず、トルコの攻撃の前に見放したまま、シリアからの米軍撤退を決めた。最終的には米軍撤退は部分的だったが、この危機はアンカラとモスクワの直接交渉で解決され、アサド政権はクルディスタン地域への支配を強めた。オバマは既に二〇一三年、もはや米国の発言は中東で大した意味を持たなくなったことを証明していた。トランプは二〇一九年、米国は戦友をいつでも見捨てることができることを示した。プーチンの同盟国に対する確固たる支持は中東で一層評価された。イラン革命防衛隊はイスラム共和国の影響力の網を広げていた。ようやく米

---

†54 ムスタファ・ケマルが一九二一年、オスマン後のトルコの権力継承をフランスに承認されたのと引き換えに、シリア民族主義派を見捨てたのと極めてよく似ている。313、331頁参照。

†55 307－308頁参照。

国防総省は、在イラク米軍基地が完全に攻囲され、イランの挑発行為に対し自衛するのが精一杯であることを悟った。

覇権の終焉

トランプはイスラム共和国に対し、自ら打ち出した「最大限の圧力」路線に固執した。米国の制裁措置はイランと商取引を続ける全ての企業に拡大された。その結果、米国は欧州の競争相手を厳しく罰することができた。こうした制裁がテヘラン政権に対して有効か否かは議論の余地がある。イラン政府は制裁を失政の言い訳に利用でき、制裁に対し政府を中心とする愛国的連帯が形成されたからだ。同様に、苛烈に弾圧された二〇一八年一月と二〇一九年十一月の反体制運動は、米国の全く軽率な励ましで足を引っ張られた。トランプに自身の戦略に対する固執を断念させるには、更に材料が必要だった。トランプは二〇二〇年一月、ホワイトハウスで満面の笑みのネタニヤフを従えて、イスラエルがヨルダン川西岸地区の大半を併合することを有効と認める「和平案」を発表した。残骸のパレスチナ国家が、飛び地を複雑なトンネル網で結節した形で、いつの日か誕生するのかもしれなかった。アラブと欧州は、米国の納税者が一セントも支払わない、この「世紀の合意」への出資を求められた。この案をＰＬＯは断固拒否し、支持を表明するアラブの政権は皆無だった。同案は立ち消えた。トランプは戦争を遂行することも和平を請け合うこともできずに、「米国主導の中東」の死亡通知に署名した。彼は九月、イスラエルとアラブ首長国連邦の間で調印された条約の「立会人」であることに満足した。[†56] この戦略的接近の要因は米国の調停ではなく、米国の撤退だった。

ただロシアが米国の占めてきた中東の支配的地位に就くことは不可能だろう。ロシアはシリアを破壊し、その亡骸《なきがら》をイランとトルコと分け合うことはできるだろうが、荒廃した国を復興するに足る行政力・財政力を持たない。プーチンは略奪者と独裁者の中東で輝くことができ、蛮行と臆面のなさと暴力で中東の国々を凌駕できよう。既に蛮行と臆面のなさと暴力で満ち満ちた地域にあって、これらは全て否定的資源でしかない。露大統領が信じるのは体制だけであり、体制に形式的主権を認め、民族自決権を否認する。彼はぞんざいな国連からシリア統治を事実上委任された。かつてぞんざいな国際連盟がフランスに委任したように。アサド政権は国家の頂上の抗争劇に揺さ振られ、もはや昔日の面影はなかった。彼は難民の大量帰還[57]という、彼の目には国家存亡にかかわる脅威への対処で消耗した。難民は最低限の権利が保障されない限り、帰国することはない。シリアの独裁者は難民に権利を認めることを明確に拒否している。ロシアは全面的に支えてきたこの独裁者の脆弱性によって罠にかかっている。この独裁者はロシアのおかげで生き延びてきたが、ロシアはこの独裁者にどんなに些細な譲歩も押しつけることができないのだ。

アラブの国で二〇一一年に革命の波が到来する以前の状態に回復した国は一つもない。どの国も

†56　この時、アラブ首長国連邦の実力者ムハンマド・ビン・ザーイドはワシントンを訪問さえしなかった。同日にイスラエルとバーレーンの間で調印された、別の「アブラハム合意」はあまり野心的な内容ではなかった。

†57　シリア紛争で国民の半数は住処を離れざるを得なくなった。六百六十万人は国外の難民となり、ほぼ同数が国内の避難民となった。

先細る石油収入を担保に巨額の予算を組み、終わりの見えない紛争にのみ込まれた。シシはエジプトでムバラク時代よりも更に抑圧的な独裁政権を担い、少なくとも二〇三〇年までは権力を握り続けるお膳立てをした。ただ戦略的に重要なシナイ半島で猛威を振るうジハード主義勢力の反乱を抑えることはできなかった。カダフィのかつての同志ハリファ・ハフタル[†58]は、その民兵組織をキレナイカ地方の対エジプト国境を背に配置し、自らをリビア版シシと思い描いているに違いない。二〇一五年五月と二〇一九年四月の二回、アラブ首長国連邦、エジプト、ロシア、サウジアラビアの支援を受け、トリポリを奪取する目的で内戦を起こした。ハフタルは敵を「テロ集団」と呼んだが、ダーイシュがシルトに築いたジハード主義集団の牙城を二〇一六年十二月に征服したのは、ハフタルではなくこの「テロ集団」だった。ハフタルの権力独占欲に対抗するために、混成ながら強力なリビア諸派同盟が形成された。トルコが二〇二〇年一月、同盟を支援するために介入し、成果を収めた。イエメンはといえば、二〇一五年三月のサウジアラビアとアラブ首長国連邦の軍事介入は民衆にとって破壊以外の何物でもなく、しかも二つの産油君主国は決定的な勝利を得られなかった。アラブ首長国連邦は二〇一九年七月から軍を順次撤退させて、以後は南イエメン分離派と失墜した独裁者サーレハ[†59]支持派を標的にした。この動きはサウジアラビアの影響力を弱めた。

こうした様々な軍事的袋小路は米国の撤退を背景としているが、飽くことのない石油への渇望が中東政策に取って代わっている中国を利することもない。中国政府は石油・天然ガス供給国と巨額投資対象国をそれぞれ多元化するよう留意している。原則は現政権を全て支持すること。たとえ政権どうしを反目させる対立があるとしても。その結果、一方でサウジアラビアとアラブ首長国連邦、他方でイランが中国政府と特権的関係を結んでいる。様々な共和国と君主国の独裁者が中国の厚遇の重要性を認め、その代わりに中国西部のムスリムの境遇を批判することを禁止している。ここに見られるのは、現状の無限再生を超えて中東の未来を構想する意志の欠片《かけら》もない、独裁者たちのもたれ合いだ。中国は米国と世界規模で対決しているが、習近平はプーチン同様、中東の覇者としてトランプの穴を埋めることはできないのだ。

中東のアラブ政権の破綻と域外の庇護者への依存は、国家建設の道程を完走できなかったことに起因する。それは独裁者らによる独立路線の乗っ取りにも結びつく。アラブ世界で唯一、オスマン帝国に支配されることも、植民地帝国に隷属することもなかったサウジアラビア体制は今日、ムハンマド・ビン・サルマン[†60]の厳しい監督のもと、中東基準に見合った独裁国家としての再生に努めている。膨大な資源があるために、この人物は「改革」とは無縁のこの企てに、惜しげもなく大金を注ぎ込んでいる。アラブの他の独裁者にはこうした余裕はなく、無気力を装う民衆に対し、基本的な医療福祉を保障し続けるという途方もない難題に直面している。レバノンとイラクは二〇一九年十月、その宗派主義のために腐敗漬けになった体制に対する、明確に「革命的」な抗議運動の波に

---

†58　ハフタルは一九八四年から二〇一一年まで米国に亡命し、自身の武装組織を「リビア国民軍」と命名、二〇一六年に自ら「元帥」と称している。

†59　サーレハが二〇一七年十二月にフーシ派に殺害されると、支持派はその甥で元大統領特別警護隊司令官に率いられ、結局アラブ首長国連邦の傘下に寝返った。

†60　彼は二〇一七年六月に皇太子になると健康のすぐれない父、サルマン国王の権力を凌駕するようになった。

揺れた。二つの運動はそれぞれ、民兵組織の自由裁量とイランの支配に対して、愛国心と非暴力で戦った。ナジャフとカルバラーという聖地はペルシアの支配欲に対し、再びアラブ人シーア派勢力の抵抗拠点になった。

中東は新たな盟主を全く必要としない。必要なのは民衆の願いを保証する秩序なのだ。オスマン帝国が崩壊すると、民衆の願いが考慮されるどころか、仏英両国の委任統治は願いを拒否した。委任統治後の独立は軍事政権によって正道を外れた。エルドアンが夢見たトルコ国境南方の「戦略的奥行」は、シリア北端の狭隘な「安全保障地帯」に縮小され、トルコはその地で傭兵を徴募し、リビア戦役とカフカス戦役に一兵卒として送り込んだ。トルコ政府の軍事的積極行動主義は、独裁下の退行と経済不振に由来する国民の損害を償うことはできなかった。イスラム共和国はアラブ世界に対しては上首尾に終わった企てが、国内では反体制派に痛罵された。政権の国外の勝利は、政権の制約に縛られる社会にとっては敗北なのだ。トルコとイランの中東政策に通底する帝国の郷愁が、その反作用としてアラブ首長国連邦とイスラエルの接近を促した。この生成中の同盟は意味深いことに、国民のいないアラブ国家[†61]とアラブ民族の権利剝奪を土台とする国家の間で結ばれるのだ。

今日の中東の特徴は、地域の略奪者が国境を越えて仕掛け、その地の独裁者が国境の内側で仕掛ける、民衆に対する戦争状態にある。顕在し、あるいは潜在する戦争状態を土台として、中東の安定を築けると思い込むのは妄想だ。幾世紀も中東を構成してきたエジプトとシリアとイラクの三極構造が崩壊し、危機に次ぐ危機の循環が始まった。シリアは占領する大国に翻弄され、エジプトは自らの重みに潰れて産油君主国に曳航《えいこう》されているように見える。イラクでは愛国的若者たちがイランの拡張主義の犠牲になっている。しかしながら、化石燃料にかかわる経済的収入も、「対テロ」

に由来する戦略的収入も枯渇するのは必然であり、反革命は最終的には失敗に帰する。民衆が国家建設の主人公になることだけが中東を袋小路から救い出し、中東の女性と男性の計り知れない可能性を遂に開花させることができるのだ。

その時、中東の歴史の新しい一頁が書かれることになる。

---

†61　アラブ首長国連邦の人口の一〇%だけが国籍を持つ。

第十章　年表

1990年8月2日	イラクがクウェートを侵略、8日に併合
1991年1月17日	米軍が「砂漠の嵐」作戦を開始
1991年2月28日	米国とイラクが停戦合意
1991年10月30日	マドリードで中東和平会議開催
1992年7月13日	イツハク・ラビンがイスラエルの首相に
1993年9月13日	米大統領府で「オスロ合意」調印
1994年7月1日	ヤセル・アラファトがガザ地区に帰還
1995年11月4日	ラビンがテルアビブで暗殺される
1996年5月29日	ベンヤミン・ネタニヤフがイスラエル首相に
1999年7月6日	エフード・バラクがイスラエル首相に
2000年3月26日	ジュネーブでのクリントンとアサドの首脳会談が決裂
2000年5月23日	イスラエル軍がレバノン南部から撤退
2000年9月29日	「アルアクサのインティファーダ」始まる
2001年2月6日	アリエル・シャロンがイスラエル首相に
2001年9月11日	アル・カーイダがニューヨークとワシントンで同時テロ
2002年3月28日	ベイルートでアラブ和平の提案
2002年3月29日	イスラエルがヨルダン川西岸地区を再占領
2003年3月20日	米国がイラク侵略を開始
2003年4月9日	サダム・フセイン政権の崩壊

2004年11月11日　アラファトがパリで死去
2005年4月27日　シリア軍がレバノンから撤退
2005年9月12日　イスラエル軍のガザ地区からの一方的撤退完了
2006年5月20日　ヌーリ・マリキがイラク首相に
2006年9月28日　ナセルが死去、サダトが後継に
2006年7月12日　イスラエルとヒズボラの「三三日戦争」始まる
2006年12月30日　サダム・フセインがバグダッドで処刑される
2007年6月14日　ハマスがガザ地区を支配
2009年3月31日　ネタニヤフがイスラエル首相に復帰
2009年6月4日　バラク・オバマがカイロ大学で講演
2009年6月12日　イランで抗議の「緑の運動」始まる
2011年1月14日　チュニジア大統領ベンアリがサウジアラビアに脱出
2011年1月25日　エジプトで大衆の抗議運動が始まる
2011年2月11日　カイロで反ムバラクのクーデターが発生
2011年2月16日　ベンガジで反カダフィ抗議運動が始まる
2011年3月14日　サウジアラビアとアラブ首長国連邦がバーレーンに軍事介入
2011年3月15日　シリアで反アサド抗議運動が始まる
2011年8月20日　リビア革命勢力がトリポリを制圧
2012年7月17日　ムハンマド・ムルシーがエジプト大統領に選出される
2013年4月9日　「イラク－シリアのイスラム国」（ダーイシュ）結成宣言
2013年6月14日　ハッサン・ロウハニがイラン大統領に選出される

2013年7月3日　アブドゥルファッターハ・シシ将軍がエジプトでクーデターを実行
2013年8月14日　カイロでイスラム主義勢力の集会が弾圧される
2013年8月21日　ダマスカス郊外が化学兵器で爆撃される
2014年5月16日　ベンガジで第二のリビア内戦が始まる
2014年6月10日　ダーイシュがイラクで電撃作戦を開始
2014年8月8日　反ダーイシュ有志連合がイラクを初めて攻撃する
2015年3月26日　サウジアラビアとアラブ首長国連邦がイエメンに軍事介入
2015年7月14日　イラン核合意
2015年9月30日　ロシアがシリアに直接関与を始める
2016年12月8日　リビアのダーイシュの牙城シルトが陥落
2016年12月22日　アレッポの反政府勢力の最後の地区が陥落
2017年6月5日　サウジアラビア主導でカタール国境が封鎖される
2017年6月21日　ムハンマド・ビン・サルマンがサウジアラビア皇太子に
2017年7月9日　モスルをダーイシュから公式に「解放」
2018年5月8日　米国がイラン核合意を離脱
2018年5月14日　米国が在イスラエル米大使館をエルサレムに移す
2019年3月23日　シリア最後のダーイシュの拠点が陥落する
2019年4月4日　ハフタルがリビア内戦を再開
2019年10月1日　イラクで反政府運動が始まる
2019年10月9日　トルコがシリア北東部を攻撃
2019年10月17日　レバノンで「革命的」抗議運動が始まる

2020年1月16日　トルコがトリポリ政府側にくみしてリビアに軍事介入
2020年1月28日　トランプとネタニヤフが「和平合意」案を発表
2020年8月4日　ベイルート港で壊滅的爆発事故が起こる
2020年9月15日　イスラエルとアラブ首長国連邦が平和協定を締結

終章　危機の揺籃

二〇二二年二月に始まったロシアのウクライナ侵略戦争は、中東が依然として国際関係の中心にあることを逆説的に示した。第二次大戦後の欧州最悪のこの戦争は実際、中東で秒読みを始めた。二〇一三年八月、シリア政府軍によるダマスカス郊外への化学兵器攻撃の後で米国の腰が砕けたことで、プーチンは次のように納得した。ロシアがクリミアを併合しても西側の反応は同様に穏やかだろう――。併合は半年後に布告された。この実力行使はつかの間の出来事では全くなく、露政権による対ウクライナ消耗戦の始まりだった。ウクライナは独立心が勝りすぎ、自由主義が強すぎると露大統領は判断した。一方、ロシアは二〇一五年九月、シリアに対し、重要だが間接的だった関与から大規模な軍事介入へと転じた。モスクワがシリアの戦域で最初に試し汎用化した軍事技術はその後、ウクライナで破壊力を実証し、住民を恐怖に陥れ、集団脱出に追い込んだ。その事例は病院・学校・公共施設、そして（その名に値しない）「人道回廊」への爆撃だった。ウクライナの抵抗を抑えるために、「人道回廊」に集った市民らを危険な目に遭わせた。二〇一六年の破滅的なアレッポ攻囲戦は六年後のマリウポリ攻囲戦に直接結びつく。いずれの攻囲戦でも相手拠点を徹底的に破壊したうえで、廃墟の相手を投降に追い込んだのだ。

政策決定者・戦略担当者の多くは結局、現実の勢力関係、そこから派生する支配力に固有の象徴的側面を考慮しないまま、中東を地政学的な主要問題の埒外に置いてきた。オバマはシリア反政府勢力に存続の手段を与えはしたが、勝利の手段は決して与えない選択をした。彼はその選択がプーチンに中東の中心で「冷戦」の代理戦争を仕掛ける機会を与えたことを全く理解しなかった。露政権はアサド政権を無条件で支援したことで、米国に最も近しい独裁者を含むアラブの全ての独裁者の傍らに特等席を獲得した。オバマがムバラクを「見捨てた」ことで、独裁者はおしなべて深い不安を感じていたからだ。露大統領が自らの本性を抑える必要はなかった。彼とダマスカスの独裁者はともに陰謀を好む。それぞれ情報機関という不透明な世界で訓練を積んできた。両者にとって「国民」は宣伝文句の中にしか存在しない。国民が遂に団結し、歯向かってくる時、重要なのはその運動を外国勢力の卑劣な「陰謀」と断定し弾圧することだ——。もう一つ加えるとすれば、この両大統領の権力掌握はともに既定路線だった。一人は老衰したエリツィンに指名され、もう一人は実父ハーフェズ・アル・アサドの指名を受けた後継者だった。「ウラジーミル・アサド」と「バッシャール・プーチン」の補完関係はウクライナ危機以前に議論されるべきだった。

ロシアはシリアを足場に、かつてソ連の占めていた世界大国の地位に段階を踏んで確実に復帰した。問題は米国が一九九一年から中東を舞台に創設・管理してきた「新世界秩序」を打ち壊すことだった。ただオバマは中国との対決を視野に置き、地政学の関心領域を太平洋に設定した。プーチンの中東をめぐる野心は重要視しなかった。後継のトランプはプーチンに反対するのではなく、融和に努めた。トランプに非常に近しいネタニヤフはプーチンとの協力に前向きだった。ネタニヤフの見るところ、プーチンはイスラエル北部国境周辺へのイランの進出を食い止める唯一の城壁だった。このイラン体制とその狂信者の進出がアサド政権を利するためのロシアとの協働の一環であることは問題にしなかった。ネタニヤフとトランプにとって肝要だったのは、ロシアの政策で被る損害を小さくすることであり、根源から阻止することではなかった。米国が対ダーイシュ掃討作戦の大部分を引き受けたため、露空軍はジハード主義集団に比べてかなり武力で劣るシリア反政府勢力に対する空襲に専念できた。つまりロシアは、米国が対イスラエル支援と対ダーイシュ戦争という形で中東に関与しつつも中東から撤退している状況を最大限に利用して、中東を起点に欧州で拡張政策を改めて推進しているのだ。

米国の中東からの撤退は軍事的というよりも政治的・外交的・象徴的である。米国は二〇二一年八月、公然の敵タリバンとカブールで二週間の共存を強いられた後、アフガニスタンから恥辱にまみれて撤退した。今様《いまよう》の紋切型は、三十年間にわたる「米国の中東」はその時に終わったとするが、それは違う。中東支配を土台として世界覇権を確立するという米国の構想がぐらつき、修復不能になったのは二〇二〇年一月のことだ。トランプとネタニヤフはその時ホワイトハウスで「世紀の取引」を発表した。パレスチナを武装解除し、飛び地の領土を持つ残余国家とする内容だった。この案で問題を最終決着する触れ込みだった。この「世紀の取引」は、非力な「パレスチナ自治政府」がこの強制条約を断固拒否すると、あっけなく潰れた。米国の中東をめぐる総合力の弱さが暴露されたのだ。その翌月、カタールで米国とタリバンが調印した合意が、専ら米国のアフガニスタン撤退方法をめぐる内容であり、勝利に沸く反徒の制御方法をめぐる内容でなかったことは意味深長だ。米国が中東和平プロセスを強制・管理・強化する力を持たないことは、中東を支配する大国という地位を放棄することを意味する。それが露呈したのは、カブールの屈辱のはるか以前だった。

「米国後の中東」の起点は二〇二〇年九月、つまりカブールが陥落する一年余り前の「アブラハム合意」締結である。トランプの宣伝に惑わされて多くの人は「アブラハム合意」がイスラエル－パレスチナ間の「世紀の取引」の帰結であると錯覚しているが、実際はまさに後者の大失敗が前者の調印をもたらしたのだ。「アブラハム合意」の深意は、イスラエル－アラブ間の国交正常化とパレスチナ問題の取り扱いを切り離すことで、イスラエルとアラブ首長国連邦の間に戦略的協力の道を開くことだった。両国は以後「熱い平和」条約で結ばれる。これはイスラエルが一九七九年にエジプトと、一九九四年にヨルダンと結んだ「冷たい平和」条約とは異なる。米国はこのテルアビブ－アブダビ間の多岐にわたる提携の控え目な「立会人」でしかなかった。この提携は、ウクライナ危機が証明することになるのだが、ワシントンに同調することでは全くない。実際、イスラエルとアラブ首長国連邦は米国の対露制裁に加わることを拒否した。ドバイは西側の様々な「ブラックリスト」に記載されたロシアのオリガルヒ（新興財閥）の特権的聖域と化した。

ウクライナ危機は（ロシアが中東で鍛え上げた兵力を欧州戦域で動員する場となったが）米国の中東構想の挫折によって混乱が深刻化したことを暴露した。支配する力が存在しないのではなく、一つではなく、複数の力が必要以上にある。その証拠にロシアも中国も、覇権国家として米国が抱いた中東再編の野心を引き受けることはできない。この野心は軍事重視の犠牲となり、自己目的化し、唐突に霧消した。露政権はシリアの政治的転換の調停に失敗したことで、（米国とイスラエルに大いに手助けされた）その軍事行動が独裁の現状を是が非でも守るためだったことを露呈した。中国の経済第一主義の根底にあるのも同様に静止した視点だ。中国は中東のあらゆる陣営に投資をしているが、それは現在の体制が永続することを前提としている。諸体制はそれぞれ対立しているというのに。モスクワは荒廃したシリアに対し、北京は様々な協力相手国に対し、平和を醸成できない。これはトランプ肝煎《きもい》りの「世紀の取引」の崩壊と呼応している。消えた覇権に取って代わるには一枚上の政治的・外交的・象徴的権力が必要になる。ロシアも中国も中東を支配するには力不足といえよう。

従って中東で今日、幅を利かせているのは域内の簒奪者（独裁者）らだ。中東の国家間の関係は複雑で、関係は規則性を裏切り、あるのは自己保存の動き、そして腹の探り合いだ。「アブラハム合意」陣営とトルコ－イラン連合の間で予期された衝突は全く起きなかった。トルコはまずアラブ首長国連邦と、次にサウジアラビアと劇的に和解した。反対に緊張が高じたのはトルコとイランの間だった。エルドアンがシリアだけでなく、イラク北部にクルディスタン分離主義に対する戦いの名目で軍事介入を拡大したことが背景にある。他方、サウジアラビアはウクライナ危機に際し、米国に公然と歯向かうことになったとしても、ロシアとの協力関係が原油価格を管理するうえで重要であることを確認した。このためサウド王家はロシアがイランとシリア政策をめぐり軍事協力関係を結んだことを容認した。その後、イランはロシアにウクライナの民生施設に対する体系的空襲に不可欠となるドローンを供与した。イラン神政体制はロシアが欧州で起こした侵略戦争に決定的な支持を与える一方で、国内では「女性・生命・自由」の標語を掲げた民衆抗議運動を残忍に弾圧した。

第三千年紀初頭の中東の紛争は「とどめようがない」とあまりにも頻繁に評されるが、実のところ本書で扱ってきた幾多の紛争と変わらない。地政学的側面と宗派的視点が大概の時事解説の切り口として用いられているが、それでは中東を深いところで形づくる諸々の力の働きを理解したことにはならない。それをきちんと把握するには民衆と同じ目線で考え、民族自決の立場に身を置く必要がある。中東で民族自決権が浮上したのは一八二九年、ギリシアがオスマン帝国に対し、独立を勝ち取った影響だ。オスマン帝国は二重の意味で敗者だった。ムハンマド・アリーのエジプトがオスマン帝国に歯向かい、レバント地方を征服したからだ。カイロで頭角を現したこの啓蒙専制君主の雄は国家建設・権威主義的近代化・民族主義確立を連動させた。アラブ・ルネサンス「ナフダ」の長い周期の始まりだった。ただこれは強権の意志を反映した上からのナフダであり、半世紀後にはエジプトを占領する英国に屈した。しかしアラブ・ルネサンスはアレクサンドリアからアレッポに至る社会、ベイルートからバグダッドに至る社会が経験した文化の高揚によって確実に継承された。この解放運動は、一方に宗派を度外視してアラブ民族の権利を掲げる「民族・国民主義」への希求を、他方にオスマン帝国に簒奪されたカリフ位をアラブが奪還することを求める、今日で言えば「イスラム主義」の趣を、共に備えていた。この二つの潮流は和合し、共存する術を見いだした。これはオスマン帝国の欧州領域が「反目・分裂」したのとは対照をなした。

こうしたナフダ勢力は「メッカのシャリーフ」フサインに導かれて第一次大戦中の一九一六年、英仏側にくみした。しかしこの戦友意識は欧州列強に裏切られることになる。英仏はアラブの同盟国に約束した領土を自分たちの「委任統治領」にした。フサインの息子がダマスカスに君臨した立憲君主制のアラブ王国は一九二〇年、仏軍に打ち負かされる。これはナフダの「民族・国民主義」派の挫折を示した。その四年後、フサインがメッカから追放され、「イスラム主義」派の破綻を如実に示した。これに利益を得たのが原理主義のワッハーブ派であり、独立するサウジアラビアである。ナフダの二重の失敗を背景に一九二二年、エジプトが英国の保護領の地位を脱したことを端緒として半世紀にわたるアラブ独立の時代が始まる。それは一九七一年、アラブ首長国連邦、カタール、バーレーン、オマーンの国連加盟によって終了する。ただこの好循環は、一九四九年から一九六九年にかけてアラブ独立路線が乗っ取りに遭って、妨げられてしまう。その二〇年間、軍事クーデターが起き、独立の立役者だった民族・国民主義と複数政党制を信奉するエリートは打倒され、軍事政権が「進歩派」を自称して栄えるのだ。

このように読み解くことで二〇一一年のくだんの「アラブの春」の真意を把握できる。「春」は季節限りの徒花《あだばな》では決してなく、民族自決を求めるアラブ民衆の長い戦いの歴史の一環なのだ（民族自決権は、まず植民地主義の列強によって、次に軍政の独裁者によって剝奪された）。こう考えると次の事実が明らかになる。アラブ世界全体として抗議の力学は、各国それぞれの抗議行動の特色だった強い民族・国民主義をそのまま備えている——。しかし反動の波が起き、体制側は架空の「現状復帰」の名のもとに、こぞって民衆の要求を退けた。実のところアラブ諸体制の危機は極めて重大であり、二〇一一年以前の現状が回復された国は一つもない。エジプトのシシ政権はムバラク時代に比べて五倍の政治犯を収容している。リビア版シシは内戦を二度起こしたが、トリポリを奪取することはできなかった。サウジアラビアとアラブ首長国連邦の対イエメン大規模介入は前例のない人道危機を引き起こした。この二つの産油君主国の庇護を受ける勢力は、親イラン勢力の支配するサナア奪還を断念した。シリアは暴君アサドが荒廃した国土で支配を続け、国民の半数が国内避難民、あるいは国外難民になっている。シリアはかつて国際連盟に統治を任されたフランスに対して独立を勝ち取ったが、今日は多くの点で、国際連合の「委任」を受けたロシアの支配を甘受している。実際、反アサド勢力の掲げる旗は、フランスの委任統治に抵抗した民族・国民主義の先人らの旗と同一である。

民族自決の権利という観点は中東の現状を読み解くうえで、宗教紛争は避けられないとする物言いや、独裁が「安定」を保証するという物言いよりも、はるかに的確だ。権威主義政権は中東の矛盾を和らげるどころか、真の自決をめざす民衆の願いを一貫して抑圧することで、矛盾を極限にまで増幅している。中東に不運があるとすれば、それは偽りの歴史美談にあるのではなく、中東で民族の権利が否定されている現実を進んで、あるいはやむなく認めてしまう国際合意にある。解放をめざす勢力は国内では時の政権に甚だしく抑圧されてきたが、国外では最善でも無関心、最悪だと独裁を利する処遇を目の当たりにしてきた。米国の惨憺《さんたん》たるイラク侵略は、二〇〇三年にサダム・フセインの恐怖機構を、類いまれな暴力性を帯びた民兵・宗派集団体制に置き換えたことで、多くの人名が失われることになる苦境を作りだしてしまった。

歴史は、それが偉大であっても卑小であっても、続く。常に生成する歴史という開かれた特色は本来希望の要素である。そのため本書は中東の過去千五百年間を俯瞰し、一つの時代から可能な限り論理を探り出し、正しく評価されていない史実のつながりを再構築することで、世間に溢れる憎しみの言説、そして中東に対する本質主義的な接近法を骨抜きにすべく努めた。この知的冒険に着手したのは、あらゆる権威主義体制が例外なく国家宣伝を押しつけようと企てた時期、歴史が時の独裁を正当化するためだけに持ち出された時期だった。醜怪なジハード集団は「カリフ制」の悪意ある茶番を演じたが、それも自己正当化のための歴史の悪用だった。支離滅裂な宣伝を世界に発信し、西側メディアの一部は故意に、あるいは無自覚に報道した。耐え難い制約を受けながらも中東各地の研究者・思想家・市民運動家らは中東の民衆と地域の歴史が威厳と真実を回復することをめざして粘り強く働いている。本書は彼らの努力・希求に共鳴し、肝要な集団的議論を促す論考として書かれた。この中東という、まさに中心にあり、非常に豊かで、あえて言えば大きな希望をもたらす地域の過去、つまり運命が主題だ。

ここまでお読みいただいた読者に、この見解をもって結びとしたい。歴史についての見解であり、希望についての見解である。

訳者あとがき

本書はフランスの中東現代史研究の第一人者ジャンピエール・フィリユ氏が二〇二一年九月に出版して好評を博した中東の通史《*Le milieu des mondes: Une histoire laïque du Moyen-Orient de 395 à nos jours*》の翻訳です。フィリユ氏の著作の本邦初の訳書でもあります。

最初にお断りしますが、本書は原著の全訳ではありません。原著には通史を締めくくる第十章の後に「中東のフランス」と題する仏外交を扱った短い章があります。それを翻訳では割愛しました。また章末に示された参考文献は、全て仏語の出版物であり、日本で入手が難しいことも考えて、省略しました。その代わりに、二〇二三年四月刊行の原著文庫版の後記「危機の揺籃」を本書の終章として追加しました。それはフィリユ氏の提案でもありました。フランスの中東とのかかわりは通史で、十八世紀末のナポレオン・ボナパルトのエジプト遠征、第一次大戦後の対シリア・対レバノン委任統治、第二次大戦後のスエズ動乱など折に触れて記述した。仏外交の更なる叙述は日本の一般読者の興味をそれほど引かないのではないか。一方で、ロシアのウクライナ侵略と中東情勢のかかわりを考察した文庫版後記は時宜にかなっていよう――。名案でした。「危機の揺籃」は日本語版の結びにふさわしい内容だと私は確信したものです。

ところが二〇二三年十月、中東発のニュースが世界に衝撃を与えます。「パレスチナ自治政府」ガザ地区を支配するイスラム主義組織ハマスがイスラエルを急襲し、それに対してイスラエルが苛烈な報復攻撃を執拗に展開した結果、パレスチナは深刻な人道危機に陥ってしまいました。そこでフィリユ氏にはこの「ガザ戦争」を踏まえた日本語版序文の執筆をお願いしました。

本書は結果として、二〇二四年夏もなお続く二つの戦争をめぐる示唆に富む論考を収めたことで、「中東の歴史」と「世界の現代」の結びつきの一端を示すことができました。

本書の特色を幾つか挙げます。

まずは、フィリユ氏が教壇に立つフランスの高等教育機関、パリ政治学院の修士課程の講義録（二〇一七〜二〇二〇年）を土台にしていること。同学院はエリート校で、その前身時代を含めると、仏第五共和政の歴代大統領八人のうち現職のエマニュエル・マクロン氏を含む四人が学んでいます。講義録という性質上、文体は難渋ではありません。原著はフランスの若い人々に読まれることを想定して書かれました。訳者としては、日本でも同様に若い人々に読んでもらいたく思います。

次に、中東の歴史を世俗的・非宗教的に構築していること。別の言い方をすれば、イスラム教の色眼鏡、あるいはキリスト教の色眼鏡をかけて中東を見ないということです。例えば、私たちは十字軍というとサミュエル・ハンチントン流に「文明の衝突」の枠組みで考えがちですが、フィリユ氏は「キリスト教とイスラム教の正面衝突は全く起きなかった」と断じています。これはフィリユ氏が本書で繰り返し主張する、「紋切型」史観を否定する一例でもあります。

更には、忘却の淵から重要な史実を引き上げていること。例えば、対英独立後の「米国の最初の戦争は対リビアで、連邦予算の三分の一を使い切った」という記述は意味深長です。私にとっては、オスマン帝国皇帝のアブデュルハミト二世（在位一八七六～一九〇九年）と明治天皇（在位一八六七～一九一二年）を比較して、いずれも「自国をそれほど西洋化しないで近代化するという決意を共有していた」という指摘は面白かった。

加えて、民衆の希求を歴史の地下水脈のように重要なものとして捉えていること。まだ記憶に新しい「アラブの春」は決して一つの季節で完結するような事象ではなく、近代アラブ世界を動かした「ナフダ」（アラブ・ルネサンス）に連なる運動だったという指摘も現代中東の理解に役立ちます。従って、中東の民衆の希求を抑圧する域内の独裁体制と、フランスを含む域外の大国を手厳しく批判しています。

そして何よりも、中東をアジアと欧州とアフリカという三つの世界の交わる「中心」と定義していること。中東は「中心」であるから、世界の動きにかかわる。「どの大国もその名にふさわしい中東政策を持たない限り、国際舞台で影響力を及ぼすことができない」とフィリユ氏は指摘しています。そういえばアル・カーイダによる米同時テロ後、米国のジョージ・W・ブッシュ大統領は中東を足場として「新世界秩序」を築こうとしたものでした。先に触れたウクライナ戦争もこの文脈で考えることができそうです。

ジャンピエール・フィリユ氏は二十年ほど仏外交官として主に中東で経験を積んだ後に歴史家に転じました。時事にも歴史にも精通する知識人として仏メディアにしばしば登場し、ニュースを簡潔に、しかも深く読み解くことで知られています。仏有力紙『ルモンド』の電子版では週刊時事コラムを十年以上担当しています。

私は読売新聞東京本社編集委員として、そうしたフィリユ氏の存在を知り、初めて取材をしたのは二〇一五年一月、「イスラム国」（アラビア語の頭字語で「ダーイシュ」）による日本人人質殺害事件をめぐってでした。フィリュ氏は即座に二〇〇四年の「イラクのアル・カーイダ」による日本人人質殺害事件に言及し、ダーイシュの首領がアル・カーイダの後継者として自己演出したこと、高学歴者の多いダーイシュと一九九五年に地下鉄サリン事件を起こしたオウム真理教に類似点があることなどをよどみなく述べたものです。私はその後も折に触れて取材を重ね、その都度、フィリュ氏の、米欧で流通する情報や言説に惑わされず、独自の視点に立って、事実を見抜く眼力に大いに感心してきました。

フィリュ氏は教鞭を執る傍ら、二〇〇五年からこれまでに計二十冊を超える本を出しています。ほぼ全てが中東の近現代史に関する著作ですが、なかには米国のロック・ギタリストのジミ・ヘンドリックスやスペインのフラメンコ歌手のカマロン・デ・ラ・イスラを扱った評論もあります。フランス語圏以外では、米欧を中心に翻訳が出版されていますが、邦訳はありませんでした。本書が端緒となり、このフランスを代表する知識人が広く日本の読者に知られることを訳者として真に願っています。

付言しますと、フィリュ氏はこの日本語版の表紙をとても気に入ってくれました。原著の表紙は十六世紀のオスマン提督ピーリー・レイスが著した『海事の書』中の地図ですが、日本語版は「マダバ地図」、つまりヨルダン西部マダバで十九世紀に発見された聖堂床面のモザイク地図を採用しています。同氏曰く「私は長らくヨルダンに暮らし、このビザンツ時代のモザイクを何度も見に行き、感動を重ねたものです」。

ただフィリュ氏は日本語序文で、外交儀礼でなければ、私のことを過大に評価しています。自らの力量を知る身としては、励みでもあり、重荷でもある。もちろん「翻訳の裏切り」があれば、それは全て訳者の責任です。

最後に本書は中央公論新社の吉田大作氏が編集者として担当してくれました。エマニュエル・トッド氏ら世界の知性二一人に私が取材し、読売新聞に掲載してきた記事を本としてまとめた二〇二一年一月刊の中公新書ラクレ『自由の限界』以来の再会でした。その良書を世に出すという熱意と執着に、大いに励まされ、助けられました。感謝申し上げます。

二〇二四年九月

鶴原 徹也

ヤ　行

ラ・ワ行

マ　行

ナ　行

ハ　行

タ　行

サ　行

カ　行

地名索引

ア 行

ヤ　行

ラ　行

ワ　行

マ　行

ハ 行

タ　行

ナ　行

カ　行

サ　行

人名索引

ア 行

著者　ジャンピエール・フィリュ　Jean-Pierre Filiu
1961年生まれ。パリ政治学院教授。中東の近現代史が専門。仏外務省で20年近く中東政策を担当した後、学者に転じる。『将軍、ギャング、ジハード主義者』『ダマスカスの鏡』『アラブ革命』（いずれも未訳）など著書多数。近著に『パレスチナが失われた経緯とイスラエルが勝てない理由』。

訳者　鶴原徹也
1957年生まれ。読売新聞東京本社編集委員。主に国際報道を担当し、ジャカルタ、パリ、ブリュッセル、バンコク、ロンドン各特派員を務めた。中公新書ラクレ『自由の限界』（2021年）の聞き手・編を務める。

装　丁……………………間村 俊一

カバー・表紙写真 ……マダバ地図（The Madaba mosaic map）
ゲッティイメージズ提供

地図デザイン …………アトリエ・プラン

Le Milieu des mondes.
Une histoire laïque du Moyen-Orient depuis 395 à nos jours
By Jean-Pierre FILIU

中東《ちゅうとう》 世界《せかい》の中心《ちゅうしん》の歴史《れきし》
――395年《ねん》から現代《げんだい》まで

2024年11月25日　初版発行

著　者　ジャンピエール・フィリュ
訳　者　鶴原徹也《つるはらてつや》
発行者　安部順一
発行所　中央公論新社
〒100-8152　東京都千代田区大手町1-7-1
電話　販売　03-5299-1730　編集　03-5299-1740
URL https://www.chuko.co.jp/

DTP　市川真樹子
印　刷　TOPPANクロレ
製　本　大口製本印刷

Published by CHUOKORON-SHINSHA, INC.
Printed in Japan　ISBN978-4-12-005841-7 C0022